KB070063

영남대학교 민족문화연구소 민족문화연구총서 45

壬亂功臣 朴慶新과 倡義日錄

朴洪甲 지음

영남대학교 민족문화연구소
민족문화연구총서 45

壬亂功臣 朴慶新과
倡義日錄

지은이 | 박홍갑

펴낸이 | 최병식

펴낸날 | 2020년 9월 10일

펴낸곳 | 주류성출판사 www.juluesung.co.kr
서울특별시 서초구 강남대로 435 15층
TEL | 02-3481-1024(대표전화) · FAX | 02-3482-0656
e-mail | juluesung@daum.net

값 25,000원

잘못된 책은 교환해 드립니다.

ISBN 978-89-6246-424-5 93990

영남대학교 민족문화연구소
민족문화연구총서 45

壬亂功臣 朴慶新과 倡義日錄

朴洪甲 지음

주류성

차례

서문

청도 밀성박씨 가문에서 태어난 삼우정(三友亭) 박경신(朴慶新)은 임진왜란으로 청도가 함락되자 의병(義兵)을 이끌었으며, 전란 중에 밀양부사에 제수되어 왜적과 싸우다가 임지에서 순국하였다. 그 후 국가로부터 호성원종 2등공신과 선무원종 1등공신으로 책봉되었으며, 아들 지남(智男)과 철남(哲男) 역시 선무원종 2등공신에 책봉되었다. 그의 창의 과정과 각지에서 벌인 왜적들과의 전투 상황들은 『창의일록(倡義日錄)』에 고스란히 남아있다. 그럼에도 불구하고 박경신의 개인 이력이나 의병 활동에 관해 체계적으로 연구된 적이 없다.

청도의 임진왜란 의병에 관해서는 역사학계에서도 주목하지 않은 것이 아니지만, 또 다른 의병장 일기인 박경전(朴慶傳)의 『창의일기(倡義日記)』를 주로 활용해 왔다. 뿐만 아니라 조선후기 광범위하게 전개되었던 충절에 대한 국가적 포상 근거로 『창의일기』가 준용되기도 했다. 이처럼 박경신의 『창의일록』이 소외될 수밖에 없었던 것은 여러 요인에 기인 하지만 임진왜란 당시 청도 지역의 의병활동을 연구하는 데 소중한 자료가 아닐 수 없고, 그 소중함을 확인하기 위해서는 객관적 검증이 전제되어야 할 것이다.

이 시점에서 우리는 역사 연구의 기본이 무엇인가를 다시금 생각하지 않으면 안 된다. 역사 연구는 사료(史料)가 기본이다. 사료의 뒷받침 없는 역사는 더 이상의 역사가 아니니, 객관적이고도 적확한 사료에 근거한 역사 연구가 이루어져야 한다는 명제를 벗어날 수가 없다. 그러하니, 박경신의 활약을 담은 『창의일록』을 놓고 엄정한 사료비판(史料批判)이라는 검증 과정을 거쳐야 하는 이유도 바로 여기에 있다.

본서(本書)의 목적은 박경신이란 개인 인물에 대한 연구와 더불어, 임진왜란 당시 그의 활약상을 담은 『창의일록』에 대한 기초적 검증 작업을 위한 것이다. 그에 따라 내용의 전체 구성을 크게 1편과 2편으로 나누었다.

제1편에서는 박경신 선대의 가문 내력과 위상, 그의 생애와 교유관계, 그리고 임진왜란 당시 청도 지역의 실상과 창의 배경 및 토왜(討倭) 활동에 대한 내용들을 정리한 것이다. 따라서 제1편은 지금까지 연구된 바가 없던 박경신의 개인 생애사로 채워졌다 할 것이다. 박경신의 생애를 다룸에 있어 유의해야 할 점은 박경신(1560~1626)이란 또 다른 인물이 동시대에 활약했다는 점이다. 오늘날 각종 인물사전 편찬 과정에서 원고 집필자가 양자를 구분하지 못한 채 두 인물 이력들을 섞어 놓았고, 급기야 전문 연구자들에게까지 영향을 미치고 있는 실정이다. 두 인물 모두 임진왜란 시기에 부사(府使)를 역임했던 경력 때문에 야기된 혼란이다. 이는 호성원종공신 2등에 오른 박경신이 누구의 훈록인가에 대한 문제까지 연결되어 있다. 이런 점들에 유념하면서

박경신 생애에 대해 살펴 볼 것이다.

제2편은 『창의일록』에 대한 검증 작업이다. 임진왜란 이후 각 문중에서 쏟아 낸 수많은 자료들이 있지만, 그 모든 것들이 사실(史實)에 근거한 자료라고 단정할 수는 없다. 객관적인 검증과정을 거치지 않은 왜곡된 자료를 놓고 역사 복원을 할 수는 없는 노릇이다. 따라서 청도 지역 임진왜란 의병 연구를 위해서는 『창의일록』을 비롯한 관련 자료에 대한 엄정한 사료비판 작업부터 해야 하는 것이 절실한 과제라 하겠다. 지금까지 『창의일록』이 학계에서 주목받지 못한 것은 1990년대에 공개된 자료이기도 하지만, 필사원본을 공개하지 않은 채 영인(影印) 형태의 간행물로만 소개된 것에 있다. 이런 연유로 이기옥의 필사원본이 아니라 다시 옮겨 쓴 재필사본이란 주장까지 있게 되었다. 이런 의혹은 원본이 공개된다면 쉽게 풀릴 수 있겠지만, 여전히 찬반 논쟁거리로 남아있다. 이 자료의 이기옥 친필 여부를 밝히는 것은 필자의 능력 밖이지만, 내용 검토를 통한 사료적 가치를 검증하는 작업까지 미뤄서는 안 된다고 판단하고 있다. 청도 지역 임진왜란 의병 연구를 위해서는 반드시 전제되어야 할 작업이기 때문이다. 따라서 2장에서는 『창의일록』에 대한 사료적 가치를 확인하는데 주안점을 두려는 것이다.

필자가 이 문제에 관심을 갖게 된 것은 수년 전 임진왜란 시기 청도 의병 관련 학술회의에 참석하고부터였다. 관련 자료들을 검토했던 김경태 교수의 분석 결과들을 접하면서, 현존하는 청도 의병 관련 자료의 객관적인 검증작업이 필요함을 절실하게 느꼈다. 현존하는 임진왜란 관련 자료를 대상으로 왜곡된 사실들을 하나하나 밝혀내려는 학계의 연구경향 속에서 청도 의병 자료도 비켜날 수가 없기 때문이다. 철저한 사료비판을 전제로 한 객관적인 글쓰기가 되어야 하며, 건전한 학술적 토론 과정을 거치다 보면 훨씬 더 완숙한 결과물로 익어갈 것이다. 함께 이런 점들을 고민했으면 한다.

지루한 원고작성 과정에서 지적 호기심이 사그라들 무렵 재충전 할 수 있는 자료를 제공해 주신 밀성박씨 삼우정공파 종회장 박희상씨는 물론 원문 번역을 해 주신 거창향교 이상훈 선생님께 우선 감사를 드린다. 영남대학교 민족문화연구소 학술총서로 기획해 주신 이수환 교수님, 어려운 출판시장에도 불구하고 선뜻 간행을 맡아주신 역사전문출판사 주류성 최병식 사장님, 난삽한 원고를 깔끔하게 편집해 주신 정지율씨, 그리고 윤문과 교정 교열에 수고를 아끼지 않은 서울역사편찬원 장경호 박사에게도 감사의 말씀을 전한다.

경자년 여름

저자 박 홍 갑 삼가 씀

제 1 편

성장 환경과 임진왜란 창의 활동

제1장
박경신 가문의 청도 정착과 활동

1. 박경신 가문의 선계(先系)

밀양박씨 소고공파(嘯皐公派) 가문에서 태어난 박경신(朴慶新)은 소고공 박건(朴乾)의 4세손이다. 조선 세종조 이래 경상도 청도에서 살아왔던 밀양박씨 소고공파는 영남에서도 비교적 큰 문중을 이루고 있다. 세칭 거주지에 따라 수야박가(이서면 수야) 보리미박가(이서면 모산) 혹은 섶마리박가(금천면 신지)로 불리는 동족마을을 잘 유지해 오고 있는데, 조선총독부 조사에 의하면,[1] 당시 수야동(水也洞)은 밀양박씨가 120호로 안동 구담마을의 순천김씨 문중을 제외하고는 가장 큰 규모를 자랑하고 있었다.[2]

---

1) 조선총독부, 1933, 『朝鮮の聚落』 後篇.

2) 밀양박씨 소고공파의 활동에 대한 것은 일찍부터 학계의 주목을 받아왔으며,

박건은 그 당대에 본관지 밀양을 벗어나 청도로 입향(入鄕)한 인물이다. 고려말기 밀양의 박씨들은 박홍신 계열과 은산·행산 계열이

다음과 같은 연구 성과들이 있다.
渡部學, 「海東續小學とその著者 朴在馨 －舊韓末在鄕處士層の思想と行動」(『武藏大學人文學會雜誌』 7-1, 1975)
渡部學, 「海東續小學에 對하여－進溪先生 撰著－」(『한국학논집』 7, 계명대 한국학연구소, 1980)
姜周鎭, 「壬辰倭亂과 淸道十四義士論」(『한국학논집』 7, 1980)
渡部學, 「仙湖龍巖公派朴氏の兩班性－いわゆる鄕班の社會的 成立」(『歷史における民衆と文化』, 東京, 1982)
金錫禧·金康植, 「壬辰倭亂과 淸道地域의 倡義活動 －淸道 密城朴氏 14義士를 중심으로－」(『부산사학』 23, 1992, 부산사학회)
金侖秀, 「『逍遙堂逸稿』 해제」(『남명학연구』 6, 1996)
申炳周, 「16세기 초 處士型 學者의 學風과 現實觀 －金大有와 朴河談을 중심으로－」(『南冥學硏究論叢』 5, 1997, 南冥學硏究院)
張東杓, 「16·17세기 청도지역 재지사족의 향촌지배와 그 성격」(『釜大史學』 22, 1998)
金盛祐, 「密城朴氏 嘯皐公派의 淸道 定着과 宗族 활동」(『震檀學報』 91, 2001, 震檀學會)
노관범, 「19세기 후반 淸道 지역 南人學者의 학문과 小學의 대중화 －進溪 朴在馨의 海東續小學을 중심으로－」(『韓國學報』 104, 2001)
김광철, 「여말선초 사회변동과 朴翊의 生涯」(『밀양고법리벽화묘』, 2002, 동아대박물관)
박홍갑, 「16세기초 청도지역 사림의 활동 －瓶齋 朴河澄을 중심으로－」(『民族文化論叢』 28, 영남대 민족문화연구소, 2003)
박홍갑, 「조선초기 밀양 재지세력의 청도이주와 정착과정 －밀양박씨 소고공파를 중심으로－」(『백산학보』 70집, 2004)
박홍갑, 『병재 박하징 연구』(경인문화사, 2006)
박순진, 「임진왜란기 청도 의병진의 조직과 활동 －悌友堂 朴慶傳 의병진을 중심으로」(『경주사학』 36, 2012)
박홍갑 외, 『청도 밀양박씨 소고공파와 박시묵 박재형』(경인문화사, 2019)

그 지역을 대표하였다. 그 중에서도 소고공 박건의 선계는 은산부원군 박영균으로 연결된다. 밀양박씨 여러 갈래 중에서 은산파 시조였던 영균(중조 彦孚의 7세)은 판도판서를 역임하였고, 그의 아들 익(翊) 또한 고려말에 출사하여 예조판서까지 역임했으나 이성계 섬기기를 거부하면서 고향 땅 송계(松溪) 계곡에 은거하여 두문동 72현으로 추앙받는 인물이다. 박익의 장남 융(融)을 비롯한 아들 4형제는 모두 새 왕조에 출사 하였다. 박경신으로 이어지는 가계표를 간략하게 살펴보면 다음과 같다.

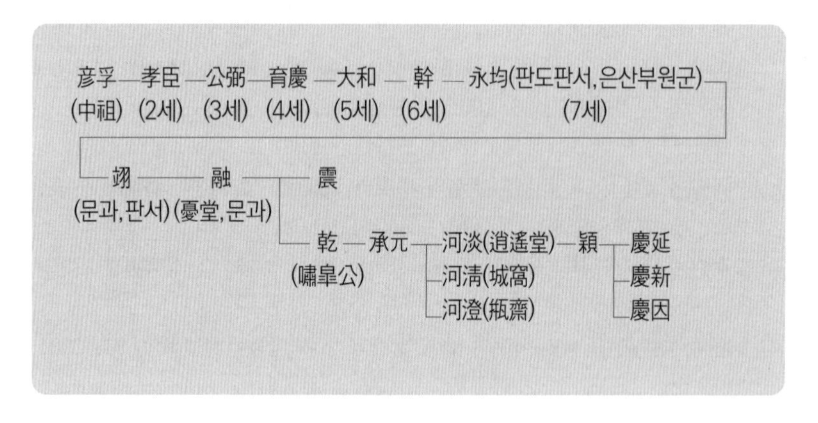

박건의 조부였던 박익이 문과에 급제하여 판서를 역임하면서 가문의 입지를 세울 수 있었다고 보여진다. 족보나 문집류에서는 박익의 조부였던 간(幹)이 평장사(정2품), 부친이었던 영균이 판도판서(정3품)를 역임했다고 하나, 『고려사』를 비롯한 사서에서는 확인이 되지 않는다. 족보나 문집이 당대의 기록이 아니라 조선후기에 만들어졌다는 점이 있긴 하지만, 박익과 동시대에 살았던 황희가 지은 묘표(墓表)에 실려 있는 내용이기에,[3] 신빙성이 있을 것으로 추정된다.

박익의 기록 역시 마찬가지이다. 박익은 이성계가 5차례 불러 좌상까지 제수하려 했으나 끝까지 출사하지 않았다고 했지만, 이 역시 『고려사』나 『조선왕조실록』 같은 정사류에서는 찾아지지 않는다. 다만 『경주부윤선생안(慶州府尹先生案)』에서 동경판관(종5품)을 역임한 사실이 기재되어 있고, 최근에 발굴된 묘지석에서 사재소감(司宰少監: 종4품)을 역임했던 사실이 확인될 뿐이다.[4] 그 밖에 그의 문집에 있는 황희의 글 「묘표」에서 예부시랑(정4품), 황보인의 글 「유허신도비속지(遺墟神道碑續誌)」에서 예조판서(정3품)를 역임한 것으로 나타내고 있다. 따라서 문집에 있는 내용들을 그대로 받아들일 수 있다면 최종 관직은 예조판서였다고 할 수 있다. 박익이 정종 즉위년(1398)에 죽자 찬성 변계량이 시장(諡狀)을 올려 충숙공(忠肅公)으로 시호가 내려졌다.[5] 조선초기에는 대체로 정3품 이상의 고위직을 역임한 자만 시호를 받을 수 있었고,[6] 시장을 쓴 변계량은 밀양 출신이었으니, 박익에 대해 누구보다도 잘 아는 인물이었을 것이다.

이렇듯 송은(松隱) 박익의 행적에 대해서는 정사류의 사서에 나오지

---

3) 『松隱先生文集』 권2, 「墓表」 참조. 이런 의문은 이미 김광철의 「여말선초 사회변동과 박익의 생애」(『密陽古法里壁畵墓』, 동아대, 2002)에서 지적된 바도 있다. 그 의문에는 필자 역시 동감한다. 그럼에도 불구하고 17세기 이후 편찬된 朴翊의 文集이나 族譜類 등에서 소개된 내용들이 묘의 발굴을 통해 거의 사실에 부합한다는 것을 알 수 있었던 것도 큰 소득이었다고 본다.

4) 朴翊의 묘지석에는 "朝奉大夫 司宰少監 朴翊墓 長子融 二者昭 三子昕(족보에는 調로 표기되어 있음) 四子聰 長女適孫奕 二女適曺功顯 三女適孫億 永樂 庚子 二月 甲寅葬"이라 새겨져 있다. 그의 사망 연대가 1398년이니, 묘의 조성은 약 22년이 흐른 1420년이었음을 알 수 있다.

5) 『松隱先生文集』 권2, 「請諡狀(卞季良 撰)」

6) 朴洪甲, 2001, 「조선시대 시호제도」 『한국 중세사회의 제문제』.

않는다는 맹점으로 기존 사학계에서 별로 주목을 받지 못하였으나, 2000년 늦여름 태풍으로 밀양 고법리에 있던 그의 묘에 벽화가 발굴되면서 세간에 크게 화제가 되었다.[7] 그 벽화는 고려말 조선초기의 역사뿐만 아니라 민속생활사적인 면에서 매우 소중한 자료여서, 각 일간지나 방송에서 대대적인 소개가 있었음은 물론 학술적으로 큰 조명을 받기도 했다.[8]

박익이 살았던 당시는 밖으로는 왜구의 침입이나 명나라를 비롯한 북방의 민족들과도 잦은 마찰을 빚고 있었고, 안으로는 신유학으로 무장한 일군의 유학파들이 온건파와 강경파로 나누어져 혼란을 거듭하고 있었다. 이런 시기에 살았던 박익은 정몽주를 비롯한 온건파 유학자에 속하는 인물로 분류된다. 『경주부윤선생안』에 의하면, 박익은 우왕 12년 9월부터 이듬해 8월까지 만 1년 정도 동경판관에 재직한 것으로 나타난다.[9] 이때에 권농방어사(勸農防禦使)란 관직도 겸하고 있었다. 이 당시는 내륙 깊숙이 왜구가 출몰하여 노략질을 일삼을 때였기에 박익이 권농방어사를 겸했다면 왜구 격퇴 임무까지 함

7) 밀양 청도면 고법리 산 134번지에 위치한 朴翊의 묘는 화악산 남서쪽 기슭의 낮은 구릉지대에 가로 605cm, 세로 482cm, 높이 230cm의 장방형 봉분이다. 2000년 9월 태풍 사오마이로 인해 봉분이 내려앉아 벽화가 발견되었는데, 1987년경 도굴로 인한 훼손 때문이었다. 판석으로 짜여진 석실 내부는 동서 벽이 각각 235cm, 남북 벽이 각각 90cm, 높이가 80cm의 크기인데, 석회를 바른 벽면에 먹선과 붉은색 및 푸른색 안료를 사용하여 벽화를 그렸다. 이는 조선초기의 벽화로는 처음 발견된 것이며, 또한 전대에 유행한 12支神像이나 星宿圖가 아닌 梅竹圖와 인물풍속화였다는 점에서 학계에 비상한 관심을 끌었다.

8) 『密陽古法里壁畵墓』, 2002, 동아대박물관.

9) 「府尹先生案」『慶州先生案』(아세아문화사, 1982)

께 수행했다고 볼 수 있다.[10] 그런 후 우왕 13년에 동경판관 임기를 마치고 개경으로 올라가 사재소감직을 수행했을 것인데, 이 시기는 명나라의 철령위 설치 통보로 인해 양국 관계가 극도로 악화된 때였다. 그리하여 결국 요동정벌이 결정되어 전군에 동원 명령이 하달되었다. 박익이 소속된 사재시(司宰寺)는 물자 조달을 임무로 하는 관청이다. 따라서 박익은 직접적이든 간접적이든 요동정벌에 동원이 되었음이 분명하다. 그 후 박익은 우·창왕대에 정치가 어지러워지자 동생 천경(天卿)과 함께 낙향하여 정몽주·이색 등과 교류하다가 공양왕때 다시 상경하여 예조판서를 역임하였다 한다.[11]

공양왕 4년 초에 정몽주 일파는 이성계 세력의 탄핵에 박차를 가하여 정도전·조준을 비롯한 핵심세력을 유배시킬 수 있었는데, 박익 역시 여기에 일조를 했다고 본다. 정몽주 요청으로 상경하여 그와 뜻을 같이 하는 시기였기 때문이다. 그러나 이성계 일파는 정몽주 암살이라는 비상 수단을 동원하여 대대적인 반격을 시도하였고, 이것이 성공되어 반대파의 숙청 작업까지 마무리할 수 있었다.[12] 이러한 상황으로 박익에게도 위기가 닥쳤으나,[13] 이성계 도움으로 참형을 면하여 귀양가는 것으로 마무리 되었다. 박익의 귀양살이는 오

10) 이는 김광철의 앞의 논문에서 언급한 바가 있고, 필자 역시 동감하는 바이다.

11) 『松隱先生文集』 권3, 「實蹟」

12) 『高麗史』 권46, 世家, 恭讓王 4年 4月 丁巳條, 癸酉條 등에 의하면 탄핵을 주도했던 金震陽을 비롯한 대간들을 유배 보내고 전면적인 인사 개편을 단행하였다.

13) 그 당시 위기는 황보인이 찬한 글에 잘 나타나 있다(『松隱先生文集』 권2, 「朴松隱公遺墟神道碑續誌(皇甫仁 書)」)

래지 않아 바로 풀려난 듯하다. 곧 이어 개경생활을 접고 낙향하여 완전한 은둔의 길로 들어 선 것으로 보이기 때문이다.[14] 아무튼 그는 밀양으로 내려가 호를 송은(松隱)으로, 거처하는 마을을 송계(松溪)라 이름하고 은둔생활을 시작하였다. 그 후 태조 4년에는 공조판서로 불렀으나 나가지 않았고, 이어 형조판서, 예조판서, 이조판서로 불렀으나 역시 나가지 않았으며, 다섯 번째는 좌의정으로 부르기도 했으나 결국 은둔의 고집을 꺾지 않아,[15] 후세에까지 5징불부(五徵不赴)로 칭송되었다.

박익의 아들 4형제 중 맏이는 융(融)으로 문과를 거쳐 이조정랑과 군수를 역임했고, 둘째 소(昭)는 생원시를 거쳐 현감, 셋째 조(調)는 진사시를 거쳐 예조정랑, 넷째 총(聰)은 호조정랑을 역임했다. 후일 이들 4형제의 호를 따서 우당(憂堂) · 인당(忍堂) · 아당(啞堂) · 졸당파(拙堂派)로 각기 분기되었다. 앞의 가계표에서 확인하였듯이, 소고공 박건의 아버지가 우당 박융이다. 박융의 출생 년도에 대해 알려진 것은 없다. 그는 태종 8년(1408) 문과에 급제하였는데, 그로부터 3년이 지난 태종 11년에 확인된 관직 사간원 정언이었다.[16] 그가 정언으로 활동할 때 흉년임에도 불구하고 내관 황도(黃稻) 등이 황해도지역에 사냥을 다니던 문제점을 조목조목 따졌고,[17] 그로부터 한 달 후 취각

14) 松京 경덕궁 앞에 있던 고개 不朝峴에서 朴翊·朴宜中·吉再가 서로의 이별을 아쉬워하면서 지은 시(『松隱先生文集』 권1, 詩篇)에서 낙향에 대한 결심이 잘 나타나 있다.

15) 『松隱先生文集』 권2, 「墓表(黃喜 撰)」

16) 『태종실록』 권22, 태종 11년 12월 15일 신축.

17) 『태종실록』 권22, 태종 11년 11월 25일 임오.

(吹角) 때 간관들과 함께 참여하지 않았다는 이유로 동료들과 함께 파직 당하였다.[18] 그 뒤 다시 등용되어 형조·이조좌랑(정6품)을 거친 바 있다. 따라서 태종 11년 12월에 파직되었다가 얼마 후 다시 복직을 하여 형조좌랑과 이조좌랑 등을 역임하였던 것이다. 아울러 형조좌랑 시절 대간과 더불어 좌의정 박언(朴訔)의 노비를 추변하다가 양쪽이 모두 부당하다 하여 속공(屬公)시켰던 것이 문제가 된 적이 있는데, 이 사건으로 재차 관직을 떠났다가, 태종 17년에 전사판관(종5품)으로 근무했다. 당시 노비 추변 사건에 대해 사람들은 박융이 모함에 걸린 것이라 여겼다니,[19] 억울하게 탄핵받았던 것 같다.

그러다가 몇 달 후인 태종 18년(1418) 5월에 직첩을 돌려받은 박융은[20] 세종이 즉위하자 외직인 금산군수로 나갔다가, 내직인 이조정랑이라는 요직을 맡게 되었다. 그러는 사이에 강원도 경차관, 경상도 도사 등을 겸직으로 업무를 수행하였고, 세종 6년 7월 전농소윤을 제수 받아서도 경상도 도사를 겸직한 상태였다. 이 상태에서 경력으로 승진하였다가 세종 7년 8월에 성균 사예 벼슬이 내려져 한양으로 올라갔다가, 곧 이어 함안군수로 파견되었다. 『함주지(咸州誌)』에 의하면 조산대부(종4품) 박융이 세종 7년 10월에 부임하였다 했으니, 함주 군수로 제수될 때 이미 통덕랑에서 조산대부로 승진하였음을 알 수 있고, 또 약 5개월 정도 성균관 사예 직책을 수행하였음을 알 수 있다.

18) 『태종실록』 권22, 태종 11년 12월 15일 신축.

19) 『태종실록』 권33, 태종 17년 윤5월 22일 정축.

20) 『태종실록』 권35, 태종 18년 5월 23일 임신.

그리고 세종 10년(1428) 3월에 함안의 임소에서 생을 마쳤다.[21]

이상에서 본 바와 같이 박융은 오십이 넘은 나이에 출사하여 약 20년 동안 관직 생활을 하였다. 그는 부친 박익과 도의지교로 사귄 정몽주 문하에서 학문을 익혔지만, 태조 7년(1398)에 박익이 죽으면서 새 왕조를 섬겨도 좋다는 유언을 듣기 전까지는 출사에 뜻이 없었던 것으로 보인다. 그 자신을 비롯한 4형제 모두가 태종 8년에 나란히 사마시에 응시하였던 것은 그 형제들이 모종의 결의에서 비롯된 것이라 보이기 때문이다. 그런 후 박융은 그 해 바로 문과까지 합격하여 관직에 첫발을 딛게 되었다. 그는 성균관과 사간원을 거쳐 관료들의 인사권을 쥐고 있던 핵심관직 이조좌랑과 정랑을 역임하였다.

박융의 강직한 성격은 사간원 정언으로 재직 시 언론 활동에서 잘 드러난다. 내관 황도가 황해도 장연의 강무장에서 개 말을 조습한다는 핑계로 농민들의 원성을 일게 하자 이를 중지시키도록 태종에게 요구하였다. 강무는 군사 목적상 필요한 것이란 태종 나름대로의 방침으로 해명하자, 이에 굴하지 않고 재차 요구하여 강무장을 폐쇄하도록 하는 간관의 풍도를 잃지 않았다.[22] 강원도 경차관 시절에는 개국공신들이 수렵장을 빙자하여 농토를 침식하는 폐단을 극간하여 바로 잡기도 했다.[23] 경상도 도사로 재임할 때에는 권근의 『입학도설(入學圖說)』을 간행하여 교육 진흥에 힘을 쏟는 한편, 각 군의 향교를 중수하고 제례제법(祭禮祭法)을 고증하여 재정비하는 등 유교이념을 정

21) 鄭逑 編, 『咸州志』 (규장각 도서번호 10985, 12249).

22) 『태종실록』 권22, 태종 11년 12월 15일 신축.

23) 『세종실록』 권19, 세종 5년 1월 19일 신축.

착시키는 데 진력을 다했다. 박융이 청도 향교를 크게 중흥시킨 것도 이때의 일이었다.[24] 그가 함안 임소에서 생을 마감하자 이민(吏民)들이 부모상을 당한 것처럼 슬퍼하고 파시(罷市)하였다 한 것에서도 수령으로서의 자질에 대한 단면을 잘 보여준다 하겠다.

박융의 배위는 아산장씨이며, 2남 2녀를 두었다. 그 중에서 소고공 박건은 차남인이다. 박융의 장녀는 순흥안씨 안돈후(安敦厚)에게 시집가 장(璋)과 당(瑭)을 낳았는데, 장은 부사를 역임하였고, 당은 중종 때 이조판서를 거쳐 좌의정에 올랐다. 2녀는 김유장(金有章)에게 시집가 치원(致元) · 치형(致亨) · 치리(致利) · 치성(致成)을 낳았는데, 이들 5부자는 모두 절도사를 역임하여 세칭 5절도라 불렸다. 김유장은 익안대군(태조 이성계의 셋째 李芳毅)의 사위였던 첨총제 김한(金閑)의 아들이었고, 치원과 치형은 세조 즉위시 원종공신에 녹공되었다.

2. 박경신 가문의 청도 정착과정

밀양박씨 소고공파를 열었던 박건(朴乾)이 밀양에서 청도로 이주해와서 처음 정착지로 삼았던 곳이 수야(水也) 마을인데, 박경신이 태어난 곳 역시 수야 마을이다. 현종 14년(1673)에 편찬되었던 청도 사찬 읍지 『오산지(鰲山誌)』에 의하면, "오산군(鰲山郡: 청도의 별칭) 동쪽 5리쯤에 목마른 용이 물을 마시는 형국으로 만세(萬世)가 지나도 깨어지지

24) 金駟孫, 『濯纓文集』 淸道鄕校重修記文.

않는 터가 있으며, 수여현(水餘峴)의 두 물줄기 사이에 명당이 있다"라는 도선(道詵)의 「답산기(踏山記)」를 소개하면서, "수여는 지금의 수야촌(水也村)이다."라고 부가설명하고 있으니,[25] 수야 마을의 인문지리적 환경이 매우 뛰어났음을 알 수가 있겠다.

탁영 김일손이 청도 교수직으로 있을 때 향교를 중수하면서 남긴 「중수청도학기(重修淸道學記)」에서 "본군의 학교는 다섯 번이나 옮겼지만 자리를 정하지 못한 채 사찰을 빌려 사용하다가 국초에 와서 지금의 자리에 세울 수 있었는데, 경상도 도사 박융 선생이 큰 힘을 썼다"라고[26] 한 바가 있다. 이처럼 박융이 청도와 인연을 맺었던 것이 곧 그의 차자(次子)였던 소고공 박건이 청도로 입향한 계기가 아닌가 한다. 당시 청도에서 큰 세력을 유지한 이가 병조판서 김철성(金哲誠)이었는데, 소고공 박건이 그의 딸과 혼인을 계기로 청도 밀양박씨 소고공파를 여는 입향조가 되었기 때문이다.

조선전기 대다수의 입향 과정을 분석해 보면 처가동네로 이주한 사례가 많은데, 당시에는 재산상속 자체가 아들과 딸에게 고루 나누어주는 균분상속이었다. 따라서 재산을 상속받은 처향(妻鄕) 혹은 외가향(外家鄕)으로 이주하는 것이 보편화된 사회였다. 이러한 사회적 분위기를 반영하듯 박건의 경우에도 밀양 삽포에서 처향이었던 청도 수야로 이주하였다. 당시 청도 상북면(上北面) 이동(耳洞: 현 이서면 수야리)에 정착하고 있었던 광산김씨 김철성(金哲誠)의 가계를 살펴보면 다음과 같다.

25) 李重慶, 『鰲山誌』 「道詵踏山記」 참조.

26) 『鰲山誌』 「重修淸道學記」 참조.

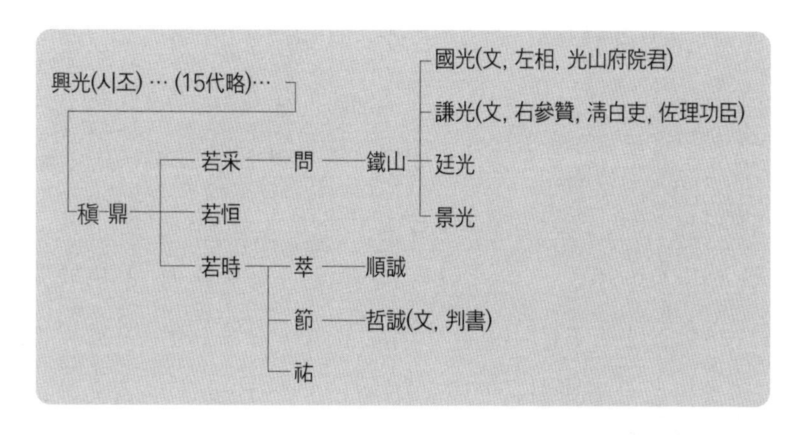

김철성은 17세기 중엽에 편찬된 청도의 사찬 읍지 『오산지』 「문무명인(文武名人)」조에 첫 번째로 나오는 인물이다. 그 기록에 의하면 문과에 급제하여 병조판서를 지냈다고 한다. 또한 청도 상북면 이동에 살았으며, 그의 묘 역시 그곳에 있었던 것으로 기재되어 있다. 그러나 조선시대 문과 급제자 명단인 『문과방목』에는 그의 이름을 확인할 수가 없다. 아울러 『조선왕조실록』 기록에 의하면 세종 26년(1444)에 사헌부 감찰을 역임한 것으로 확인될 뿐,[27] 그 밖의 행적에 대해서는 기록이 전혀 남아있지 않다.

『광산김씨판군기감사공파보(光山金氏判軍器監事公派譜)』에 의하면 자는 계명(季明)이고 사헌부감찰을 역임했으며, 묘는 충남 서천 행제동(杏堤洞) 자좌(子坐)에 있는 것으로 나타난다. 그러나 『오산지』 기록에 의하면 그의 묘가 청도에 소재한 것으로 되어 있고, 또 밀양 박씨 문중에서 지금껏 그 묘를 관리하면서 향사를 받들고 있다. 따라서 서천에 있는 그의 묘는 허묘(墟墓)일 가능성이 크다.

27) 『세종실록』 권101, 세종 25년 8월 8일 경인.

고려초기부터 명문의 기틀을 다지기 시작한 광산김씨는 시조의 11세손 위(位)와 주영(珠永)을 이은 광세(光世)와 광존(光存)대에 와서 양대 산맥으로 분기된다. 그 중에서 광존계를 살펴보면 그의 현손 진(稹)이 대제학, 진의 증손 약채(若采)는 문과에 급제 후 대사헌을 거쳐 충청도 관찰사를 지냈고, 그의 아우 약항(若恒)은 공민왕 때 대사성으로 명나라에 갔다가 표문이 공손치 못하다 하여 황제 노여움으로 유배되어 돌아오지 못하였다.[28] 김철성 조부인 약시(若時)는 고려말 문과에 급제하여 진현관 직제학(進賢館 直提學)에 이르렀다가 나라가 망하자 경기도 광주(廣州: 현 성남시 금광동) 산골에 은거하였는데, 이들 광산김씨 일파가 청도에 정착하게 된 연유에 대해서는 알 수가 없다. 김철성은 1남 7녀를 두었는데, 박건은 그 중에서 제6녀와 혼인하였다. 이렇듯 8남매의 균분상속이었다면, 박건에게 상속된 재산 역시 큰 규모는 아니었다고 보여진다. 현재 청도 수야 4리에 해당하는 지대(池臺) 일원을 김철성에게 상속받았던 것으로 알려지고 있다.

소고공 박건은 무과를 통해 입사하였다. 족보에 의하면, 어모장군(禦侮將軍: 정3품)으로 훈련원 봉사와 용양위(龍驤衛) 부사직(副司直: 종5품)을 지냈다고 한다. 조선초기 군사제도의 근간을 살펴보면, 세종이 기존의 10사(司)에서 12사로 개편하였다가 문종이 즉위하자 이를 다시 5사 체제로 만들었고, 그 뒤 세조 3년(1457)에 5사를 다시 5위(衛)로 개편하게 되었다.[29] 이때 새로 개편된 5위 중에 하나가 용양위(龍驤衛)였

28) 『용재총화』에서는 약항의 아들 處가 부친의 일로 반미치광이가 되었다고 전한다.

29) 육사 한국군사연구실편, 1968, 『韓國軍制史: 近世朝鮮前期篇』 陸軍本部.

으니, 박건이 무과 급제 이후 훈련원 봉사를 거쳐 용양위 부사직을 역임했다는 족보의 설명은 어느 정도 신빙성을 확보하고 있다고 볼 수 있다. 훈련원 역시 조선 초기에 무과출신들이 권지(權知)로 배속되는 기구였고,[30] 따라서 박건이 훈련원 봉사를 역임했다는 사실 또한 믿을 수 있는 내용이다.

이렇듯 박건은 세조 초기에 설립된 용양위 소속 장군으로 있다가 그 후 두 차례 정도 귀양 간 것으로 보인다. 세조 11년(1465) 왕세자가 사냥을 하고 돌아 올 때 박건 일행이 말을 달려 길을 끊었다는 것인데,[31] 이 행위가 의도적이었는지 아니면 실수였는지에 대한 것은 잘 나타나 있지 않다. 이로 인해 박건은 이신행과 함께 장 1백 대에 고신을 거두어 외방에 유배형을 받아 귀양 가게 되었다.[32] 현재 남아 있는 박건의 시 몇 편은 모두 적거지(謫居地)에서 남겼던 것들이나, 더 이상의 행적에 대해서는 알 길이 없다. 다만 실록 기록과 현존하는 문중 기록이 어느 정도 상관성을 가진다는 점이다.

청도 밀양박씨 입향조 박건은 아들 박승원을 두었는데, 그 역시 무과를 통해 입사하여 어모장군(禦侮將軍: 정3품) 충순위 부사직을 역임하였고, 사후 충순공(忠順公) 시호가 내려졌다. 박승원은 밀양에서 이주해 온 아버지 박건의 기반과 또 외가인 판서공 김철성의 사회·경제적 기반을 물려받았고, 또 진주하씨 경절공 하숙부 딸과의 혼인을 계기로 경제적 배경을 더욱 공고히 할 수 있었다. 당시 청도 수야 지

30) 박홍갑, 2002, 「조선초기 훈련원의 위상과 기능」『史學硏究』 67.

31) 『세조실록』 권35, 세조 11년 3월 4일 신해.

32) 『세조실록』 권35, 세조 11년 3월 12일 기미.

역의 광활한 농장을 소유했던 경절공 하숙부의 재산이 사위인 박승원에게 상속되었던 것으로 보인다.

진주하씨는 그 계통이 뚜렷하지 않은 3개의 계파로 나누어진다. 하공진(河拱辰)을 시조로 하는 시랑공파(侍郎公派), 하진(河珍)을 시조로 하는 사직공파(司直公派), 하성(河成)을 시조로 하는 단계공파(丹溪公派)가 그것이다. 사직공파의 하연(河演)과 시랑공파의 하륜(河崙)은 같은 시대에 정승을 지냈건만, 서로의 계보를 상고할 수 없다. 하륜과 계보를 같이 하는 하숙부의 경우 그 조부가 하경복(河敬復)이다. 하경복은 조선초기 병마도절제사로 15년 동안 북경 수비에 큰 공을 세운 인물로, 영의정을 지낸 하륜과는 7촌간이 된다. 이에 대한 간략한 계보는 대략 다음과 같다.

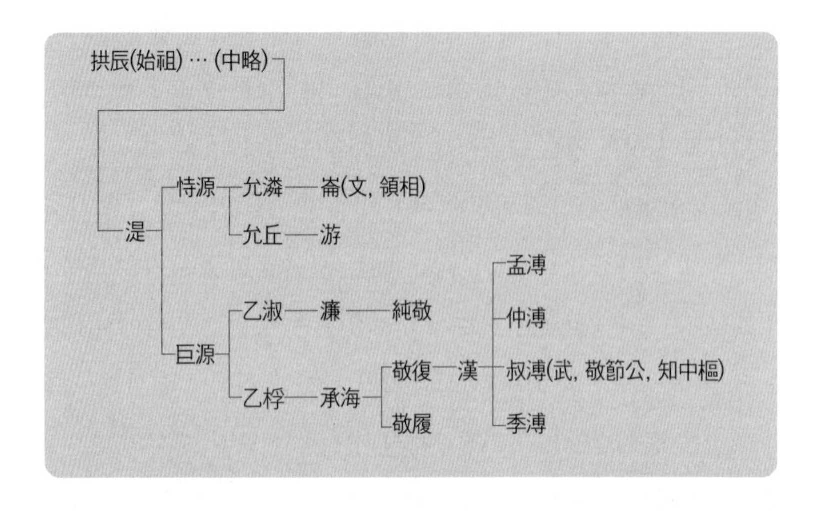

양정공 하경복, 장강공 하한, 경절공 하숙부는 3대에 걸쳐 내리 무과를 급제한 무반 가문이었다. 경절공이 청도에 정착했던 연유에 대해서는 이렇다 할 단서를 잡을 수가 없다. 진주와 하동 지역에 진양하씨 집성촌은 많고, 그 중에서 대곡면 단목리, 수곡면 사곡리, 옥종면 안계와 종화리 등이 대표적인데, 양정공 후손은 종화리를 중심으로 세거하고 있다.

박승원의 장인이 되는 하숙부는 무과에 올라 벼슬이 참판에 이르렀다. 청간(淸簡)함이 칭송되었고, 그의 조부 하경복과 함께 『신증동국여지승람』 진주 인물조에도 나란히 올랐을 정도다.[33] 세조 12년(1466)에 이미 통정대부에 올라 당상관이 되었고, 이듬해에는 명에서 여진정벌을 위한 원군을 요청하자 대장 강순 휘하의 비장으로 어유소·남이와 함께 출정하여 공을 세운 바가 있다. 그 후 부총관과 경상우도 병마절도사를 거쳐 충청도절도사로 있던 연산군 7년(1501)에 생을 마감하였다.[34]

당시의 사회·경제적 지위로 봐서는 적지 않은 하숙부 재산이 사위였던 박승원에게 상속되었는데, 그것은 수야 마을 일대의 전답과 노비였다. 박승원의 장자 박하담의 문집『소요당일고(逍遙堂逸稿)』에 의하면, 지대(池臺)는 중외조(重外祖) 판서김공(判書金公:金哲誠)에게, 노비는 외대부(外大父) 경절하공(敬節河公:河叔溥)에게서 물려받았다 한다. 이리하여 박승원은 아들 삼형제 이름을 하담(河淡)·하청(河淸)·하징(河澄)으로 지었는데, 이는 외가인 진주하씨를 잊지 말라는 뜻을 담은 것이

33) 하숙부: 『新增東國輿地勝覽』 제30권 慶尙道 晋州牧 新增 人物 本朝.
하경복: 『新增東國輿地勝覽』 제30권 慶尙道 晋州牧 人物 本朝, 제32권 慶尙道 昌原都護府 名宦 本朝, 제50권 咸鏡道 鏡城都護府 名宦 本朝, 同卷 吉城縣 名宦 本朝.

34) 『연산군일기』 권41, 연산군 7년 11월 3일 정축, 충청도절도사 하숙부의 졸기.

었다.[35]

3. 사림세력 성장과 박경신 가문

소고공 박건이 청도 수야에 정착한 이래 그 후예들은 다양한 종족 활동을 통하여 정체성을 확립해 나갔고, 그 결과들이 오늘에까지 영향을 미치고 있다. 특히 영남사림 세력이 성장해 가던 시기에 소고공의 손자 3형제(하담·하청·하징)가 두드러진 행적을 남겨 각기 파조로 받들어지고 있는데, 이들 후예들은 조선후기에 접어들어서도 위선사업을 위한 다양한 종족 활동을 해왔고, 그 결과물인 각종 유형 무형의 문화재들이 학계나 언론에서까지 꾸준하게 주목을 받아왔다.

소요당 박하담, 성와 박하청, 병재 박하징 등 소고공 손자인 이들 3형제가 활동할 당시는 훈구세력과 사림세력들 간의 치열한 권력투쟁이 전개되고 있었다. 특히 영남 내륙에 위치한 청도는 일찍이 김일손(金馹孫)이나 박한주(朴漢柱) 등과 같은 사림(士林)의 선비들을 배출하였고, 이들과 혈연 혹은 혼맥으로 얽힌 소고공 손자 3형제 역시 청도 지역을 대표하는 사림(士林)의 위치에 서게 되었다. 영남 사림파들이 중앙 정계에 진출하여 연산군대의 사화기를 맞았고, 이를 경험한 소고공 손자들은 중앙의 정치 현실에 참여하는 것보다 은거의 삶을 통하여 현실비판자로서의 입지를 지켜 나갔다. 16세기에는 정치에

---

35) 박하담, 『逍遙堂逸稿』 年譜

참여하여 국정을 운영할 수 있는 능력을 지녔음에도 당대를 난세로 인식하여 출사를 단념하고 초야에 은둔한 일군(一群)의 선비들이 다수 형성 되었는데, 이들 형제의 삶이 바로 이런 시대적 분위기와 맥을 같이 하고 있어 주목되어 왔다.

청도는 무오사화의 당사자인 김일손의 출신지이기도 했고, 아울러 밀양과 더불어 진주권이 중심인 경상우도와는 구분되는 경상하도로 파악되기도 하지만, 이곳의 학풍이나 학문적 교유범위는 경상우도와 밀접히 관련되어 있었다. 16세기 조선사회는 성리학이 정학(正學)으로 자리를 잡아 나가는 시기였지만 학문적인 분위기는 상대적으로 자유로웠다. 남명 조식(曺植)의 경우 성리학을 근간으로 하면서도 다양한 인접학문에 경도되어 있었듯이, 박하담이 호를 소요당이라 한 것 역시 노장적인 처세의 일면을 보여주고 있다.[36]

박하담은 중종 11년(1516년)에 사마시에 합격한 후 3년 후 유일로 천거 받아 현량과에 추천되었으나 응시하지 않았다. 이후 출사를 포기하고 청도의 운문산 아래의 눌연(訥淵)에 정자를 짓고 소요당이라 이름하고 여생을 보냈다. 그는 기묘사화로 조광조일파가 처형되자 남았던 전고(全稿)를 다 불태워 버렸으며, 임진왜란 이후로는 유문(遺文) 마저 없어졌다고 전한다. 박하담에게 있어서도 16세기 처사상을 견지한 대부분의 학자처럼 사화의 충격은 매우 컸음을 알 수 있다. 『소요당일고』 서문을 쓴 이돈우(李敦禹: 1801~1884)는 중종~명종대에는 정치와 문화가 융성하여 조식·김대유·주세붕 등과 같은 많은 학자들

36) 申炳周, 1997, 「16세기초 處士型 學者의 學風과 現實觀 -金大有와 朴河談을 중심으로-」『남명학연구논총』 5, 남명학연구원.

이 배출되었는데 박하담도 그 중의 한 명이었고, 기묘사화와 을사사화 이후에 화를 피하여 은거했다고 기록하고 있다.[37]

박하담은 은거와 학문의 중심무대를 운문산으로 정했지만, 청도는 동서로 길게 뻗은 중간 지점의 험준한 곰티재를 넘어야 하기에 산동과 산서지역 왕래가 불편한 곳이다. 그리하여 박하담은 산서의 수야 마을에서 산동의 섶마루로 이주하여 별업을 마련하였는데, 이곳이 바로 은거하기 좋은 운문산 자락이었다. 그가 남긴 운문산부(雲門山賦)나 소요당기(逍遙堂記) 등에서 학풍이나 처세가 단적으로 드러난다. 운문산 아래에 소요당을 짓고 유유자적하는 삶의 즐거움에 취하지만, 그는 결코 현실을 잊은 은둔자는 아니었다. 김대유와 함께 산동지역이 군 소재지와 멀고 길이 험하여 백성들이 관가(官家)에 납부할 곡식을 운반하기가 불편하다는 향촌민들의 민원을 적극 수용하여 사창(社倉) 건립을 실현시켰으며,[38] 행단(杏亶)을 설치하여 향촌민들과 향음주례를 익히는 등[39] 적극적인 성리학적 실천 운동을 벌여 나갔다. 사창 건립이나 향사례와 향음주례가 16세기 사림파들이 향촌 주도권을 잡아가는 과정에서 향촌민들을 교화시키는 주요한 수단이었던 점을 고려하면, 박하담이야말로 16세기 사림파 학자들의 전형적인 모습을 보여주고 있다.

박하담 아래의 성와공 박하청이나 병재공 박하징 역시 그와 비슷한 학풍과 현실관을 보였던 것으로 보인다. 박하청 1481년에 출생했

37) 『逍遙堂逸稿』 권1, 序, 逍遙堂逸稿序 (李敦禹)

38) 『逍遙堂逸稿』 附錄, 行狀

39) 『逍遙堂逸稿』 권1, 壇杏記 "壇可用五十人 時與鄕隣僚友 習鄕飮酒禮於其上"

으며 호는 성와(城窩)인데, 소요당 문집에서 찾은 그에 관한 기록을 보면, '기묘사화 후 형제들이 문을 걸어 잠그고 성리학에만 전념했다(己卯士禍後 兄弟遂杜門 講究經理)'라 하였듯이, 기묘사화가 은거 생활로 들게 한 직접적인 원인이었던 것으로 추정된다. 그런데 기묘사화 2년 후에 일어난 신사무옥(辛巳誣獄)이 박하담 형제에게는 더 큰 충격이었을 것이다. 중종 16년(1521) 안당의 아들 안처겸이 기묘사화를 일으킨 주역 남곤과 심정 등을 숙청하고 경명군(景明君: 숙의홍씨 소생, 성종 열째아들) 추대를 모의했다는 역모죄로 처벌되었는데, 안당이 우당 박융의 외손자이니, 이들에겐 외5촌이 되는 셈이다. 이웃의 김일손이 무오사화로 처형당한 이후 출사를 포기하고 은거형 처사로 살아갔던 박하담 형제들은 비슷한 학풍과 현실관을 보였던 것은 우연이 아니었다. 현재 남아 있는 시를 보면 주로 3형제끼리 주고받은 것이 많은데, 그만큼 돈독한 우의를 다진 것으로 보인다.

박하담과 5살 터울인 막내 하징은 성종 14년(1483) 청도 지내리(池內里)에서 출생한 후 3~4세 때부터 글을 깨우치기 시작하여, 주로 백형인 소요당을 따라 운문산 기슭의 입암과 눌연(訥淵)에서 사서를 탐독하였으니, 소요당 영향이 컸음을 알 수 있다. 그의 나이 15살 되던 해에 무오사화가 일어나 김일손 처형을 몸소 경험하였고, 21살이 되던 해에 갑자사화가 일어나 족숙(11촌)이던 오졸재 박한주가 처형되었으니, 그의 젊은 시절은 매우 급박했던 정치상황의 연속이었다. 이런 가운데 향내의 삼족당 김대유를 비롯하여 경상우도의 주도적 인물이었던 조남명은 물론이고, 파주의 청송 성수침과 충주의 탄수 이연경 등 기호사림계의 인사들과도 폭넓게 교류한 점이 이채롭다.

32살이 되던 중종 10년(1515) 천거로 사간원 정언에 제수되자, 그의 심정을 시로 남기는 동시에 탄수 이연경에게 서신을 보내 관직에 뜻이 없음을 간접적으로 표현하기도 했다.[40] 그리하여 입대(入對)한 후 옛 제왕의 도와 임금은 모름지기 덕(德)에 힘을 쏟아야 한다고 건의하고 물러나, 송도로 가서 고조부 충숙공 박익(朴翊)의 유허지를 둘러보고 감회에 젖기도 했다.

천거로 사간원 정언에 제수 되었다는 것은 당시로서는 매우 파격적인데, 이는 이조판서로 인사권을 쥐고 있던 안당의 영향력이었던 것으로 추정된다. 이 시기는 인사권을 장악한 안당이 조광조를 비롯한 신진세력들을 적극적으로 천거하던 시기였고, 아울러 안당이 박융(朴融: 박하징 증조)의 외손자였다는 점을 감안한다면[41] 외5촌 조카에게 도움을 준 것으로 여겨진다. 그러나 박하징은 끝내 관직에 뜻을 접었고, 기묘사화 후 더욱 학문에만 정진하게 되었다. 이리하여 수석이 아름다운 귀일곡(歸一谷: 현재 수야 4리)에서 석대를 쌓고 두어 이랑의 땅에 연못을 만들었는데, 이것이 대대로 전해 내려오는 별업(別業)이다.

박하징에게서 백형 소요당과 삼족당은 늘 함께 하는 벗이자 스승이었는데, 소요당이 82세, 삼족당이 73세의 일기로 생을 마감하였던 것을 생각하면 거의 한 평생을 같이 한 동지이기도 했던 셈이다. 그리고 연하인 남명 조식이나 퇴계 이황과의 교류 역시 박하징 혼자보다는 형제들이 함께 한 적이 많았다. 남명이 곽순을 대동하고 청도를 방문하였을 때 함께 어울렸다거나, 형제가 같이 남명을 방문한

40) 『병재선생문집』 권2, 「答李灘書」 및 권4, 「行狀」 등.

41) 『憂堂集』「行狀」 및 『國朝文科榜目』 成宗 12년 親試 丙科의 安瑭條.

것에서 그들의 공동 교류가 잘 나타난다. 특히 박하징 형제가 조식을 방문하였을 때 이별의 아쉬움을 토로하면서 지은 조식의 시에서 그들의 교류관계는 극명하게 드러난다. 특히 박하징 문집에 보이는 퇴계와의 편지글에서 그의 진정한 도학 탐구자세와 학문적 경향이 잘 나타나 있는데, 이런 교류로 인하여 박하징의 외아들 박적이 퇴계 문인록에도 올랐다고 보여진다.[42]

뿐만 아니라 박하징 형제는 경기도 파주에 있던 청송 성수침을 방문하여 성리학에 대한 갈증을 해소하기도 하였다. 성수침은 아우 수종(守琮)과 함께 조광조의 문인으로 현량과에 천거되었다가 기묘사화가 일어나자 벼슬을 단념하고 어머니 고향인 파주 우계(牛溪)에서 청송이라는 편액을 내걸고 두문불출하였다. 이때부터 경서 공부에 전념하여 도학사상을 부흥하였는데, 그의 문하에서 아들인 대학자 성혼(成渾)을 배출함으로써 기호학파의 연원이 되기도 했다. 성수침은 박하징보다는 연하였음에도 불구하고 형제가 나란히 파주까지 내왕하고 있다는 점에서 그들의 교유관계는 지역과 연령을 초월한 것이었음을 알 수 있다.[43]

당시 박하담 박하징 형제들이 교유했던 인물들의 면면을 보면, 다음의 표와 같다.

---

42) 『陶山及門諸賢錄』(국립중앙도서관 古2510-37) 권5 續錄.

43) 『병재선생문집』 『소요당일고』 등에는 당시 박하징·하담 형제가 파주 우계에 은거하던 성수침을 방문하여 남긴 시를 비롯하여, 성수침이 상을 당했을 때 牛溪 居廬를 직접 방문하여 남긴 글들이 여러 편 전한다.

표 1 **박하담 박하징 형제들의 교유관계망**(소요당문집과 병재문집에 근거함)

호/이름	생년	몰년	향년	근거지
소요당/박하담	1479(성종 10)	1560(명종 15)	82	청도
병재/박하징	1484(성종 15)	1566(명종 21)	87	청도
삼족당/김대유	1479(성종 10)	1551(명종 6)	73	청도
탄수/이연경	1484(성종 15)	1548(명종 3)	69	충주
회재/이언적	1491(성종 22)	1553(명종 8)	63	경주
청송/성수침	1493(성종 24)	1564(명종19)	72	한양 파주
퇴계/이 황	1501(연산 7)	1570(선조 3)	70	안동
남명/조 식	1501(연산 7)	1572(선조 5)	72	김해 산청
경재/곽 순	1502(연산 8)	1545(명종 즉위)	44	영천
우계/성 혼	1535(중종 30)	1598(선조 31)	63	한양 파주

영남우도나 좌도에 직접 연결되지 않는 청도의 지역적 특성으로 박하담·박하징 형제는 남명이나 퇴계 양쪽과 자연스런 교류가 이루어졌다. 이렇듯 한쪽으로 치우치지 않았던 교류는 이들이 살았던 당시까지 남명학파와 퇴계학파가 분기되기 이전이었다는 점도 작용되었음이 틀림없다. 특히 박하징이 남명이나 퇴계에게 보낸 편지글을 보면, 심오하고 깊이 있는 심성철학까지 논하고 있었다. 이를 통해 볼 때 청도 선비들의 성리학에 대한 이해가 본 궤도에 오른 단계였음을 짐작케 한다.

아울러 박하담이 주세붕이나 선산의 박영 등 경상도 북부지역 인사들과 교류한 사실들도 기록으로 남아 있고, 또 박하징이 충주 사림을 영도하던 탄수 이연경은 물론이고 을사사화 여파로 일어난 양재역벽서 사건에 연루되어 강계로 유배된 이언적에게 자주 안부를 묻는 서찰과 약재까지 보내주는 등의 성의를 다하고 있었다는[44] 점에서 이들 형제들의 교류관계는 인근 영남지역 인물들뿐만 아니라 기호지역 학자들까지 광범위하게 이루어졌음을 알 수 있다.

박하담을 비롯한 3형제의 학문관이나 처세관은 김종직·김일손 등으로 이어지는 영남사림파의 전통위에서 성장한 것이었으며, 사화기라는 당시의 정치현실을 부정적으로 인식하고 출사를 단념하고 향촌에 은거하면서 학문을 닦았지만, 단순한 현실은둔자는 아니었다. 여느 사림세력들이 그러하듯, 사창이나 향음주례 등을 적극 보급하는 한편, 처사적 삶을 살았기 때문에 사상적으로도 자유로울 수 있었다. 따라서 이들은 성리학 이념을 실천해 가면서도 불교나 노장사상에 경도된 모습을 보였으며, 무예 등에도 관심을 가지고 있었다. 박하담 형제는 경상우도 사림의 영수가 되었던 조식과는 특별히 깊은 교분을 형성했다. 남명 조식이 중시한 의(義) 사상 때문에 경상우도 지역이 임진왜란을 당하여 의병운동의 중심지가 되었듯이, 박하담 후손들이 주로 무과로 진출한 것이나 임진왜란을 당하여 적극적으로 의병활동에 나선 것 역시 이와 무관하지는 않다고 본다.

4. 임진왜란 후 박경신 가문의 위상

청도는 경상 좌·우도의 중간이기도 하지만 남북으로도 중간지점

---

44) 『병재선생문집』 권2, 「書」 晦齋李先生答先生兄弟書

이다. 이는 자유로운 지리적 여건인 동시에 타 지역과 교류하기 편한 면도 있다. 따라서 청도 지역에 세거하던 밀양박씨 소고공파들의 종족 활동은 대내외적으로 매우 활발하게 진행되었다. 이처럼 명당으로 이름난 청도 수야 일원을 우리나라에서 규모가 가장 큰 동족마을로 만들었던 것은 결코 우연이 아니었다. 물론 박승원의 아들 삼형제가 사림으로 활동기반을 넓혔다거나, 또 그 후손들이 임진왜란을 당하여 의병에 투신함으로써 활동 영역을 넓혀갔기 때문이었음은 부인할 수가 없다. 그러나 그 후손들의 활동 역시 이미 이루어 놓은 선대의 사회경제적 토대가 있었기 때문에 가능했던 것이다. 이어 소고공 후손들은 임진왜란을 당하여 14명의 의병장을 배출하면서 청도 고을을 지켜냈고, 이를 바탕으로 조선후기부터 한말에 이르기까지 재지사족으로서의 다양한 활동들을 펼칠 수 있었다. 즉, 서원건립, 족보와 문집 편찬 등 위선사업에 힘을 쏟는 한편 해동속소학과 같은 교과서 편찬사업은 물론이고, 나아가 다른 종족과의 적극적인 향전을 통하여 자신들의 입지를 굳혀갔다. 이같이 밀양박씨 소고공파가 조선후기에 들어와 다양한 종족 활동을 펼쳤다는 것은 입향조 이래 재지적 기반을 굳건히 하여 성공적으로 정착하였기 때문인데, 우리나라 동족마을 중에서도 가장 큰 규모를 자랑할 수 있었던 것도 여기에 기인한 것이며, 아울러 타 문중에 비해 학계의 연구 결과가 풍부한 것도 그러한 이유 때문인 듯하다.

사화(士禍) 정쟁기를 거쳐 선조가 즉위할 당시에는 훈구 척신 세력들이 거의 제거된 상태였다. 이는 곧 사림정치가 꽃을 피운 시기였다는 점을 말한다. 그러나 곧 미증유의 임진왜란을 맞이하여 전 국토가 유린되고 말았다. 왜적이 쳐들어 왔던 선조 25년(1592) 4월 13일에 부산이 함락되고, 이튿날 동래성까지 적의 수중에 들어갔다. 이어 4월 18일에는 밀양, 20일에는 청도까지 함락되고 말았다. 이렇듯 밀양과 청도가 일찍 적의 수중에 들어간 것은 적들이 한양으로 진격하는 중요한 길목이었기 때문인데, 순찰사 김수는 후퇴하여 진주성에 머물렀고, 청도 군수 배응경은 적을 피해 청도와 대구 경계에 있는 최정산에 숨어버렸으며, 좌병사 이각은 병사를 거느리고도 진격하지 못하고 있었고, 우병사 조대곤은 웅천에서 싸워 패배한 장수가 되었으니, 삽시간에 영남의 울산·언양 이북의 6~7개 읍이 적의 수중에 들어가고 말았다.

이에 청도의 재지사족들은 스스로 의병을 조직하여 적을 격퇴시키지 않을 수 없었는데, 특히 밀양박씨 소고공파 일문에서 창의를 선도한 공이 컸다. 당시 청도 의병은 소요당 박하담 손자들이 중심이 되어 운문산 일대에서 창의의 깃발을 올렸고, 이어 청도읍성을 탈환하는 공까지 세웠는데, 이들은 모두 부자형제·숙질·종형제 사이였다. 창의에 가담한 11명은 선무원종공신 1~3등에 각각 녹훈되었고, 여기에 3인을 추가한 14의사는 타 가문에 찾기 어려운 희귀한 사례라 할 것이다.[45]

이렇듯 공신책봉을 통해 정치사회적 기반과 경제적 기반을 더욱 공고히 하게 된 소고공 후예들은 청도 지역을 영도하는 재지사족으로서의 위상을 넓혀가기 시작했다. 예컨대, 임진왜란이 끝난 후 청

45) 『두산백과』「14의사묘정비」.

도 사찬읍지 간행을 주도한다거나, 유향소를 통해 그 성세를 확인하는데도 적극적이어서, 그 결과물들이 『오산지』나 17세기에 작성된 청도향안에 잘 나타나 있다. 우선 청도 사찬 읍지 『오산지』의 항목에서부터 그런 사실들을 엿볼 수 있는데,

표 2 『오산지』 항목 내용

구분	항목 내용	계
자연지리	1. 山川形勢總論(沿革, 官員 포함)	1
역사문화	2. 三國遺事, 道詵踏山記, 鰲山三傑, 土姓, 官基, 學宮, 三先生奉安文, 三先生春秋常享祝文, 平時濯纓先生常享祝文, 追贈三先生, 賜額紫溪書院三賢祠諭祭文, 節孝先生行蹟, 濯纓先生行蹟, 史禍首末略錄, 古跡, 三足堂先生行蹟, 薦目, 仙巖鄕賢祠, 鄕賢祠移建仙巖記, 逍遙堂先生行蹟, 三足堂贈逍遙堂詩, 先賢墓地, 先賢墓田, 節孝先生孝門碑銘 幷序, 節孝先生孝門碑銘跋, 三足堂先生墓碣銘 幷序, 英憲公事蹟, 名宦, 土主來歷, 郡守善政碑文, 孝子烈女旌表門, 文武名人, 文武東班職, 境內勝地, 境內寺刹, 石塔, 石佛, 東松亭, 栗林, 考異, 送金直長駿孫驥孫榮親淸道序, 重修淸道學記, 如海院重刱移文, 鄕老堂記, 大同記, 講學諸生諭文, 拄笏軒記, 拄笏軒移建上樑文	48
경제	土産, 面禾倉, 堤堰, 防川, 官竹田, 官紙所, 投虎店, 田結元數, 帳籍戶口元數, 進上土産	10
행정군사	城內外廨宇各所, 重創淸德樓, 郡地界遠近, 分掌道里, 典社壇, 祈雨壇, 境內五驛, 境內各站院舍, 境內山城, 閱武堂, 陣場, 烽燧, 軍額元數, 各項身役	14

밑줄 친 20개 편목은 모두 「학궁(學宮)」 편을 보충하기 위한 것으로, 〈향교(鄕校)〉와 〈자계서원(紫溪書院)〉으로 나누어져 소개되어 있다. 자계서원은 선조 11년(1578) 탁영 김일손을 봉안하기 위해 설치되었다가, 광해군 7년(1615)에 절효(節孝)·삼족당(三足堂) 두 선생을 함께 봉안하던 곳이다. 따라서 「삼선생봉안문」[46]을 비롯한 20개 편목은 주로

김해김씨에 대한 것들이고, 그 중에서 「선암향현사(仙巖鄕賢祠)」「향현사이건선암기(鄕賢祠移建仙巖記)」「소요당선생행적(逍遙堂先生行蹟)」「삼족당증소요당시(三足堂贈逍遙堂詩)」 등은 소요당 박하담에 관련된 내용이다. 삼족당 김대유와 박하담은 중종조 사림세력들 힘이 꺾이자 운문산 아래에서 평생을 함께 한 동지였고, 선암사(仙巖祠)는 두 선생을 모시는 사당이었기에 「소요당선생행적」 등과 함께 편목으로 잡혔다. 따라서 『오산지』 편목을 보면 청도를 대표하던 김해김씨와 밀양박씨의 행적들을 집중적으로 부각하고 있는데, 김해김씨는 구세력이었던 반면 밀양박씨는 신세력으로서의 위상을 반영한 것이었다.[47]

원래 청도는 토성 세력이 강하여 중앙에서 파견되는 수령이 다스리기 어려운 지역이었음이 『고려사』에도 나타나지만, 특히 고려말기에는 청도김씨의 세력이 매우 왕성했다. 고려 후기에 사족으로 성장한 청도김씨 일파는 개경으로 이주하기도 했지만, 재지 일파는 사족과 이족으로 분화되어 갔다. 그런데 청도 지역에는 조선이 건국된 후 본 읍의 토성들은 침체된 반면 타 지역에서 이주해 온 가문들이 재지사족으로 성장하여 고을을 영도하는 현상을 보여주고 있다.

특히 고려 말에 청도에 이주한 김해김씨는 탁영 김일손과 삼족당 김대유와 같은 명환을 배출하여 청도 지역을 대표하는 가문으로 부상하였고, 밀양박씨 소고공파 또한 세종집권기를 즈음하여 청도

---

46) 節孝선생은 효행으로 『삼강행실』에도 올랐던 金克一을 말한다, 그의 아들 金孟은 金駿孫·驥孫·馹孫을 두었으며, 김준손 아들이 三足堂 金大有이다.

47) 박홍갑, 2005, 「청도 사찬읍지 鰲山志(1673)의 編目과 특징」『중앙사론』 21, 중앙대학교 중앙사학연구소.

로 이주해 온 이후 착실하게 재지적 기반을 다져나갔다. 그럼에도 15~16세기 청도지역에는 김해김씨 성세가 크게 앞서고 밀양박씨가 그 뒤를 잇는 형국이었다. 그런데 17세기 이후 작성된 청도지역의 향안을 분석해 보면, 김해김씨는 쇠퇴해 간 반면 밀양박씨 소고공파가 청도 재지사족을 주도해 간 형국으로 변해갔다.

향안이란 조선시대 지방자치 기구인 유향소를 운영하던 향중(鄕中) 사류(士類)들의 명부인데, 여기에는 세족(世族)·현족(顯族)·우족(右族) 등으로 불리던 양반 사족들만이 입록될 수 있었고, 향안에 입록되어야만 좌수·별감 등의 향임에도 선출되고 지배신분으로 행세할 수 있었다. 입록 자격으로는 친족은 물론 처족과 외족까지 포함된 족계가 분명해야 되고, 반드시 문벌세족이어야 하였다. 그리고 가계는 물론 본인에게도 허물이 없고 품행이 뛰어나야 했다. 허물이란 본인 및 내외족계 안에 천계(賤系) 또는 범죄 흔적을 말한다. 입록 절차 또한 까다롭다. 향원들이 추천을 하면 충분한 토의를 거친 후 권점(圈點)을 통해 결정하기에, 매우 엄격하게 관리되었음을 알 수 있다.

따라서 17세기 청도지역 양반 사족층은 『청도향안정명록(淸道鄕案正名錄)』에[48] 거의 망라되어 있다고 볼 수 있다. 1712년 이광절에 의해 편찬된 『청도향안정명록』은 목활자본이며, 17세기 전반에 작성된 「청도향안정명구록(淸道鄕案正名舊錄)」과 후반에 작성된 「청도향안정명록(淸道鄕案正名錄)」으로 구성되어 있다. 따라서 당시 청도에 산재한 재지사족들의 명단이 이 향안에 일목요연하게 정리된 셈인데, 청도 지

48) 『淸道鄕案正名錄』(계명대학교 도서관 소장 목활자본).

역의 향권을 이해하는 데 매우 소중한 자료이다. 이들 향안을 토대로 하여 각 시기별·성관별 입록자를 분류해 보면 다음 표와 같다.[49]

표 3 17세기 전반 청도지역 姓貫別 鄕案 入錄者 현황

구분	김				이				박	최		손			예	민	반	원	곽	장	조	노	고	蔣	합계
	청도	김해	고령	의성	고성	경주	재령	전의	밀양	경주	미상	밀양	안동	미상	의흥	여흥	기성	원주	현풍	하산	함안	장연	제주	아산	
1599	1	1			8	3	2		4		1					1					1	1			23
1600	1				1	1		1	4	1	1				1								1	1	13
1609					2	1	1		8							1									13
1610															1			1							2
1614					1	1			3										2	1					8
1617		1	1		1												1								4
1627					3	4			2														1		10
1645	1	1		1	17	6	2	1	16	3		1			2		1	1							53
1651					4				5				1		2		1								13
1655	1	1			1	4			9	1				2	2			1							22
1657	1	1	1	1	8			1	7										2	1					23
합계	5	5	2	2	46	20	5	3	58	5	2	1	1	2	8	2	3	3	4	2	1	1	2	1	184

여기에서는 밀양박씨와 고성이씨 비율이 약 57%에 달하고 있다. 즉 고려 말 성세를 보인 청도김씨를 비롯한 토성들이 절멸한 상태였고, 조선전기에 큰 세력을 형성한 김해김씨 역시 크게 쇠락한 양상이다. 대개 연산군 이후 연속되는 사화 등 정치적 혼란 속에서 지방

49) 향안 분석에 관한 〈표 2〉 〈표 3〉은 다음 논문을 참조하였다. 장동표, 1998, 「16·17세기 청도지역 재지사족의 향촌지배와 그 성격」『釜大史學』 22; 박홍갑, 2013, 「조선중기 청도 士族들의 정치 사회적 활동」 한국국학진흥원 국학순회 교양강좌.

재지사족 역시 큰 영향력을 받았다. 이는 청도지역 또한 예외는 아니어서, 김해김씨는 무오사화로 죽음을 당하거나 전라도 등지로 이주해 갔던 후손들이 많았고, 고성이씨는 사화를 피해 새로이 청도로 입향한 경우이다.

이 시기의 청도 향안 입록자(入錄者) 184명 중 밀양박씨가 58명을 차지하고 있는데, 여기에는 계파를 달리하는 소고공파 46명과 두촌공파(입향조 朴揚茂) 12명으로 구분된다. 소고공 후손들은 산동과 산서를 막론하고 청도 관내에 고르게 분포하고 있는 반면, 두촌공 후손들은 이서 신촌마을 중심으로 세거하고 있다. 아무튼 17세기 전반기 향안을 통해 본 청도 향촌세력 위세는 소고공 후손과 고성이씨 중심이었음을 짐작할 수 있다. 그러나 17세기 후반기에 접어들면, 아래 〈표 4〉에서 보듯이 밀양박씨의 향권 주도세는 더욱 두드러진다.

표 4 17세기 후반 청도지역 姓貫別 鄕案 入錄者 현황

구분	김				이				박		최	손			예	민	반	원	곽	장	조	노	고	蔣	합계
	청도	김해	고령	의성	고성	경주	재령	전의	밀양	죽산	경주	밀양	안동	미상	의흥	여흥	기성	원주	현풍	하산	함안	장연	제주	아산	
1661	3	4	1	2	27	9	1	3	46		3		1	3	5		1	2	3	1					115
1693	1	4	2	1	11	1	2		16		1		1		3				2						45
1700	4	2	1		15		5		13	1		1			7		1	1		1					52
합계	8	10	4	3	53	10	8	3	75	1	4	1	2	3	15		2	3	5	2					212

※ 총 214명의 입록자 중에서 본관 미상의 김씨·이씨 각 1명을 제외한 수치임

17세기 이후에는 각 지역별 향촌사회 질서가 크게 재편된 시기이기도 한데, 여러 원인 중에서 가장 큰 것이 왜란과 호란이었다. 앞에서도 언급되었듯이, 청도지역은 소고공파 문중에서 박경신을 비롯

한 14명의 의병장이 배출되어 고을을 지켜냈고,[50] 임진왜란 후 이들이 공신으로 책봉되면서 그 성세는 더욱 커져갔다. 당시의 공신 책봉 상황을 보면, 1등공신 박경신을 비롯하여, 2등공신 박경전·박경윤·박지남·박철남·박린·박근, 3등공신 박선·박찬·박구·박숙 등 모두 11명이 선무원종공신으로 책록 되었고, 박우는 이괄 난을 진압한 공으로 진무원종공신(振武原從功臣)에 책봉되었다. 그리하여 소고공 후예들은 임진왜란 공신 책봉을 바탕으로 향내의 향권 장악은 물론이고, 각기 지파별로 위상을 더 높이기 위해 경쟁적으로 위선사업에 뛰어들었다.

18세기에 접어들고부터는 경향 각지의 어느 문중 할 것 없이 조상현양사업에 너도나도 뛰어들던 시기였기에, 변무록·창의록·동고록·충효록 같은 자료가 쏟아지던 시기였고, 이런 시대적 분위기 속에서 소고공 후예들도 예외는 아니었다. 임진왜란 당시 충의로 싸운 인물을 현양하기 위해 『충효록』이나 『박씨충효록』이 편찬되었으며, 이를 기초로 하여 고종 4년(1867)에 최종적인 결과물인 『십사의사록』이 간행될 수 있었다. 『십사의사록』은 기존의 관찬사료나 일반적으로 알려진 야사에서 결여된 임진왜란 당시의 지역전투 상황과 전쟁극복에 대한 구체적인 실상을 소상히 제시해 준다는 점에서 보존가치가 높지만, 『충효록』은 1797년(정조 21)에 간행된 것이고, 『박씨충효록』도 편찬자 박정상의 생몰년을 볼 때 1800년 이후에 편찬된 것이

50) 姜周鎭, 1980, 「壬辰倭亂과 淸道十四義士論」 『한국학논집』 7.
金錫禧·金康植, 1992, 「壬辰倭亂과 淸道地域의 倡義活動 –淸道 密城朴氏 14義士를 중심으로–」 『부산사학』 23.

기에, 당대의 기록을 토대로 한 것이 아니라는 점에서 그 사료적 가치에 사실성이 결여된다는 평가를 받고 있다.[51]

이와 짝하여 당대에 공신 반열에 오르지 못했던 인물에 대한 추숭 작업에도 박차를 가했다. 박경선과 박경인 2인의 추증은 곧 그런 노력의 결과였다. 왕조실록에서 증직을 내렸다는 사실을 전하고 있는데,[52] 박경인은 사헌부 지평, 박경선은 좌승지로 내려졌던 것으로 파악된다. 아울러 공신 책봉자들까지 추증 노력을 경주한 결과 박경신·박경전·박경윤 등에게도 각각 증직이 내려졌다.[53] 박경신이 형조참판, 박경전이 병조판서, 박경윤이 병조판서를 받았던 것은 물론 그 이전에는 진무원종공신으로 책봉 받았던 박우가 호조참의로 증직된 바가 있다. 19세기 초반 경 소고공 후손들은 공신책봉을 받은 12명에다 순조 12년에 증직 받았던 경인·경선까지 포함한 14명의 임진왜란 의사를 배향하기 위하여 순조 32년(1832)에 이서 학산1리 소재 용강재 경내에 충렬사라는 사당을 건립하였다.[54]

이런 작업들은 소위 섶마리박가(청도 금천 신지)와 보리미박가(청도 이서 학산)라 칭해지는 소요당 박하담 후손들이 중심이 되었는데, 선대였던 송은 박익이나 우당 박융, 그리고 소요당 박하담의 문집을 집중적으로 간행한 것도 이 시기였고, 족보 편찬 역시 이런 것들과 연관되어 있었다. 즉, 신유보(1741년)가 판각되기 이전인 1719년에 이미 기

51) 『두산백과』 「십사의사록판목(十四義士錄板木)」 항목.

52) 『순조실록』 권15, 순조 12년 3월 13일 을유.

53) 『순조실록』 권19, 순조 16년 7월 2일 기유.

54) 박홍갑, 2005, 『조선시대 청도와 청도사람들』, 청도문화원.

해보가 육필로 성책되어 있었고, 1804년 구갑자보, 1865년 병진보, 1924년 갑자보 등으로 이어지는 동안에도 크고 작은 보송(譜訟)의 갈등도 겪었다.[55] 이에 자극을 받은 병재공 박하징 후손들 또한 병재의 유문들을 수습하여 문집을 간행하거나 명동서사(청도 이서 수야)라는 사우를 건립하기에 이르렀다.

이런 와중에 종족내부의 갈등이 나타나기도 했지만, 이는 소고공파 문중에만 한정된 것이 아니라 당시 양반사회에서는 흔한 일상이었다. 이를 국사학계에서는 향전이라 부르기도 하는데, 각 문중마다 향전의 소용돌이 속에 휘말리지 않은 가문이 없을 정도로 자연스런 현상이었다. 안동지역의 병호시비는 물론이고, 경주의 여주이씨(이언적)와 경주손씨(손중돈) 문중간의 손이시비, 한강 정구 문중과 여헌 장현광 문중간의 치열했던 한려시비 등 크고 작은 시비가 끊이질 않았던 것이 바로 그것이다. 이런 시대적 상황 속에서 밀양박씨 소고공파 역시 청도 관내의 김해김씨와의 향전을 통하여 그 성세를 확보하는데 주저하지 않았고, 동시에 종족 내부의 갈등까지 첨예하게 노출되곤 했지만, 이는 곧 우리 역사상 조선후기 종족활동의 한 흐름으로 이해할 수 있다.[56]

---

55) 18세기 이후 족보 편간 과정에서 겪는 譜訟 역시 거의 모든 문중에서 일어나는 보편적인 현상이었고, 이에 대해서는 박홍갑의 저서『우리 성씨와 족보 이야기』(산처럼, 2014)에 자세하게 언급되어 있다.

56) 조선후기 밀양박씨 소고공파의 서원건립, 문집간행, 족보편찬과 같은 위선사업과 다양한 종족 활동에 대해서는 金盛祐의「密城朴氏 嘯皐公派의 淸道 定着과 宗族 활동」(『震檀學報』 91, 2001, 震檀學會)에 자세하게 논급되어 있다.

제2장
박경신의 교유와 생애

1. 청도 선비들의 학문적 전통

고려 말 안향(安珦)에 의해 중국 원나라로부터 주자학이 전래되면서 영남지역의 문풍(文風)이 크게 진작되었다. 이와 짝하여 이 시기 영남지역 중소 군현에서 상경종사(上京從仕) 하는 부류들이 두드러졌는데, 청도 출신의 김지대(金之岱)를 비롯하여 봉화 출신의 금의(琴儀), 순흥 출신의 안유(安裕), 의성 출신의 김훤(金晅), 창녕 출신의 장일(張鎰), 성주 출신의 이조년(李兆年), 고성 출신의 이존비(李尊庇) 등과 같은 사대부 문사(文士)들이 중앙 무대에 포진하게 되었다. 고려전기에는 중앙정치무대로 진입한 관인들이 개경으로 완전 이주하여 본관지와 무관하게 살아가는 것이 관례였지만, 고려 말에 본관지를 떠나 상경종사(上京從仕) 했던 관인들은 그렇지가 않았다. 그들은 경향을 왕래했던 것은 물론 벼슬에서 물러날 때 낙향지로 고향을 선택하던 사례가 많았다. 따라서 그런 풍조가 재지사족이 크게 성장할 수 있었던 밑거름이 되었다. 아무튼 안향(安珦)·백이정(白頤正)·권부(權溥)·우탁(禹倬) 등에 의해 수용되고 확산되어 갔던 주자학은 조선의 지배 이념이 되었다.

당시까지도 유학은 불교와 상호 보완적인 관계에 지나지 않았고, 유학자 범주에 드는 인사들도 유교와 불교를 넘나들면서 새로 수입된 주자학 보급에 노력하는 한편 불교에도 심취해 있었던 것이 사실이다. 그럼에도 주자학 수용과 더불어 새로운 양상이 사대부 사회에 파급되어 효제(孝悌)를 몸소 실천하거나 삼년상(三年喪)과 여묘(廬墓)를 행하는 풍속을 일으키는 데도 사대부들이 앞장서기 시작했다. 이렇듯 불교적인 의식에서 주자가례적인 관혼상제로 대체하고, 새로운 사회 질서의 가정윤리를 보급해 나갔다.

고려 말에 수용된 주자학은 수도였던 개경의 성균관은 물론이고 지방 향교 교육에서도 크게 보급되었는데, 공민왕 16년(1367)에 새롭게 단장한 성균관에는 목은(牧隱) 이색(李穡)을 대사성으로 삼아 제자들 양성에 크게 기여한 바가 있었듯이, 지방의 향교 교육에서도 예외는 아니었다. 삼봉(三峯) 정도전(鄭道傳) 부자가 안동 또는 영주 향교에서 수학한 것이 좋은 사례이기도 하다. 이러한 분위기는 조선 건국 후에도 계속 이어졌는데, 청도 향교 교수로 부임한 김일손(金馹孫)이 경상도 도사(都事) 박융(朴融)의 도움으로 청도 향교를 크게 중수했던 사실에서도 잘 나타난다.[1] 김일손은 그 자신이 청도 출신이었고,

1)『오산지』「청도향교중수기」

박융의 아들 박건(朴乾)이 밀양에서 청도로 이주해 왔던 것도 이런 분위기와 연관되어 있었음은 물론이다.

아울러 낙향한 인물들이 성리학적 분위기를 선도하여 지방 자제를 교육하거나, 지방 수령으로 부임한 인물들이 지방교육을 일으키면서 성리학 보급에 앞장서기도 했다. 선산 지방으로 낙향한 야은(冶隱) 길재(吉再)가 이곳에서 성리학적 분위기를 조성하였고, 김종직(金宗直)이 고향인 선산과 출생지 밀양을 왕래하면서 혹은 함양 군수로 재임하면서 제자들 육성에 힘을 쏟았고, 그 결과로 이 지역에서 사림파 인사들이 대거 배출된 것도 그런 연유 때문이었다. 청도 출신의 김일손(金馹孫)이나 박한주(朴漢柱)가 점필재(佔畢齋) 김종직(金宗直) 문하에서 성장할 수 있었던 것도 그런 지역적 배경이 작용했던 면이 컸다.

청도에 부임해 왔던 수령 중에서는 김종직과 도의로 사귀었던 이약동(李約東: 1416~1493)이 주목된다. 그는 점필재(佔畢齋) 김종직(金宗直)·매계(梅溪) 조위(曺偉)[2] 등과의 친교가 매우 돈독했던 것으로 알려져 있다. 점필재 김종직이 29세에 비로소 문과에 급제하여 형제들이 모부인을 모시고 영친연(榮親宴)을 베풀었을 때 참석한 인물 중에는 당시 청도군수로 재임하고 있던 이약동도 포함되었는데, 그는 밀양부사 강숙경(姜叔卿)과 함께 동행 하였다.[3] 이약동은 세종 23년(1441) 진사시에 합격하고, 문종 1년(1451) 증광 문과에 급제한 뒤 사섬시직장(司贍

2) 김종직의 처남으로 그의 문하에서 수학한 후, 성종 5년(1474) 문과 급제하여 사국(史局: 역사 기록청)에 천거되었고, 홍문관수찬(弘文館修撰)을 거쳐 호조참판(戶曹參判)에 이르렀다.

3) 『佔畢齋先生年譜』

寺直長)을 거쳐 단종 2년(1454) 감찰·황간현감 등을 역임한 후 청도에 부임하여 이 지역 문풍(文風) 진흥에 큰 도움을 준 것으로 보인다. 그는 경사(經史)에 매우 밝았을 뿐만 아니라, 여러 군읍을 다스리면서 언제나 청백으로 일관했는데, 특히 부임지 제주(濟州)에서 돌아올 때 오로지 채찍 하나만을 들고 오려다가 이 역시도 제주도 물건이라 하여 관루(官樓)에 매달아 두었다. 이렇듯 청백으로 일관한 그의 행적을 제주 백성들이 생사당(生祠堂)을 세워 추모했다.[4]

이상에서 청도 유학의 학문적 연원을 대강 살펴보았는데, 이곳의 지리적 특성 또한 청도 사림들의 유학에 대한 인식과 자세에 크게 작용되었음이 분명하다. 주지하듯이, 조선시대 영남지방 유학은 안동 중심 영남좌도의 퇴계학파(退溪學派)와 진주 중심 영남우도의 남명학파(南冥學派)를 양대 산맥으로 들고 있다. 15세기 후반부터 크게 활약한 김종직 이하 영남사림파들의 기반 위에서 성장한 퇴계 이황(李滉)과 남명 조식(曺植)이라는 걸출한 대유학자가 16세기 중엽부터 활약하였기 때문이다. 이리하여 영남지역은 조선유학의 중심으로 급부상하게 되어, 곧잘 낙동강을 기점으로 좌도(左道)와 우도(右道) 혹은 상도(上道)와 하도(下道)로 나누곤 했다.[5]

그런데 최근에는 낙동강 상류에 해당하는 영남좌도나 하류에 해당하는 영남우도의 중간지대를 주목하기 시작했는데, 한강(寒岡) 정구

4) 한국학중앙연구원 편, 『한국민족문화대백과사전』

5) 이익, 『星湖僿說』 권1, 東方人文 “中世以後 退溪先生 於小白之下 南冥先生 於頭流之東 皆嶺南之地 上道尙仁 下道主義 儒化氣節 如海濶山高於是乎 文明之極矣.”

(鄭逑)와 여헌(旅軒) 장현광(張顯光) 같은 학자의 출현으로 낙동강 중류지역에서 이른바 '한려학파'가 생겨나고, 조선말에 이르러서는 당대 최고의 면모를 지닌 한주 이진상의 '한주학파'까지 출현하게 됨으로써, 이 지역을 새롭게 주목하는 시각들이 나타났다.

이 지역은 영남이 강좌와 강우로 대별되면서 상대적으로 주목받지 못한 곳이지만, 퇴계학과 남명학 모두를 수용하면서 독특한 학풍을 형성한 성주를 비롯하여 고령 현풍 창녕 영산 의령 함안 밀양 청도 김해 창원지역을 포괄한다. 이곳은 한때 남명학파의 핵심지역이긴 했으나, 북인 정권이 와해된 이후 범퇴계학파로 흡수되고 말았다. 그렇지만 낙중지역은 여러 가지 미묘한 특징들을 나타내고 있는 지역으로 분류된다. 가령 청도의 경우를 보면, 김종직(金宗直)의 제자 김일손(金馹孫)과 박한주(朴漢柱)가 청도 출신인데다가 그의 학맥을 이은 삼족당(三足堂) 김대유(金大有)나 동시대 청도 사림으로 활약했던 소요당(逍遙堂) 박하담(朴河淡)은 남명(南冥) 조식(曹植)과 자주 어울렸고, 병재(甁齋) 박하징(朴河澄)은 남명(南冥)과 어울린 것은 물론이고 퇴계(退溪)와도 편지글로 심성(心性) 철학을 궁구하면서 지낸 처사형 학자들이다. 이들의 교유 관계를 보면 어느 한쪽에 기울어진 것이 아니었기 때문이다.

고려 말부터 조선 초기에 이르기까지는 각 지역별로 새로운 양반사족사회가 형성되어 갔던 시기였는데, 이는 각 지역에 토착하고 있던 토성(土姓) 세력의 바탕위에서 새로 이주해 온 세력들이 함께 어우러진 결과이기도 했다. 고려 말까지의 청도에는 청도 김씨를 비롯한 토성 세력들이 향권(鄕權)을 장악하고 있었지만, 김해김씨를 비롯한 이주 세력들이 주도권을 장악하는 사족사회로 재편되어 갔다. 아울러 청도는 인근의 밀양지역 사족사회의 연장선상에 놓여 있다 해도 과언이 아니었다. 고려시기의 청도는 한 때 밀양 속현이기도 했으니 그만큼 지리상 나누기 힘든 접경지역이기 때문이다.

사림의 연원을 따질 때 매우 주목되는 곳 중에 하나가 밀양인데, 이는 사림의 종장으로 추앙받는 김종직이 태어나 학문을 익힌 곳이기 때문이다. 그런데, 김종직이 태어나기 이전부터 밀양은 일찍이 주자학을 이해하는 학자들이 모여 살던 곳이기도 했다. 이렇듯 밀양지역에서 초기 주자학에 경도된 인물 후예들이 청도로 이주해 와서 재지사족의 위세를 굳혀갔고, 그 후손들 중에는 인근의 명유(名儒)들과 교유하면서 성리학이라는 새로운 학문에 더욱 매진하게 되었고, 또 전대미문의 왜란을 당하자 우국충정으로 의병을 모아 창의의 깃발을 올렸던 것이다.

청도 사림이 성장하는 데는 김해에서 이주해 왔던 김씨들이 한 발 앞서 있었다. 그 중에는 탁영 김일손 형제를 비롯하여 탁영의 조카 삼족당 김대유에 이르기까지 소위 김해김씨 삼현파의 대표적 인물로 추앙받는 선비들을 배출하였다. 김해에서 청도 운계리(雲溪里)로 이주 정착하였던 인물은 다름 아닌 둔옹공(遯翁公) 김항(金伉: 탁영 김일손 고조)이었으며, 그 후예들이 모두 이곳에서 태어났다.

김일손 선조들은 고려말기에 절의를 지킨 정몽주나 길재와 학문적인 교유관계를 돈독하게 다져왔는데, 그의 고조부 김항은 정몽주와 종유(從遊) 했으며, 조부인 김극일(金克一)은 길재(吉再)에게 학문을 배웠다. 아버지 김맹(金孟) 역시 가학(家學)을 계승하면서 김종직의 아버지였던 김숙자에게 배웠으며, 김일손은 김종직의 문하에서도 으뜸 제자였다는 것은 잘 알려진 사실이다.[6] 특히 김극일의 효행은 『삼강행실도』에도 오를 정도였는데, 김종직 역시 그의 문집에서[7] 김극일의 효(孝)를 기리면서 청도에서 올라온 그의 아들 김기손(金驥孫)과 김일손(金馹孫)에게 학문을 가르쳤다고 기록하고 있을 정도였다.[8]

조광조(趙光祖)와 뜻을 같이 하던 기묘명현 가운데 한 사람인 김대유는 숙부인 김일손에게 많은 학문적인 영향을 받았다. 어릴 때부터 김일손으로부터 『소학』을 배웠으며, 김일손을 통하여 당대의 사림파 학자들인 한훤당(寒暄堂) 김굉필(金宏弼)이나 일두(一蠹) 정여창(鄭汝昌) 등을 직접 만나 가르침을 받을 수 있었다. 그러나 무오사화로 인해 김일손은 처형되었고, 김대유는 아버지 김준손(金駿孫)과 함께 호남에서 유배 생활을 하였다. 중종반정으로 해배된 김대유는 한 때 조광조와 함께 정치 일선에서 활약하기도 했으나, 기묘사화 이후에는 출사(出仕)를 단념하고 운문산에 은거했으며, 당대의 처사형 학자들인 조식(曺植), 곽순(郭珣), 신계성(申季誠), 박하담(朴河談)·박하징(朴河澄) 형제 등과 도의지교(道義之交)를 맺었다. 이렇듯 기묘사화로 인한 혼란한 정국 아래에서 청도 운문산 자락은 사림들의 은둔처로 각광받은 곳이기도 하다.

박경신의 성장 환경을 살펴보고자 할 때 이런 지역적 특성을 고려

---

6) 『三足堂文集』 권上, 年譜

7) 『佔畢齋集』 권2, 金處士孝門銘

8) 점필재 김종직과 탁영 김일손에 관한 연구는 한문학적 접근이나 역사적 사상사적 접근 등 다양한 연구결과물들이 나와 있기 때문에 일일이 거론조차 할 수 없는 실정이다. 따라서 이 책에서도 가급적 탁영 김일손에 대한 언급은 생략하기 한다.

하지 않을 수 없다. 그의 혈연적 환경과 공간적 환경이 삶을 결정하는 중요한 요소이기 때문이다. 밀양박씨 소고공파라는 혈연적 배경과 청도 지역이란 공간적 배경을 바탕으로 태어나 성장기를 거쳤다. 어려서 그의 조부 박하담으로부터 글을 배웠고, 삼족당 김대유나 경재 곽순에게 사사받았으며, 낙중학을 이끌었던 한강 정구나 동강 김우옹과 교류한 배경은 바로 여기에서 나온 것이다.

2. 박경신의 출생과 성장

박경신은 중종 34년(1539) 청도 행정(杏亭: 현 경북 청도군 이서면 수야 2리)에서 태어났다.[9] 그의 가문적 배경은 앞에서 살펴보았듯이, 조선 세종조에 밀양에서 청도로 이주해 와 재지사족으로 자리를 굳힌 밀양박씨 소고공 박건의 후손이었다. 박경신이 어렸을 때 조부였던 소요당

9) 이하 삼우정(三友亭) 박경신(朴慶新)과 관련하여 참고한 자료는『삼우정박경신선생실기(三友亭朴慶新先生實紀)』이다. 그 내용을 보면, 제수(除授: 벼슬관련), 포장(褒狀: 표창 관련), 기관(器觀: 인격), 창의일록(倡義日錄: 임진왜란 창의 일기), 사략겸유고(事略兼遺稿: 약력과 유고), 우민지(憂悶識: 걱정스런 고민을 적음) 등 모두 6개의 목차와 내용으로 구성되어 있다. 책 마지막 부분에 "聖上己亥臘日 李璣玉 謹識"라 하였듯이, 박경신의 비서 겸 장서기 역할을 했던 이기옥(李璣玉)이 선조 32년(1599)년 말에 정리한 필사본이다. 이기옥의 친필 여부 등과 관련하여 서지학적인 검토가 필요하지만, 사료학적인 측면에서도 엄정한 사료비판(史料批判)이 선행되어야 함은 물론이다. 그럼에도 불구하고 이 필사본에 근거하여 박경신의 일대기를 재구성하려는 것은 1867년에 간행된『十四義士錄』의 박경신 관련 내용보다 신빙성이 높은 자료라 판단되기 때문이다. 두 자료에 대한 객관적인 검증 작업은 후술할 2편에서 상론할 예정이다.

박하담에게서 글을 배웠던 가학적(家學的) 배경이 그의 학문적 토대가 되었음은 물론이다. 그가 7살이 되던 인종 1년(1545) 봄에 운문산 아래에 있던 소요당(청도 금천면 신지리, 조부 박하담의 堂號)에 와서 글을 배우기 시작했다. 특히 이때에는 중종 14년(1519)에 일어났던 기묘사화로 인해 삼족당 김대유(金大有)와 경재 곽순(郭珣)과 같은 당대의 명사들이 운문산 아래로 낙향하여 은둔형 처사로 살아갈 때였다. 따라서 박경신은 자연스럽게 이들로부터 학문을 익혔는데, 이 역시 조부 박하담의 영향이었다.

15~16세에 이미 사서삼경(四書三經)과 무경칠서(武經七書)를 통달하여, 청도 서면에서는 그를 성동(星童)이라 불렀고. 동면에서는 그를 호동(虎童)이라 불렀다고 전한다. 이는 문무를 겸비한 선비로서의 자질을 함양하던 모습에서 온 별명이었을 것으로 보이는데, 이 무렵에 지은 시(詩) "나는 산 좋고 물 맑은 곳에 아담한 집을 지어 거문고나 타며 노래하고 책을 가까이 하여 글공부나 하리라. 때론 냇가 바윗돌에 걸터앉아 물속에 노니는 고기 떼나 구경하고 흘러가는 구름과 더불어 사슴들을 벗 삼으리라, 그러면서 부모님께 효도하고 형제간에 우애 다지며 주어진 응분의 노력을 하면 그만이지, 벼슬이나 공명을 구하려는 생각은 멀리 하련다. 이따금 먼지 앉은 책상에서 휘파람 불며 시나 읊다가 땔나무 떨어지면 나무를 해오고, 반찬거리 없으면 고기나 잡아 살아가지 그 무엇을 더 바라리오."라고[10] 하였듯이, 어릴 적부터 조부 박하담이나 김대유와 곽순 같은 처사형 학

10) 『삼우정박경신선생실기』「사략겸유고(事略兼遺稿)」에 소개된 이 무렵의 시를 보면, 전형적인 처사형 학자들의 삶을 꿈꾸었던 것으로 보인다.

자들의 인생관을 그대로 표현했음을 느낄 수 있다.

기묘사화 이후에도 연이은 척신들의 등장으로 사림(士林)들의 활동 공간은 매우 좁아졌다. 기묘사화를 주도한 심정·남곤 등이 정권을 잡아 조광조 일파를 두둔한 안처겸·문근(文瑾)·유인숙(柳仁淑) 등을 파직시켰다. 이 과정에서 안처함(安處誠)이 집권자를 비방했다는 송사련 고변으로 일어난 신사무옥(辛巳誣獄)이 일어나 처함의 아버지 안당(安塘)까지 연루되어 집안이 쑥밭으로 되었다. 이조판서로 재직할 당시 조광조 일파를 등용한 바 있던 안당은 박융(소고공 박건의 아버지)의 외손자였는데, 이런 여파로 박하담 형제들의 출사를 더욱 어렵게 만들었다. 그리고 인종이 즉위한 후 연이어 일어난 을사사화와 양재역벽서사건으로 회재(晦齋) 이언적(李彦迪)이 귀양 가는 등의 수난을 겪었는데, 이언적은 병재 박하징과 교류가 있던 인물이었다. 이렇듯 혼란한 정국들이 거듭되는 가운데 성인이 되어 가던 박경신은 그 현실관을 시(詩)에서도 그대로 나타냈던 것이다.

박경신에게 큰 영향을 미친 조부 박하담의 경우 남명(南冥) 조식(曺植)과 매우 돈독한 교류를 이어갔는데, 조 남명의 경우 유(儒)·불(佛)·선(仙)의 어느 한 곳에 치우지지 않은 삶을 살았던 것으로 잘 알려져 있다. 그리고 남명을 상징하는 철학이 바로 의(義)를 강조한 것이어서, 임진왜란 위기를 당하자 그의 제자들이 대거 의병활동에 투신할 수 있는 사상적 기반을 제공하기도 했다. 박경신의 경우에도 그의 조부 영향으로 남명의 사상적 기반이 자연스럽게 몸에 베인 것 같다. 명종 10년(1555) 여름에 운문사 사리암에서 그가 읊은 시, "속세에 묻혀 사는 장부들은 함부로 오지 않는 곳이지만, 우연히 사리암까지 올라와 보니 바위틈 달팽이 같은 법당 안에서 향연이 피어오르는구나. 높은 산 조용한 숲속에서 하찮은 세상일 잊어버리고 부처님 말씀 한마디 듣고 싶어서 법당에 들어서니 나반(那般) 존자님 자비 가득한 모습에 저절로 숙연해지고 심신이 맑아지는 듯하다"라고 했던 것을 보면,[11] 박경신의 불교관이 드러난다 할 것이다. 이후에도 젊은 시절 그의 시(詩) 세계를 보면, 관내 명승지로 이름난 곡천대(曲川臺)나 운문사 경내의 약야계(若耶溪) 등에서 즐기는 인생과 자연을 노래하고 있다.

이리하여 그는 약관의 나이가 될 무렵 운문산 자락의 동창천이 흐르는 섶마루에다 살림집을 지었다. 청도의 산동과 산서를 가로막고 있는 곰티재가 있다 한들 말을 달리면 잠깐 사이에 내왕할 수 있는 다 같은 청도 땅이기 때문이었다. 그리고 20살이던 해(1558)에 의흥예씨 회간(檜幹)의 딸과 혼인했다. 명종 15년(1560)에 그의 스승이자 정신적 지주였던 할아버지 박하담이 별세했고, 그리고 같은 해에 그는 부인상을 당하는 아픔을 겪었으며, 이듬해에는 아버지가 별세하여 달성군 우록에 장사지냈다. 이때 그의 나이 23세였으니, 학문과 무예 익히는 일에 전념해야 할 시기에 거듭된 상례(喪禮)로 인해 심신이 매우 지쳤을 것으로 보인다.

박경신이 삼우정(三友亭)이란 자호를 삼은 것도 부친상을 당한 직후였으며. 그가 자호에다 '우(友)'를 쓰게 된 것은 우애(友愛)를 강조하기 위한 것이었다.[12] 위로 형 경연(慶延)과 아래로 아우 경인(慶因)이 있

---

11)『삼우정박경신선생실기』「사략겸유고(事略兼遺稿)」

12) 위와 같음.

어, 이들 삼형제가 한 어버이에게서 태어났으니, 서로 사랑하고 아끼기를 자신처럼 해야 할 것이란 다짐이었다. 강상 덕목 가운데 가장 돈독해야 하는 것이 천륜이란 믿음으로 박경신은 위나라 강굉(姜肱)의 우애를 본 받고자 하였다. 그리고 진나라 육기와 육운 형제, 조조의 아들 조비와 조식 형제를 거울삼아야 한다고도 했다. 강굉(姜肱: 97~173)은 후한 말의 인물로 자는 백회(伯淮), 팽성군 광척현 사람이다. 집안 대대로 명문세족으로 이름 높았는데, 동생인 강중해, 강계강 등과 함께 효행으로 이름이 났다. 두 동생과 한 이불을 덮고 잘 정도로 우애가 깊어 장가를 들어서도 서로 떨어질 수 없었고, 도둑이 들어 죽이려 하자 형제는 서로 자기만을 죽여 달라고 애원했다는 고사의 인물이다. 그런데 비해 진나라 육기와 육운 형제는 한 집안에서 두 사람이 서로 우두머리가 되려 하였고, 조비와 조식은 칼을 겨누며 서로 죽이려고 하다가 끝내 어진 군자들에 의해 처단된 사람들이다. 이런 점들을 경계하고 본 받아 부모의 은공에 보답하는 동시에 우애를 돈독히 하기 위해 삼우정이란 호를 짓고 기문(記文)을 남겼다. 명종 18년(1563) 그의 나이 25세 때 분성김씨 여문(麗文)의 딸과 재혼하였고, 2년이 지난 명종 20년에 쌍둥이 아들을 보게 되어 각각 이름을 지남(智男)과 철남(哲男)이라 하였다.

박경신이 10대에 읊은 시를 보면, 그의 조부 박하담의 은둔했던 생활 철학이 큰 영향을 주었을 것으로 보인다. 관직 진출에 대한 미련보다는 자연과 더불어 살아가려는 뜻을 자주 보였기 때문이다. 그런데 20대에 접어들면서 그의 조부는 물론 아버지와 부인상까지 경험했다. 이런 어려움을 극복하는 과정에서 20대 후반에 새 가정을 꾸린 후 가족이 늘어났다. 그리하여 이때부터는 기존의 입장을 바꿔 과거(科擧) 준비를 한 것으로 보인다. 그리하여 31살이 되던 선조 2년(1569)에 비로소 식년시 무과 초시(初試)에 응시하여 급제하였다. 그가 무과를 택한 것은 가문 내력의 영향도 있었을 것으로 보이는데, 조부 박하담은 생원시에 합격한 후 출사를 포기했지만, 증조부(박승원)나 고조부(박건)는 모두 무반직을 역임했던 경력을 가지고 있었다. 그리고 그의 선조들은 문무를 겸한 송당(松堂) 박영(朴英) 같은 인물과도 교류가 잦았다고 전한다. 이런 점들이 자연스럽게 무반의 길로 인도했을 것으로 보인다.

명종이 승하하고 선조가 즉위하던 이 시점이야말로 사림(士林)의 정치가 꽃피우던 시절이었다. 마지막 사화기(士禍期)를 지나 문정왕후가 사라진 명종 말년에는 귀양 갔던 선비들이 해배되어 중앙 정치 무대로 복귀하기 시작했고, 이어 선조가 즉위하면서 사림(士林)의 시대가 활짝 열리고 있었다. 이제 더 이상 출사(出仕)를 기피할 명분도 없었기에 시골의 한적한 선비들도 정치에 관심을 가질 수밖에 없었다. 박경신이 비록 무과이긴 하지만 중앙 정치무대에 진출하게 된 배경 또한 이러한 시대적 배경과 무관했던 것은 아니라고 본다.

박경신이 무반으로 입신하기는 했지만, 당대 성리학자로 이름 높은 명사들과의 교류는 꽤 깊었던 것으로 알려져 있다. 그가 무과 초시에 응시할 즈음에 동강(東岡) 김우옹(金宇顒)이나 한강(寒岡) 정구(鄭逑)와 같은 이들을 방문하여 도의지교를 맺었으며, 약포(藥圃) 정탁(鄭琢)을 찾아가 스승으로 받들었다. 그리고 섶마루 자택에 돌아와 스스로 경계하는 글을 지었는데, 다음과 같다.

무릇 사람의 마음은 자기 자신을 다스리는 주체이다. 선비가 세상을 살아감에 자기의 행실을 어떻게 닦아야 할지 스스로 결정하지 못한다면 몸에 주체가 없기에 스스로의 행위가 갈수록 과오나 비리로 흐를 수 있다. 그러므로 선비는 공자의 사물계와 범준의 심잠을 잠시도 잊지 않고 조석으로 잘 지켜 마음가짐과 행실의 방편으로 삼아야 한다. 대체로 나라에 충성하고 부모에게 효도해야 함은 인간의 기본 도리로 오륜 중에서도 첫째가는 인륜이자 모든 행위의 근원이다. 사람이 충효의 도를 지키지 못하면 짐승과 다름없게 되니 어찌 충효를 소홀히 하랴! 중용과 대학은 성현들이 마음가짐의 요체를 밝혀 둔 책이므로 이 두 권의 책에는 제가치국평천하의 기본 방편들이 다 밝혀져 있다. 이 책을 바른 자세로 배우면 철없는 생각이 깨우쳐져서 정신이 태연자약 해지고 매사를 실수 없이 처리할 수 있게 되어 나날이 정진하여 스스로 지난날 보다 발전할 것이다. 큰 성인인 우왕도 촌음을 아꼈으니 범부에 지나지 않는 나 같은 사람은 마땅히 분음을 아껴야지 어찌 낮에 놀고 술 마시고 취해 선비로서의 지조를 상실하여 세상 사람들로부터 버림을 받아서야 되겠는가? 단서(丹書)에서 게으름을 물리치고 최선을 다하는 자는 좋은 결과를 얻을 것이요, 최선을 다 하지 않고 게으름을 피우는 자는 파멸할 것이라 하였고, 곡례(曲禮)에서도 군자는 모든 일에 최선을 다해야 하지만, 특히 스스로 실천하는 일이 가장 중요하다고 하였다. 정자(程子)도 말하길, 최선을 다하면 배움이 모자라도 그것을 메꿀 수 있다고 하였다. 최선을 다하면 어찌 헝클어진 마음이라도 그것을 바로 잡아 올바른 기본을 설정할 수 없겠는가! 기본 목표가 설정된 뒤에는 그 목표를 향해 노력하면 차근차근 전진되어 결국 이루어질 것인데, 어찌 최선을 다하지 않고 어디서 다른 방법을 찾을 수 있단 말인가! 이와 같은 목표를 향해 올바른 마음가짐으로 최선을 다하련다.[13]

이처럼 스스로를 경계하는 글을 지어 결심을 굳힌 후 그의 나이 32세인 선조 3년(1570) 4월에 무과 복시에 급제하였다. 그리고 3년이 지난 선조 6년(1573) 무과 전시(殿試)에서 장원 급제함으로써 적순부위(迪順副尉) 훈련원 참군(參軍)에 임명되었다. 이렇듯 당시 무과 시험은 단 번에 당락이 결정되는 것이 아니라 몇 차례의 시험을 거쳐야만 했다. 즉, 무과 초시(初試)는 한성에서 원시(院試)를 관장해 70인을 뽑고, 각 도에서도 병마절도사 책임 아래 120인을 뽑았다. 여기에서 합격한 190인을 대상으로 병조와 훈련원에서 함께 주관해 복시(覆試)를 통해 28인을 선발한다. 그리고 이들을 대상으로 임금 앞에서 최종적으로 치러지는 전시(殿試)를 보아, 이 점수를 놓고 등수가 매겨졌다.

이렇듯 어려운 관문을 통과하여 장원 급제한 박경신이 받은 것이 적순부위란 무반직 정7품계(品階)인데, 통상 무과 응시에 합격한 자들은 9품부터 시작하는 것이 관례이나, 장원 급제자에게는 특별히 참하관(參下官) 중에서 제일 높은 품계가 주어졌다. 박경신이 무과에 장원 급제함으로써 바로 진출했던 품계가 정7품이었고, 훈련원에 배속되어 참군(參軍)의 임무를 수행했음을 알 수 있다.

---

13) 『삼우정박경신선생실기』 「사략겸유고(事略兼遺稿)」

훈련원은 군사 훈련을 목적으로 설치된 관청인데, 고려 때에는 보이지 않다가 조선에 들어와 새로 설치된 곳이다. 그러하니 무관 위주로 임용하던 관청이었다.[14] 『경국대전』에 따르면, 지사(知事, 정2품) 1인은 타관(他官)이 겸직하는 자리였고, 도정(都正, 정3품 당상관) 2인 가운데 1인도 타관이 겸했으며, 정(正, 정3품 당하관) 1인, 부정(副正, 종3품) 2인, 첨정(僉正, 종4품) 2인, 판관(判官, 종5품) 2인, 주부(主簿, 종6품) 2인, 참군(參軍, 정7품) 2인, 봉사(奉事, 종8품) 2인 등을 두었다.[15]

박경신이 훈련원에 배속되어 정7품 참군의 임무가 주어졌는데, 당시 훈련원 임무는 크게 시취(試取)와 연무(鍊武) 두 가지였다. 따라서 박경신이 훈련원에 근무하는 동안 시취와 연무 업무를 맡았을 것이다. 시취의 경우 무과(武科)를 주관하는 일인데, 앞에서도 언급했듯이 서울과 지방에서 열리는 초시(初試)를 관장하고, 또 이들을 대상으로 복시(覆試)를 통해 28인을 선발한 후 최종적으로 임금 앞에서 치러지는 전시(殿試)까지 관장하는 업무였다. 한편, 또 하나의 업무에 해당하는 연무는 병서 습독을 포함해서 훈련원이 군사력의 유지·발전에 주력하는 일이었는데, 중앙에서 매달 두 번씩 실시되는 습진(習陣)은 물론, 봄가을에 실시되는 겸사복(兼司僕)·내금위·충의위·족친위·장용위(壯勇衛)의 병기 검열 역시 훈련원에서 주관했다. 여기에는 구체적인 전술의 연구와 교습도 함께 이루어졌으니, 조선시대 무인으로서는 반드시 거쳐야 하는 관청이기도 했다.

훈련원에 배치되어 근무하던 박경신은 그 이듬해 참상관(參上官)으

14) 박홍갑, 2002, 「조선초기 훈련원의 위상과 기능」『사학연구』 67, 한국사학회.
15) 『경국대전』 병전(兵典) 경관직.

로 승진 할 수 있었는데, 여절교위(勵節校尉) 훈련원 주부(主簿)에 올랐다. 즉, 무반 종6품계인 여절교위로 승진하여 훈련원 소속의 종6품관인 주부(主簿)의 임무를 수행했던 것이다. 조선조 관료제 사회에서 참상관(參上官)이 갖는 의미는 매우 컸다. 당하관 아래의 종6품 이상 관료들을 참상관이라 불렀는데, 이들은 지방 수령(守令)으로 파견될 수 있는 위치에 해당하는 자들이었다. 박경신이 급제한 지 1년 만에 참상관으로 승진했음을 볼 때 중앙 관료 사회의 중간 간부로 확고한 위치를 점했다고도 할 수 있을 것 같다.

이렇듯 박경신은 훈련원에서 줄곧 근무를 이어갔는데, 37세 되던 선조 8년(1575)에 현신교위(顯信校尉) 훈련원 판관(判官)에 제수되었다. 35세에 훈련원 7품 벼슬로 시작하여 2년이 지나 무신 종5품계인 현신교위에 승진함과 아울러 종5품 관직인 판관에 제수되었다. 종5품으로 승진하자 더 이상 경직(京職)에 머무르지 못하고 선천병마첨절제사(宣川兵馬僉節制使) 종사관(從事官)으로 파견되었다. 그 후 선조 12년(1579) 41세 되던 해에 드디어 종4품 정략장군(定略將軍)으로 승진하여 훈련원 첨정(僉正)으로 복귀했으며, 곧 이어 안동(安東) 병마첨절제사(兵馬僉節制使)에 임명되었다. 병마첨절제사를 줄여 첨사(僉使)라고도 부르는데, 거진(巨鎭)을 관장하는 우두머리였다. 조선전기 지방 군사 체제의 근간을 이룬 진관체제가 확립된 세조 4년(1458)에 병마단련사를 병마첨절제사로 개칭하게 되었다.

선조 15년 박경신의 나이 44세에 어머니 창녕 장씨가 별세했는데, 아들 박경신이 무과에 급제하자 이를 축하하는 뜻으로 창녕 장씨가 소유한 노비와 토지를 특별 하사하기도 했다. 그 후 47세가 되었던 선조 18년(1585)에 양근(楊根) 병마동첨절제사(兵馬同僉節制使)에 제수되었고, 이 해 중양절이자 곧 그의 생일을 맞이하여 고향 섶마루로 권응수 박진 손기양을 초청했고, 이듬해 중양절에는 동강 김우옹과 한강 정구를 섶마루에 초청하여 운문산을 유람하며 읊은 시들을 남겼다.[16]

선조 22년(1589) 박경신이 51세 되던 해에 건공장군(建功將軍) 훈련원 부정(副正)으로 승진하였다. 건공장군이란 3품의 무관계(武官階)인데, 조선 초기 관제를 정할 때 보의장군(保義將軍)이라고 하였다가 세조 때 개칭된 관직이다. 오위(五衛)의 대호군, 훈련원 부정(副正), 지방의 첨절제사 등이 이 직급에 속하였다. 그리고 훈련원 부정이란 그 관청의 겸직을 제외한 실제 근무자로서는 2인자에 해당하는 관직이다. 이 무렵 기축년(1589) 10월에 정여립이 역모를 꾀하였다 하여, 3년여에 걸쳐 그와 관련된 1,000여 명의 동인계(東人系) 인사들이 피해를 입은 사건이 발생했다. 청도 선비들 중에도 기축옥사에 연루되어 귀양한 이가 있었는데, 박경신을 따르던 이기옥이 종성으로 귀양 가게 되었다. 선조 23년(1590) 7월 박경신은 이기옥이 풀려날 수 있도록 백방으로 노력하는 한편 직접 종성에 다녀왔는데, 돌아오는 길에 포은 정몽주 선생의 영정이 봉안된 사당을 알묘하고 시를 남겼다. 이렇듯 훈련원 부정으로 재직하는 동안 서울 인근에서 읊은 시들을 남겼고, 배우자를 맞이한 쌍둥이 아들에게 훈계하는 글을 남겼는데, 이런 글들은 『삼우정실기』에 남아 있다.[17] 그리고 선조 24년(1591)에 임금으

16) 『삼우정박경신선생실기』「사략겸유고(事略兼遺稿)」

17) 『삼우정박경신선생실기』「사략겸유고(事略兼遺稿)」

로부터 휴가를 얻어 섶마루 자택에 돌아와 지내다가 이듬해 4월 급작스레 임진왜란을 당하자 구국의 일념으로 창의했다.

이렇듯 박경신은 무과에 장원 급제하여 훈련원 참군으로 진출한 이래 각 지역별 군사 거점지를 총괄하는 첨사(僉使) 역임을 제외하면 주로 훈련원에서 차근차근 승진해 갔음을 알 수 있다. 따라서 그는 군사 행정 업무에 매우 밝았던 것으로 추정된다 하겠다.

3. 박경신의 교유관계

밀양박씨 소고공파 가문에서 태어난 박경신(朴慶新)은 박하담의 손자이다. 이에 따라 박경신이 어렸을 때 조부였던 소요당 박하담에게 글을 배웠다. 당시 사대부가에서는 친가나 외가 등의 선조로부터 글을 배우는 가학적(家學的) 배경이 일반적이었고, 이를 토대로 좀 더 큰 스승을 모셔 학문적으로 성숙시킨 사례가 많았다. 박경신이 조부 박하담으로부터 글을 배우던 때는 기묘사화로 인해 삼족당(三足堂) 김대유(金大有)와 경재(警齋) 곽순(郭珣) 등과 같은 당대의 현사(賢士)들이 운문산 아래로 모여들었다. 따라서 박경신은 자연스럽게 이들로부터 학문을 익혔는데, 이 역시 조부 박하담의 영향이었다.

조광조(趙光祖)와 뜻을 같이 하던 기묘명현 가운데 한 사람인 김대유는 숙부인 김일손에게 많은 학문적인 영향을 받았다. 어릴 때부터 김일손으로부터 『소학』을 배웠으며, 김일손을 통하여 당대의 사림파 학자들인 한훤당(寒暄堂) 김굉필(金宏弼)이나 일두(一蠹) 정여창(鄭汝昌) 등을 직접 만나 가르침을 받을 수 있었다. 그러나 무오사화로 인해 김일손은 처형되었고, 김대유는 아버지 김준손(金駿孫)과 함께 호남에서 유배 생활을 하였다. 중종반정으로 해배된 김대유는 한 때 조광조와 함께 정치 일선에서 활약하기도 했으나, 기묘사화 이후에는 출사(出仕)를 단념하고 운문산에 은거했으며, 당대의 처사형 학자들인 조식(曺植), 곽순(郭珣), 신계성(申季誠), 박하담(朴河談)·박하징(朴河澄) 형제 등과 도의지교(道義之交)를 맺었다. 이렇듯 기묘사화로 인한 혼란한 정국 아래에서 청도 운문산 자락은 사림들의 은둔처로 각광받은 곳이기도 하다.

그 후 명종이 즉위하자 일어났던 을사사화로 인해 곽순(郭珣)이 청도 운문산 자락으로 들어왔기에 박경신은 자연스레 그에게 글을 배울 수 있었다. 곽순은 식년문과에 급제하여 성균관 박사·호조좌랑 등을 거쳐 외직으로 나갔다가 경직(사헌부 장령)으로 복귀한 후에는 기묘사화 때 화를 당한 조광조(趙光祖)의 신원을 상소할 정도로 사림을 영도하는 입장이었다. 중종이 죽고 인종과 명종이 연이어 즉위할 당시 소·대윤의 갈등이 심해 진 상태에서 소윤을 이끌던 문정왕후의 오빠 윤원형(尹元衡)의 횡포가 심하자 관직을 포기하고 청도 운문산으로 입산하게 되었다. 명종 즉위할 당시 홍문관 교리로 있었는데, 부모를 뵈러 간다는 핑계로 청도 운문산에 입산하였으나 택현설에 연루되어 한양으로 압송되었다가 결국 장살되었다.[18] 곽순이 태어난 곳은 영천 창수리(蒼水里)였지만, 그가 청도에 낙향한 이래 그 후손

18) 『명종실록』 권2, 즉위년 9월 병인, 무진, 을해 등.

들은 대를 이어 청도군 대평촌(大坪村)에 살았다. 그의 묘갈명에 따르면 운문산(雲門山) 속의 한 구역인 동경(東京)이란 곳에 정착했는데, 물과 돌 그리고 수풀과 계곡의 흥취가 있어 손수 풀을 베고 땅을 개간하며 한가하게 여생을 보낼 계획을 한 곳이었다. 하지만 이내 처형당하고 말았다.[19] 따라서 박경신이 경재 곽순에게 글을 배웠다고 했지만, 실제는 어린 시절 잠시였을 뿐이다. 박경신이 7살 되던 무렵에 곽순이 처형당했기 때문이다. 이에 반해 삼족당 김대유는 박경신이 22살이 될 때까지 생존해 있었고, 그의 조부 역시 김대유보다 9년을 더 살았으니, 박경신의 실질적인 스승은 김대유였다고 할 수 있다.

이후 31세에 무과 초시에 합격한 박경신은 낙동강 연안에 우거한 동강(東岡) 김우옹과 한강(寒岡) 정구(鄭逑)를 방문하여 도의지교를 맺었으며, 약포(藥圃) 정탁(鄭琢)을 찾아가 스승으로 받들었다. 정탁은 예천 출신으로 퇴계 이황과 남명 조식의 문인이다. 명종 13년(1558)년 문과에 급제하여 정언·예조정랑·헌납 등을 지냈으며, 선조가 즉위한 후 이조좌랑에 이어 도승지·대사성·강원도관찰사 등을 역임하고 다시 대사헌에 제수되었다가 예조·형조·이조의 판서를 역임했다. 임진왜란이 일어나자 좌찬성으로 왕을 의주까지 호종하였는데, 1594년에는 곽재우(郭再祐)·김덕령(金德齡) 등의 명장을 천거하여 전란 중에 공을 세우게 했으며, 그 후 우의정 좌의정으로 승진하였고, 호종공신(扈從功臣) 3등에 녹훈되었다. 이렇듯 정탁의 행보를 보면, 임진왜

19)『국조인물고』 권48, 을사 이후 이화인(乙巳以後罹禍人) 곽순(郭珣) 묘갈명(墓碣銘).

란을 극복하는데 큰 공을 세운 인물임을 알 수 있듯이, 그를 스승으로 모신 박경신의 경우에도 호종원종공신과 선무원종공신에 녹훈된 사실과 궤를 같이 한다. 박경신이 35세에 무과 전시에서 장원급제한 후 훈련원 참군으로 시작한 벼슬길에 정탁이야말로 큰 후원자 역할이 있었을 것으로 보인다.

학문적 경향성으로 본다면 정탁은 퇴계와 남명 양 문하에 속한 인물이었다. 조선시대 영남지방 유학은 안동 중심 영남좌도의 퇴계학파(退溪學派)와 진주 중심 영남우도의 남명학파(南冥學派)를 양대 산맥으로 들고 있다. 15세기 후반부터 크게 활약한 김종직 이하 영남사림파들의 기반 위에서 성장한 퇴계 이황(李滉)과 남명 조식(曺植)이라는 걸출한 대유학자가 16세기 중엽부터 활약하였기 때문이다. 이리하여 영남지역은 조선유학의 중심으로 급부상하게 되어, 곧잘 낙동강을 기점으로 좌도(左道)와 우도(右道) 혹은 상도(上道)와 하도(下道)로 나누곤 했는데, 이는 좌·우도의 풍속과 기질로까지 확대되어 인(仁)과 의(義)로까지 대별시켜 왔었다.[20] 즉, 조선후기의 실학자 이익(李瀷)은 『성호사설(星湖僿說)』에서 상도(上道)는 인(仁)을 숭상하고 하도(下道)는 의(義)를 숭상한다고 하였는데, 특히 경상우도 지역의 강민(强敏)하고 무(武)를 숭상하는 경향에 대해 '남명(南冥)이 지리산 밑에서 출생하여 우리나라에서 기개와 절조로서 가장 높은 위치를 차지하였다. 그 부류들은 고심역행(苦心力行)하며 의(義)를 즐거워하고 생명을 가볍게 여겼

---

20) 이익, 『星湖僿說』 권1, 東方人文 "中世以後 退溪先生 於小白之下 南冥先生 於頭流之東 皆嶺南之地 上道尙仁 下道主義 儒化氣節 如海濶山高於是乎 文明之極矣."

으며, 이익을 위해 뜻을 굽히지 아니하고 위험을 옮기지 않는 우뚝 솟은 지조가 있었으니, 이것이 영남 북부와 남부의 다른 점이다'라고 평한 데에도 잘 나타난다.

그런데 박경신이 살았던 청도는 낙동강 상류에 해당하는 영남좌도나 하류에 해당하는 영남우도의 중간지점이었다. 낙동강 중류일대에서 포은(圃隱) 정몽주(鄭夢周)와 야은(冶隱) 길재(吉再)를 배출하여 성리학의 싹을 틔웠고, 길재의 제자였던 김숙자나 그의 아들 김종직을 사사했던 김굉필(창녕·현풍)과 김일손(청도) 등의 학맥이 인근 낙동강 일대로 확산되어 갔다. 그런데다 퇴계와 남명 학통을 이어받은 한강(寒岡) 정구(鄭逑)와 여헌(旅軒) 장현광(張顯光) 같은 학자의 출현으로 낙동강 중류지역에서 이른바 '한려학파'가 생겨나고, 조선말에 이르러서는 당대 최고의 면모를 지닌 한주 이진상의 '한주학파'까지 출현하게 되었다.

이 지역은 영남이 강좌와 강우로 대별되면서 상대적으로 주목받지 못한 곳이지만, 퇴계학과 남명학 모두를 수용하면서 독특한 학풍을 형성한 성주를 비롯하여 고령 현풍 창녕 영산 의령 함안 밀양 청도 김해 창원지역을 포괄한다. 이곳은 한때 남명학파의 핵심지역이긴 했으나, 광해군 복립 모의사건으로 세력이 와해된 이후 한강 정구를 매개로 범퇴계학파로 흡수되고 말았다.

이렇듯 청도를 포함한 낙중지역은 여러 가지 미묘한 특징들을 나타내고 있는 것은 분명하고, 박경신이 벼슬길에 오르기 전인 30대 초반에 동강(東岡) 김우옹(金宇顒)이나 한강(寒岡) 정구(鄭逑)와 도의지교로 사귈 수 있었던 것 역시 이런 공간적 배경이 큰 요소로 작용했음이 분명하다. 한강이나 동강이 직접 운문산 자락의 박경신 집으로 방문한 적이 있고, 그들이 함께 운문산을 유람하면서 창수한 시문들이 박경신 문집에 남아 있기도 하다. 박경신이 동강과 한강을 처음 찾았던 것이 선조 2년(1569)이었는데, 그가 무과 초시에 합격할 무렵이었다. 그리고 한강과 동강이 청도 섶마루에 방문했던 것이 선조 20년(1587), 박경신의 나이 47세 즈음이었다. 당시 박경신은 양근 첨사로 재직 중에 있었는데, 고향 청도에서 생일을 맞아 이들을 초청한 후 운문산에서 창수(唱酬)한 시들이 남아 있다.

만년신세벽어산 晩年身勢僻於山 / 나이 들어 산속에 묻혀 땔나무나 베어오고

진경어초자재한 眞境漁樵自在閑 / 물고기나 잡으며 한가로이 살고 싶었는데

역수운림왕외붕 歷數雲林枉畏朋 / 숙명처럼 존경하는 벗님이 산속의 나를 방문하니

금위오마방송간 今爲五馬訪松間 / 오늘 조랑말타고 운문산 송림을 찾았노라

부차 동강 附次 東岡

석라화랑어차산 昔羅花郎語此山 / 옛날 화랑이 수련했다는 이 산에

학무경일왕래한 鶴舞竟日往來閑 / 오늘은 한가로이 학이 나르고

태평연월이수력 太平烟月伊誰力 / 태평성대를 위해 공을 세우고

고사훈명한세간 高士勳名罕世間 / 학덕을 닦은 선비들이 세상 드물게 어울렸네

부차 한강 附次 寒岡

문망가경입운산 聞望佳景入雲山 / 운문산이 아름다운 곳이란 소문만 듣다가

연메고붕흥불한 聯袂高朋興不閑 / 존경하는 벗님네와 한가로이 소매깃 마주하니

성세공명가송지 聖世功名歌頌地 / 성세의 공명을 노래하는 곳이구나

창연교수울밀간 蒼然喬樹鬱密間 / 고색창연 하게 우거진 숲 사이로

강안학파를 이끌었던 정구나 김우옹과 박경신의 교유는 그의 나이 30대 초반부터였고, 이런 인연으로 이기옥(李璣玉)을 한강 정구에게 보내 수학하게 하였는데, 이기옥의 아들 이중경(李重慶) 또한 한강 문인록에 올라있을 정도였다. 낙동강을 기점으로 볼 때 중류지역이란 지리적 여건이 현실적인 교유관계에도 그대로 적용되고 있음을 볼 수가 있다.

한편 한강 선생 문집에는 그와 도의지교로 사귀었던 박경신과 주고받았던 편지글이 남아 있는데,[21] 예법 절차를 어떻게 해야 하는지에 대한 문답 내용이었다. 박경신이 부인 김씨 상을 당하여 고향 땅 길부등(吉夫嶝)에 장사 지낸 것이 그의 나이 50세였던 선조 22년(1588)

21)『寒岡先生續集』권3, 答問, 答朴慶新 "朴慶新問. 來二十五日. 乃亡妻小祥. 欲設奠除服. 顧以官舍設奠爲未安. 蓋方伯與守令有異. 此亦逆旅. 未知如何也. 且開月旬後. 連有大忌. 亦未知設祭當否也. 二者俱不得設奠. 則只設位而哭. 如何. 竝下敎. 前方伯亦以巡營行忌事可否來問. 曾聞營有衙室. 故答曰. 旣有營衙. 則與守令衙何異. 行忌事於衙廳. 恐無妨云云矣. 今於盛問. 鄙見亦如前. 不知令意如何. 況旣設位而哭. 則設奠何至大異. 如何如何."

이었다. 그리고 이 때는 양근 첨사로 재직하고 있을 시기였다. 부모상(喪)을 위해서는 관직을 그만두고 고향으로 낙향하여 3년 상을 마칠 때까지 시묘 살이 해야 했지만, 부인 상을 당한 후 임지에서 소상(小喪)을 맞은 절차에 대해 예학(禮學)으로 이름 높은 정 한강에게 질의한 것이었다.

한강의 30대 후반에 입문했던 문인으로는 문경호(文景虎)와 서사원(徐思遠) 및 박경신의 6촌 아우인 박경찬(朴慶纘) 정도로 손꼽을 수 있는데,[22] 박경찬은 1581년(선조 14) 신사년에 한강정사로 한강을 찾아뵙고 스승으로 모셨으니[23] 박경신을 매개로 회연문인이 된 것으로 추정된다. 아무튼 한강 정구와 청도 선비들과의 교유가 이 지역 선비들에게 미친 영향은 적지 않았는데, 박경찬을 비롯하여 청도 출신으로 한강 문인록인 『회연급문제현록』에 이름을 올렸던 사람은 모두 7명 정도로 확인된다.

앞에서도 언급했듯이, 청도는 영남의 동서로나 남북으로도 중간지점에 위치한 지역적 특색으로 인해 퇴계와 남명 어느 한쪽에 치우친 바가 없었다. 낙동강 연안을 중심으로 낙중학을 새롭게 일으킨 성주 출신 정구 역시 퇴계 문하와 남명 문하 양쪽에서 수학하여 양대 학맥을 이어가게 되었는데, 한강 정구에게 몰려든 원근의 제자들이 하나의 새로운 학파와 학맥을 형성하게 되었다. 정구의 문인록인 『회연급문제현록(檜淵及門諸賢錄)』에 청도 출신 여러 명이 포함되어 있는

22) 김학수, 2015, 「이천배(李天培)·천봉(天封)의 한강학(寒岡學) 계승과 한강학파(寒岡學派)에서의 역할과 위상」 『영남학』 28, 경북대학교 영남문화연구원.

23) 박재형, 『進溪文集』 「족선조참봉공행장(族先祖參奉公行狀)」

것도 낙중학이란 관점에서 이해할 필요가 있다. 이 당시 낙중학의 중심에 선 학자로는 한강 정구나 동강 김우옹이었는데, 이들과 도의지교로 사귀었던 청도의 박경신(朴慶新)이 후일 임진왜란을 당하여 의병을 일으켰던 것도 그런 영향으로 인한 것이었다.

박경신의 교유관계를 보면, 일찍이 영남 출신 무장이던 영천의 권응수, 밀양의 박진과 손계양 등과도 교류가 빈번하게 있었다. 이들은 임진왜란 당시 관군으로 크게 활약했던 인물이기도 하다. 권응수는 좌병사 박진의 휘하에 들어가 8월 20일 제2차 경주탈환전의 선봉으로 참가했으나 패전했지만, 12월에는 좌도조방장으로 승진했다. 박경신 역시 박진의 요청으로 경주성 탈환 작전에 참전한 경험이 있다. 이들이 박경신이 살았던 섶마루를 방문했던 시기는 김우옹과 정구가 이곳을 방문하기 1년 전이었다. 따라서 박경신이 청도를 반경으로 한 이웃 고을 선비들과 자주 어울렸던 것을 확인할 수 있는데, 이는 자신이 무장(武將)이면서도 문무(文武)를 가리지 않는 폭넓은 교유관계를 형성하고 있었음을 보여준다. 아울러 박경신이 부임지 밀양관아에서 순직하자 각지에서 보낸 만사(輓詞)가 답지했던 사실을 『삼우정박경신선생실기』에 전하고 있는데, 동강 한강 약포의 만사는 매우 장문이었기에, 권응수 곽재우 소기양의 만장은 제문 형식이었기에 그 내용을 생략하고 있지만, 경상도 병사 박진, 병조판서 이항복, 좌의정 윤두수가 보낸 만사 원문들은 남기고 있다. 이런 사실들을 통하여 박경신의 교유관계를 유추해 볼 수 있을 것 같다.

제3장
임진왜란과 청도 관군의 대응

1. 임진왜란 발발과 청도

16세기부터 조선사회는 점차 쇠퇴 기미가 보이기 시작했다. 지배층의 편당, 정치기강 해이, 세제 문란 등과 같은 폐단으로 민심이 이반되어 갔다. 위정자들 또한 이를 알고 있었으나, 문제를 근본적으로 개혁하기에는 무력함을 드러내고 있었다.

선조 8년(1575)에 이르러 기성관료와 신진관료 사이에 동서 분당이 싹트게 되었고, 선조 22년 정여립의 난으로 불리는 기축옥사(己丑獄事)와 서인 정철(鄭澈)의 건저위(建儲議) 사건을 계기로 동인 세력들은 남북으로 분열했다. 경제적으로는 수많은 공신들에게 지급된 토지들이 모두 세습되었고, 양반들의 토지 매입·겸병·개간 등으로 인한 면세전의 확대에 따라 국가 수입이 크게 줄어들었다. 그런데다 특산

물을 바쳐야 하는 백성들은 공물을 납부하는 방납제(防納制)로 인해 부담이 가중되었다. 게다가 15세기 이래 계속되는 가뭄과 홍수, 전염병 발생 등으로 농민들은 떠돌아다니다 대규모의 도적으로 변하기도 했다. 명종 때 발생한 임꺽정이 대표적인 사례 중에 하나이다. 이런 위기 상황이 이어지자 중종대에 203만 석에 달하였던 삼창(三倉)의 저치미(貯置米)가 임진왜란 직전에는 50여만 석에 불과할 정도였다.[1]

한편 일본에서는 전국시대의 혼란상을 마감하고 등장한 도요토미 히데요시(豊臣秀吉)가 대륙 침략의 준비를 진행하고 있었다. 그러나 국제정세에 어두운 조선에서는 이를 알아채지 못했을 정도였다. 도요토미는 조선의 사정을 가장 잘 알고 있는 대마도주 종의조·종의지 부자에게 소위 「가도입명(假道入明)」을 교섭하게 하였다. 그는 선조 20년(1587)에 가신인 다치바나 야스히로(橘康廣)를 일본국왕사라 사칭하여, 조선왕을 일본에 오도록 하라는 도요토미 명령을 변조하여 통신사 파견을 간청하였다. 첫 번째 시도가 무위로 돌아가자 대마도주는 이듬해인 선조 21년 10월과 그 다음해 6월 두 차례에 걸쳐 다시 통신사 파견을 교섭케 하였다. 이에 따라 조선 정부에서는 선조 22년 9월에 일본 사정도 탐지할 겸 정사 황윤길·부사 김성일 등을 파견하였다. 이들은 도요토미를 만난 후 선조 24년(1591) 정월에 귀국했으나, 정사는 왜적이 침범하리라 한 데 비해 부사는 그렇지만은 않다고 하여 국론이 분열되면서 적극적인 대비책을 마련하지 못하였다. 다만 명에 대해서 과거 일본과의 국교를 비밀에 부치고 있었으

1)『선조실록』 권140, 선조 34년 8월 무인.

나, 왜사들이 말하는「가도입명」에 대한 문제는 통보해 주었다. 이로써 막연하나마 왜군의 전쟁준비 정보를 얻고 있던 명도 일본의 의도를 알아차렸고, 후일 조선에 원정군을 파견하는 계기가 되었다.

이러한 상황 속에서도 조선 정부는 임진왜란 1년 전부터 갖가지 방어책을 세워 나갔다. 각 도의 성곽을 수축하거나 무기를 점검하고, 무신 중에 뛰어난 재질이 있는 자는 서열에 구애받지 않고 발탁하였다. 특히 육전보다는 수전에 능한 일본에 대비하기 위해 경상·전라도의 성곽 수축에 힘을 기울였다. 특히 경상 감사 김수(金睟)는 군사 전략적 차원에서 축성에 온 힘을 기울였다. 영천(永川)·청도(淸道)·삼가(三嘉)·대구(大丘)·성주(星州)·부산(釜山)·동래(東萊)·진주(晋州)·안동(安東)·상주(尙州)·좌우 병영(左右兵營)에 모든 성곽을 증축하는 한편 참호를 설치하였다. 그러나 규모를 크게 하여 많은 사람을 수용하는 것에만 신경을 썼기 때문에 험준한 요새가 아니라 손쉬운 평지를 취하여 쌓았으니, 높이가 겨우 2~3장에 불과할 정도였다. 이런 식의 참호가 겨우 모양만 갖추었을 뿐 백성들의 노고만 끼쳐 원망이 일어나기도 하였으니, 식자들은 결단코 방어하지 못할 것을 알고 있었다는 비판을 받기까지 했다.[2] 물론 이는 결과를 놓고 바라 본 비판일 수가 있는데, 당시 청도에서도 전쟁을 대비하기 위한 조치들이 있었던 것이 사실이다. 즉, 군수 김은휘(金殷暉)의 주도 아래 1590년에 시작된 축성 공사가 2년 만에 마쳤는데, 과연 전쟁이 일어났다고 한다.[3]

이런 축성 사업에 대해 일부 양반들은 왜군이 침공하지 않을 것이

---

2) 『선조수정실록』 권25, 선조 24년 7월 1일 갑자.

3) 『여지도서』 경상도 청도군 성지(城池).

라며 반대하는 경우가 많았고, 동원된 백성들은 지방통치관인 수령이나 군사 지휘관인 병사(兵使)에게 원망을 품기까지 했던 것도 사실이다.[4] 서애 유성룡도 『징비록』에서 사람들이 안일하여 축성을 꺼렸으며, 수축한 성도 모두 지세를 갖추지 못한 채 넓고 크게 만들어 사람을 많이 수용하는 데 힘쓰다 보니 지키기가 어려웠다고 실토한 바가 있다. 아울러 어떤 이는 "우리 마을 앞에 내가 흐르고 있어 아무리 장사라 하여도 뛰어넘을 수 없는데, 하물며 동래·부산 앞 망망대해를 왜인이 어떻게 넘어올 수 있겠는가"라는 짧은 인식으로 성곽 수축에 대한 민폐만 부각시키고 있었으니,[5] 당시 상황을 짐작할 수 있겠다. 조선왕조 건국 이래 약 2백 년간은 태평시대를 구가하였다. 소규모 왜구 침입이 있었으나 일본과는 대마도주를 통하여 외교관계를 맺고 있었으니, 일본이 전 국력을 동원하여 대규모 침략 전쟁을 일으킨다고는 상상조차 하지 못했던 것이 당시의 현실이기도 했다.

조선의 군사동원 체제를 보면 진관(鎭管)체제를 유지하다가 을묘왜변 이후 제승방략(制勝方略)으로 개편하였고, 임진왜란 전에 다시 진관법으로 돌아가자는 논의가 있었으나, 이 제도는 그대로 시행되고 있었다. 제승방략이란 적의 침략이 있으면 지방군이 지정된 곳으로 집결하고 중앙에서 파견된 장수가 지휘하는 체제였다. 그러하니 대규모로 적이 침공할 때에는 실전에 적용될 수 없는 전략이기도 했다. 임진왜란이 일어나자 경상도순찰사 김수(金睟)가 즉시 제승방략의 분군법(分軍法)을 시행했으나, 왜군을 막아내지 못하고 실패한 것

4) 『선조수정실록』 권25, 선조 24년 7월 1일 갑자.

5) 유성룡, 『징비록』 권1.

에서 그 실상이 잘 드러난다.

유사시 지방군을 동원하는 진관체제는 세조 때 완성된 지역 방위 체제로, 경상도에는 김해·대구·상주·경주·안동·진주 등 6개의 진관으로 구획되어 있었는데, 청도는 밀양·경산하양·인동·현풍·의흥·신령·영산·창녕 등과 함께 대구 진관에 예속되어 있었다. 당시 경상좌도의 진관 편성을 보면 다음과 같다.[6]

표 5 조선전기 경상좌도 진관 편성 체제

구 분	첨절제사	동첨절제사	절제도위
경주진관	경주부윤	울산군수 양산군수 영천군수 흥해군수	경주판관 청하현감 영일현감 장기현감 기장현감 동래현감 언양현감
안동진관	안동대도 호부사	영해부사 청송부사 예천군수 풍기군수 영천(榮川)군수	안동판관 의성현령 봉화현감 진보현감 군위현감 비안현감 예안현감 영덕현령 용궁현감
대구진관	대구부사	밀양부사 청도군수	경산현령 하양현감 인동현감 현풍현감 의흥현감 신녕현감

세조 때 완성된 전국 규모 방위망인 진관체제는 16세기에 접어들어 군역제의 변동으로 기능을 다하지 못하게 되었다. 그러다가 유사시 군사가 아닌 계층까지 총동원하여 대처하는 제승방략(制勝方略)이란 응급적 분군법(分軍法)으로 대신하게 되었다. 각 진관별로 자전자수(自戰自守)하는 것과는 달리 유사시에 각 읍의 수령이 소속 군사를 이끌고 본진을 떠나 배정된 방어지역에 집결하여 공동 대처하는 것

6) 이겸주, 1992, 「壬辰倭亂前 朝鮮의 國防實態」『韓國史論』 22.

이 제승방략적 분군법이었다.[7] 이러한 제승방략은 가까이 있는 각 읍의 군사가 하나의 방어진지로 모여 대처하기 때문에, 후방지역에는 군사가 없어 1차 방어선이 무너지면 그 뒤에 2차로 방어할 수 없는 결함을 안고 있었다. 제승방략은 중종 때 삼포왜란과 명종 때의 을묘왜란 등을 겪는 동안 시도된 전략인데, 진관체제가 유명무실화되면서 하나의 보완책에서 나온 것이었다. 따라서 제승방략의 특색은 각 지방 군사를 통솔하던 수령이 휘하 부대를 인솔하여 미리 할당된 방어진지에 가서 대기하면, 중앙으로부터 파견되는 경장(京將)과 본도의 병·수사 지휘를 받도록 편제된 것이었다.[8]

당시 지방 수령은 군사권도 아울러 가지고 있었는데, 청도는 37개 경상좌도 소속 고을 중에서 군(郡) 단위 지역으로, 종4품의 군수가 파견되어 있었다. 따라서 전쟁이란 위급한 상황이 생기면 청도군수는 1차적으로 대구진관의 지휘권을 가진 대구부사와 경상도 관찰사 명령에 따라 관내 군사들을 집결지로 동원해야 하며, 상황에 따라서는 중앙으로부터 파견되는 경장(京將)의 지휘도 함께 받도록 되어 있었다. 임진왜란으로 적이 밀고 올라오자 청도 군수가 부대를 이끌고 집결지로 이동한 것은 그러한 이유 때문이었다.

청도는 부산에서 밀양을 거쳐 대구와 한양을 잇는 중로(中路)에 해당하는 교통의 요지였다. 유천역에서 팔조령을 넘어 바로 대구로 향하는 직로가 뚫려 있을 뿐 아니라, 청도에서 각지로 퍼져 나가는 도로는 8개나 되었다. 대개 군현의 도로가 3~4개에 불과했고, 대구와

---

7) 허선도, 1973, 1974, 「제승방략 연구(상 하)」『진단학보』 36, 37.

8) 육군본부, 1968, 「중앙 및 지방 군제의 변화」『한국군제사-근세조선전기 편』

같은 대도시인 경우 9개의 도로가 펴져 있었던 점과 비교할 때 그 상황들이 짐작된다. 중로(中路)를 중심으로 좌로(左路)와 우로(右路)로 분산 형성된 영남대로는 서울을 영남지방과 연결하는 조선시대 긴요한 간선도로였다. 조선 건국 후 수도가 한양으로 옮겨진 후 동래를 종착지로 하는 간선도로가 확정되면서 구축된 것이 영남대로이다.

이중에서 중로(中路)는 동래 부산포에서 양산-밀양-청도-대구-선산-상주-유곡-조령-음성-이천-광주-한양으로 이어지는 국토의 대동맥이나 다름없었다. 선조 25년(1592) 4월 13일 부산에 상륙한 일본군들이 이튿날 동래성을 함락시키고 빠르게 북상하였는데, 주로 일본 사신들이 이용하던 익숙한 중로(中路)를 먼저 이용하였던 것도 그런 이유 때문이며, 그 후속 조치로 낙동강 하류를 건너지 않고 북상하여 경주와 안동을 침공할 수 있는 경상좌도의 좌로를 활용하였다. 이 때문에 청도는 어느 지역보다 피해가 클 수밖에 없었다.

2. 청도군수 배응경의 전쟁 대응

임진년에 일어난 일본의 조선 침략은 전혀 예기치 못한 상황에서 일어났고, 아울러 예상을 뛰어넘는 대규모 군대 파견이었다. 전진기지로 활용한 나고야에 성을 축성한 일본은 9개 부대 158,700명이나 되는 대규모 침략군단을 꾸렸다. 그 중에서 1번 부대를 이끈 장수는 고니시 유키나가(小西行長)와 소 요시토시(宗義智)였다. 이들은 4월 13일 쓰시마를 출발하여 14일에 부산진성 전투를 벌인 후 동래-기장—양산—밀양—청도까지 접수하는 데 1주일이 채 걸리지 않았다. 이어 대구—선산—문경—충주—여주를 거쳐 5월 2일 밤늦게 한양에 입성할 정도로 무인지경이 되었다. 4월 18일 부산에 도착한 가등청정의 2번 부대는 양산—언양—경주—의성—안동—영주—죽령을 거쳐 충주에 합류한 뒤 1군과 다른 루트로 5월 3일 한양에 입성했다. 이어 9번 부대까지 동원한 일본은 조선 8도 전역을 유린하였다. 밀양과 대구 사이에 위치한 청도는 1번 부대나 1번의 후속부대, 혹은 그 외의 부대 중에 1번 부대와 동일한 북상로를 택한 이들이었을 걸로 추정된다.[9] 따라서 북상하는 왜군의 주력부대가 휩쓸고 갔던 청도는 다른 지역에 비해 피해가 클 수밖에 없었다. 여기에는 무력한 관군이 조기에 무너진 데다 청도군수 배응경이 읍성을 버리고 도망갔기 때문인 것으로 인식되어 왔다.[10]

전쟁초기 일본군의 압도적인 승리로 조선군이 조기에 붕괴되었다는 인식에서 벗어난 것은, 1960년대 이후 의병에 대한 본격적인 연구 때문이었다.[11] 초기에 무너진 관군들이 점차 회복하여 전쟁 이듬해인 1593년부터 반격의 기회를 잡았다는 연구경향도 의병들의 활약에 초점을 맞춘 결과였다.[12] 그러다 최근에는 전쟁초기부터 조선의

9) 김경태, 2017, 「임진란기 청도지역의 항왜 활동과 청도지역의 전투」『청도지역의 임진란사 연구』, 임진란정신문화선양회.

10) 『청도군지(1991)』 조선시대 역사, 임진왜란 편.

11) 노영구, 2007, 「최근의 조선시대 군사사 연구 경향과 과제」『교수논총』 44, 국방대학교.

12) 오종록, 2004, 「조선시대 군사사 연구의 동향-2001~2004-」『군사』 53, 국방부군사편찬연구소.

군사 동원체제가 잘 유지되었고, 관군의 전투력 또한 상당했음을 고증하는 연구들이 발표되고 있는 실정이다.[13] 이는 임진왜란 극복의 주체가 의병만이 아니라 관군의 기여도 역시 상당했음을 재조명해 주고 있다는 점에서 의의가 있다.

이런 인식이 설득력을 얻기 위해서는 예상치 못한 임진왜란이 일어났을 때 당시 군제(軍制)하의 지휘 체계가 어느 정도 작동했는지에 대해 알아 볼 필요가 있다. 평소에 구축된 군사체제를 운용하는 것에는 봉수(烽燧)나 역로(驛路) 등 각 통신체계에 따른 신속한 보고 및 명령 하달과 함께 체계적인 군사 동원이 선제되어야 한다. 가령 병사(兵使)와 수사(水使)가 제승방략(制勝方略)에 의하여 동원된 각 제진(諸鎭)의 군사를 운용하여 적변에 대한 초기대응을 잘 하였는가, 감사 겸 순찰사(巡察使)는 정확한 상황 판단을 바탕으로 도내에 분군령(分軍令)을 하달하였는가, 각 제진의 군사들은 분군법(分軍法)에 의해 지정된 집결지로 이동 하였는가 등과 같은 사안들이 1차적인 요소일 것이다.

최근 연구 성과에 의하면, 전쟁 초기 상황에서 일부 제진은 지방군 지휘관의 부대로, 또 일부 제진은 경장(京將) 부대로 편성되었다. 조정에서도 초동조치를 잘 발동시켜 조방장에서 도체찰사까지 경장을 순차적으로 파견하고 있었다.[14] 대체적인 윤곽을 그려보면, 고니시

---

13) 노영구, 2003, 「임진왜란 초기양상에 대한 기존인식의 재검토-화가산현립박물관소장 「임진왜란도 병풍」에 대한 새로운 이해를 바탕으로-」『한국문화』 31, 서울대 한국문화연구소: 이호준. 2010, 「임진왜란 초기 경상도 지역 전투와 군사체제」『군사』 77, 국방부 군사편찬연구소.

유키나가(小西行長)가 이끄는 일본군 1번대는 대마도 대포(大浦)를 출발하여 1592년 4월 13일 18시 부산포 절영도 근처에 도착했다.[15] 일본군 이동 상황은 그 전에 이미 봉수의 중추 역할인 후망(堠望)에 의해 각 지휘계통으로 보고되었고, 이에 대응하여 경상도 감사는 즉각 제진(諸鎭)별로 동원령을 하달했다. 좀 더 세부적인 상황을 그려보면, 4월 13일 16시에 가덕도의 응봉봉수(烽燧)와 연대(烟臺)에서 90여척의 배가 부산포로 이동하는 상황을 보고했으며, 이후 계속되는 첩보는 경상좌·우 병사와 수사, 그리고 경상도겸순찰사 김수에게 보고되었다. 이 같은 전파체계에 의해 4월 15일 20시 무렵에는 전라좌수사 이순신에게까지 공문이 전달되었다.[16] 부산포 앞바다로 침입한 일본국 전선(戰船)은 무려 700여 척이었다. 인근의 조선수군으로는 감당하기 어려운 규모였다. 부산포첨사 정발(鄭撥)은 부득이 인근 병력을 동원하여 육전을 준비했다. 부산포나 다대포 같은 첨사진에는 성곽을 갖추고 있었기 때문이다. 전투 결과 정발 등은 전사하고 나머지는 포로가 되었다. 이어 15일에는 다대포가 함락되고 동래가 포위당하자, 경상좌수사 박홍은 수군작전이 불가능함을 깨닫고 육전을 감행할 수밖에 없었다.

제승방략에 의해 경주진관 병력들이 동래로 집결했으며, 경상좌병영 소속군 역시 동래로 이동했다. 뿐만 아니라 대구진관 소속 일부

14) 이호준, 2010, 「임진왜란 초기 경상도 지역 전투와 군사체제」『군사』 77, 국방부 군사편찬연구소.

15) 이경석, 1967, 『임진전란사』 상, 서울대학교출판부.

16) 이순신, 『임진장초(壬辰狀草)』 사변에 대비하는 일을 아뢰는 계본 1~3.

제진(諸鎭)도 전진배치 되었는데, 밀양부사 박진이 이끄는 부대는 동원령에 따라 동래 북쪽 15리 밖의 소산역(蘇山驛)으로 이동하였다.[17] 그러나 4월 15일 동래성이 함락된 후 소산역까지 적들에게 내주면서 경상도 2차 방어선이 완전히 무너지고 말았다. 밀양진관 병력을 이끌던 박진은 양산에서 밀고 올라오는 적을 차단하기 위해 노력했으나 실패했고, 이어 밀양성이 포위되자 박진은 홀로 포위망을 뚫고 영산방면으로 퇴각했다.[18]

이 시기 경상도겸순찰사 김수 역시 밀양성에 도착했으나, 여러 상황으로 영산으로 물러날 수밖에 없었는데, 그는 결국 초계로 후퇴하였다.[19] 일본군이 소산역을 돌파하고 북상하자 작원(鵲院: 지금의 삼랑진읍)을 또 다른 방어선으로 구축해야만 했다. 경상도겸순찰사 김수는 즉각 경상우도 소속의 진주와 함양의 군사들을 작원 전투에 동원하였다. 이처럼 분군법(分軍法)에 의한 유사시의 부대 편성은 평시의 방략에 의해 부대별로 소속될 진관이 지정되어 있었다. 그리고 1차 방어선이었던 동래성이 무너지자 소산역이 2차 방어선 역할을 했었고, 이것이 무너지자 3차 방어선으로 작원에 부대를 집결시켰듯이, 방어선 구축 체제까지 무너진 것은 아니었음을 보여준다.

임진왜란 초기 좌병영 소속 경상좌도의 각 진관별 병력들은 즉각

17) 이탁영, 『역주 정만록』; 이형석, 『임진전란사』 상

18) 이탁영의 『정만록』에는 밀양성 함락이 4월18일, 조경남의 『난중잡록(亂中雜錄)』에는 4월17일로 기록되어 있다. 마찬가지로 청도의병장들의 기록인 「창의일록」에는 4월 18일, 「창의일기」에는 4월 17일로 기록되어 있다.

19) 이탁영, 『역주 정만록(征蠻錄)』 임진변생후일록, 임진 4월 18일.

좌병영으로 동원되었는데, 좌병사 이각은 대구진관 예하의 하양진 대장(代將)에게 하양이 본래 방어사 소속이었다는 이유로 다시 복귀시켜, 방어사 지휘를 받도록 북쪽으로 이동케 했다. 좌병영으로 가고 있던 용궁현감 우복룡은 하양의 병력 500명을 도망병으로 판단하여 전부 죽인 후 좌방어사 성응길에게 보고했다.[20] 가토 기요마사(加藤清正)가 지휘하는 2번 대의 일부 부대는 4월 21일 경주를 함락시켰고, 그 이튿날 좌병영성 전투에서 영남 지방군을 격파하며 영남대로 좌로를 따라 북상했다. 4월 23일 영천과 신령을 함락시켰으며, 일부 소규모부대는 안동방면으로 진출했다.

일본군 주력 부대들의 침입 경로에 따라 4월 18일 밀양이 적의 수중에 넘어가자, 경상도겸순찰사 김수는 청도를 방어선으로 구축할 생각은 없었던 것으로 보인다. 청도 군수 배응경(裵應褧)이 김수의 명령에 따라 밀양 방면 방어선으로 집결했다가 청도로 되돌아 왔을 때 청도읍성은 이미 텅 비어 있었다. 이런 사실을 배응경 군수가 겸순찰사 김수에게 보고하자, 성을 포기하고 대구 방면 집결을 명했던 것으로 추정된다. 여기에서 의문점은 청도 군수 배응경이 과연 적이 무서워 백성을 버리고 도망갔는가에 대한 사실 여부이다. 청도 의병장 박경전의 활약상을 담은 김후생(金後生)의 『창의일기(倡義日記)』를 보면, 4월 20일 청도가 함락되자 군수 배응경이 성을 버리고 최정산으로 도망했다고 한 바가 있다.

당시 청도진관에 소속된 관군 숫자는 알 수가 없다. 다만 『세종실

20) 조경남, 『난중잡록(亂中雜錄)』 권1, 임진년 4월21일: 이긍익, 『연려실기술(練藜室記述)』 권15, 선조조고사본말 4월19일

록지리지』에 근거한 청도 관내의 군정(軍丁) 숫자를 보면, 시위군(侍衛軍)이 33명에다 진군(鎭軍)이 87명, 선군(船軍)이 2백 55명 정도였다. 시위군은 중앙으로 가서 교대로 번을 써야 하는 군인이며, 선군 역시 좌수영으로 동원되는 바다 군인이었으니, 실질적으로 청도를 방어하는 관군으로는 진군(鎭軍) 87명이었을 것으로 추정된다.

대규모 적들이 침입하는 경우 인근 진관 소속 병력들을 방어선에 집결시키는 것이 제승방략 체제였다. 그리고 이런 제승방략 동원체제에 따라 청도군수 배응경은 군사들을 데리고 왜군이 진격해 오는 길목이었던 밀양 무흘역(無屹驛: 삼랑진읍 미전리 대천마을)으로 집결했으나 중과부적으로 물러났다. 이 사실을 경상감사 김수에게 보고하자 일시 피신하라는 지시가 내려와 청도읍성을 포기하고 팔조령의 최정산으로 피신하였다고 한다.[21] 경상우감사(慶尙右監司) 김수는 진주를 버리고 거창으로 도망을 간 인물이기도 하지만, 각 고을에 격문을 돌려 백성들에게 적을 피하라고 통고하여 왜적을 제대로 방어할 기회조차 만들지 못했다는 평가를 받고 있기도 하다.

다만 영남좌도 소속 진관 군사들을 방어선에 집결시켜 전투준비 대열을 갖춘 것은 군사통괄 시스템이 제대로 작동하고 있었음을 암시하는 대목이기도 하다. 그러나 이런 군사동원 체계가 대규모 침입군에게는 무력하기 짝이 없어, 대구조차도 4월 22일에 방어선이 쉽게 뚫리고 말았다. 대구 의병장으로 활약했던 서사원(徐思遠)의 「낙재

21) 배응경, 『안촌선생문집』 권4, 행장(김응조 찬): 개인 문집의 행장이란 점으로 미루어 후대의 가필이 있을 수 있겠지만, 당시 군사 동원체제에 따라 청도 관군들이 밀양으로 집결했던 것은 사실이라 할 것이다.

일기(樂齋日記)」에 의하면, 1592년 4월 22일 '아침에 (팔공산) 응봉에 올라 멀리 바라보니 파잠(현 대구 파동)과 상동에서부터 불꽃이 이어지기 시작하여 (중략) 이윽고 수성현 안에 불꽃이 매우 치열하다가 얼마 후 읍내(대구 시내)에서도 일어났다'라고[22] 증언한 것이 당시 상황을 잘 나타내 주고 있다.

제승방략 체제가 정상적으로 작동되기 위해서는 2차 방어선에 부대를 집결시켜 대비했을 것인바, 그 집결지가 대구였을 것으로 보인다. 다시 말한다면 청도 관군의 1차 집결지였던 밀양이 적의 손으로 넘어가게 되자, 일단 후퇴하여 2차 방어 태세에 들어갔을 것이다. 그러나 대구에서조차 전투다운 전투를 해 보지도 못하고 성이 함락되고 말았다. 그렇다면 대구에 집결한 인근 수령들과 관군들은 흩어져 각자 도생의 길을 갔을 것이고, 청도 군수 배응경은 대구와 청도의 접경지대에 위치한 최정산으로 숨어 들어갔을 것으로 추정된다. 결과적으로는 군수 이하 관군들이 모두 도망가 버렸다고 인식할 수 있던 상황이었다. 밀양부사 박진 역시 밀양 전투에서 불가항력으로 피신한 바가 있었지만, 그 이후 적극적으로 전쟁에 임하여 많은 공적을 남겼듯이, 배응경 또한 그런 사례에 해당한다 할 것이다.

청도 군수에서 파직된 배응경은 1593년 영천(榮川)으로 거처를 옮겼는데, 거기에서 모친상을 치른 후 충청도 도사(都事), 순천 부사(府使), 나주 목사(牧使), 대구 부사(府使) 등을 역임했다. 1597년(선조 30) 2월 무관 중에 나주를 다스릴 재목이 없다는 이유로 문관인 배응경이 추천

22) 서사원 저, 박영호 역, 2008, 『국역 낙재선생일기』, 이회문화사.

되었듯이,[23] 그는 문과 급제자이면서도 무관의 재능까지 겸비한 인물이었다. 아울러 비변사에서도 전쟁 상황임을 감안하여 도망친 수령들의 정상 참작 필요성을 역설하고 있었기 때문에 재기용된 이후 공을 세우며 활약할 수 있었다.

전통사회에서의 통신망이란 평시처럼 작동된다 할지라도 어느 정도 한계가 있기 마련인데, 특히 전란이 발생했을 시기에는 정보 단절이 매우 클 수밖에 없었다. 임진왜란 당시 경상좌도는 왜군들에게 입은 피해가 매우 컸기 때문에 정보의 고립 정도가 더 심했다. 관찰사 김수가 "좌도 여러 고을의 승패와 왜적들의 유무는 물론 감사(監司) 이성임(李聖任)의 부임 여부조차 알 수가 없다"라고 했을 정도다.[24] 중앙에서 파견하여 새로 부임하는 감사의 도착 상황을 알 길이 없으니, 정탐꾼까지 파견하여 조정에 보고하는 사태까지 이르렀다. 그런데 이성임은 이미 한 달 전에 부임 도중 교체되어, 평양 지원 병사들을 임진강으로 보내는 순찰 부사(巡察副使)의 임무를 수행하고 있었다.[25] 상황이 이러한데도 영주 지역 선비였던 이여빈(李汝馪)은 이성임을 두고 "겁내고 두려워 감히 오지 않으니, 좌도 사람들이 처음에 감사가 있는 줄도 몰랐다"라는 식으로 평가를 내리고 있던 실정이었다.[26] 이처럼 왜군들의 점령지였던 경상좌도에서의 정확한 정보 부재는 당시의 큰 문제점이었다. 따라서 전란기라는 특수성을 감안해

23) 『선조실록』 권85, 선조 30년 12월 9일 을축.

24) 『선조실록』 권27, 선조 25년 6월 28일 병진.

25) 『선조실록』 권26, 선조 25년 5월 13일 임신.

26) 이여빈, 『용사록』 1592년 4월 27일.

볼 때, 당대에 바로 기록으로 남긴 개인 일기라 할지라도 여과 없이 그대로 믿기에는 한계가 있는 것이 사실이다.

도요토미 히데요시가 파견한 왜군들은 5월 3일부터 한성에 집결하기 시작했고, 5월 6~7일 경에 열린 회의 결과에 따라 조선 8도를 분할 지배하기로 결정했다. 경상도를 지배하기로 한 장수는 제7군을 이끌었던 모리 데루모토(毛利輝元)였다. 그는 자신의 주력부대를 이끌고 6군과 함께 부산에 도착하여 북상하다가 성주에서 진격을 멈추었고, 6월 12일경 주둔지를 개령으로 옮겼다. 그가 후방 지역인 경상도에서 머무르며 쌓았던 부산왜성이나 자성대 등이 지금까지 남아 있다. 그는 자신의 부대를 경상도에 배치하고 주둔지를 마련하였지만, 소규모 장수들에게 연로의 지역을 맡겨 주둔시켰던 것으로 판단된다. 경상도 지배권을 확보한 모리 데루모토(毛利輝元)는 그의 부하 왜장인 고사쿠 사에몬타이후(小作左衛門大夫)을 청도에 주둔시켜 관리하게 했다.[27] 당시 대구와 청도지역에 주둔한 일본군 숫자나 규모에 대해서는 약 1500명 정도였던 것으로 추정된다. 이 지역에서 일어난 의병들이 벌인 당시의 전투상황에 대한 기록들이 남아 있어 부분적으로 유추될 수 있으나, 상반된 기록들이 많거니와 왜적 숫자에 대해서는 과장된 측면이 많은 것도 사실이다.

이상에서 보았듯이, 청도지역은 전쟁 초기 여러 침략부대의 북상

---

27) 시모세 요리나오(下瀨賴直), 『朝鮮渡海日記』: 제7군 모리 데루모토(毛利輝元)군의 일원이었던 이와미 모토요리(石見元賴) 측근무사 시모세 요리나오(下瀨賴直)의 일기로, 1592년 3월 8일부터 1593년 4월 7일까지의 상항이 실려 있다.

경로에 위치하였기에 1차적인 피해를 입은 곳이다. 이후 조선으로 건너와 전투에 참가했던 일본군은 이곳 청도를 지나 북상하였고, 현지 지배를 위해 남하한 일본군도 마찬가지로 이 길을 통해야만 했다. 그리고 청도를 직접 지배하기 위한 장수까지 배치했으니, 요컨대 청도는 일본군의 조선 침략과 지배를 위한 요로에 위치해 있었던 것이다.[28]

한편으로는 침략과 동시에 치열한 전투가 벌어졌던 부산과 동래에서 청도가 그리 멀지 않다는 점에서 보면, 일본군이 상륙하자 그 소식이 바로 전해졌을 것이다. 4월 17일 밀양부사 박진이 항전하다 끝내 함락된 밀양성 전투 역시 작은 규모가 아니었다. 이런 소식을 접한 청도 백성들은 깊은 산중으로 도산해야 했고, 군사 지휘권을 가진 군수와 관군은 모습을 드러내지 않았다.

일본군 1번 대는 좌수영-양산-밀양-청도-대구를 거쳐 충주로 진격했고, 가토 기요마사의 2번 대는 양산-언양-경주-영천방면으로 진공했다. 밀양이 함락되던 4월 18일에는 일본군 3번 대와 4번 대가 김해에 상륙했으며, 5월에 들어 상륙한 후속부대들이 영남의 주요지역 점령지마다 진영을 설치하였다.[29] 영남대로 중로를 진격했던 일본군 1번 대가 4월 20일 청도읍성을 함락하던 날, 2번 대는 언양을 거쳐 울산의 좌병영을 함락했다. 좌병영에는 관할지역 13읍 군사들

28) 김경태, 2017, 「임진란기 청도지역의 항왜 활동과 청도지역의 전투」『청도지역의 임진란사 연구』, 임진란정신문화선양회.

29) 기타지마만지(北島萬次), 1994, 『豊臣秀吉朝鮮侵略』, 吉川弘文館. (김유성, 이민웅 역, 2008, 『도요토미히데요시의 조선침략』 경인문화사)

이 수성전을 준비했으나, 총지휘권을 가진 좌병사 이각의 도망으로 방어체제가 무너진 것은 사실이다. 하지만 전쟁 초기에 적절하게 대응하지 못했던 이각 대신 밀양부사 박진을 경상좌병사로 임명한 5월부터[30] 경상좌도 지휘체계가 복구되어 반격을 할 수 있는 계기가 되었다. 또한 이 시기에 경상도안집사(慶尙道安集使) 김륵(金玏)이 부임하여 초모(招募) 활동을 통한 사족 중심의 의병부대를 편성하면서 군정체계까지 잡혀가고 있었다.[31]

7월 9일 청도읍성은 의병들이 수복한 것이지만, 7월 23일에 개시된 영천성 수복 전투에 투입된 의병과 관군은 무려 3,560~3,970명이나 되는데, 이는 인근 신녕과 경주 군사는 물론 울산·영일·장기·흥해·양산·언양·자인 등의 의병부대와 관군들이 함께 참여한 것으로 추정된다.[32] 당시 관군의 역할에 대해서는 경상도관찰사 서리였던 이탁영(李擢英)의 『정만록(征蠻錄)』이나 의성 의병장이었던 신흘(申仡)의 『난적휘찬(亂蹟彙撰)』을 통해 살펴 볼 수 있는데, 개전 초기 경상좌도의 주요지역이 점령당한 상황에도 일부 관군 장수들은 임지에서 수성(守城)에 임하고 있었고, 지방관들의 공백이 있던 지역에서는 의병장들이 산졸(散卒)들을 수습하여 항전 태세를 발휘하고 있었다.

물론 경상좌도의 지휘부가 와해된 상태에서 그 아래 관군들이 조

30) 『선조수정실록』 권26, 선조 25년 5월 1일 경신: 『征蠻錄』 乾, 임진 5월 25일: 申仡, 『譯註 亂蹟彙撰』 등 참조.

31) 노영구, 2001, 「임진왜란 초기 近始齋 金垓의 의병활동」 『군자리 그 문화사적 성격』, 토우.

32) 최효식, 1994, 「임진왜란 중 영천성 탈환전투의 고찰」 『대구사학』 47.

직적인 반격을 할 수는 없었지만, 경상좌병사가 교체된 뒤로 이 지역 관군 역시 신속한 재편이 가능했다. 그 결과 조선군은 전황을 유리하게 이끌어 나갈 수 있었다.[33] 아무튼 민관(民官)의 합동으로 경상좌도의 함락된 읍성들을 회복하기 시작했고, 흩어진 백성들 또한 복귀할 수 있었는데, 청도읍성은 다른 고을보다 매우 이른 시기에 되찾았다. 아울러 청도읍성은 전적으로 의병들에 의해 일본군을 몰아내고 군수(郡守)에게 인계했다는 점에서 역사적 의미가 크다 할 것이다.

3. 임진왜란 당시 청도 지역의 실상

앞에서도 언급되었듯이 청도는 부산에서 한양으로 올라가는 요충지였고, 이 때문에 어느 곳보다 피해 상황은 클 수밖에 없었다. 4월 20일 청도를 함락한 일본군들이 여세를 몰아 한양까지 점령한 것이 5월 2일이었다. 일본군 주력부대인 제1군과 제3군 등이 휩쓸고 지나간 영남이지만 그 피해 상황에 대한 지역별 편차는 크다.

의병 조직에 의해 청도읍성을 탈환한 것이 7월 9일이었다. 그리고 군수 배응경에게 모든 권한을 인계한 청도 의병진들은 관군에 준하는 편제에 들어가겠다는 것을 스스로 천명했다. 이후 청도에서 벌어진 각종 전투를 보면, 관군과 의병들의 연합작전이 어느 정도 주효하여 효과를 거둔 바가 있었던 것도 사실이다. 현존하는 청도 의병

---

33) 김진수, 2012, 「임진왜란 초기 경상좌도 조선군의 대응양상에 대한 검토」 『군사』 84.

자료들을 보면, 이 시기에 집중된 일본군들과의 전투에서 연전연승한 것처럼 기록되어 있다. 그러함에도 청도에 주둔했던 일본군들의 살육과 약탈 행위는 실로 말할 수 없을 정도였다.

이탁영(李擢英)의 『정만록(征蠻錄)』 임진년 7월 14일자 기록에 의하면, 당시 청도와 창녕 일대에 주둔한 왜군들은 절도사라 칭했고, 창원과 밀양 주둔 왜적들은 자칭 국왕이라 칭하며 도로를 정비하는 왜인(倭人)들이 길가에 쭉 깔렸는데, 7월 18일 청도 아전 김언상(金彦祥)이 왜적에게 참수 당했다는 소식을 접했다고 한다.[34] 이렇듯 청도읍성을 탈환하기는 했지만, 이 지역에 주둔하던 일본군들의 기세는 여전했다고 보여진다. 당시 적들이 가장 많았던 지역으로 좌도에는 청도를 비롯하여 부산 동래 경주 밀양 대구 영천 창녕 현풍 등이었고, 우도에는 웅천 김해 창원 경상도 71개 고을 중에서 22개 고을 정도였다. 그리고 지역별 일본군 주둔 수도 30명을 넘지 않고 많아야 100여 명인데, 고성에는 근처 적들이 한 군데 모여 1,000명쯤 된다고 하나 확실치는 않다는 것이었다. 당시 청도군수 배응경의 치보(馳報)에 의하면, "젖먹이 아이를 나무뿌리에 매달고 구멍에 넣어 돌로 덮어 죽게 하는 일들이 벌어지고 있으니, 그 비참함이 이를 데가 없다"고 했을 정도였다.[35]

임진왜란 당시 지역별 실상을 생생하게 전해주는 자료는 매우 드물다. 현지에서 의병을 이끈 인물들이 남긴 일기들이 있지만, 전공

---

34) 이탁영, 『정만록(征蠻錄)』 건(乾) 임진생후일록(壬辰生後日錄) 7월 14일, 7월 18일.

35) 이탁영, 『정만록(征蠻錄)』 곤(坤) 장계(狀啓: 7월 25일).

기록에 치우친 면들이 많아 백성들의 실상을 생생하게 전달하는 측면은 상대적으로 소홀한 편이다. 학봉 김성일이 초유사와 경상좌우도 감사로 역임하면서 지역 상황을 중앙으로 보고했던 장계(狀啓)를 통해 당시 청도 지역 실상을 어느 정도 파악할 수 있다. 초유사로 활동하던 김성일을 경상좌도 감사로 임명한 것이 8월 11일이었다. 그러나 길이 막혀 부임하지 못하다가 9월 4일 초계(草溪)에서 한 밤중에 낙동강을 건너 현풍 창녕 밀양을 거쳐 몰래 청도로 들어 온 후 다시 하양으로 건너가 신령에 도착했지만, 이내 경상우도 감사와 서로 바꾸었다는 기별을 받았다. 김성일은 9월 14일에 대구 동화사에 도착하여 좌병사 박진을 만나 왜적 토벌을 논의한 후 17일 아침에 고령에 도착했는데, 그날 새벽에 대구에 있는 왜적들이 동쪽으로부터 몰려오고, 서쪽에 있는 왜적들이 하빈 쪽으로 협공했으니, 자신의 걸음이 잠시라도 늦었더라면 왜적과 마주치는 아찔한 상황이었다고 고백하였다. 그리하여 9월 19일 전 감사 김수(金睟)를 거창에서 만나 인수인계가 겨우 이루어질 수 있었다.

학봉 김성일 거쳐 왔던 현풍 창녕 청도 밀양 경산 대구 고을은 곳곳마다 쑥대밭이 눈에 가득하였으며, 마을에는 밥 짓는 연기가 끊어지고 들에는 자라는 곡식이 없으니, 왜적들이 비록 물러간다 할지라도 겨우 살아남은 백성들의 살아갈 길이 만무하다고 하였다. 임진년 8~9월 당시 왜적들이 주둔해 있던 경상좌도의 고을로는 인동 대구 청도 밀양 양산 동래 등이었는데, 한편으로는 북쪽으로 진격했던 왜적들이 조령(鳥嶺)을 경유하여 남하한 뒤 대구 청도 경산에서 분탕질하고 살육하는 것이 전에 보다 더 참혹한데도 우리 군사들은 손을 움츠리고 바라만 보고 있다고 한탄하기도 했다. 다만 영천의 권응수가 왜적을 섬멸하여 위세를 떨쳤을 뿐, 8월 20일에는 대구부사 윤현(尹睍)이 경솔하게 대적하다가 군사 700명을 잃었고, 21일에는 병사(兵使)가 계림(鷄林: 경주)에서 패하여 600명을 잃었으니, 기가 꺾인 우리 군사들이 왜적만 보면 물러난다고도 했다. 다행히 왜적들의 물러나는 낌새가 있는지 현풍 창녕 영산에 주둔했던 왜적들이 도망쳤고, 의병장 정인홍이 성주 안언역(安彦驛)에서 가로막아 경상 우도 왜적들의 길이 끊어지자, 내려오던 왜적들은 모두 선산—인동—대구—청도—밀양을 경유하여 바닷가로 도달하려는 탓에 이곳 백성들이 입은 피해가 극심하였다고 한다.[36]

이렇듯 임진왜란 침입 루트가 낙동강 연안의 영남 좌·우도에 치우쳐져 있었기 때문에 상대적으로 피해가 우도의 곡식을 좌도로 옮겨 백성을 구하거나, 호남의 곡식을 영남으로 옮기는 등의 조치를 내린 바가 있다. 이런 방안을 적극 강구한 이는 다름 아닌 김성일(金誠一)이었는데, 그가 올린 장계(狀啓)에 따라 비변사에서 선조에게 아뢰어 실시되었다. 여기에서 주목되는 것은,

> 영해(寧海) 등 10고을은 적변이 그리 심하지 않으니 편리한 대로 수합하여 적로(賊路)의 군량을 돕게 하고, 청도(淸道) 등 18고을은 공사(公私)간에 재물이 탕갈되어 군량 및 구황(救荒)이 백계무책(百計無策)이니, 민간에 사사로이 저장된 곡식을 넉넉하게 납부시

36) 김성일, 『학봉선생속집』 권3, 장(狀) 「우감사시장(右監司時狀; 9월 22일」

켜 계문(啓聞)하여 상을 주게 하도록 아울러 행이하소서[37]

라고 비변사에서 아뢴 내용인데, 이것이 임진년 11월의 조치였다. 이처럼 당시 중앙정부에서 처리한 상황으로 봐서는 전국에서 경상도, 경상도 중에서도 청도 지역 피해 상황이 가장 극심했음을 알 수가 있다. 이는 임진왜란이 일어났던 그 해에 농사를 짓지 못한 상황이기에 겨울을 나기 위한 방책 중의 하나였다. 그렇다고 이듬해 상황도 전혀 나아진 것은 없었다. 선전관(宣傳官) 이춘영(李春榮)이 영남의 전쟁 동향을 아뢴 것을 보면, 그 사정이 잘 드러난다.

> 영남의 왜적은 문경·함창·상주·선산·김해·창원·웅천 등에 주둔해 있고, 일본에서 새로 도착한 왜적은 가덕항(加德港)에 정박해 있으며, 인동·대구·밀양·청도·동래·부산 등지에서는 적진이 그대로 있다고 합니다. 또 양산(梁山)과 대저도(大渚島)의 왜적들은 곡식을 구하여 종자를 파종했다고 합니다. 4월 29일 우도 감사 김성일(金誠一)이 죽었고, 3월 11일에는 우병사(右兵使) 김면(金沔)이 죽었는데…… 경기를 지나다 보니, 전야(田野)가 황폐해 있고 굶어죽은 시체가 길에 널려 있었으며, 수도의 백성들은 날마다 통곡하면서 거가가 돌아오기만을 기다리고 있다 합니다.[38]

청도 주위 반경에는 적진이 그대로 있는 상황이었고, 심지어 양산

37) 『선조실록』 권32, 선조 25년 11월 6일 임술.

38) 『선조실록』 권38, 선조 26년 5월 22일 을해.

과 대저도에는 왜적들이 곡식 파종을 한다고 했으니, 온 전야가 황폐해 굶어죽은 시체가 길에 널렸다고 한 표현에서 그 참상이 잘 나타난다.

임진왜란이 일어난 이듬해인 6월에 조사된 경상도의 현황을 보면, 일본군들이 점거하여 분탕질을 일삼는 고을이 46곳인데 비해, 아직까지 일본군들의 손길이 닿지 않은 고을도 17개 정도나 되었다.[39] 이는 명나라 요청에 의해 작성된 자료였다.

표 6 경상도지역 일본군 침략 현황(1593년 6월 기준)

	부(府) 진(鎭)	군(郡)	현(縣)
적병분탕 점거지	경주(慶州)·성주(星州)·안동(安東)·창원(昌原)·김해(金海)·밀양(密陽)·선산(善山)·대구(大丘)·동래(東萊)	초계(草溪)·울산(蔚山)·양산(梁山)·청도(淸道)·예천(醴泉)·영천(永川)·흥해(興海)·금산(金山)·함안(咸安)·합천(陜川)	경산(慶山)·고성(固城)·거제(巨濟)·의성(義城)·사천(泗川)·진해(鎭海)·개령(開寧)·삼가(三嘉)·고령(高寧)·의령(宜寧)·하양(河陽)·용궁(龍宮)·언양(彦陽)·칠원(漆原)·인동(仁同)·문경(聞慶)·함창(咸昌)·지례(知禮)·현풍(玄風)·군위(軍威)·비안(比安)·의흥(義興)·신령(新寧)·영산(靈山)·창녕(昌寧)·기장(機張)·웅천(熊川)
적병미 경략지	청송(靑松)·영해(寧海)	영천(榮川)·풍기(豐基)·함양(咸陽)	남해(南海)·영덕(盈德)·거창(居昌)·봉화(奉化)·하동(河東)·청하(淸河)·안음(安陰)·단성(丹城)·예안(禮安)·영일(迎日)·장기(長鬐)·진보(眞寶)
적병 격퇴	진주(晉州)		

조선의 요청으로 명나라 군대의 1차 병력을 이끌던 요양부총병 조

39) 『선조실록』 권39, 선조 26년 6월 5일 무자.

승훈이 임진년 6월 20일에 도착했다.[40] 명나라 군대의 참전을 알리는 교지가 영남에 도착한 것은 7월 14일이었다.[41] 명나라 조승훈 부대는 병사 5천을 이끌고 평양성을 공격했지만 패하고 말았다.[42] 명나라에서는 심유경을 평양에 파견하여 화의를 제창하는 한편 이여송과 송응창이 이끄는 4만여 대군이 조선군과 합세하여 1593년 1월에 평양을 수복했다. 이 전투의 승리로 전쟁 판세가 역전되었지만, 한양 수복의 길목에서 벌어진 벽제 전투에서 명나라 군대는 크게 패하고 말았다. 이에 명군은 한때 개성으로 후퇴하기도 했다.[43] 이때부터 지루한 강화 협상의 줄다리기가 시작되었다.

최초 3천여 명의 파병을 시작으로 조선에 주둔한 명군은 종전할 무렵에는 10만여 대군으로 늘어났다. 개전 1년 정도가 지날 무렵에 조선군 병력은 대략 17만 5천이 운용되었다. 바다를 건너 온 일본군 15만 명 중에서 전투 부대와 비전투 요원을 포함해 7만 명 이상이 전사한 상태였다. 일본군은 경상도 일원으로 철수하여 휴식을 취하면서 다음 공격을 준비해 갔다. 전선이 경상도 남부로 고착되었지만, 전세가 불리할 때마다 일본은 강화를 요청했다. 피해나 위험 부담 없이 전쟁을 마무리하고 싶었던 명군은 조선의 요구를 묵살하고 강화에 응했다.

이런 상황에서 명나라 군사들은 영남지방까지 내려오게 되었다.

40) 『선조실록』 권27, 선조 25년 6월 20일 무신.

41) 『고대일록』 1592년 7월 14일.

42) 『선조실록』 권28, 선조 25년 7월 20일 정축.

43) 『선조실록』 권36, 선조 26년 3월 4일 기미.

명목상 조선 지원군으로 참여한 명군이었지만, 당시 백성들 입장에서는 명군 지원에 큰 어려움을 겪어야 했다. 명군 지원에 대해, “선산에서부터 청도 유천역(楡川驛)까지는 호남에서 담당하고, 문경 유곡 양산 동래는 좌도에서, 함창 상주 밀양의 무참역(無站驛)은 본도(우도)에서 담당하기로 정했는데, 호남에서 이론을 제기할 듯하여 매우 염려스럽다”는[44] 경상우감사 김성일의 고민에서 엿볼 수 있듯이, 명나라 군사가 주둔하던 해당 고을만으로는 역부족이었기에 명군 접대를 위한 물자 마련의 고충이 매우 컸다.

경상좌도 병사 권응수(權應銖)의 치계에 의하면,

> 대구부에 남아 있던 왜적은 5월 15일에 한 명도 남김없이 모두 물러갔고, 그날 명군의 선봉 이 총병이 군사를 거느리고 대구부로 들어갔으며, 청도의 왜적은 5월 16일에 도망하였는데, 평안 좌방어사 박명현(朴名賢), 의병장 조호익(曺好益), 별장 박종남(朴宗男)이 군사를 이끌고 추격하고 있습니다.[45]

라고 아뢴 바와 같다. 대구와 청도에 주둔했던 일본 왜적이 1593년 5월 15일~16일 경에 모두 도망한 것인데, 이는 명군의 도착시점이었다는 점에서 볼 때 반전의 기회로 삼아 새로운 활력을 불어넣을 수 있었다고 보인다. 특히 이 시기에 청도 오례산성에서 왜적과 벌였던 박경신의 전투는 우리의 주목을 끌고 있다.

---

44) 김성일, 『학봉속집』 권4, 서(書) 계사년.

45) 『선조실록』 권39, 선조 26년 6월 6일 기축.

> 진주성으로 달려가려고 이동해 가는 왜적 600여 명이 청도에 낙오되어 있던 왜적들과 오례성(청도 오례산성) 밑에서 합류한다는 정보를 알고 선생(박경신)이 친히 복병장 金延石과 승병장 法澄 등 군사 300여 인을 거느리고 적의 진로에 기다리고 있다가 갑자기 돌격했다. 이때 적 1명이 붉은 옷을 입고 장준한 말을 타고 칼을 휘두르자 김연석이 먼저 달려들어 그 자를 쏘아 말에서 거꾸러뜨렸다. 그러자 휘하의 徐彦良이 달려들어 그 자의 목을 베었다. 그리고 韓萬伊가 또 왜적 보병 2명을 베니, 여러 군사들이 사기가 충천하여 승리를 거듭하며 적을 끝까지 추격해 사살하니 적은 크게 당황하여 제대로 싸우지도 못하고 허물어져 수없이 많은 시체를 버리고 살아남은 자들만이 달아났다.[46]

이는 2차 진주성 전투에 총력전을 벌이려던 일본군이 집결하기 위해 청도를 지나던 상황에서 맞은 전투 기록이다. 강화교섭이 시작되어 4월 18일 휴전이 성립되었음에도 도요토미 히데요시는 일본군을 총 동원하여 진주성 공격을 시도했다. 한차례 진주성에서 크게 패한 바 있는 도요토미 히데요시의 복수심도 있었지만, 강화 교섭으로 해이해 질 수 있는 내부 기강을 다잡기 위한 수단이었을 것이다. 1593년 6월 22일에서 29일까지의 2차 진주성 공세는 영남 남부 전역에 영향을 미쳤는데, 청도는 부산에서 진주로 가는 일본군 경로 중의 하나였다.

---

46) 이기옥, 「창의일록」 1593년 6월 21일.

진주성으로 집결하려는 왜적들이 청도를 지나간다는 정보는 이곳을 지휘하던 밀양부사 겸 청도조전장 박경신이 미리 입수한 상태였고, 이를 토대로 벌어진 전투 상황에 대해서는 중앙에까지 보고되어 『선조실록』에까지 오르게 되었다. 명나라 경략(經略) 송응창이 윤근수에게 전한 내용을 선조에게 보고한 것을 보면,[47] 진주성 전투가 벌어지기 전에 이미 청도에서 한 차례 대규모 전투가 있었고, 우리 군이 큰 승리를 거두었다는 것이다. 서애 유성룡이 남긴 『진사록』 계사년 6월 20일자에서도 이 전투 장면이 소개되어 있을 정도다.[48] 밀양과 경계에 위치한 청도 오례산성에서 벌어진 이 전투는 박경신의 지휘 아래 큰 승리를 거두었다.

오례산성은 청도 매전면 구촌리·지전리와 청도읍 거연리에 걸쳐 있는 산성인데, 신라때부터 오혜산성(烏惠山城), 오례산성(鰲禮山城), 구도산성(仇刀山城)이라 불렸던 이 지역 요충지였다. 『경상도지리지(慶尙道地理志)』에는 "둘레 9,980척, 높이 7척에 성안에는 3개의 개울, 5개의 못, 3개의 샘이 있다."라고 하였고, 『세종실록지리지(世宗實錄地理志)』에도 수축하였다는 기록이 전하며, 임진왜란 직전에 충청도 방어사 박명현(朴明賢)이 조정의 명을 받아 대규모 수축을 꾀하였으나, 정세가 위급하여 끝마치지 못하였다고 한다.

임진왜란 중에도 충청도 인정(人丁)까지 동원하여 오례산성 수축을 계획하게 되자, 당시 충청 감사였던 김시헌(金時獻)이 서장(書狀)을 올

47) 『선조실록』 권39, 선조 26년 6월 29일 임자.

48) 유성룡, 『진사록(辰巳錄)』 「馳啓慶尙道賊勢危急狀 癸巳 6월 20일」(2001, 서애선생기념사업회).

려 부당함을 지적하고 나섰다. "오례산성(五禮山城)을 수축하는 데 다른 도의 백성 1만 명을 징발하여 체대(遞代)시킨다면 1만 명의 한 달 양식이 3천 석입니다. 본도는 청도와 가까운 데는 5~6일 일정(日程)이고, 먼 곳은 8~9일 일정인데, 3천 석의 쌀을 무슨 방법으로 운반하겠습니까. 그리고 도내(道內)에 현재 있는 쌀의 통계가 다만 6천 9백여 석뿐이니, 비록 온 도내의 쌀을 다 보낸다 하더라도 그 양식을 대기가 어렵고, 온 도내의 백성을 다 징발한다 하더라도 그 역사(役事)를 감당할 수 없습니다."라는 것이 이유였다.[49]

퇴각하는 일본군들이 간헐적으로 여러 고을에 출현하여 피해를 입히곤 했는데, 당시 도체찰사 유성룡이 파악한 정보로는 "흉적이 동래·부산을 소굴로 삼고, 울산·기장·김해창원을 머리와 꼬리로, 양산·밀양을 허리와 등으로 삼아, 아군과 중국군이 저쪽을 구원하면 이쪽을 공격하고 서쪽을 방어하면 동쪽을 공격하면서 기회를 타고 빈 지역에 출몰하여, 우리로 하여금 겨를 없이 분주하게 하여 힘이 지치고 식량이 모자라 스스로 곤궁에 빠지도록 만들어놓고, 그들은 앉아서 우리가 지치는 기회를 이용하려고 하고 있다"는 것이었다.

이에 유성룡은 왜군이 명군을 두려워하는 것을 이용하는 계책을 세웠는데, "유 총병(劉總兵)의 군대로 하여금 대구·청도 지역에 진주하게 하여 좌우를 살피면서 경주와 중로(中路)로 침입해 오는 기세를 차단하게 하고, 다시 낙 참장(駱參將) 군대로 하여금 고성·사천 지역에 진주하게 하여 서로(西路)로 침범하는 길을 차단하게 하고, 또 삼

49) 『선조실록』 권86, 선조 30년 3월 15일 을사.

도(三道)의 수군과 연결하여 육군이 합세해서 위세를 떨치게 하는 한편, 뱃길을 따라 순천에서 호남 지역의 곡식을 운반하여 군량으로 쓴다면 풍세가 순할 경우 하루면 도착할 수 있으므로 육로 수송의 폐단을 줄일 수 있을 것이다. 그리고 곽재우·박진 등으로 하여금 정진(鼎津)에 임하여 방비책을 강구하여 굳게 지키면서 왜적의 배가 건널 수 없도록 세 곳이 연결하여 한편으로 싸우고 한편으로 지키게 한다면, 적세가 자연 움츠러들어 감히 마음 내키는 대로 날뛰지 못할 것이다. 그렇게 되면 노략질도 제대로 할 수 없게 될 것이고, 또 그들 나라에서 운반해 온 양식으로는 오래 지탱할 수가 없을 것이니 국사가 만에 하나라도 구제될 수 있을 것으로 기대된다."라는 내용이었다.[50] 명군의 이동 여부는 우리 조정에서 임의로 지시할 수 있는 상황이 아니어서 실제 시행 여부는 확인되지 않는다. 다만 정확한 전세를 파악하고 있던 유성룡이 대구와 청도를 묶어 같은 방어망 지역으로 봤다는 점과 경주와 중로를 침입하는 세력을 막는데 청도와 대구의 방비가 가장 유효하다는 것을 확인할 수 있다.[51]

전쟁이 소강상태를 보이던 1594년 경상도 관찰사 홍이상(洪履祥)이 경상도 방어책에 대해 아뢴 것을 보면,

> 경상도의 적로(賊路) 중에 염려되는 곳이 세 곳이 있습니다. 좌도(左道)는 경주 이상 청송·안동 및 죽령이고, 중도(中道)는 밀양·

50) 『선조실록』 권42, 선조 26년 9월 2일 계축.

51) 이선희, 2017, 「임진왜란기 청도지역 수령의 임용실태와 전쟁 대응」 『청도지역의 임진란사 연구』 학술회의 발표문 참조.

대구·청도·인동 이상 및 상주·문경·조령이며, 우도(右道)는 의령 이상 성주·선산·금산에서부터 황간·영동입니다. 이 삼로(三路)는 십분 조치하여 그 요해처를 가려서 장수를 두고 약속을 정하여 차차로 파수(把守)한 후에라야 불의에 치닫는 적을 막을 수 있습니다. 지금 이 장계에 진달(進達)한 것은 좌도의 형세만을 들었는데, 이른바 '내지의 열군은 한 군데도 적을 막아 저지시킬 곳이 없으니 만약 경주가 넘어간다면 죽령 이남은 다시 믿을 데가 없어 적의 형세가 반드시 승승장구(乘勝長驅)할 것이다.'고 한 말은 바로 필연적인 형세이고 '청송·안동 등과 중도의 요해처 같은 데는 품계가 높은 수령으로서 용감하고 지혜로와 대중을 통솔할 만 한 자를 미리 선택하여 조방장이라고 일컬어 각 고을을 예속시킨 다음 미리 약속을 정하여 경주 진영의 후원이 되게 하고 기미를 보아 진퇴하여야 한다.'고 한 것도 훌륭한 방책입니다. ……

라고 한 바와 같이, 당시 영남의 진입로 구실을 하던 죽령과 조령, 그리고 추풍령 등 3곳이 영남 좌도와 중도 및 우도를 지키는 관문이었다. 조선 정부에서 조령(鳥嶺)은 곧 반드시 지켜야 할 곳인데, 명나라 군대 접반관으로 청도 땅을 둘러 본 이시발(李時發) 역시 청도 산성(淸道山城)을 반드시 지켜야 할 곳으로 파악했으니, 당시 조정에서는 청도 오례산성에 집중하면 조령의 일이 해이해질까를 염려하지 않을 수 없게 되었다.[52]

52) 『선조실록』 권87, 선조 30년 4월 13일 계유.

아무튼 영남 중에서도 청도는 대구 상주와 문경을 거쳐 조령으로 연결되는 중로(中路)의 요해처였기에, 강화 회담 기간에도 매우 중요한 사절의 통로였다. 명나라 장수 진유격(陳遊擊) 접반관 이시발의 서장(書狀)을 보면, 당시 강화회담을 위해 소서행장을 만났던 진유격의 상황에 대해 "신은 본월 18일에 왜적 진영으로부터 그들의 사정과 유격의 활동 상황을 이미 치계(馳啓) 하였습니다. 유격은 21일에 출발하여 22일에 유천(楡川)에 와서 자고, 당일로 청도 땅에 와서 잤습니다. …… 유격이 왜적 진영에 있던 19일에 소서행장이 크고 작은 배 36척을 단장하여 깃발을 펼치고 포를 쏘며 일시에 발송하자, 유격은 소서행장의 누상에 올라 직접 보고 통사 장춘열(張春悅) 등도 목격하였는데, 소서행장이 '우도 8천 명, 좌도 7천 명, 도합 1만 5천 명이다.'라고 알렸다 하나, 이것은 위장인 것 같습니다. 떠나올 때에 소서행장이 유격에게는 창·칼·부채 등의 물품을 보내고 관하(管下)에게는 은(銀)을 차등 있게 지급하였습니다. 그리고 행장은 배를 타고 5리쯤 배웅하고 돌아갔습니다. ……"라고 한 바와 같이, 지루한 강화협상을 위한 사절단들의 통로 구실을 했던 청도이기에, 청도 주민들은 이를 접대하는 것에 큰 부담이 되었을 것이 틀림없다.

제4장
박경신의 창의와 토왜(討倭) 활동

1. 박경신 임진왜란 창의 시점

임진왜란이 일어났을 때 영남의 의병 활동은 괄목할 만한 것이었고, 그 핵심 인물은 다름 아닌 망우당 곽재우(郭再祐)였다. 그럼에도 곽재우의 창의 시점이나 초창기 활동이 분명하게 드러나는 것은 아니다. 선조가 경상도 관찰사로 있었던 김수에게 영남의 상황을 묻는 가운데 곽재우에 이르게 되자, 대답한 내용 중에 "의병을 남보다 먼저 일으켜 4월 20일 사이에 기병(起兵)하였습니다"라고 한 바가 있다.[1] 또한 『선조실록』 25년 6월조에[2] 사관(史官)들이 기재한 주(註)에 의하면, "곽재우가 4월 24일에 의병을 일으켜 왜적들을 토벌하였

1) 『선조실록』 권32, 25년 11월 25일 신사.

2) 『선조실록』 권27, 25년 6월 28일 병진.

다. 김천일(金千鎰) 등이 뒤에 비록 창의사(倡義使)로 이름 하였지만 가장 먼저 의병을 일으킨 사람은 실제로 곽재우이다"라고 한 바도 있다. 『선조실록』에서조차 4월 20일과 24일로 혼동하고 있는 실정이다. 한편 『난중잡록(亂中雜錄)』에서는 곽재우가 의령에서 의병을 일으킨 사실을 4월 22일자로 기록하고 있으며,[3] 이긍익의 『연려실기술』에는 4월 27일이라 밝히기도 했다.[4] 이렇듯 자료마다 창의 시점을 달리하지만, 학계에서는 대체로 22일로 추정하고 있다. 경상감사 김수와의 갈등을 해명하기 위해 올린 곽재우의 자명소(自明疏)에서 자신의 거병 일자를 22일이라고 밝혔기 때문이다.

그런 점에서 본다면 4월 23일 창의한 박경신의 청도 의병은 곽재우의 의병진 출발 시기와 큰 차이가 없는 셈이다. 박경신은 청도읍성이 함락되던 20일 즈음 대의(大義)에 동참해 달라는 글을 서면(西面)에 있던 종반(從班)들에게 전하도록 두 아들을 보냈고, 서면에 살던 종제(從弟)와 조카들이 두 아들과 함께 신지에 도착한 시각이 4월 22일 밤이었다. 맹약문과 격문을 지어놓고 기다리던 박경신은 이들이 합류하자 4월 23일 아침 일찍 선암사(仙巖祠) 사당에 고유(告由)하고 맹약문을 읽었다. 따라서 어떤 측면에서 보면 박경신 창의가 곽재우보다 더 빨랐을 가능성도 없는 것이 아니다.

---

3) 『亂中雜錄』 권1, 壬辰上 4월 22일. "幼學郭再祐 起兵討賊 再祐 慶尙道宜寧人 初聞諸城連陷 列鎭主將及方伯守宰 皆避深山 莫敢交鋒 乃奮罵曰 聖朝休養 臣庶二百餘年 一朝有急 皆爲自全之計 不顧君父之難 今若以草野不起 則擧一國三百州 無一男子 寧不爲萬古羞耶 於是 盡散家財 募聚散卒"

4) 『연려실기술』 권16, 선조조 고사본말, 임진의병 곽재우.

이와 함께 곽재우 창의 시점의 상황을 보면, 심대승·권란 등 평소 알고 지내던 장정 10여 명과 의기투합하여, 그들이 거느린 노비들을 합친 50여 명 남짓한 조촐한 병력으로 첫발을 내딛게 되었다. 이때까지 의령에 왜군들이 들이닥친 것은 아니었지만 그러함에도 의병 창설이 쉬운 것은 아니었다. 곽재우가 처자(妻子)들의 의복까지 모두 내놓았지만, 병력을 모집하고 무장시키는 데에 턱없이 모자랐다. 이때 첩이 왜 개죽음을 자청하느냐고 따지자 꾸짖으며 칼을 뽑았다고 할 정도였다. 그는 처자들을 매부 허언심 집에 의탁케 했지만, 추수철이 아니어서 곡식이 부족한데다 의령 관아 창고까지 불 타버려서 군량을 충당할 수 없었다. 결국 인접한 초계와 신반현 관아 창고를 뒤져 무기와 군량을 확보하고, 세곡선의 세곡을 싣고 와 군량에 보탰다. 곽재우 의병부대의 실질적인 전투가 임진년 5월 초순부터 확인되는 것도 그런 이유 때문일 것으로 보인다. 초유사 김성일(金誠一)에게 통유문을 받은 직후 보낸 곽재우 답신을 보면, 5월 4일 부장 4명과 함께 낙동강 하류에서 왜선 3척을 공격했고, 6일에는 13명을 거느리고 왜선 11척을 공격해 쫓았다고 보고할 정도였으니,[5] 창의 초기부터 단박에 전투성과를 내기란 매우 어려웠던 것이 현실이었다.

아무튼 청도가 왜적들에게 함락된 것이 임진년 4월 20일이었고, 박경신이 창의한 것이 4월 23일이었다면, 이는 임진왜란 의병사에서 매우 빠른 시기의 창의란 점에서 주목을 끈다. 곽재우(郭再祐)의 창

5) 『쇄미록』 권1, 임진남행일기, 임진 5월.

의와 거의 같은 시점이었기 때문이다. 의령이 아직 일본군의 수중에 들어가지 않은 상황에서 창의하였다면, 청도의 박경신 창의는 왜적들에게 읍성이 함락된 이후였다는 점이 다를 뿐이다. 동 시기에 창의의 깃발을 올린 청도 의병진의 경우 이미 왜적이 휩쓸고 지나간 터라 의령의 곽재우 상황보다 더 어려웠을 것이다. 그러하니 왜적으로부터 가족과 국가를 지키기 위해 싸우겠다는 신념만 가득 찬, 훈련되지도 않은 소규모 병력 정도의 부대 편성이 아니었을까 싶다. 즉 창의 초기의 병력 성격에 대해 가병(家兵)으로 보려는 이유도 여기에 있다.

2. 박경신 임진왜란 창의 배경

1) 사회 경제적 배경

임진왜란 당시 의병장들을 분석해 보면, 대개 전직 관료이거나 지방 유생 등과 같은 유학자인 동시에 경제적으로 지주에 해당하는 재지적 기반을 소유한 자들이었다. 박경신 창의에 대한 사회 경제적 배경을 살펴봐도 마찬가지인데, 우선 청도 재지사족으로서의 기반을 들 수 있다.

고려 이래 토착세력이 강했던 청도는 조선조에 들어와 다른 지역에서 이주해 온 성씨들이 재지사족의 지위를 굳혀간 예가 많았다. 탁영 김일손과 삼족당 김대유를 배출한 김해김씨를 비롯하여, 소고공 박건이 밀양 삼포에서 청도로 이주해 와 소요당 박하담 하청 하징 형제들을 배출했고, 연산군 때 사화를 기화로 낙향한 고성이씨 입향조 이육을 비롯하여 의흥예씨나 기성반씨 등도 청도에 새로 정착함으로써 다양한 가문의 재지사족들이 활동하고 있었다. 15세기 후반부터 이들 사족들은 상호간 통혼(通婚)을 통한 특권적 계층으로 분화해 갔으며, 이런 자양분을 통해 성장을 거듭한 가문 출신의 선비들은 유향소나 향약 보급, 서원이나 향교를 통한 향촌 내에서의 기반을 확고히 해 나가는 데 힘을 기울였다. 당대 사림세력을 배출한 영남의 중소지주층 가문들 대개가 그러하듯, 재경 관인 못지않은 경제적 배경을 토대로 그들의 자녀들을 훈육하였으며, 이를 토대로 영남 사림파로 우뚝 서게 만들었다.

박경신의 선조인 소고공이 밀양에서 청도로 이주한 과정을 보면, 당시 자녀 균분상속제도 하에서 처향(妻鄕)으로 이주한 사례에 해당한다. 고려 말과 조선 초기의 정국 혼란 과정에서 청도에 정착한 것으로 추정되는 김철성(金哲誠)은 광산김씨 명문의 자손이었는데, 청도 사찬읍지 『오산지』의 문무명인 조에 올랐듯이 판서공(判書公)으로 불렸다. 소고공 박건이 판서공의 사위가 되어 밀양에서 청도로 이주하게 된 입향조였고, 그의 외아들 박승원이 또 다시 청도의 세력가이던 진양하씨 경절공(敬節公) 하숙부(河叔溥)의 딸에게 장가들었다. 이리하여 광산김씨와 진양하씨의 사회 경제적 지위와 터전들이 양대에 걸쳐 박씨문중으로 이어졌다.

박하담의 장자 영(穎)의 처 장씨의 분재기가 현존하고 있는데, 이는 차자 박경신의 과거 급제를 축하하면서 자기 소유 재산을 별도로 상속한다는 내용으로, 그 전문을 보면 다음과 같다.

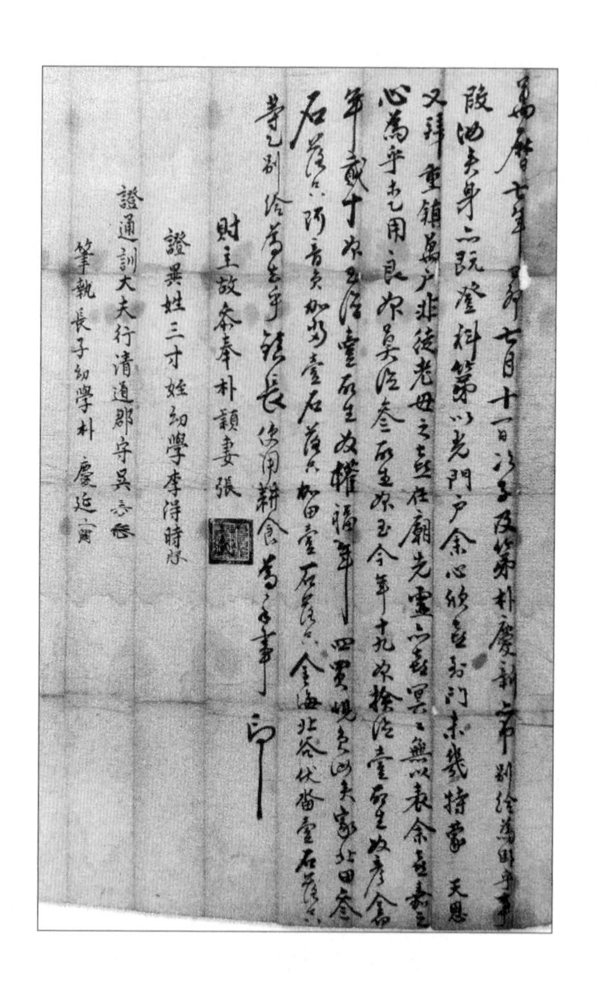

萬曆7年 己卯七月十一日次子及第朴慶新亦中別給爲臥乎事

段汝矣身亦旣登科第以光門戶余心欣喜到門未幾特蒙 天恩

又拜重鎭萬戶非徒老母之喜在廟先靈亦喜冥冥無以表余喜嘉之

心爲乎等乙用良婢莫儉參所生婢玉今年十九婢撿儉壹所生奴彦金伊

年貳十婢玉儉壹所生奴權福年四買峴員汝矣家北田參

石落只阿音員加畓壹石落只加田壹石落只金海北谷伏畓壹石落只

等乙別給爲去乎鎭長使用耕食爲乎事印

財主故參奉朴穎妻張氏[圖書]

證異姓三寸姪幼學李得時[署押]

證通訓大夫行淸道郡守吳[着名, 署押]

筆執長子幼學朴慶延[署押]

[번역]

만력 7년(1579, 선조12) 기묘년 7월 11일에 급제한 작은 아들 박경신에게 별급(別給)하는 일이다. 너가 이미 과거에 올라 급제함으로써 가문(문호)을 빛내니 내 마음이 기쁘고도 즐겁다. (게다가 너가) 집에 이르기도 전에 왕의 특별한 은혜를 입어 중요한 진의 만호에 제수되니, 다만 늙은 어미의 기쁨만이 아니라 집안의 가묘에 있는 선대 조상들 또한 기쁨이 드러나고 있으므로, 이것으로 나의 기쁘고 좋은 마음을 드러내고자 한다. 그러므로 여자종(비) 막검의 3번째 자식으로 19살 먹은 옥금과 여자종(비) 검검이 첫 번째 소생인 남자종(노) 20살짜리 언금이, 여자종(비) 옥검의 첫 번째 아이 4살짜리 남자종(노) 권복이, 그리고 매현 들판에 있는 너의 집 북쪽에 있는 밭 3섬지기, 아음들의 개간한 논 1섬지기와 개간한 밭 1섬지기, 김해의 북곡에 있는 밭 1섬지기 등을 별도로 준(별급)다. 그러니 오랫동안 사용하여 갈아 먹을 일이다. 끝

재주(財主) 고(故)참봉 박영의 처 장씨

증인(證人) 성이 다른 삼촌(고모부) 유학 이득시

증인(證人) 통훈대부 청도군수 오모

필집(筆執: 문서 작성) 큰 아들 유학 박경연

이 당시 사대부가에서의 통상적인 재산 분배는 균분상속이었다. 상속자 사망에 따른 분재기(分財記)를 보면, 아들 딸 구분 없이 모든 피상속자에게 균등하게 나누는 것이 관례였고, 그 외에 특별한 경사가 있을 때에는 별급(別給) 문서를 작성하게 된다. 아울러 부인도 친정으로부터 받은 자신의 재산을 독립적으로 관리하게 되어 있었으니, 위의 별급문서도 과거에 급제하여 가문을 드높인 차남 박경신에게 축하하는 뜻으로 장씨가 소유했던 자신의 재산을 물려준 것이다. 이 분재기에 나타난 구체적인 내용을 살펴보면 다음과 같다.

표 7 박영 처 장씨의 차남(박경신) 분재 내용

종류	분재내역	합계
노비	막검의 3번째 자식으로 19살 옥금	3口
	검검이 첫 번째 소생 남자종(노) 20살 언금	
	옥검의 첫 번째 아이 남자종(노) 4살 권복	
토지	매현 들판 집 북쪽에 있는 밭 3섬지기	田5석락지 畓1석락지
	아음들 개간 논 1섬지기	
	아음들 개간 밭 1섬지기	
	김해 북곡에 있는 밭 1섬지기	

박경신의 부친과 모친이 각각 소유하고 있던 재산 전체에 대한 규모는 파악하기 어렵다. 그런데 차남 박경신의 급제를 축하하기 위한 별급 문기를 통해 유추가 가능하다. 이 때 상속한 규모가 노비 3구에 토지 6석락지 정도였다면, 재지사족으로서 작은 규모가 아님이 분명하다. 당시 토지 면적으로 사용된 두락(斗落)은 1말의 씨앗을 뿌릴 정도의 면적을 말한다. 오늘날까지 사용되는 마지기란 단위와 동일한

셈이다. 1석락지(石落只)는 지역에 따른 편차가 있으나 대개 10말에서 20말의 씨앗을 뿌릴 수 있는 면적이니, 박경신의 별급 토지 6석락지 규모가 60~120마지기 정도로 추산된다. 따라서 박영과 그의 부인 장씨 부부가 소유했던 재산 규모를 짐작할 수 있겠고, 이런 재지사족으로서의 경제적 배경이야말로 박씨 가문의 의병활동에 큰 도움이 되었음은 말할 나위가 없다.

2) 학문과 사상적 배경

박경신은 어릴 때 조부인 소요당 박하담에게서 글을 배웠다. 그리고 소요당과 교유하던 김대유는 물론 을사사화 여파로 청도로 낙향한 경재 곽순에게도 학문을 익혔다. 16세기 초 경상우도 지역은 길재, 김숙자, 김종직으로 이어지는 사림파의 학문적 토양이 강하게 정착된 곳으로서 학문 수용에 있어서는 선진적인 지역이었다. 김대유(金大有), 박하담(朴河談), 신계성(申季誠), 이희안(李希顔), 조식(曺植) 등이 이 지역에서 배출되었던 것은 이러한 학문적 토양이 굳건했기 때문으로 볼 수 있다. 특히 16세기 중엽 이래로 조식이 경상우도에서 사림의 종장(宗匠)이 되면서 이들 학자들은 조식을 중심으로 서로 학문을 교유하였다.[6] 이들은 비록 처사적인 삶으로 일관했지만, 이들의 학문경향과 처세는 후대의 경상우도 학자들에게 큰 영향을 주었다. 특히 상무(尙武) 경향이나 박학풍(博學風)의 추구는 경상우도 지역의 특징적인 학풍으로서, 이러한 학풍은 16세기 중엽 이후 노장적(老

6) 김대유와 이희안은『東儒師友錄』에 曺植과 종유한 인물로 수록되어 있으며, 박하담 이희안 신계성이 조식과 교분이 있었던 사실은 남명집 등에 나타나 있다.

莊的) 학문경향이나, 병법의 연구 흐름에 일정한 영향을 주었다. 임진왜란 때 이 지역에서 많은 의병장이 배출된 것에도 이러한 학문적 흐름이 큰 역할을 했을 것이다. 조식이 활동한 16세기 중반 이후 경상우도 지역에서는 더욱 많은 학자들이 배출되었으며, 이들은 남명학파 로 지칭되는 대규모의 학자군이 되었다. 남명학파의 지역적 범위는 대체로 진주를 중심으로 하여 동쪽으로는 김해 밀양 청도, 북쪽으로는 창녕 현풍 성주, 서쪽으로는 산청 함양 하동 및 남쪽으로는 사천 고성 등지에까지 미쳤다.[7]

청도는 영남의 동서로나 남북으로도 중간지점에 위치한 지역적 특색으로 인해 퇴계와 남명 어느 한쪽에 치우친 바가 없었다. 낙동강 연안을 중심으로 낙중학을 새롭게 일으킨 성주출신 정구 역시 퇴계 문하와 남명 문하 양쪽에서 수학하여 양대 학맥을 이어가게 되었는데, 한강 정구에게 몰려든 원근의 제자들이 하나의 새로운 학파와 학맥을 형성하게 되었다.[8] 정구의 문인록인 『회연급문제현록(檜淵及門諸賢錄)』에 청도 출신 여러 명이 포함되어 있는 것도 지역적 특성으로 이해할 필요가 있다. 이 당시 영남 학자로 대표되던 이가 한강 정구(鄭逑)나 동강 김우옹(金宇顒)이었는데, 이들과 도의지교로 사귀었던 청도의 박경신(朴慶新)이 후일 임진왜란을 당하여 의병을 일으켰던 것도 그런 영향으로 인한 것이었다.

---

7) 신병주, 1997, 「16세기초 處士型 學者의 學風과 現實觀 -金大有와 朴河談을 중심으로-」『南冥學研究論叢』 5.

8) 이하 학맥 관련부분은 박홍갑의 논문(2018, 「임진란기 청도지역의 유학과 학맥」『경북지역 임진란사』 3)을 옮겨 온 것이다.

박경신이 어렸을 때 조부였던 소요당 박하담에게서 글을 배웠던 가학적(家學的) 배경이 그의 학문적 토대가 되었음은 물론이다. 특히 이때에는 기묘사화로 인해 삼족당 김대유와 경재 곽순 등 당대의 쟁쟁한 사림들이 운문산 아래로 모여들었다. 따라서 박경신은 자연스럽게 이들로부터 학문을 익혔는데, 이 역시 조부 박하담의 영향이었다. 31세에 식년시 무과 초시에 합격한 박경신은 낙동강 연안에 우거한 동강 김우옹과 한강 정구를 방문하여 도의지교를 맺었으며, 약포 정탁을 찾아가 스승으로 받들었다. 그 후 35세에 무과 전시에서 장원급제로 훈련원 참군에 임명되어 벼슬길에 올랐고, 기회가 날 때마다 청도를 오르내렸다.

1587년(선조 20) 박경신은 동강 김우옹과 한강 정구를 청도 섶마루 자택에 초청하여 함께 보냈는데, 이들이 운문산에서 어울리며 창수한 시문들이 박경신 문집에 남아 있다. 한편 한강 선생 문집에는 그와 도의지교로 사귀었던 박경신과 주고받았던 편지글이 남아 있는데,[9] 박경신이 부임지 관사에서 망처(亡妻) 소상(小祥)을 치를 처지에 놓이게 되자, 이에 대한 예법 절차를 어떻게 해야 하는지에 대한 문답 내용이었다. 주지하듯이, 이 시기에 이르게 되면 성리학적 질서가 매우 존숭되어 예학(禮學)이 크게 일어나던 시기였고, 사계 김장

9) 『寒岡先生續集』 권3, 答問, 答朴慶新 "朴慶新問. 來二十五日. 乃亡妻小祥. 欲設奠除服. 顧以官舍設奠爲未安. 蓋方伯與守令有異. 此亦逆旅. 未知如何也. 且開月旬後. 連有大忌. 亦未知設祭當否也. 二者俱不得設奠. 則只設位而哭. 如何. 竝下敎. 前方伯亦以巡營行忌事可否來問. 曾聞營有衙室. 故答曰. 旣有營衙. 則與守令衙何異. 行忌事於衙廳. 恐無妨云云矣. 今於盛問. 鄙見亦如前. 不知令意如何. 況旣設位而哭. 則設奠何至大異. 如何如何."

생과 한강 정구 등이 조선에서도 손꼽히는 예학자들이었음은 잘 알려진 사실이다. 그리하여 박경신은 한강을 통해 자신에게 닥친 망처(亡妻) 소상(小祥)에 대한 고민을 토로하고, 그 해결책을 모색했던 것이다.

박경신에게는 6촌이었던 박경찬(朴慶纘)이나 고종질 이기옥 등이 한강 문하로 나아가 수학하게 되었던 것도 그런 인연 때문이었던 것으로 보이는데, 박경찬은 성와공 박하청(朴河淸)의 손자이다.[10] 박경찬은 한강은 물론 동강 김우옹과도 연을 맺은 인물인데, 여러 차례 도천(道薦)을 입어 공릉참봉에 제수되었다. 한강 선생이 박경찬의 학행을 극찬했다고 두암 이기옥이 일기에서 언급했다. 박경찬의 계자(系子) 박근(朴瑾)은 임진왜란시 박경신 휘하에서 의병을 일으켜 선무 2등공신에 올랐다. 한강 정구보다 6살 아래였던 박경찬은 한강 문하 중에서도 비교적 이른 시기에 문하생이 된 인물이었다. 정한강의 출생지는 성주 사월리(沙月里) 유촌(柳村)이지만, 그가 30대 이후에는 여러 차례 주거를 옮겨 다녔다. 즉, 30대에는 창평산의 한강정사(寒岡精舍), 40~50대에는 회연초당(檜淵草堂), 60대에는 수도산(修道山)의 무흘정사(武屹精舍), 70대에는 칠곡의 노곡(蘆谷)·사양정사(泗陽精舍)에서 생활하며 저술 및 후진양성에 주력하였다.[11] 그런데 「회연급문록(檜淵及門錄)」

10) 박경찬(朴慶纘)은 그가 남긴 시문이나 행적은 물론이고 배위(配位)와 묘소(墓所)조차 알려져 있지 않다. 이는 전적으로 후손들의 족세(族勢)가 미약했던 것에 기인한 것으로 보이는데, 그의 계자(系子)였던 박근(朴瑾)이 임진왜란왜란 후 공신으로 책봉되었음에도 청도에 정착하지 못했을 뿐만 아니라 그 역시 무후(無後)로 대가 끊긴 때문이라 여겨진다.

11) 김학수, 2008, 「鄭逑 文學의 創作現場과 遺跡에 대한 연구」『大東漢文學』 29,

에 따르면, 한강의 30~40대였던 한강정사(寒岡精舍) 및 회연초당(檜淵草堂)에 거주했던 시기에 입문했던 문인은 손꼽을 정도에 불과했고, 그 가운데 한강의 30대 후반에 입문했던 문인으로는 문경호(文景虎)와 서사원(徐思遠) 및 박경찬(朴慶纘) 정도로 압축된다.[12] 문경호는 곽재우와 함께 의병활동을 벌였으며, 서사원은 청도 선비 박경선이 보낸 통문을 접한 뒤 대구에서 의병을 일으켰다. 박경찬은 선조 14년(1581)에 한강정사로 한강을 찾아뵙고 스승으로 모셨다.[13] 이 시기는 한강이 청도를 방문하여 박경신과 운문산을 유람하기 6년 전이었지만, 박경찬은 박경신을 매개로 회연문인이 된 것으로 추정된다. 아무튼 한강 정구와 청도 선비들과의 교유가 이 지역 선비들에게 미친 영향은 적지 않았는데, 박경찬과 이기옥 부자를 비롯하여 청도 출신으로 한강 문인록에 이름을 올렸던 사람 중에서 이정욱(李廷郁)은 임진왜란 당시 청도에서 의병활동을 했던 사람이기도 하다.

이상에서 보았듯이, 소고공 박건이 세종조에 청도에 입향한 이래 그 후예들은 재지사족으로서의 위상을 굳건하게 지켜갔고, 그 배경에는 당시 자녀균분상속이라는 관행으로 막대한 노비와 토지를 상속받았기 때문이었다. 그런데다 박경신의 조부 박하담은 향내의 선비 사회를 이끌면서 남명 조식 등과 교유관계를 맺고 있었다. 그리하여 박경신은 어릴 때부터 조부 영향으로 삼족당 김대유나 경재 곽

大東漢文學會.

12) 김학수, 2015, 「이천배(李天培)·천봉(天封)의 한강학(寒岡學) 계승과 한강학파(寒岡學派)에서의 역할과 위상」『영남학』 28, 경북대학교 영남문화연구원.

13) 박재형, 『進溪文集』 「족선조참봉공행장(族先祖參奉公行狀)」

순 같은 대학자들에게 배울 기회를 가졌고, 이런 집안 분위기로 그 자신이 한강 정구나 동강 김우옹과 자연스런 교유로 이어갔다. 이와 함께 박경신이 무과에 급제하여 중앙무대로 진출하게 됨으로써 고위 관료들과의 친분도 쌓게 되었다. 이런 배경들이 창의에 큰 영향을 미쳤을 것이며, 동시에 그의 일족들은 물론 인근 선비들까지 창의 대열에 동조하거나 함께 전투에 참가할 수 있는 여건으로 연결되었던 것이다.

3. 박경신의 창의 토왜(討倭) 활동

임진년 4월 13일 쓰시마를 출발한 왜군들이 14일에 부산진성 전투를 벌인 후 동래성을 함락시키고 기장―양산―밀양을 거쳐 4월 20일에 청도까지 함락하였으니, 가히 파죽지세라 하지 않을 수 없다. 이어 4월 22일에는 대구가 무너졌고, 왜적들은 선산을 거쳐 문경새재를 간단하게 넘은 후 충주 탄금대에 배수의 진을 친 조선 정규군을 함락시킴으로써 5월 2일에는 드디어 한양을 점령한 바가 되었다. 이에 왜군들은 팔도를 분점(分占)하여 점령지 내 군정(軍政) 실시 계획을 세우게 되었는데, 청도와 대구 지역을 한정해 놓고 보면, 인근에 잔존했던 왜군 병력에다 군정을 위해 남하한 왜병들까지 합쳐 약 1,500여 명 정도 주둔했을 것으로 추산된다.[14]

---

14) 이형석, 1974, 『임진왜란사』 상.

영남 각지에서 의병활동이 가능했던 것은 일본군의 전면 점령이 아닌 거점 점령이었기 때문이었다. 영남 의병 중에서도 매우 이른 시기에 창의의 깃발을 올린 청도 의병들은 독자적으로 읍성을 탈환하여 관(官)에 인계하였다는 점에서 주목된다. 그러함에도 당대의 중앙정부 측 기록에는 물론 후대의 임진왜란 의병 연구 성과에서도 반영되지 못하고 있다. 임진왜란 당시의 청도 의병 활동 기록과 관련하여 서로 상반된 기록들이 존재해 왔고, 객관적인 검증 절차도 없이 한쪽 기록들이 주로 이용되었던 것도 사실이다. 이는 장을 달리하여 상술할 예정인데, 아무튼 임진왜란 당시 청도 의병에 대한 실체에 한 발 더 접근하기 위해서는 지금까지 조명 받지 못했던 박경신의 활약상을 살펴봐야만 한다.

임진왜란 당시 의병활동 관련 대다수 기록들이 후세에 가필된 경우가 많거니와, 당대의 기록이 그대로 전해진 것이라 할지라도 글을 남긴 개인의 편견이 반영된 것은 물론 잘못된 정보가 들어갈 확률도 많다. 이런 문제는 박경신의 장서기로 활약한 이기옥이 남긴 「창의일록」도 예외는 아니다. 필자가 「창의일록」을 살펴 본 결과 의문스런 점들이 발견되기도 했으나, 이는 이기옥의 자료 정리 과정에서 빚어진 실수로 판단된다. 따라서 청도 임진왜란 의병 자료와 관련하여 「창의일록」이 여타 자료보다 객관성이 높은 자료일 가능성이 크다. 따라서 박경신의 활약과 관련하여서는 임진년 4월부터 임지 밀양에서 순직하는 1494년 6월까지의 「창의일록」에 근거하여 내용을 정리해 보는 게 좋을 것 같다.

- 1591년 5월

  휴가를 얻어 고향으로 돌아옴

- 1592년 4월 13일~20일

  왜적의 침입으로 부산, 동래, 밀양, 청도 등이 차례로 함락됨

- 1592년 4월 23일

  집안 동생 및 아들과 조카들을 모아 맹약문과 격문 낭독 후 의병 조직

  〈의병 조직 편제〉

  의병장 겸 조전장 – 박경신[15]

  아익장 – 박경전 박경윤

  선봉장 – 박지남 박철남

  좌익장 – 박근 박찬

  우익장 – 박린 박선

  기 타 – 박숙 박구

15) 조선시대 조전장(助戰將)은 정식 편제에 나타나는 관직은 아니었다. 즉 위급한 상황이나 급박한 군사 동원 과정에서 임시로 임무를 부여하고 운영한 결과에서 온 것이기에 그 사례를 찾아보면 매우 희귀하다. 하지만 군사 임무를 부여하는 관직이기에 반드시 국가에서 제수 절차를 거쳐 임명해야 한다고 보여진다. 백암선생문집(栢巖先生文集) 연보에 따르면 임진년 5월 전(前) 부장(部將) 박경신을 청도조전장으로 삼았다 하였듯이, 박경신이 스스로 조전장이 될 수 있는 상항이 아니었다. 그런데도 「창의일록」 4월 23일자 기록에는 "討戎事 先定各號 先生爲義兵將兼助戰將 助大軍之戰也"라고 하여 박경신 스스로 조전장이라 칭했다는 인상을 주고 있다. 따라서 이 문제는 이기옥이 박경신으로부터 넘겨받은 자료를 후일 정리 과정에서 빚어진 착오이다. 왜냐하면 박경신이 선조를 알현한 4월 29일에 조전장 임무를 부여 받았던 사실이 「창의일록」에 기록되어 있기 때문이다.

청도 창의 상황을 조정에 알리기 위해 한양으로 출발.

- 1592년 4월 25일

청도 의병진들이 동면의 요충지에 진을 침

선암사를 본 근거지로 정하고 박경전을 장수로,

1진은 동당에 진을 치고 박경윤을 장수로,

2진은 길부에 진을 치고 박지남을 장수로,

3진은 서지에 진을 치고 박철남을 장수로 삼음.

- 1592년 4월 28일

박경신이 서울에 도착하여 이항복 방문.

- 1592년 4월 29일

선조 임금 알현하여 밀양 청도이남 상황을 아룀. 청도 조전장에 임명되었으나, 윤두수의 요청으로 선조 임금 평양행 호종에 동참함.

서면에 거주하던 이득복이 창의함.

- 1592년 5월 3일

왜적이 동당을 포위하여 전투가 벌어짐. 박경전과 박경윤이 합동으로 대적하였으나 패배하여 길부에 있던 박지남 진지로 피함.

- 1592년 5월 4일

길부의 의병 진영이 신지 등지에서 싸우다 패퇴하고, 박경전 박경윤 박지남 모두 박곡에 숨어 운문사로 넘어감.

- 1592년 5월 5일

동당 선암 길부 의병진 중에 낙오자들은 서지에 있는 박철남 진영에 모임

서면 의병진들이 왜적과 이화(수야 4리)에서 싸우다 패함.

· 1592년 5월 7일

박경신의 수행 어가 평양 도착.

청도 서지의 진중에서 소를 잡아 군사를 독려(2백여 인).

· 1592년 5월 8일

평양성에서 청도 조전장 임무를 위해 출발.

서지 진영에 왜적들이 출몰하여 의병 진영은 곡천으로 패퇴.

선암사에서 창의한 부대들이 박곡과 오곡으로 왜적을 피함.

· 1592년 5월 19일

서면 의병장 이득복이 최정산 전투에서 전사.

· 1592년 6월 29일

영주 안동을 거친 후 자인에 도착하여 의병장 최문병 만나 계책 논의.

· 1592년 7월 1일

청도 조전장으로 신지 집에 도착 후 여러 추종자들에게 소식을 전함.

창의군들은 운문산에 숨었고 왜적은 읍성과 오례성에 진을 침.

· 1592년 7월 2일

읍성 탈환을 위해 서면에 박경전을, 자인의 최문병에게 박지남을 각각 보냄.

· 1592년 7월 3일

청도 관내 동서를 순찰하고 청도군수 배응경을 최정산에서 만나 계책 논의.

· 1592년 7월 4일

자인 의병장 최문병에게 지남을 보내 협공작전에 대한 비밀 서신을 전달.

- 1592년 7월 5일

과거 행적을 불문하고 젊은이를 모아 편대 구성함.

동면에는 두곡을 근거지로, 서면에는 이화(수야 4리)를 근거지로 정함.

읍성 탈환 작전에 앞서 격문으로 군사들을 격려함.

- 1592년 7월 6일

동면 각 진영 의병장을 신지로 불러 격려하고 읍성 탈환에 대한 명령을 하달함.

읍성 탈환 작전 합동 모의에 김일령 정해 배원우 이만생 김온종 정인진과 박지남 박철남 박찬 박숙 박선 등이 참여함.

- 1592년 7월 7일

서면의 각 진영 의병장은 이화에서 합모하였는데, 최여준 이정욱 예몽진 반효홍 이잠 김홍한과 박경전 박경윤 박린 박구 박근 등이 참여함.

- 1592년 7월 9일

인시에 청도읍성의 왜적을 토벌한 후 군수 배응경에게 전권을 위임하는 당위성을 포고함. 백성들이 돌아와 땅을 갈고 파종할 수 있게 되었으며, 달아난 왜적들은 오례성을 떠나서 밀양으로 물러남.

- 1592년 7월 14일

적 기병 수십 기가 석굴에서부터 임현을 넘어오니, 군사를 거느리고 조현에서 싸워 왜적 2급을 참수.

- 1592년 7월 15일

  왜적이 언양에서 극림으로 넘어와 신원을 약탈하기에 왜적 1급을 참수하고 말 한필을 획득.

- 1592년 7월 20일

  최문병과 합세하여 두곡에서 왜적과 싸우다 좌우익진이 왜적 3급을 베었으나 자인 도장 이상이 전사함.

  비가 내렸는데 활과 화살이 다하여 흩어진 왜적들에게 몰래 활과 화살 다소를 사들임.

- 1592년 7월 22일

  왜적 수십 기가 유천에서 동곡으로 와서 약탈을 하였는데, 임현에 이르러 2급을 베고 전마 2필과 짐 3바리를 획득.

- 1592년 7월 23일

  큰 비가 내림.

  왜적 백여 기병이 선암 건현 등지를 약탈하여 거느리고 있는 군사로는 대적하지 못하여 성재 최문병에게 원병 요청.

  이날 왜적은 내관 이한영 집에서 묵음.

- 1592년 7월 24일

  최의병장의 군사 백여 명과 박경신 조전장의 병사 백여 명이 합세하여 물을 사이에 두고 서로 싸웠으며, 적의 시신이 십여 구였으나, 왜적은 위기를 면하여 임현으로 도망.

  초유사 김성일이 이를 듣고 크게 놀람.

- 1592년 7월 29일

패잔병 백여 기병이 밀양에서부터 임현으로 넘어와 동곡에 주둔. 최의병장은 자인에서부터 북을 치고 함성을 지르며 진격하고 박경신은 안심방에서부터 질주 돌진하니, 앞에 있는 왜적들이 바라보다가 병장기를 버리고 싸우지도 않고 미리 달아나서 참수나 체포에는 미치지 못하였다. 다만 빼앗은 것은 우마 십여 필과 바리짐 물건 십여 바리뿐이었다.

군(郡) 내에서 쌀과 콩, 구리와 철, 조총 8자루와 철환(철탄) 두말을 모음.

- 1592년 8월 9일

왜적이 명개곡에 침입하자 군사를 거느리고 달려가 쫓았다.

저녁에 대천원에 이르러 견 선봉장으로 하여금 군사를 거느리고 중요한 길목에 복병을 진열하게 하고, 이튿날 이른 아침에 강성한 군대의 모습으로 돌진하니 왜적이 바라보다가 달아나며 돌아가다가 복병을 만나 죽은 자가 대부분이었다. 아군은 승세를 타고 추격하여 쫓으니, 왜적은 흩어져서 어지럽게 이리 저리 자리를 옮기면서 싸우다가 동당에 이르니, 왜적 십여 인이 매우 괴로우며 위축되어서 인가에 몸을 던져 들어갔다. 문빗장이 원래 견고하여 아군은 밖에서부터 문을 잠그고 그 집에 집을 불사르니, 왜적은 하인을 따라서 성대하게 나와서 칼을 휘두르며 큰 소리로 외치기에 아군들이 모여 그들을 쏘아서 넘어뜨렸다. 그 중에 한 적이 화살을 맞고서 무릎으로 기며 달아났으나, 뜻하지 않게 한 왜적이 몰래 철남의 뒤를 따르다가 왼쪽 다리를 공격했다. 철남이 말에서 떨어지자 왜적이 칼로써 머리를 내리쳤으나, 철남은 몸을 굴러 교묘히 피함에 칼날이 몸에 미치지 못하였다. 박근이 바라보다가 창을 휘둘러 크게 외치면서 적에게 나아가 반격하여 쫓았다. 근과 철남은 돌기하여 뒤로부터 쏘아서 그 등을 맞히니, 왜적은 활시위 소리가 나자말자 쓰러짐에 근 역시 이에 화를 면할 수 있었다. 찬 숙 지남 선 인 구 등 8인은 모두 추격하여 싸우니, 칼날을 만난 왜적들은 영락하여 풀숲을 따라서 도망쳐 달아났으며, 왜적들은 모두 두려워하여 감히 동면(東面)에는 나오지 못함.

- 1592년 9월 11일

정예병 2백여 인으로 정곡에서 적의 보루에 나아가 공격할 것을 기약하였는데 왜적의 무리 삼백여 기병을 여해원에서 만나서 적과 더불어 진퇴하며 싸웠다. 사살자가 매우 많았으며, 날은 이미 저녁이 되어 왜적들은 모두 도망쳐 가버렸다. 선봉장은 왜적 2급을 베고 말 두필을 노획함.

- 1592년 9월 15일

영락한 왜적들이 대구 경계에서 분탕(불에 태워 없앰)질을 하여 선생은 군사를 거느리고 유곡에서 싸우면서 왜적 3급을 베고 달려가서 군수에게 보고함.

- 1592년 9월 17일

밤에 금장에서 진을 치고 있는 왜적을 공격하여 적 3급을 참수하여 죽였고, 이로부터 야격군(주로 밤에 공격하는 군사)은 이긴 기세를 타고 기분 좋게 싸움. 왜적은 밤마다 경계를 엄하게 하였기에, 매복을 설치하여 기다렸으나 쉴 틈을 조금도 주지 않음.

- 1592년 9월 29일

적들이 최정산에서 밤을 틈타 느닷없이 덮쳐 공격해 옴.

· 1592년 10월 20일

경상좌병사 박진이 병사를 자인현에서 머물게 하고 우후(무관직. 각 병영의 종3품 병마우후 및 각 수영의 정4품 수군우후의 통칭) 권응수를 보내어 대구에 남아있는 왜병을 토벌함. 이때에 선생은 별장으로써 좌군을 통솔하여 전쟁에 뛰어들어 말에 채찍질하여 돌진하다가 적에게 포위를 당하여 활과 칼을 휘두르게 되자, 선생은 바로 화살을 뽑아 왜적에게 쏘아서 가슴을 맞혀 곧바로 쓰러뜨렸으나 여러 왜적들은 오히려 꼬챙이에 꿴 물고기처럼 차례대로 잇달아 나와서 진격하는 형세의 급함이 창황함. 휘하 김천지 등이 와서 지원해 주어 위기에서 벗어남. 좌우군과 더불어 합세하여 힘껏 싸워 10여 급의 왜적을 벰.

· 1592년 10월 25일

오한 손기양에게 편지를 보냄.

· 1592년 10월 29일

정병 90여 명을 친히 거느리고 군 남쪽 오례산성에 진을 침. 평조(오전 3시~5시, 인시)에 적병 300여 명이 진을 나누어 올라오자, 선생이 먼저 적을 공격하니 사기가 백배를 떨침. 정해금과 김일령의 좌우익으로 하여금 나아가 양쪽에서 동시에 공격하여 크게 소리 내어 외치면서 활과 탄알을 함께 쏘게 하니 쏜 것이 적을 맞히지 않은 것이 없음. 적들이 놀라서 달아나 흩어졌으며, 일부는 도망쳐 성중으로 들어감. 수탈(遂奪) 기마 2필, 문서 2궤, 식품 시렁 1구 노획.

정예병을 선발하여 그들을 쫓으니 왜적은 향교에서 진을 쳤으나, 아군들이 일시에 함께 나아가 사살한 것이 매우 많았음.

그 뒤에 적의 원병에게 압박을 당하여 겨우 온전히 돌아올 수 있었음.

- 1592년 11월 4일

왜적 수백여 명이 군 경계 부근인 천로 등지에 들어와 그곳에서 머물러 진을 치고 제멋대로 자행함.

용맹스러운 군사 100여 명을 거느리고 나아가 주둔하고 있는 적을 포위하니 왜적은 놀라 뿔뿔이 흩어짐. 바로 승세를 타고 멀리 쫓았으며 사살자가 13급이요, 왜적에게 기마 20여 필을 노획함.

이 때에 적의 원병이 사방으로부터 튀어 나와서 바로 전군을 인솔하여 돌아 옴.

- 1592년 11월 7일

적이 향교 및 율림 등의 곳에 주둔하여 머무름.

밤에 정병을 거느리고 새벽에 이르기까지 격렬하게 싸우니, 적의 무리들은 모두 흩어지고 부상자들을 부축하고 시신을 끌며 도망침. 바로 날랜 기병이 북쪽 후미를 쫓아 공격하여 3급을 참수함.

왜적들은 시신을 수레에 싣고 성문에 이르러 성내에 남아 있는 적과 더불어 집을 헐어버리며 시신을 불사르고는, 이어서 밀양으로 달아남.

- 1592년 11월 22일

왜적이 군 동쪽 15리쯤 되는 정곡에서 진영을 나와 인가를 분탕질하자, 군사 100여 인을 거느리고 성에 의거하며 접전하여 왜적 기병 10여 인을 쏘아 거꾸러뜨렸는데, 왜적 보병 200여 인이 달려가 아군의 후미를 돌격하니, 형세가 곤궁하고 힘도 약하여 살길이 없음을 알아차림. 곧 사패(弓手로 조직된 부대) 등을 불러 기약하며 말하기를 '우리들은 장차 죽게 되었다. 죽는다면 곧 마땅히 적과 더불어 함께 죽어야 할 것이다' 라고 말하고, 선생이 먼저 말을 달려 칼을 휘두르며 맹렬하게 돌진하여 왜적 장수 2명과 보병 5~6명을 베어 쓰러뜨리니, 적은 도망쳐 달아남. 그래서 백마 한필을 빼앗고 해질 무렵에 또 성 아래에 주둔하여 머물러 있는 왜적을 엄습하여 5~6인을 사살함.

- 1592년 12월 4일

  왜적이 팔조현에서부터 청도를 향해 오자, 군사를 거느리고 달려나가 복병과 더불어 요로에서 그들을 공격하여 20여 명을 참수하고, 그들의 짐바리를 뺏어서 사졸들에게 상으로 나누어 줌.

- 1592년 12월 11일

  주둔하던 왜적 500여 명이 동서로 나누어 나와서 정곡에서 진을 치고 강진점의 인가를 분탕질하자, 야격장 배원우 등을 거느리고 추격하여 산을 따라 험준하고 삼엄한 곳에 의거하여 기계를 설비하였으며 왜적의 무리들은 널리 긍수십리를 뻗쳐 있으면서 시골집들을 분탕질을 하고 사람과 말을 죽이고 약탈하여 백성들은 모두 달아나 몸을 숨김.

  배원우에게 명하여 각처의 복병을 불러 모이게 하니 모두 2, 3백 명이었음.

  운수정에서 갖추어 검열하고 동창에서부터 달려가 쫓아서 와암에 이르러 진퇴가 수십 합이었는데, 선생이 손수 베어 죽인 것이 1급이었으며, 여러 군사들이 승세를 타고 좌우익이 진격하니 왜적은 드디어 도망쳐 감.

- 1592년 12월 13일

망우당 곽재우와 시로 시국을 논함.

- 1592년 12월 14일

왜적이 외종도면 두곡에 이른다는 것을 알고 곧바로 군마를 정돈하고 매복을 갖추고 변란을 기다림.

- 1592년 12월 15일

평조(새벽)에 왜적이 나뉘어 퍼져서 살육하고 노략질함.

군사를 독려하고 말을 채찍질하여 쫓아 강진곡에 이르러 접전하여 먼저 왜적 2급을 베고 무리들을 고무하고 포획할 것을 독려하였으나, 사패 이만생 등이 탄알을 맞고 쓰러짐. 적의 형세가 험악하고 위태하여 조금 물러났으나 만생 등은 상처에 의지하여 죽기를 각오하고 싸우니, 적은 도리어 성 안으로 들어감. 밤새도록 이들을 공격하여 쫓아가 왜적 6급을 포획하고 크게 이기고 돌아 옴.

- 1592년 12월 30일

병사를 모집하는 소모대장 조호익이 청도군에 들어오자, 100인에 가까운 군사가 모집에 응하였고 인하여 함께 방도와 책략을 꾀하게 됨.

- 1593년 1월 7일

대구를 왕래하는 왜놈과 본군에 남아있는 왜적들이 나와서 군의 동쪽 고미리에 진을 치고 분탕질을 하며 살육하고 약탈을 자행함.

의병을 인솔 추격하여 거의 다 살획하고 날이 저물어 환군함.

- 1593년 1월 8일

성에 의거한 왜적과 돌아온 왜적 200여 인이 합세하여 군 동쪽 사현으로 출진하여 한 밤중에 마침내 금곡을 포위함.

아군이 진치고 있는 곳에서는 군중이 놀라고 혼란해 짐. 몸을 떨쳐 앞장서서 나아가 포위를 무너뜨리고 달려 선암에 있는 장남지남의 진지로 나아가서 정병 40여 인을 불러 모음. 그 때 왜적은 이미 동당리 및 동창의 여염집을 불사르고 있었다. 곧바로 군사를 인솔하여 나아가 동창에서 서로 만나 긴 화살과 짧고 작은 화살을 번갈아 쏘아서 왜적을 사살하고 수명을 목 베니 왜적은 물러나 두곡으로 달아남으로 아군은 추격하여 원정자에 이르러 야격군과 함께 협격하여 참수하기를 또 수급이었음. 사졸로 하여금 산에 올라 돌을 굴리게 하니 적은 대부분 압사하였으며, 또한 왜적에게 사로잡힌 남자와 부인 4명을 빼앗았으니, 완전하게 아군이 크게 승리함.

- 1593년 1월 9일

성에 의거하고 있던 왜적이 정곡과 향인촌 등으로 침범하니, 병사를 인솔하여 달려가 사격하고 또 휘하의 조카 찬 등으로 하여금 먼저 떠나가게 하여 왜적 1명을 참수하고 그 나머지의 중상자는 그 수를 알 수 없을 만큼 썩 많았으며 소와 말을 빼앗은 것이 10필인데 모두 군사들에게 상으로 줌.

- 1593년 1월 13일

돌아가는 왜적 500여 인이 군 동쪽 냇가에서 주둔하여 머물자, 군사를 거느리고 밤에 습격하여 참수한 것이 7급. 김천이 등 2인이 적의 화살을 맞아서 탈것에 실려 본진으로 돌아 옴.

- 1593년 1월 14일

성에 의지하고 있던 왜적 모든 군사들이 군 동쪽 두곡으로 나와서 주둔함으로 선생은 동창에서부터 군사를 거느리고 달려 나가다가 적에게 포위를 당함. 겨우 벗어나 산으로 오르는데 영락한 왜적 10여 명이 산골짜기에서 몰래 엿보다가 칼을 빼들고 추돌하기에, 급히 말을 돌려 사살하여 참수하고 돌아 옴.

흩어진 군사를 불러 정비하고 밤새도록 군사들에게 음식을 먹이니 모두 고무되어 용감해 짐.

- 1593년 1월 17일

어둑새벽에 군사를 독려해 진격하여 맞붙어 서로 싸워서 십여 명을 살육하였는데, 사패 김온종이 탄알을 맞아 죽었고, 정인진은 사로잡혀 불태워 죽임을 당하였으며, 승병 요운 등도 탄알을 맞고서 넘어짐. 적의 기세가 크게 치열하며 아군은 전쟁에 져 혼란해져서 나아가 싸울 수 없었음. 이때 날은 저물고 적도들은 성안에 들어가 주둔하여 머무름. 선생은 날래고 용감한 군사를 거느리고 느닷없이 습격하여 참수한 것이 1급이요, 또 소 2마리를 빼앗았으며, 그날 밤에 크게 이기고 돌아와서 소를 잡아 잔치를 베풂.

- 1593년 1월 20일

왜적 200여 명은 군 동쪽 웅현을 넘어 두곡 및 밀양 이사례 마을의 군량을 모은 곳을 약탈하여 선생은 군사를 거느리고 추격하여 두곡에 이르러 맞붙어 싸워서 휘하 배원우가 왜적을 참수한 것이 1급.

- 1593년 2월 1일

왕래하는 영락한 왜적들은 부지기수였는데, 주야로 제멋대로 굴며 방자하여 천노 등의 곳에 주둔하여 머물므로, 선생은 군사를 거느리고 달려 나아가 백여 인을 사살하고 참수하고 사로잡은 것이 6급이었다. 밤새도록 접전하여 장수와 사졸들은 피곤해졌는데 휘하의 석동이 왜적의 화살을 맞아서 군사를 인솔하여 돌아 옴.

- 1593년 2월 2일

초유사 김성일에게 병력을 청하여 정병 70인을 얻음.

- 1593년 2월 3일

곽재우가 싸움마다 번번이 공이 있다는 것을 듣고 격문으로써 서로 격려함.

- 1593년 2월 4일

성에 의거하고 있던 왜적 500여 명이 웅현을 넘어 저현 김전 등지를 침범 약탈하므로, 군사를 이끌고 나아가 그 사납고 용감한 장수를 참수하였다. 때마침 진영장인 고퇴가 또 군사를 거느리고 와서 뛰어들어 합력하여 왜적을 토벌하는 데 함께 싸운 지 수십 합에 또 4, 5급을 참수하니, 의병의 형세가 조금 진작되어 왜적은 달아나 성안으로 들어갔다. 왜적의 조총 20자루와 우마 5필을 빼앗았다. 그날 밤에 소를 잡아 군사들에게 먹임.

- 1593년 2월 8일

패잔 적병들이 또 부지기수로 일제히 밀양으로 향함.

곧바로 정병을 인솔하여 건현과 박월 등지에 달려 나아가서 매복을 갖추고 엿보다가 쏘아서 왜적 8인을 효수하며 활시위 소리에 응하여 왜적을 무너뜨리니 놀라고 혼란해져서 몸 둘 곳을 몰라 하였으나. 아군은 산으로 올라가 온전함.

- 1593년 2월 9일

돌아가는 왜적 700여 인이 군의 동문 밖에서 주둔하여 머물기에, 날래고 용감한 군사를 거느리고 달려 나아가 야간에 습격하여 참수한 것이 5, 6급임. 돌아오는 길에 왜적의 복병에게 느닷없는 습격을 당하여 휘하의 율산이 왜적 탄알을 맞아 죽음. 여러 군인들이 모두 분기하여 다시 합세하여 전투를 독려하고 달려 돌격하여 손수 2급을 벰. 5경초에 휘하의 김일령과 서종남 등이 서로 이어 참수하고 포획한 것이 5급에 이르렀으니, 크게 이기고 돌아 옴.

- 1593년 2월 10일

신녕 의병장 권응수의 진중에 군관을 보내어 날을 기약하여 의성 등지에서 왜적들의 형세가 매우 급박하기 때문에 합세하여 싸우고자 하였으나 약속을 이룰 수 없음.

- 1593년 2월 15일

돌아가는 왜적 수백 인이 대구에서 밀양으로 향하기에 선생은 군사 200인을 거느리고 용로인 적암에 매복을 갖추었다가 그들을 쏘아서 몇 명을 포획하니 적들은 놀라 흩어져 도망해 달아나므로 드디어 군사를 인솔하여 진영으로 돌아 옴.

- 1593년 2월 17일

성에 의거하고 있던 왜적이 나와서 군 동쪽 송라리를 노략질하자, 군사를 거느리고 하무(옛날 군대에서 떠들지 못하게 군사들의 입에 물리던 가는 나무 막대기)를 물리고 몰래 나아가 도중에서 대기하고 있다가 적을 맞아 공격하여 참수한 것이 7급이며 우마 및 군기를 빼앗아 취하였고 크게 이겨서 돌아왔는데 초유사가 이를 듣고 경탄함.

- 1593년 2월 19일

  유천에서 진을 치고 변란 시기를 기다리는데 영락한 왜적들이 새로 기패를 만들어 깃대에 내걸고 거울을 매달아 병사들의 위세를 크게 떠벌리며 길에 이어져 왕래함. 드디어 날래고 용감한 군사들로 하여금 그 뜻하지 못한 틈을 타서 돌격하여 6급을 참수함.

- 1593년 2월 20일

  유천에서 적을 만나 진군하여 그들을 추격하여 몇 명을 참수하고 그들의 소 10척을 빼앗아서 익일에 군사들에게 먹임.

- 1593년 2월 22일

  한밤중에 밀양과 청도에서 주둔하고 있던 왜적들이 유천에 모여들어 아군이 매복을 갖춘 곳을 몰래 침범하므로 아군은 돌연히 일어나 진영을 합하니 적은 뒤쫓을 수 없었으며 5급을 참수하고 아군은 온전히 돌아 옴.

- 1593년 2월 23일

  성에 의거하고 있던 왜적들이 웅현을 향하기에 선생은 유천에서부터 날래고 용감한 군사를 인솔하여 정곡에서 잠복하여 노리고 있다가 졸지에 쳐들어가 습격하여 3급을 참수하니, 왜적의 무리들은 놀라고 궤멸하며 도망쳐 달아나 성안으로 들어 감.

- 1593년 2월 24일

돌아가던 왜적들이 와서 밀양으로 향하므로 선생이 병사들을 인솔하여 달려 적암으로 나아가서 매복을 갖추었다가 후미를 공격하여 3급을 참수.

- 1593년 3월 2일

유천과 적암 등지의 곳에서 매복을 갖추었다가 성에 의거하고 있던 왜적 100여 명이 모여서 밀양으로 향하므로, 선생이 군사들을 인솔 추격하여 손수 5급을 참수함.

- 1593년 3월 7일

군내의 군사들을 거느리고 달려 나아가 자인현에 이르자 본군에 남아있던 왜적들이 웅현을 넘어 밀양 땅 이사례와 자인 땅 홍정 등의 곳에서 진을 침. 갑작스레 이들을 상대하여 전투를 독려하며 4급을 참수 함. 그 때에 홍정에 있던 왜적들은 회군하며 익연(새가 좌우의 날개를 편 모양)히 진격해 오는데 그 수를 헤아릴 수 없었음. 아군은 뒤를 이어 계속하여 구원할 사람이 없으므로 군사를 인솔하여 돌아 옴.

- 1593년 3월 10일

군의 북쪽 팔조현에 이르러 군사를 인솔하여 매복을 갖추고 변란을 기다리는데, 영락한 왜적과 본군에 남아있던 왜적들이 현 아래에 와서 의거하므로, 아군은 산 정상에서부터 나아가 공격하여 화살과 탄알을 번갈아 발사하고 혹은 돌을 던져서 왜적이 화살이나 탄알을 맞고 손상을 당하거나 압사된 자가 부지기수였다. 5, 6급을 참수하니 왜적들은 놀라 궤멸 함.

- 1593년 3월 17일

영락한 왜적 수백명이 밀양에서부터 올라 옴. 선생은 급히 군병들을 독려하여 청도군의 동쪽 냇가에 주둔하여 머무는 곳에서 잠복해 있던 왜적들을 졸지에 쳐들어가 돌격하니, 적진은 크게 혼란하여 사기를 잃었으며 사살자가 매우 많았다. 이 때 성에 들어간 왜적들이 좌우익으로 진격하므로, 아군은 겨우 온전한 모습으로 돌아옴.

- 1593년 3월 20일

영락한 왜적 오백여 명이 곧바로 본군으로 향하여 선생은 군의 북쪽 이화리에서 적을 만나 4급을 참수하고 인하여 함께 전투를 독려하니 왜적들은 도망하여 달아남.

- 1593년 3월 25일

영락한 왜적이 또 밀양에서부터 올라오므로 선생은 못 둑 아래에서 잠복하여 노리다가 적을 맞아 공격하는데, 어떤 날래고 용감한 왜병 7, 8인이 앞으로 다가오자 빠르게 말을 달려 돌아가서 사람과 말을 쏘니 함께 넘어졌다. 그리하여 그 머리를 베고서 무술을 빛 냄. 지난번에 적병들이 율림에 매복해 있다가 큰 소리로 외치면서 전진하였을 때, 아군은 몸을 잊고 힘껏 싸워 쏘고 또 한편으로는 참수하니, 왜적의 기세가 꺾여 물러나므로 곧바로 군사를 이끌고 온전히 돌아 옴.

- 1593년 2월 27일

돌아가는 왜적이 적암에 주둔하여 모였는데 부지기수였다. 선생이 말을 채찍질하여 달려 나아가서 갑자기 왜적 진영 안으로 뛰어들어 왜적과 함께 서로 섞였는데, 병기의 칼날이 거의 몸에 닿을 정도였으나 말을 돌려서 온 힘을 다하여 싸워서 괴수 2급을 참수하였으며, 그들의 옷과 칼을 빼앗아 돌아 옴.

· 1593년 3월 29일

영락한 왜적 500여 명이 군 북쪽 이화리에 주둔하여 모였다. 때가 아직 이른 아침이어서 군사들은 아직 회동에 오지 않음. 곧바로 씩씩한 군사 100여 인을 인솔하여 달려가 공격하였는데, 왜적의 무리 중에서 나와서 말을 먹이는 자를 3급을 참수하였다. 돌아가던 적 수백 명이 돌아와 아군을 습격하니, 아군은 한편은 싸우고 한편은 물러나면서 겨우 벗어나 돌아 옴.

· 1593년 4월 1일

조정에서 청도조전장 겸 밀양도호부사를 제수 함. 동면에서부터 밀양부에 이르러 임무를 맡았는데, 차자 철남이 모시고 호위하였다가 익일 돌아 옴.

· 1593년 4월 9일

영락한 왜적 100여 명이 곧바로 본군을 향함.

두곡에서부터 군사를 인솔하여 달려 나아가 군 남쪽 진암 아래에서 잠복하여 노리고 있다가 6인을 사살하고 2급을 참수 함. 그럼에도 적은 아직도 강하여 오래 버티기가 어려우므로 드디어 군사를 정비하여 물러남.

· 1593년 4월 11일

경상좌병사 박진의 명령을 받아 경주성 탈환 작전에 참가.

휘하 군사 1천여 명을 거느리고 익일 먼동이 틀 무렵에 좌위를 충당하고 박성 아래로 나아갔으나 왜적은 나오지 않았다. 아군은 북을 치고 함성을 지르며 좌우 양군으로 나누어 나아가서 성이 거의 함락할 때에 하늘은 밝으려 하던 찰나 우위군이 적의 복병을 만나 크게 혼란하여 서로 기백을 잃어 아군은 패주하였고, 여러 군사들은 이를 바라보다가 일시에 모두 물러났다. 적은 우리 군사들을 쫓아 살육하고 약탈을 하니, 아군의 죽은 자는 열에 여섯을 차지하였으며 왜적에게 포위당한 자는 목숨을 버리고 죽도록 싸웠다. 멀리 있는 왜적들에게 활을 당겨 쏘아도 감히 적들을 핍박하여 포위에서 벗어나지는 못하였다. 선생(박경신)의 몸은 왜적의 칼날에 부상을 당하여 10여 군데 상처를 입었고 대군은 이미 흩어졌다. 선생은 병기와 칼날의 가운데에서 몸을 벗어나 단기로 달려 서천(경주성 서편 형산강 줄기)으로 향하였는데, 거느리고 있던 종 대손이 그를 따랐다. 왜적 1명이 물가로 다가와 칼로써 선생을 치려하니, 대손이 급히 막아 화를 피하였으나 대손은 마침내 이 싸움에서 벗어나지 못하고 전사하였으며 아군은 죽은 자가 과반이었다. 군중에서 모두 이르기를,

'좌병사가 약속을 온전하게 하지 아니하였으므로 경솔하게 진격하여 패배에 이르렀다'

라고 함.

※ 경상좌도병마절도사 박진이 인근의 의병들을 모아 벌인 1차 경주성 탈환 전투는 1592년 8월 20일이었다. 위의 기사 내용은 1차 경주성 전투장면을 묘사한 것이지만, 날짜가 1593년 4월 11일이다. 따라서 후대에 이기옥이 창의일록을 정리하는 과정에서 실수를 범한 것으로 보인다(2편에서 상술한 내용을 참고 바람).

• 1593년 5월 16일

유천에 가서 방어사 김응서를 보내고 저녁에 돌아 옴.

• 1593년 5월 22일

오천에 있으면서 듣기를,

'왜적선 500척이 이르러 부남의 10리쯤 되는 곳에 정박하고서 천병(천자의 나라인 명나라 군사)과 더불어 상호간에 왕래를 하며 혹은 술과 고기를 가지고 와서 권하였으며 천자국(명나라) 장수는 아군을 억제하여 왜적을 참수하거나 사로잡을 수 없다'

하였다.

• 1593년 5월 24일

나아가 유천에서 방어사 김공을 만남.

• 1593년 6월 12일

왜적을 토벌할 일 때문에 영천으로 향할 때에 왜적들은 경주 안강현 및 연일 장기현 등의 지역을 노략질하므로 명나라 군이 이에 참여하여 전사자가 거의 200여 인에 이름.

• 1593년 6월 21일

진주성에 집결하려고 이동하던 왜적 600여 명이 청도군 오례성 아래에 영락된 왜적들과 합세하자, 복병장 김연석과 승병장 법징 등의 군사 도합 300여 명을 직접 인솔하고 왜적의 행로를 기다리다 졸지에 달려들어 왜적들에게 돌격했다. 붉은 옷을 입은 어느 적병 한 놈이 굳센 말을 타고 칼을 휘두르며 횡포하고 방자하게 굴어서 김연석을 선봉에 세워 쳐들어가 쏘아서 적의 기병을 떨어뜨림. 그러자 휘하의 서언량이 달려 들어가 참수하였으며, 한만이가 또 보병 왜적 2급을 참수 함. 이렇게 되자 우리 군사들이 승승장구하여 거의 모두 사살하게 되니, 적은 크게 다급해지며 싸울 수 없게 되어 궤멸됨. 버려진 시신들이 부지기수였으며, 목숨을 부지한 왜적들은 도망쳐 달아남.

- 1593년 7월 15일

  장서기 이기옥을 화왕산 곽(재우)장군의 진중에 보내 군사 계략을 묻고 인하여 철환 및 군기를 청하게 함.

- 1593년 7월 25일

  군사를 거느리고 팔조현으로 달려 진격하여 왜적 2급을 참수함.

- 1593년 9월 6일

  박춘복의 진영에서부터 돌아옴.

  이번 달 27일에 과거를 베풀어 인재를 가려 뽑는다는 것을 듣고 유생들이 전주로 향하여 갔는데 그 때에 왕세자가 전주에 머물고 있었기 때문이다.

  경상도는 곧 나누어 경주와 영천 두 곳이었는데 시관(試官)이 되었다.

- 1593년 9월 7일

  순찰사가 영천에서 머문다는 것을 듣고 곧 바로 달려가서 예곡의 훈도 서일의 집에서 묵음.

- 1593년 윤11월 1일

  밀양부 성에서부터 와서 초계의 군량미 50석을 거두어들이는 일을 감독.

- 1593년 윤11월 7일

아침에 오곡으로 돌아 옴.

- 1593년 윤11월 8일

왜적 2급을 참수함.

- 1593년 윤11월 10일

병사 권공과 언양 군수 위덕화와 대암 박성이 와서 진지를 방문.

- 1593년 윤11월 15일

영남루에 올라 나라를 근심하는 시를 읊음.

- 1593년 윤11월 16일

명나라 군사에 대한 지대[출장 나온 높은 벼슬아치의 먹을 것과 쓸 물건을 그 지방 관청에서 마련하는 일] 때문에 일찍 밀양부로 향함.

- 1593년 윤11월 17일

경상도 지역 상황 점검 차 팔거참(현 칠곡)에 묵고 있던 좌의정 윤두수가 방어사 김응서에게,

'내가 듣건대 밀양부사 박경신이 왜적을 잘 토포하며 또 민심을 얻고 있어 도내에서는 어진 장수로 이름이 나 있던데 정말 그러합니까?'

라고 물음. 이에 방어사 김응서가 답하기를,

'밀양에서 선정을 펼칠 뿐만이 아니라 능히 청도도 잘 보전하였는데, 왜적을 토포한 것이 100여 급이며 손수 누십과를 참수하였으니, 도내의 명장입니다. 다만 밀양 땅은 오래도록 곡물이 없고 기근이 막심하니 지극히 참혹하고 고생하게 되었으니 상공께서 선처해주시기를 바랍니다.'

라고 아룀. 이에 좌의정 윤두수가 말하기를,

'부사의 양식을 이어나가는 일은 이제는 처치할 수 있을 것입니다'

라고 함.

이어 밀양부민들이 좌상 및 원수에게 부사 박경신과 관련하여 상소문을 올렸는데, 그 내용은 아래와 같다.

'본부는 적의 진로 중 첫째 길목이기 때문에 분탕질을 이미 다 하였고 전란에서 홀로 남은 백성들은 기아로 거의 죽게 되었습니다. 부사는 거느리고 다닐만한 사람이 없어서 그 노복과 자식들을 거느리고서 성에 의거하고 있는 적들에게 돌진하여 매복을 갖추어 죽이고 사로잡음으로써, 국가의 치욕을 씻고는 있으나 한 알의 곡식도 없어서 백성을 구원할 곡식은 보는 것이 참혹하고 측은합니다. 경내의 기민들은 구원할 만한 계책이 없어서 분주하게 구휼하여 생존시키는 일에 조석으로 게을리 하지 않고 있습니다. 장차 이 일을 주상께 아뢰어 포상을 해주시면 매우 다행한 일이겠습니다.'

- 1593년 윤11월 19일

  좌의정 및 원수가 이 일을 주상께 아룀.

- 1593년 윤11월 20일

  조정에서 가선대부로 승진시켜 전해 옴.

- 1593년 12월 7일

  순찰사가 있는 감영으로 갈 때 아들 지남 및 철남이 따라 감.

- 1593년 12월 18일

선고의 기제사 때문에 신지에 머무름.

- 1594년 3월~4월

관아에서 나라를 걱정하는 시를 읊고, 청화절(음력 4월 초하루)에 한강 정구에게 서찰을 보냄.

- 1594년 6월 5일

밀양 관아에서 순직.

- 1604년

호성원종공신 2등에 녹훈.

- 1605년

선무원공공신 1등에 녹훈.

4. 박경신 창의 활동의 의의

임진왜란 초기 의병이 일어나게 된 동기에 관한 연구는 수많은 저서와 논문을 통해 꽤 축적이 되어 있다. 향촌의 안위를 위협하는 침략자에게 직접 칼을 들 수밖에 없었다는 자위적 차원의 현실론이 있는가 하면, 국가의 안위와 국가를 상징하는 군주를 지키겠다는 성리학적 군신의리 실천이었다는 명분론으로 크게 대별된다 할 것이다. 왕조 국가의 특성상 근왕(勤王)은 보국(保國) 의미와 상통하는데, 이는 곧 종묘사직을 보존한다는 의미이기도 하다. 그런데 좀 더 세부적으로 들어가 보면, 동일한 의병일지라도 지역에 따라 스스로 향촌을 지키겠다는 현실론과 근왕이라는 명분론으로 나누어진다는 해석이 주류였다. 다시 말한다면, 영남 의병은 향보적(鄕保的) 성격이 강했던 데에 비해, 호남 의병은 대개 근왕적(勤王的) 성격이 두드러졌다는 것이다. 왜군의 수중으로 넘어간 영남 의병은 지역단위 군현의 범위를 크게 벗어나지 못했지만, 그렇지 않은 호남 의병은 상대적으로 작전 범위가 넓어 도의 경계를 넘나들었기 때문이기도 하다. 그럼에도 창의 명분이 잘 드러난 초유문이나 격문과 통문 등을 분석해 보면, 영남 의병이라고 근왕적 명분이 약했던 것은 아니었다.[16]

이런 사례는 박경신이 창의할 당시의 맹약문이나 격문을 통해서도 재차 확인되고 있다. 우선 박경신의 창의 맹약문(盟約文)을 보면,

> 今者 國家不祚 島夷橫恣 將帥非人 致此長驅 生民塗炭 士女汚辱 厄運之極 挽古未有 祖宗之青氈 坐失寧忍越視 父母之赤子立死亂容獨免 凡有血氣孰不慟心 蠢蠻戴頭擧四海 而同憤義士切齒 與九族而齊約 愚等 雖無狀尙懷一寸忠赤 固當忘身 效死爲國一死足矣 其成敗利鈍 不暇論也
>
> 번역: 지금 나라에 운수가 없어 섬 오랑캐가 횡폭하고 방자하나 우리 장수들은 막아낼 인물이 없어 이에 이르도록 깊게 쳐들어와 생민(生民)이 도탄에 빠지고 사녀(士女)가 욕을 당하는 액운의 지극함이 만고에 없던 일이다. 역대 군왕이 경영해 온 평화롭고 아름다운 이 강토가 왜적에게 짓밟히는 것을 어찌 앉아서 볼 수 있겠는가? 어버이를 모신 자식이고 국왕의 은덕을 입은 신하들이라

16) 계승범, 2015, 「임진왜란 초기 倡義명분과 조선왕조의 正體性」『서강인문논총』 47집.

면 죽음을 무릅쓰고 일어나야지 홀로 난리를 면하기 어려운 일이니 무릇 혈기가 있는 사람이라면 어찌 마음이 찢어지지 않으리오. 온천지에 머리를 쳐들고 준동하는 오랑캐를 보고 義士들이 함께 이를 갈며 분하게 여겨 온 집안의 젊은이들이 다 같이 의병이 되기를 맹약하는 바이다. 우리들은 비록 내놓고 자랑할 것이 없지마는 한 가닥 충성심으로, 내 일신을 잊고 나라를 위해 기꺼이 한 목숨 바치려는 절의만은 확고하다. 그러하니 성공이냐 실패냐, 이로운 것이냐 해로운 것이냐를 따질 것은 아니로다.

이라고 하였듯이, 실제전투는 향촌을 중심으로 전개했을지라도 박경신이 거병한 첫째 명분은 어디까지나 군신 의리에 기초한 근왕, 곧 보국(保國)이었던 사실을 잘 드러내고 있다. 경우에 따라서는 근왕정신보다 목전의 위급을 타개하기 위한 향보의식이 물밑에서는 강하게 작용했을 수도 있다. 향촌을 유린하는 외부침략자에 맞서 봉기하는 일은 비단 성리학적 의리를 거론하지 않더라도 동서고금의 역사에서 지극히 일반적 현상이기 때문이다. 특히 왕조시대에서 중앙조정의 허락 없이 거병하는 일이 반란으로 간주될 수 있기에, 자발적으로 봉기한 초기 의병장들로서는 너나 할 것 없이 근왕을 전면에 내세울 수밖에 없었던 현실도 고려할 필요가 있다. 유교적 의리에 기초한 왕조국가 조선에서 사민(士民)들로 하여금 스스로 무장하고 봉기하도록 권면할 첫째 명분으로 삼을 만 한 최고의 가치가 군신 의리에 기초한 근왕 외에는 사실상 없었기 때문이다.[17]

경상도 일대의 의병 봉기는 김성일의 초유문을 계기로 일어난 경우가 대부분인데, 김성일의 초유문이 도착하기도 전에 거병한 박경신의 경우에도 군신 의리에 기초한 근왕보국(勤王保國)을 창의의 핵심 대의명분으로 삼을 수밖에 없었다. 이런 사실은 '우리 땅 삼천리에 이씨 신하 아닌 사람이 없고, 영남 70주를 돌아봐도 공자를 따르지 않는 곳이 없다'로 시작하는 박경신의 격문에서 잘 드러난다.

격문(檄文)

環海東三千里 莫非李氏之臣 匝嶺南七十州 皆是孔子之徒 祖宗之恩澤 豈間立朝在野 詩禮之經訓 只知成仁取義 昇平日久 民不知於兵革 邊禦歲弛 國無恃於城池 島夷之厄 在漢稱難 天豈不仁 蠻荊之讐于周 亦有人非無智 噫玆 小醜犯我大邦 千里長駈 便是齊民之莫格 一朝猝至殆 同魏兵之不意 國步不知稅駕* 此何日也 官守擧皆委命 彼亦人耳 食君祿幾年 何惜一死 受庭訓當日肯敎 偷生不汗五日 何異原野之横 遺名千載 豈同草木之腐 讀聖賢書 正爲今日之用 爲丈夫身 毋作隣國之羞 凡有此心 與我同仇

번역: 우리 땅 삼천리에 李氏 신하 아닌 사람이 없고, 영남 70주를 돌아봐도 모두 孔子를 따르는 바이니, 朝宗의 은택이 어찌 조정과 재야가 따로 있을 것이며, 학문과 경전의 가르침은 오로지 仁을 이루고 義를 취하게 할 뿐이로다. 평화스런 날들이 오래 이어져 백성들이 兵革을 생각지 않아 국경 방어가 해이해지고 나

17) 계승범, 2015, 「임진왜란 초기 倡義명분과 조선왕조의 正體性」『서강인문논총』 47집.

라 안의 城池가 방치되어 있었는데, 갑작스런 섬나라 오랑캐 橫厄은 중국에서조차 들어보지 못한 일이라, 주나라에 갑작스레 쳐들어간 오랑캐 환란이 어찌 하늘이 어질지 못하고 사람의 지혜가 없어서 일어난 것이겠는가? 아! 슬프도다! 쪼그맣고 추악한 무리들이 큰 나라를 침범하려 천리 바다건너 들이닥치니 마치 안심하고 있던 齊나라 백성들이 하루아침에 위태롭게 위나라 병사가 불의에 습격한 것과 같도다. 나라의 운명이 어느 날에 가서야 稅駕[18] 할지 모르겠다. 官守들이 임금 명을 받들고 있고 그들 또한 사람인지라 나라 녹을 몇 년이나 먹었으면 어찌 한번 죽는 것을 아까워하랴? 가정에서 교육을 받은 우리들도 살려고 몸부림쳐도 닷새를 버티기 어려우니 들에서 횡사하는 것과 다를 바 없도다. 사람으로 태어나 후세에 이름을 남겨야지 어찌 초목같이 썩을 수 있겠는가? 성현의 책을 읽는 것은 오늘 같은 일을 당했을 때 바르게 사용되고자 함이니, 장부가 된 몸으로 이웃나라 비웃음거리가 되어서는 아니 된다. 이런 마음이 있는 사람은 모두 나와 함께 오랑캐를 쳐부수세.

박경신의 격문 속에는 보국근왕이란 대의명분과 기존 성리학적 질서를 지켜야 한다는 유교 문명 수호 의지가 함께 들어 있다. 이것이 바로 춘추대의(春秋大義)이니, 공자가 말한 "자신을 희생하여 인을 성

18) 탈가(稅駕)는 수레를 풀고 편안하게 휴식하고자 함을 나타낸 말이다. 이사(李斯)가 진(秦)의 재상이 되어 부귀가 극도에 이르자 "내가 탈가할 곳을 알지 못하노라."라고 한 데서 유래되었다.(『史記』 권87 이사열전(李斯列傳)

취한다."라는 것이고, 맹자가 말한 "생명을 버리고 의리를 취한다."는 것이다. 나아가 주자가 말한 "자손 백대를 지나더라도 반드시 갚아야 할 큰 의리"로써 천지(天地)에 뻗어 나가고 고금(古今)을 통하여 사람의 기강을 세우고 사람의 마음을 바르게 하는 대절목(大節目)의 명제를 실천하려는 의지를 내보인 것이다. 여기에는 왕실을 존중하고 이민족을 배척한다는 존왕양이(尊王洋夷) 사상이 핵심이다. 이 말을 처음으로 사용한 것은 송대(宋代) 유학자 손복(孫復)이지만, 이러한 사상의 원형은 공자의 『춘추(春秋)』에서도 찾아볼 수 있다. 『춘추』에는 주(周)나라 왕실의 권위를 회복하고 그것을 통해 당시의 문란한 사회 기강을 바로잡으려는 의도를 내포하고 있는데, 그러한 명분론적 사고방식이 존왕양이 사상의 토대가 되었음은 물론이다. 그리고 이런 사유체계는 조선 중기 선비들 가슴속에 담긴 굳은 바위와 같다. 따라서 무과에 급제한 박경신이지만, 엄연한 유학자의 한 사람으로서 보국근왕은 물론 유교문명 질서를 수호하려는 의지를 잘 나타냈다고 하겠다.

임진왜란 당시 의병의 봉기에 대하여 『선조수정실록』에서는 다음과 같이 기술하고 있다.

> 제도(諸道)에서 의병이 일어났다. 당시 삼도(三道)의 수신(帥臣)이 모두 인심을 잃은데다 변란이 일어난 뒤에 군사와 식량을 징발하자 사람들이 모두 밉게 보아 적을 만나기만 하면 모두 패하여 달아났다. 그러다가 도내의 거족과 명인이 유생 등과 함께 조정의 명을 받들어 창의하여 일어나자 듣는 사람들이 격동하여 원

> 근에서 응모하였다. 크게 성취하지는 못했으나 인심을 얻었으므로 국가의 명맥이 그들 덕분에 유지되었다. 호남의 고경명(高敬命)·김천일(金千鎰), 영남의 곽재우(郭再祐)·정인홍(鄭仁弘), 호서의 조헌(趙憲)이 가장 먼저 의병을 일으켰다. 이에 관군과 의병이 서로 갈등을 일으켰고 수신들이 거개가 의병장과 화합하지 못하였는데 다만 초토사(招討使) 김성일(金誠一)은 요령 있게 잘 조화시켰기 때문에 영남의 의병이 그 덕분에 정중하게 대우를 받아 패하여 죽은 자가 적었다.[19]

이 기록은 임진란 초기 의병이 일어날 때의 전반적인 상황을 설명한 것인데, 의병장의 출신이나 민중의 동태에 대한 중앙 정부의 견해이다. 여기에서 모든 의병들이 조정의 명령에 따라 일어난 것 같이 말하고 있으나, 이는 중앙정부 입장에서 본 견해일 뿐이다. 영남지역은 일본군의 직접적인 침략경로에 있었기 때문에 대다수가 자발적 의병 봉기였다. 이에 반해 전라도와 충청도 등지에서는 조정 명령에 따라서 의병이 조직된 면들이 없지는 않았지만, 이들 역시 자발적인 의병 봉기로 봐야 할 측면들이 많다. 부산에 상륙한 일본 부대는 3대로 나누어 한양을 목표로 삼아 진격했고, 후방 요충지에는 소수의 병력만 남긴 이른바 선과 점의 점령이었으니, 일본군의 점령지라 할지라도 적의 위세는 주둔지에 한정되었다. 일본군의 침략 피해를 크게 입은 경상도나 충청도일지라도 다수의 지역은 그들의 영

19) 『선조수정실록』 권26, 선조 25년 6월 1일 기축.

향을 크게 받지 않았고, 더욱이 침략을 면한 전라도는 의병 봉기에 아무런 제약이 없었다.

관군이 무너지자 조정에서는 각 지방에 초유사(招諭使)를 파견하여 근왕병 모집을 외쳤으나 큰 호응을 얻지 못했고, 서민이나 일부 천민 중에는 오히려 관권에 도전하기까지 했다. 백성을 버리고 파천길에 나선 일 때문에 경복궁이 불탄 것도 그런 이유 때문이었다. 위의 자료에서 언급한 의병장들은 대부분 전직관료이거나 유생들인데, 이들이 근왕창의의 기치로 궐기하였을 때 민중들이 스스로 모여들어 의병진을 형성하였다. 이들 의병장은 단독으로 전투를 수행하는 경우도 있었지만, 명망 있는 의병집단에 통합된 대부대 의병군을 형성하기도 하였다.[20]

조선왕조에서 개인이 사병을 모집한다는 행위는 이유가 어떻든 반역에 해당될 소지가 있었으며, 곽재우도 예외는 아니었다. 곽재우가 의병을 규합할 때 합천군수 전견룡(田見龍)이 조정에 역적으로 보고하여 모인 군사를 흩어지게 한 사실이 이를 잘 대변한다. 또 한편 호남에서의 김천일과 고경명이 의병을 규합할 때에도 역시 이런 점이 고려되어 의병 봉기를 주저하게 한 원인이 되기도 했다. 당시 정여립(鄭汝立) 모반사건의 여파가 채 가시기 전이었기 때문이다. 이런 시대적 배경 하에 조정에서는 각처 의병장들에게 이례적인 벼슬과 상을 내림으로써 분위기가 달라졌을 뿐이다.

임진년 4월 23일에 창의한 박경신이 의병진을 종제 박경전에게 맡

20) 국사편찬위원회, 2002, 『신편 한국사』 29, 조선 중기의 외침과 그 대응: 의병.

기고 한양으로 직행하여 조정에 이 사실을 알리려고 취했던 행위는 이런 난제들을 잘 극복한 것임을 보여준다. 그럼에도 청도 의병은 당대부터 큰 조명을 받지 못했을 뿐 아니라, 오늘날 학계에서조차 그 실상들이 제대로 알려져 있지 않다.[21] 임진왜란이 일어난 이듬해 정월 경 조선정부가 명나라에 통보한 전국의 관군 및 의병 주둔지와 병력 수 집계에서, 경상도만을 놓고 보면 다음의 〈표 8〉과 같다.[22]

표 8 임진왜란 초기 경상도 관군 및 의병 현황

주둔지		관직명	성명	주둔병력
경상도	울산군	경상좌도절도사	朴 晋	25,000
	안동부	경상좌도순찰사	韓孝純	10,000
	진 주	경상우도순찰사	金誠一	15,000
	창원부	경상우도절도사	金時敏	15,000
	창령현	의병장	成安義	1,000
	영산현	의병장	辛 砷	1,000
	합천군	의병장	鄭仁弘	3,000
	의령현	의병장	郭再祐	2,000
	거창현	의병장	金 沔	5,000
합 계				77,000 명

21) 1960년대 임진왜란에 관한 획기적 연구 성과의 하나였던 이형석의 저서(1967, 『임진전란사』 상, 서울대학교출판부)에서나 김석희의 논문 「壬辰倭亂의 義兵運動에 關한 一考」(『鄕土서울』 15, 1962) 등에서 전국 규모의 의병 현황에 대한 도표를 개괄적으로 나열할 때에 영남 지역 약 30여 명의 의병장들을 각 지역별로 구분했지만, 청도 지역에서 일어난 의병 봉기나 의병장에 관해서는 전혀 언급조차 없다. 이런 학계의 분위기는 그 후에도 이어져 2000년대에 들어와 편찬된 국사편찬위원회의 『신편 한국사』에서 영남지역 의병장 약 50여 명을 거론할 때에도 청도지역과 이곳 출신 의병장은 포함되지 못했다.

22) 이형석, 앞의 책, 176~177.

당시 조선의 총 병력 수가 168,400명인데, 이 중에서 의병의 수가 27,900명이었다. 이를 다시 경상도 지역으로 한정해 보면 총 병력 수 약 77,000명에 의병이 차지하는 숫자가 약 12,000명인데, 청도 의병은 여기에서 제외되어 있다. 우선 이 통계에서 누락된 지역이 많은 것으로 미루어 의병 규모 집계가 매우 부실하다는 느낌이 든다. 여기에서는 부대 편성단위가 1백 명으로 되어 있거니와 등재된 의병장 역시 지명도가 높은 이들만 포함되어 있을 뿐이다. 이는 조선정부의 의도된 숫자일 가능성이 크다. 명나라 원군에 대한 의존도를 높이기 위해서는 조선군의 병력 상황을 축소할수록 유리하기 때문이다. 당시 의병부대가 소규모였던 것은 여러 요인이 있었으나 병기와 군량의 확보가 어려웠던 것도 그 중에 하나였다. 전라도를 대표하는 고경명 의병진처럼 대부대 정규전을 펼치는 경우도 있었지만, 대체로 지리와 지세를 이용한 소규모 유격전을 펼쳤다. 이는 의병진 희생을 최소화하고 적의 후방을 교란하는 타격으로 전의를 상실케 하는 효과가 있었다. 따라서 박경전의 「창의일기」에 기록된 의병 규모가 2,000명을 넘었다거나, 왜적을 사살한 숫자가 도합 1,000여 명이 된다고 하지만, 이를 액면 그대로 믿기엔 한계가 있다.

한편 임진란 초기에 큰 역할을 수행했던 의병은 전란의 장기화에 따라 점차 변질되어 갔다. 선조 25년(1592) 10월 이후에는 각 지방에서 의병이 우후죽순 격으로 일어나 여러 폐단을 일으켰다. 100여 진에 이른 의병 중에는 안전한 곳에서 영세한 적이나 쫓고 전공만을 탐내거나 관군과 대립하여 문제를 일으키는 등 국가의 통제권 밖에 있었다. 이렇듯 독자적이고 자의적인 의병들 행동으로 오히려 국가에 해독을 끼치는 경우가 많아졌다.[23] 조정에서는 이러한 의병 문제를 해결하기 위해 임진란이 일어났던 10월부터 남도의 의병은 우성전(禹性傳), 경기·충청·전라도 의병은 권율과 권징(權徵)에게 분속시키려 하였다. 그럼에도 여전히 각지의 의병들이 난립한 채 독자적 행동을 취한 경우가 많았다.

선조 26년에 명나라 원군 도착으로 평양이 수복되고 대규모 반격이 시작되자, 군량을 나르는데 의병을 동원하려는 것이 조정의 입장이었다. 스스로 군량을 마련해야하는 의병으로서는 전란에다 기근이 겹쳐 매우 어려웠던 것이 현실이었다. 관군과 명군이 점차 전쟁의 주도권을 잡아가면서 의병의 존재 가치는 떨어질 수밖에 없었다. 각 지방 의병을 관군으로 흡수하거나, 관군의 통제에 따르도록 내린 방침에 따라 상당수의 의병장은 관직을 제수 받았다. 청도에서 활약한 박경신을 비롯한 대다수 의병들이 관직을 제수 받은 것도 그런 이유 때문이었다. 아울러 청도 의병들이 독자적으로 청도읍성을 탈환한 것이 임진년 7월 9일인데, 이는 영남의 어느 고을보다 이른 시기에 읍성을 탈환하였던 것은 물론 모든 관할 업무를 관군에게 조건 없이 인계하였다. 이런 점에서 청도 의병은 가장 모범적인 사례에 해당한다 할 것이다.

23) 『선조실록』 권32, 선조 25년 11월 1일 정사.

제2편

「창의일록」의 사료적 가치

제5장
임진왜란 청도 의병 관련 기초자료

1. 임진왜란 자료에 대한 올바른 이해 태도

역사란 사료(史料) 없이는 불가능한 학문이다. 사료(史料)를 기반으로 엮어지는 학문이 바로 역사학이며, 그 입문 과정에서 사료학(史料學)을 먼저 배우는 것도 그 때문이다. 객관적인 사료(史料)가 뒷받침되지 않은 역사란 한낱 허공의 메아리에 불과한 정도가 아니라 오히려 해악을 끼친다는 것을 잘 알고 있음에도, 이런 우(愚)를 범하는 경우가 허다한 것이 작금의 현실이다. 현존하는 사료(史料)들 중에는 사실(史實)과 동떨어진 것들이 너무나 많기 때문이다. 왜곡되거나 잘못된 사료(史料)를 그대로 인용하여 역사를 복원한다면, 코끼리 모습이었던 당초의 역사적 사실들이 후대에 와서는 하마가 될 수도 있고 나아가 사자나 호랑이로 둔갑될 수도 있다. 예부터 우리 선조들이 춘추필법(春秋筆法)에 따라 역사를 서술해야 함을 강조한 것도 바로 그런 이유 때문이다. 이렇듯 역사 연구에 있어 사료(史料) 취사선택에 신중을 기해야 함은 아무리 강조해도 지나치지 않다. 그렇기에 사료비판(史料批判)이 전제된 역사서술일 때만이 그 진정한 가치가 드러나는 것이라 할 것이다.

임진왜란 의병 관련 자료는 양적으로 볼 때 꽤 많은 편이다. 특히 당대에 기록되었을 가능성이 높은 것이 의병 일기인데, 일정 규모 이상의 의병진에서는 장서기(掌書記)라는 직책을 두는 것이 관례인 듯하다. 장서기로 임명된 자는 일자별 흐름의 순서에 따라 전투내역이나 의병활동 상황을 꼼꼼히 기록했을 뿐 아니라 듣고 느낀 바를 일기 형식으로 남겼다. 의병 일기는 당대의 기록이란 점에서 신빙성이 높다 하겠으나, 이 역시 기록자의 식견과 견문에 따른 편견이나 과장과 축소 등이 개입될 수밖에 없다. 임진왜란 전쟁 양상을 기록한 당대의 사료(史料) 중에서도 백미로 꼽히는 『징비록(懲毖錄)』 같은 경우도 '사실의 기억'을 넘어서서 유성룡 개인이 재구성 한 '기억의 서사'에 불과하다고 일컬어지고 있다.[1] 그러하니 전쟁 이후 후손이나 학맥을 이은 제자들에 의해 재생산되었던 문집이나 여타 자료들의 왜곡은 더 말할 필요조차 없는 실정이다.

임진왜란 의병의 대명사로 널리 알려진 홍의장군 곽재우(郭再祐)의 의병활동에 대한 연구가 많이 진척되었지만, 그 중에서 역사적 진실과 거리가 먼 것이 많은 것도 이런 현실을 반영하는 것이다. 이로(李

1) 정출헌, 2009, 「임진왜란의 영웅을 기억하는 두 개의 방식 -사실의 기억 또는 기억의 서사」『한문학보』 21, 우리한문학회.

魯)의 『용사일기』 내용상 부정확 한 기록, 곽재우를 도와 창녕 화왕산성(火旺山城)을 수비했던 배대유(裵大維) 전기의 당파적 편견 등과 같은 초기 기록 오류 때문이었다. 이러한 오류를 바탕으로 연보(年譜)가 만들어지고, 이를 다시 수정 보완되는 과정에서 확대 재생산되어 갔다. 그리하여 곽재우 상은 전쟁 이전부터 이후까지 언제나 세속을 초월한 전형적인 은둔형 처사로서의 모습이었다.[2] 임진왜란 영웅 곽재우의 역사상이 이러할진대 전쟁 당시 수많은 의병 활동가들의 전기가 얼마만큼 왜곡되었을까 하는 것은 새삼 재론할 필요조차 없다.

곽재우 의병 활동과 연관 짓기 위한 영남 남인들 노력의 완결판이 『화왕입성동고록(火旺入城同苦錄)』이다. 여기에는 곽재우와 함께 화왕산에 들어가 고생했다고 알려진 경상도 열읍의사(列邑義士)들이 나열되어 있다. 임진왜란 도중에 화의협상이 결렬되자, 일본은 정유년 정월에 다시 조선을 침략했다. 방어사 신분이던 곽재우는 7월 21일에 밀양·영산·창녕·현풍 등 네 고을 피난민과 병력을 거느리고 화왕산성으로 들어가 초토화 작전을 펼쳤다. 왜군을 이끌던 가토 기요마사(加藤清正)가 성 밑에 도착하여 하루 밤낮을 대치하다 그곳을 떠났다. 전라도 남원으로 진격하는 것이 목적이었던 왜군은 무리하게 공격할 필요가 없었기 때문이다. 8월 29일 계모상을 당한 곽재우는 화왕산성을 떠났고, 그 이후 전투상황에 대해서도 더 이상 알려진 게 없다. 곽재우의 작전 목표는 달성되었지만 승리한 전투는 아니었고, 이것이 화왕산성 전투의 역사적 실상이다.

2) 김성우, 2011, 「忘憂堂 郭再祐에 관한 '불편한 진실'과 임진 의병 활동에 대한 재평가」『韓國史學報』 42.

그런데 세월이 흐르면서 역사적 진실과는 다른 내용들이 집단기억으로 자리 잡아 갔다. 1734년에 『창의록(倡義錄)』이 편찬되면서 「화왕산성동고록(火旺山城同苦錄)」이 실리게 되었는데,[3] 방어사 곽재우를 비롯한 19인의 명단에 이어 윤탁 이하 680명이 나열되어 있다. 700명에 이르는 명단 속에는 경상도 도체찰사 이원익, 경상좌수사 이운용, 일본군과 협상을 벌이던 장희춘, 홍문관에 있던 한준겸, 퇴계의 문인이던 조목과 유성룡도 보인다. 하지만 유성룡은 영의정이었고 74세였던 조목은 노쇠하여 예안에 거주했던 인물이다. 각 인물들의 문집은 물론 곽재우의 『망우집』에도 동고록에 대한 언급은 없다. 『창의록』 서문을 쓴 조현명이 "체찰사 이하 몇몇 공들이 다만 한 때 왕래했을 뿐이다. 그런데 여기에 함께 기록한 것은 무엇인가? 바로 잡아야 할 것으로 생각된다."라고 고백한 것을 되새겨 보면, 안동 115명, 경주 63명, 흥해 41명, 예안 36명, 상주 32명 등과 같이 먼 지역 인물은 재고의 여지가 많다.

시간이 흐르면서 「화왕산성동고록」은 확대 재생산되기 마련이다. 여기에 근거하여 행장이나 비문, 연보와 문집들이 제작되었고, 1922년에는 수천 명으로 불어난 『용사세강록(龍蛇世講錄)』이 출간되었다. '사실의 기억'이 아니라, '기억의 서사화'인 것이다. 동고록에 입전된 700명이라는 숫자도 노론들의 정치행위에 대응하여 영남 남인들이 조작해 낸 숫자라고 말한다. 1728년 이인좌의 난으로 영남 남인의

3) 郭元甲, 1734, 『倡義錄』(국립도서관 古152-25). 여기에는 곽재우와 함께 한 의병 명단 「용사응모록(龍蛇應募錄)」과 정유년 화왕산성에서 함께 고생한 명단인 「화왕입성동고록(火旺入城同苦錄)」 등으로 구성되어 있다.

중앙 진출길이 봉쇄되어 버렸고, 1734년에 영조는 700의사와 순절한 조헌(趙憲)을 제사하고 칠백의총에 친히 제문(祭文)까지 내렸다. 중봉 조헌과 700의사 순절은 노론의 정신적 뿌리이자 단합의 표상이 되었다. 정권에 소외된 영남 남인들이 조헌과 칠백의사의 대항마로 곽재우와 화왕산성을 들고 나왔던 것이다.[4]

충절에 대한 크고 작은 왜곡은 문중단위 위선사업에서 많이 나타났다. 가까운 형제나 숙질 등을 묶어 일괄 현양하는 일들이 잦았는데, 공주 만경노씨 응환 응탁 응호 형제들이 3의사(義士)로 추숭된 것도 그 중의 하나다. 맏이 노응환은 18세기 중엽의 『중봉집』 중간본 「막좌문생동일사절록(幕佐門生同日死節錄)」에 등재되었다. 금산전투에서 의병장 조헌과 함께 순절했다는 것이다. 아우 노응탁도 19세기 초 성해응 찬술의 『금산순절제신전(錦山殉節諸臣傳)』에 형과 함께 금산전투 순절인으로 입전되었다. 하지만 노응탁은 선조 말기의 5현(五賢) 문묘종사 논의에 적극 동참했고, 광해군 즉위 후 조헌 사당 표충사를 사액 받는 일에 매진했으며, 광해군 원년(1609)에 생원시, 광해군 13년(1621)에 별시 문과에 합격했던 인물이니 임진왜란 당시 순절한 이가 아니었다. 이렇듯 광해군대까지 활동했던 인물을 금산전투 순절인으로 입전시킨 후손들은 이후 백년에 걸쳐 10여 차례 등장(等狀)을 올렸다. 그리하여 노응환과 응탁은 1831년에 정포(旌褒)되었고, 노응호는 1892년에 증직되었다. 1870년에 「만경노씨삼의사행장(萬頃盧氏三義士行狀)」을 찬술한 것 역시 3의사 추숭사업 일환이었다. 인조반

4) 하영휘, 2007, 「화왕산성의 기억」『임진왜란-동아시아 삼국전쟁』, 휴머니스트.

정 이후 노론 집권 아래 효제(孝悌)와 충절(忠節)이 강조되는 시대적 상황 속에서 광해군과의 인연을 씻어내고 새로운 충신가문으로 거듭나기 위한 몸부림이었다.[5]

이렇듯 임진왜란 의병과 관련된 자료 접근에는 매우 신중한 자세가 요구된다. 경상도 3대 의병장 중의 한 사람이었던 김면(金沔) 관련 자료도 예외는 아니다. 판본이 다른 그의 문집 『송암실기』와 『송암유고』를 비교해 보면, 남명과의 학통을 축소하면서 퇴계 학통을 부각시킨 것은 물론 후대로 갈수록 내용을 삭제하거나 추가한 것들이 많아졌다.[6] 임진왜란 의병 관련 자료들이 후대에 갈수록 조작과 왜곡이 빈번하게 일어났고, 학계에서도 이 문제에 천착(穿鑿)하려는 추세에 놓여 있다.

임진왜란 당시 청도 의병들의 활약상에 대해서도 읍성 탈환과 같은 중요 전투상황을 담은 창의 일기가 남아 있다. 이름 높은 고을 선비 박하담(朴河淡)의 손자들인 박경신(朴慶新)과 박경전(朴慶傳)이 각각 남긴 「창의일록(倡義日錄)」과 「창의일기(倡義日記)」가 그것이다. 필자는 최근 〈청도지역의 임진왜란사 연구〉라는 학술대회에 참가하면서,[7] 이 자료들 또한 객관적인 검증이 필요하다는 제안에 동감했다.[8] 청

5) 임선빈, 2015, 「만경노씨 三義士의 '역사적 實在'와 '記憶된 역사」 『역사민속학』 47.

6) 정진영, 2005, 「송암 김면의 의병 활동과 관련 자료의 검토」 『대구사학』 78.

7) 임진난정신문화선양회 주최 2017년 임진난사 학술대회 『청도지역의 임진난사 연구』(2017. 10. 19).

8) 김경태, 2017, 「임진난기 청도지역의 항왜 활동과 청도지역의 전투」 『청도지역의 임진난사 연구』(2017년 임진난정신문화선양회 주최 학술회의)의 발표

도 의병 연구경향은 주로 『십사의사록(十四義士錄)』이나 박경전의 『제우당선생문집』에 실린 「창의일기」에 의존했던 면이 컸으니,[9] 이런 시각에서 벗어날 필요성을 제기한 것이다.

박경신 휘하 장서기 이기옥(李璣玉)의 필사본인 「창의일록」은 1990년대에 공개된 자료인데,[10] 필자가 이 자료를 놓고 박경전의 「창의일기」와 대조하는 과정에서 상반되는 내용들이 너무 많음을 알게 되었다. 『십사의사록』에는 밀양부사 겸 청도조전장(淸道助戰將) 박경신 휘하의 전투상황을 기록한 「조전일기(助戰日記)」도 수록되어 있지만, 이를 「창의일록」과 비교해 보면 내용상 큰 차이가 없었음도 확인하였다.

아무튼 박경전의 장서기 김후생(金後生)이 기록한 것으로 알려진 「창의일기」는 임진왜란이 종결되고부터 정리되기 시작하여, 200년이 흐른 후 『충효록』이란 이름으로 묶여졌고, 이는 다시 1823년경에 『박씨충의록』으로 편찬되었다가 1867년에 『십사의사록』 간행으로 종결되었다. 하지만 김후생의 필사 원본이 현존하지도 않거니와, 『충효

문에서 박경전의 「창의일기」를 박경신의 「창의일록」과 대조해 본 결과, 동일한 전투에서 참가 병력 수나 적을 사살한 내용들이 부풀려져 있었던 점을 들어 박경신의 「창의일록」이 먼저 나온 자료일 것으로 추정하였고, 향후 엄정한 사료 비판의 필요성을 제기한 바 있다.

9) 강주진, 1980, 「壬辰倭亂과 淸道十四義士論」 『한국학논집』 7; 김석희·김강식, 1992, 「壬辰倭亂과 淸道地域의 倡義活動 -淸道 密城朴氏 14義士를 중심으로-」 『부산사학』 23; 박순진, 2012, 「임진왜란기 청도 의병진의 조직과 활동 -悌友堂 朴慶傳 의병진을 중심으로」 『경주사학』 36.

10) 이기옥의 필사본(1599년) 「창의일록」을 수록한 『삼우정박경신선생실기(三友亭朴慶新先生實紀)』를 임진왜란공신숭모회에서 1994년에 영인판으로 간행한 바 있으며, 필자는 원본 확인이 불가하여 이를 활용하였다.

록』 역시 전해오는 서문(序文)만으로 그 대강을 짐작할 수밖에 없다. 이런 녹록치 않은 연구 현실 속에서 한 가닥 희망을 준 것이 『박씨충의록』인데, 비록 필사원본을 복사한 것이긴 하지만, 이를 통해 전후의 사정을 좀 더 명료하게 유추할 수 있었다. 따라서 본고는 원본 자료에 근거한 논지 전개가 아니란 점에서 한계를 가지며, 이런 까닭에 새로운 원본자료가 공개된다면 내용 수정이 불가피할 수도 있다.

2. 「창의일기」와 『충효록』

『십사의사록』은 임진왜란 당시 청도 밀양박씨 소고공파(嘯皐公派) 일문에서 의병활동을 전개하여 선무원종공신(宣武原從功臣)에 오른 11명과 후일 추숭된 3명을 합친 14명의 합전(合傳) 문집이다. 여러 대에 걸친 후손들의 추숭과정을 거쳐 14의사(義士)란 명칭이 만들어졌고, 그에 따라 이들 문집 합본인 『십사의사록』이 간행되었다.[11] 여기에 실린 의병장 박경전의 「창의일기」는 임진년(1592년) 4월부터 9월, 박경신의 「조전일기」는 임진년 10월부터 1594년 6월까지의 기록이다. 따라서 청도지역 임진왜란 의병과 전투 상황에 대해 시간적 공백 없이 잘 메워주고 있다는 점에서 매력적이다.

『십사의사록』 출간의 토대가 된 초기 과정부터 눈여겨봐야 할 것 같은 데, 박경전의 『제우당문집』에 수록된 동로(東老: 박경전 장손)의 「창

11) 김석희, 1992, 『국역십사의사록』 해제 편.

의일기 서(倡義日記序)」에서 전후 사정을 소상히 밝혀 놓고 있다. 즉, 1659년 2월에 작성된 그의 서문을 보면,

> 제우당 박경전이 이기옥에게 창의일기를 내어주어 교정을 맡긴 상태에서 기옥이 세상을 떠났고, 후일 기옥의 아들 중경이 선고의 책 상자 속에서 원고를 발견하여 찾아 보관해 왔는데, 본군(本郡) 동화리(東化里)에 사는 장서기 김후생의 동생 후창이 형의 흔적을 보고 싶다고 빌려가서는 돌려주지 않은 채 죽었다. 후창의 사위 신응제를 찾아가 물은 즉 어느 족형(族兄)의 집에 있다는 것을 듣고 되찾아 와서 대대로 보관해 왔으며, 4월부터 9월까지의 기록은 상세하나, 그 후의 기록은 유실되어 싣지 못했다.[12]

라고 하였듯이, 박경전이 생전에 김후생(金後生)이 기록한 「창의일기」 교정을 이기옥(李璣玉)에게 맡긴 상태에서 모두 고인이 되어 버렸고, 훗날 이기옥의 아들 이중경(李重慶)이 이를 발견하였다는 연락으로 되돌려 받았는데, 임진년 4월부터 9월까지의 기록만 남아있고, 그 이후는 유실된 상태라고 했다. 따라서 당시 입수한 「창의일기」 분량은 훗날 『십사의사록』에 실린 「창의일기」 수록 기간과 일치한다는 것을 알 수 있다.

위의 내용들을 다시 정리하면, 박경전이 그의 장서기 김후생이 초안한 「창의일기」를 이기옥에게 넘겨 교정을 요청한 상태였지만, 이

---

12) 『제우당문집』 권3, 부록 「창의일기(倡義日記) 서(序) -기해년(1659) 2월 장손(長孫) 동로(東老)」

기옥은 1604년에 생을 마감하고 말았다. 그 후 이기옥의 아들 이중경이 서류 궤짝 속에 잠자던 「창의일기」를 발견하여 박동로(박경전의 장손)가 건네받았고, 『제우당문집』에 싣기 위해 「창의일기 서문」을 작성한 것이 1659년이었다.

이렇게 전해오던 「창의일기」는 1797년경 후손 박창진이 가장문자(家藏文字)를 보태어 『충효록』으로 편찬하였다가, 1867년에 가서 『십사의사록』을 간행함으로써 문중 숙원 사업을 완결시켰다. 그런데, 이런 과정을 거치는 동안 원본 자료의 왜곡이나 훼손이 없었다고 단언하기 어렵다. 임진왜란 당시 상황을 기록했던 그 일기의 명칭이 처음부터 「창의일기」로 명명된 것인지도 명확하지 않지만,[13] 이것이 『십사의사록』까지 오는 과정에서 원래 내용이 그대로 전재(全載)된 것은 아니었다. 따라서 우리는 초기 자료가 어떤 과정을 거쳐 최종적인 『십사의사록』「창의일기」로 완결되었는가에 대해 살펴 볼 필요가 있다.

박경전의 장손 박동로가 입수했던 일기 원본이 좀먹고 훼손되어 그로부터 약 50년 후 개서(改書) 과정을 거친 바가 있다. 개서 작업을 맡은 이는 박경전의 증손 박성유(朴聖兪: 1662~1727)였다. 『제우당문집』 부록에 실린 박성유의 「창의일기 후서(後序)」에 의하면,

> …… 아깝도다. 스스로 쌓은 공이 모두 배응경으로 돌아가고 역사의 빛을 묻고 벼슬은 일개 군수에 그쳤으며 당시에 진충하여 적

13) 김후생의 「창의일기」에 대해 「충효록 서문(序文: 조채신 찬)」에서는 난중일기(亂中日記), 「창의일기 후서(後序: 박성유 찬)」에서는 일록(日錄)으로 각각 달리 표기한 사례들이 보인다.

을 잡은 공이 일록(日錄)에 기재되었는데, 중간에 유실되었다가 마침 이두암 집 상자 속에서 얻어 지금 보존하니, 나의 불초로 하여금 공경히 받들지 못함에 스스로 감격의 눈물이 엄엄하더라. 구초(舊草)가 심히 훼손되어 지금 또 개서(改書)하여 후세에까지 썩지 않을 자료로 삼았노라.[14]

라고 한 바와 같이, 전해오던 일기를 후손 박성유가 한 차례 개서(改書)하였던 사실이 확인된다. 이렇듯 박성유의 「창의일기 후서」가 『제우당문집』에 실렸다는 것은 이 시기에 박경전 초간 문집이 완성 단계에 접어들었다는 것을 의미함과 동시에 「창의일기」가 있었기 때문에 문집으로 성책(成冊)될 수 있었음을 말해준다. 이렇듯 박동로가 입수 보전해 오던 일기 자료는 후대의 박성유 손을 거친 바가 있고, 이 원고를 토대로 『충효록』이 완성되었다. 이 작업을 담당한 이는 성유의 재증손이자 박경전의 6대손인 박창진(朴昌震: 1748~1813)이었다. 그가 스승 조채신(曺采臣)에게 『충효록』 서문을 받은 것이 갑인년(1794년)이었으니, 여러 세대를 아우르는 편집 과정이 이 때에 와서 1차적으로 마무리 된 것으로 봐야 한다.

조채신의 본관은 창녕, 자는 양보(亮甫), 호는 일암(一庵) 또는 부지옹(不知翁)인데, 숙종 43년(1717)에 태어나 정조 21년(1797) 81세로 세상을 떠났으며, 저서로 『일암집(一庵集)』이 있다. 박창진의 요청으로 조채신이 찬(撰)한 『충효록』 서문을 보면, 그 책에 담겨 있는 대강의 내

14) 『제우당문집』 권3, 부록 「창의일기(倡義日記) 후서(後序) －병술년(1706년) 10월 일 증손(曾孫) 성유(聖俞) 근서(謹書)」

용들을 짐작할 수 있다.

> 때에 임진왜란 창의를 만나 동실(同室) 혹은 형제에서 같이 의장(義將)이 되고 혹은 아버지가 의병을 거느리면 그 아들이 선봉이 되고, 숙부가 주진(主陣)이 되면 조카가 아익(亞翼)이 되니, 운문을 둘러싼 상하 백여 리(里) 땅에 용맹한 선비들이 구름과 같고, 의기(義氣)가 하늘을 찌르더라. …… 그 훈록을 생각해보면 ① 1등 2등 원종(原從)공신이나 ② 진무(振武)공신에 오른 자가 모두 형제 숙질 등 일문에서 나와 찬란하게 10여 인에 이르렀다. ③ 그 나머지도 입록하지 못한 사람 또 많으니, 충성스런 혼(魂)과 의(義)의 넋의 늠름한 바 이 어찌 가히 나타나고 나타나지 않는 데 손해되고 이익 됨이 있겠는가. 박씨의 충효함이 성함이여! …… 내가 고로 가로되 '박씨의 충효는 소요당의 누누이 쌓은 두터운 인(仁)에서 발하고 소요당의 두터운 인은 국가에서 배양한 깊고도 먼데서 근본하나리라' 그러나 이것은 난중의 일이라 세대가 흐름에 …… 참된 업적이 진몰(塵沒)되었다가 제우당의 증손 성유(聖兪)에 이르러 난중일기가 이두암(이기옥) 집의 상자 속에서 나와 대대로 감추어두고 자손에게 전하게 되니, 대개 그 충효실적을 알게 되었다. 그러나 집에 보관한 기록이 좀 먹고 오히려 회매함을 면치 못하게 되니 자손을 위해 깊이 한탄하노라. 성유씨 재종증손[15] 창진(昌震)이 세덕이 나타나지 않음을 강개하여 이따금 나

15) 여기에서 재종증손이라 표기했지만, 창진이 성유에게 족보상으로 사촌의 증손이니 종증손인 셈이다.

를 찾아 문득 제공(諸公)의 창의 사적을 말하기에 이를 상세히 들으니 사람들이 깨닫지도 못함에 흠송함을 이기지 못하게 하더라. 금년 8월에 창진이 소장했던 일기와 자기 집에서 다듬은 기록들을 가지고 와서 나에게 보이며 깊숙함을 밝히는 효도로 그 유적을 빛내고자 하니 ……[16]

즉, 『충효록』은 소고공파 일문의 ① 임진왜란 창의 과정에 합류하여 선무원종공신으로 책봉된 자, ② 진무원종공신에 책봉된 자, ③ 공신에 오르지는 못했지만 당시 순절한 인물을 대상으로 한 것임을 분명히 하고 있다. 따라서 ①은 선무원종공신 박경신 외 10명, ②는 진무원종공신 박우 1명, ③은 박경인 박경선 2명으로 추정된다. 이들이 후일 14의사로 확정된 인물이기 때문이다.

아무튼 조채신에게 서문을 받은 지 3년 후 방계 후손 박광신(朴光臣)이 경산현령 유규에게 또 다시 서문을 받은 것이 정조 21년(1797)이었다. 박광신은 제우당 박경전의 직손이 아니라 국헌공 박경윤 후손이다. 대체로 이 시기를 『충효록』 완성 단계로 파악할 수 있는데, 소고공파 내의 임진왜란 의사 14명에 대한 1차적인 추숭 작업의 마무리였다고 볼 수 있겠다.

아울러 『충효록』 편간 사업에 공을 들인 이는 지평공 경인(慶因)의 5세 박심휴(朴心休)도 빼 놓을 수 없다. 그는 갈암(葛庵) 이현일(李玄逸, 1627~1704)의 제자로, 스승으로부터 소요당 박하담의 묘갈명(墓碣銘)을

16) 『제우당선생문집』 권3, 부록(附錄) 1, 조채신(曺采臣) 찬(撰) 「충효록서(忠孝錄序)」

받기도 하는 등 위선사업에 많은 공을 들인 인물이다. 김성우 연구에 의하면, 박심휴의 노력에 힘입어 숙종 36년(1710)에 소고공파 임진왜란 의사들에 대한 최초의 공식 자료인 『충효록(忠孝錄)』이 완성되었다고 했다.[17] 이 시기는 「창의일기」 구초(舊草)가 심히 훼손되어 박성유가 개서(改書)하던 즈음인데, 이 시기에 『충효록』이란 명칭이 등장한 것인지에 대해 확실치는 않다. 그럼에도 김후생의 「창의일기」가 『충효록』 편찬의 근간이 된 것만은 분명하다 할 것이다.

이상에서 보았듯이, 「창의일기」 원본을 놓고 이후 『충효록』으로 완성되어 간 저간의 상황을 짚어보면, 박경전 직손들만이 아니라 다른 계파 후손들도 함께 참여한 문중사업이었음을 알 수 있다. 각 계파별 참여자는 다음과 같다.

박경전 계열 제우당파 : 동로(경전 장손)
상우재파 : 성유(경전 증손) 창진(성유 종증손)
박경인 계열 지평공파 : 심휴
박경윤 계열 국헌공파 : 광신

17) 『충효록』에 대해 김석희 교수는 "박경전의 장손 동로(東老)와 증손 성유(聖俞)가 이기옥가(李璣玉家)에서 발견한 난중일기를 놓고 성유(聖俞)의 재종증손 창진(昌震)이 가장문자(家藏文字)를 보태 편집한 것"이라 한 바가 있다. 이에 반해 김성우 교수는 박경인의 후손인 박심휴에 의해 『충효록』 체제가 갖춰졌다고 했다.

3. 『박씨충의록』과 14의사 위선사업

18세기 말(1794~1797)에 완성된 『충효록』을 보완하고 다듬은 것이 『박씨충의록』인데, 박경인의 후손 박정상(朴廷相: 1784~1837)이 마무리한 것이다. 『박씨충의록』은 14명의 의사(義士)를 삼창(三倡) 삼순(三殉) 팔의(八義)로 나누어 총전(總傳) 분전(分傳) 합전(合傳)으로 구성한 특징을 보인다.[18] 아울러 14의사 개개인의 공적을 간략히 기록한 것은 물론, 의병장 박경전의 「창의일기」와 함께 임진왜란 당시 안집사 김륵(金玏) 조전장으로 청도와 밀양에서 활약한 박경신의 「조전일기」도 함께 수록하고 있다.

『박씨충의록』에 대해 좀 더 세밀하게 살펴보면,[19] 첫 부분 세계(世系) 편은 고려시중 밀성군 박언부(朴彦孚)로부터 14~15세에 이르는 인물 계보인데, 임진왜란 당시 활약하여 의사(義士)로 추숭된 14명을 계보를 명시한 것이나 다름없다. 이어 나오는 전목(傳目)에는 제1의사 밀양부사 박경신, 제2의사 박경전, 제3의사 박경윤 이하 제14의사 박구까지 14명을 나열한 목록이다. 여기에서는 창의삼충(倡義三忠), 순의삼충(殉義三忠), 거의팔사(擧義八士)로 각각 분류하였는데, 다음과 같다.

---

18) 김석희, 1992, 『국역십사의사록』 해제 편.

19) 필자가 참고한 『박씨충의록』은 원본이 아닌 복사본(박희상씨 제공)이다. 면당 세로 10줄×22자로 된 총 106면 분량이며, 원본 크기는 대략 31㎝×20㎝ 정도로 추정된다. 이 책의 차례와 면수를 보면, 세계(世系) 6면, 전목(傳目) 2면, 총전(摠傳) 10면, 분전(分傳) 36면, 맹약문과 격문 2면, 조전장 창의일기 20면, 창녕공 창의일기 18면, 서발(序跋) 및 기타 12면으로 되어 있다.

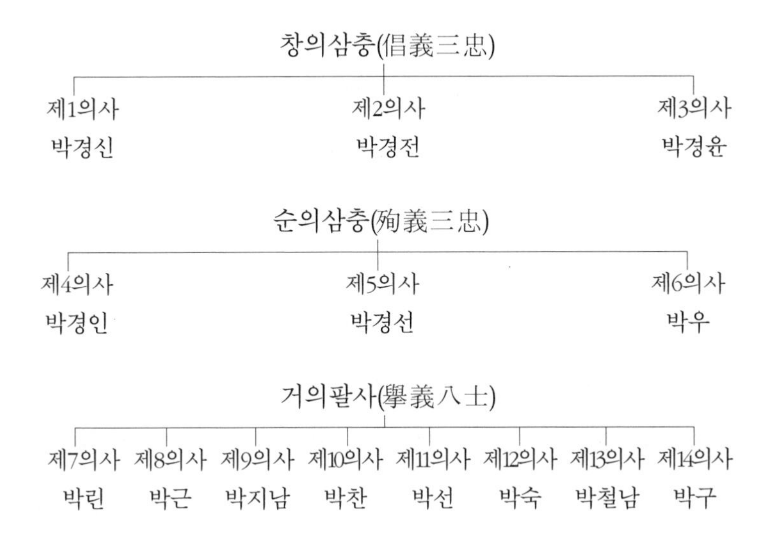

따라서 『충효록』에서 이미 만들어진 14명의 의사를 창의(倡義) 순의(殉義) 거의(擧義)로 분류했다는 점, 임진왜란 공신 11명 외에 추가한 3명을 순의삼충(박경인, 박경선, 박우)으로 처리한 것 등이 특징이라 할 것이다. 특히 순의삼충을 창의삼충 다음으로 배열하였기에, 추가된 박경인이 제4의사, 박경선이 제5의사, 박우가 제6의사가 되었다.

이어 총전(摠傳)과 분전(分傳)이 실려 있는데, 총전은 14의사 전체에 대한 전공을 설명한 것이다. 분전은 14명의 개인별 행적들을 수록한 것이다. 그리고 창의 당시의 맹약문과 격문 2개가 실려 있는데, 이 글들의 주체가 누구인지는 매우 중요하기 때문에 장을 달리하여 살펴 볼 예정이다. 그 다음 이어지는 내용이 「조전장(助戰將) 창의일기(倡義日記: 군수 배응경 기록)」와 「창녕공(昌寧公) 창의일기(倡義日記: 장서기 김후생 기록)」이다. 이 부분이 바로 우리의 관심을 끄는 핵심인데, 조전장은 박경신, 창녕공은 박경전을 뜻한다. 박경전이 후일 창녕현감을 제수

받았기 때문에 붙여진 것이다. 앞의 총전(摠傳)에서 박경신을 조전장 임무로 한정한 반면 박경전에 대해 창의를 이끌었던 의병장으로 묘사한[20] 상황과 결부시켜 보면, 두 일기의 개념이 보다 명확해진다.

그리고 책 말미에 서발(序跋)에 해당하는 글들이 실려 있다. 서술(敍述) 찬자(撰者)는 의정부 좌참찬 이호민(李好敏), 십사의사합전(十四義士合傳) 찬자(撰者)는 좌부승지 유정양(柳鼎養)과 홍문교리 송익연(宋翼淵) 등인데, 작성 년대가 기록되어 있지 않다. 이호민의 관직이 좌참찬으로 소개되어 있는데, 그가 좌참찬을 역임한 것이 순조 23년(1823)이며, 그해에 죽었다. 유정양은 홍경래 난으로 유배되었다가 석방되어 1828년 동지사 부사로 청나라에 다녀왔으며, 여산인 송익연은 순조 4년(1804)에 문과에 급제하여 여러 관직을 역임했다. 이런 사실로 추정해보면, 『박씨충의록』은 순조 23년(1823) 전후로 완성되었을 것으로 보인다.

이상에서 확인한 바를 종합하면, 이기옥에게 교정을 맡긴 일기의 존재조차 모르다가 그 후 어느 시기에 입수했고, 이를 박경전의 장손 박동로(朴東老)가 『제우당문집』에 싣기 위해 「창의일기 서문」을 작성한 것이 효종 10년(1659)이었다. 그로부터 반세기가 흐른 1710년 무렵 박성유와 박심휴 등에 의해 새롭게 다듬어진 원고는 1794~97년경 박창진과 박광신에 의해 『충효록』으로 결실을 보게 되었다.[21] 이

20) 『박씨충의록』 「총전(摠傳)」 "慶新爲助戰將 助大軍之戰也 慶傳爲義兵將 倡擧義之兵也"

21) 『박씨충의록』을 편찬하는 데 근간이 되었던 것이 『충효록』이었으나, 『충효록』의 현존 여부까지 확인한 것은 아니다. 『충효록』 역시 『박씨충의록』과 마찬가

는 다시 1823년 전후에 『박씨충의록』으로 더 가다듬어졌는데, 그 핵심 내용은 14의사(義士)와 그들 활약을 담은 「조전장 창의일기: 군수 배응경 기록)」 및 「창녕공 창의일기: 장서기 김후생 기록)」였다. 따라서 일기 자료가 있었기에 밀양박씨 임진왜란 14의사 추숭이 가능했다고 말할 수 있겠다.

임진왜란 14의사 추숭 사업은 여기에 그치지 않고 후대에도 이어졌는데, 1867년에 『십사의사록』으로 완결을 보게 되었다. 『십사의사록』은 6권 3책의 목활자본으로, 권두에 유규(柳逵) 강시영(姜時永)의 서문, 권말에 유후조(柳厚祚)·박성묵의 발문이 있다. 권수(卷首)에 세계(世系)·어사선무원종공신록권변문(禦賜宣武原從功臣錄券弁文)·맹약문(盟約文)·이격문(移檄文)을 수록하였다. 권1~4는 박경신 등 14명의 유집(遺集)으로 시·서(序)·잠·서(書)·기·잡저·유사·부록 등 134편이 실려 있고, 권5는 부록인데 14의사의 합전(合傳)·충렬사상량문(忠烈祠上樑文: 府使 李錫夏 撰)·봉안문(奉安文: 縣監 李鐸遠 撰)·상향문(常享文: 李萬運 撰)·고유문(告由文: 후손 廷柄)·묘정비합명(廟庭碑合銘: 金是瑔 撰)·제충의록 시(題忠義錄詩) 2수·제현기적(諸賢記蹟)·계의(啓議) 등이 수록되어 있다.

제현기적은 대구 의병장 서사원 일기에 언급된 박경선의 의병 통문 사실, 정탁(鄭琢)·김우옹 등과 오간 서신에서 14의사 관련 내용 채록 한 것들을 수록한 것이며, 계의(啓議)는 14의사 각 인물들에 대한 증직을 요청하는 계문(啓文)과 예조 회계(回啓), 의정부 헌의(獻議), 이조 복계(復啓), 순찰사 계초(啓草) 등을 수록한 것이다. 따라서 권5의 내용

지로 박경전 중심으로 기록된 「창의일기」와 박경전 중심의 「조전일기」가 함께 실려 있을 것으로 추정된다.

은 실로 후손들이 그 동안에 노력한 위선사업 과정과 내용들을 소상하게 보여주고 있다는 점에서 주목된다 할 것이다. 여기에 입전된 14의사의 인물 계보를 살펴보면 다음과 같다.

〈밀양박씨 14의사 인물 계보도〉

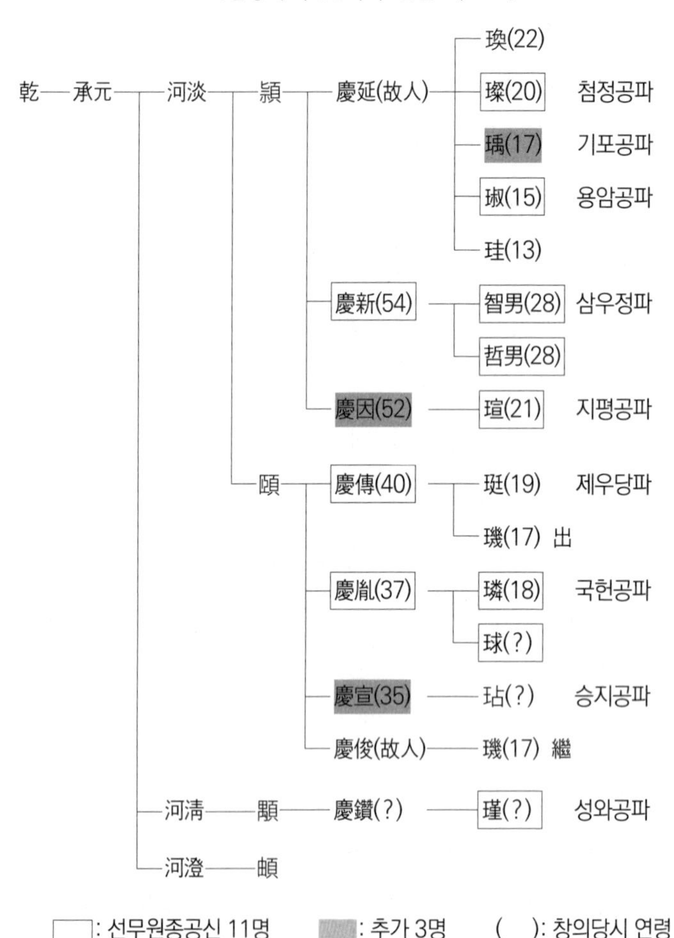

『십사의사록』 편집 과정에서 『박씨충의록』 소재 「조전장 창의일기: 군수 배응경 기록)」는 권1의 「삼우정유고-부록편」 「조전일기」로,

「창녕공 창의일기: 장서기 김후생 기록)」는 권2의 「제우당문집-부록편」「창의일기」로 각각 실었다. 「조전일기」는 '조전장 창의일기'를 줄인 말로 보이며, 「창의일기」는 박경전 휘하의 장서기 김후생의 일기 명칭을 그대로 딴 것으로 추정된다. 『십사의사록』 역시 이 일기 자료가 가장 핵심이라 할 것이다. 그런데 여기에서 주목되는 점은 「조전일기」 기록자로 군수 배응경이라 한 부분을 『십사의사록』에서 삭제한 것인데, 아마 편집자의 고민이 반영된 것으로 풀이된다. 여러 정황으로 볼 때, 『박씨충의록』 편집자들이 「조전일기」 기록자를 청도군수 배응경이라고 한 것은 오류임이 분명하다. 이런 점들을 고려하여 『십사의사록』 편집자들이 삭제하였으리라 생각된다. 이런 사실을 통해 「조전일기」에 대한 문중 내부에서의 고민이 컸음을 짐작할 수 있다.[22]

아무튼 의병장 박경전의 장서기 김후생이 기록했다는 「창의일기」를 출발점으로 시작된 14의사 추숭 사업은 『충효록』과 『박씨충의록』이란 과정을 거쳐 『십사의사록』으로 결실을 맺었는데, 이는 후손 박성묵(朴星默)과 박시묵(朴時默)의 주도하에 편집되고 목판으로 간행되었다. 따라서 14의사 관련 자료들이 최초의 인쇄본으로 보급되었다는 데 큰 의의가 있다. 박성묵과 박시묵이 14의사 위선사업에 매달린 것은 선무원종공신 박숙(용암공)의 직손인데다, 그들의 고조 박증운은 박경인(지평공)계에서 입양되었다는 혈연적 요소도 작용했을 것이다. 박증운의 조부 박심휴는 『충효록』을 위해 평생을 보낸 인물이기 때

22) 자세한 것은 제6장의 〈일기 기록자에 대한 검토〉 부분을 참고 바람.

문이다. 여기에다 박시묵은 탄탄한 재력은 물론 학식과 문재를 바탕으로 이름난 남인들과 폭넓은 교유관계를 형성하고 있었다.[23] 『박씨충의록』의 「창의일기」를 벗어나 새롭게 정리된 「창의일기」는 박경전의 문집인 『제우당집(1863년)』에도 실려 있는데, 이 역시 용암공파 박성묵(朴星默)이 간행한 것이다. 따라서 이 시기의 위선사업은 용암공파들이 주도하고 있었음을 알 수 있다. 3권 1책으로 된 이 문집은 제우당 후손 정만(廷蔓)이 1897년에 중간(重刊)한 바가 있다. 권두에 이휘재(李彙載)·이종상(李鍾祥)의 서문이 있으며, 권말에 박태덕(朴太德)·박성묵·박정만의 발문이 있다.

제우당 박경전과 관련한 후손들의 위선 사업은 숙종 32년(1706) 증손 박성유(朴聖兪)에 의해 초간(初刊) 문집 『제우당집』이 출간되었는데, 이는 밀양박씨 소고공파에서 간행한 수종의 문집 가운데 최초의 것이다. 동시에 청도 임진왜란 의병을 체계적으로 정리한 최초의 문집이기도 했다.[24] 그러나 제우당 박경전의 장손 동로가 「창의일기 서문」을 작성한 것이 1659년이었고, 이는 『제우당문집』을 위한 작업이었으니, 박경전 사후로부터 얼마 지나지 않은 시점부터 시작되었음을 알 수 있다.

따라서 문집과 14의사 현양사업은 서로 밀접한 연관성을 가진다 할 것이다. 왜냐하면 「창의일기」를 근간으로 『충효록』 편집이 완성되었고, 이를 기점으로 『박씨충의록』과 『십사의사록』 간행에 이르기까지 일련의 작업들은 청도 밀양박씨 임진왜란 의병에 관한 것이기 때

23) 박홍갑 외, 2019, 『청도 밀양박씨 소고공파와 박시묵 박재형』, 경인문화사.

24) 김성우, 2001, 「密城朴氏 嘯皐公派의 淸道 정착과 宗族 활동」 『진단학보』 91.

문이다. 이런 정리 작업은 중앙정부의 충효 포상정책과 맞물려 조상 위선 사업을 보다 용이하게 해주는 밑거름이 되었다. 당시 위선 사업의 선결 과제는 선무원종공신에 누락된 순의삼충(박경인 박경선 박우)을 추숭하는 것이었는데, 박우는 진무원종공신에다 병자호란 순절인이었기에 이미 정조 19년(1795)에 증직이 이루어졌지만,[25] 박경인과 박경선은 국가로부터 공적을 인정받지 못하고 있었다. 이리하여 박경인과 박경선의 추증(追贈)을 위한 상신이 이어진 결과 순조 12년(1812) 박경인은 지평, 박경선은 좌승지로의 증직(贈職) 조치가 내려졌다.[26] 이런 노력은 계속되어 순조 16년(1816)에는 박경신과 박경전, 박경윤 등 세 사람의 증직까지 이뤄졌다.[27] 증직을 요청하는 문서나 이조 및 예조에서 내린 조치 등과 관련해서는 『십사의사록』 권5에 자세하며, 당시 경상도 암행어사 이엽(李燁)이 작성한 별단(別單)에서도 14명의 의사들이 함께 했음을 강조하고 있다.[28] 아무튼 「창의일기」를 근거로 『충효록』과 『박씨충의록』이 만들어졌기에 포상의 준거 자료가 되었던 것이다. 그리고 이 때 증직이 내려진 상황을 보면 다음과 같다.

25) 『일성록』 정조 18년 10월 30일 갑신; 『존주휘편(尊周彙編)』 卷之諸臣事實 3, 李義培 편.

26) 『순조실록』 권15, 순조 12년 3월 13일 을유; 『승정원일기』 순조 12년 5월 25일 병신.

27) 『순조실록』 권19, 순조 16년 7월 2일 기유; 『승정원일기』 순조 16년 8월 25일 신축.

28) 『비변사등록』 순조 16년 윤6월 19일.

표 1 14의사 증직 현황

성명	증직	공신호	비고
박경신	병조참판	선무원종공신 1등	호성원종공신 2등
박경전	병조판서	선무원종공신 2등	
박경윤	병조판서	선무원종공신 2등	
박지남		선무원종공신 2등	
박철남		선무원종공신 2등	
박 린		선무원종공신 2등	
박 근		선무원종공신 2등	
박 선		선무원종공신 3등	
박 찬		선무원종공신 3등	
박 구		선무원종공신 3등	
박 숙		선무원종공신 3등	
박 우	호조참의	진무원종공신 1등	
박경인	지평		
박경선	좌승지		

이런 결과를 토대로 19세기 초에는 박경신·박경전을 비롯한 14명의 의사(義士)를 거듭 확인하였다. 그리고 문중에서는 이들의 신주를 봉안하는 사우(祠宇) 설립에 힘을 쏟았던 결과 순조 32년(1842) 경에 14의사 위패를 봉안하는 충렬사(忠烈祠)가 건립될 수 있었다.[29]

---

29) 충렬사 설립과 이후 여러 논의 과정을 거쳐 용강사(龍岡祠)로의 변천 과정에 대해서는 김성우 교수의 논문을 참조 바람.

30) 임진왜란공신숭모회가 1994년에 간행한 『삼우정박경신선생실기(三友亭朴慶新先生實紀)』에는 이기옥이 필사한 「제수(除授)」「포상(褒狀)」「기관(器觀)」「창의일록(倡義日錄)」「사략겸유고(事略兼遺稿)」「우민지(憂悶識)」 등이 영인 축쇄본으로 실려 있다.

4. 「창의일록」에 대한 다양한 시각

지금까지 『십사의사록』 편찬 과정들을 살펴 본 것은 여기에 실린 「창의일기」와 「조전일기」가 청도 임진왜란 의병과 관련한 중요 자료였기 때문이다. 그런데 1990년대 초에 「창의일록(倡義日錄)」이란 새로운 자료가 공개되었다. 새롭게 공개된 「창의일록」은 박경신의 장서기(掌書記)로 활약한 이기옥(李璣玉)의 필사본 『삼우정박경신선생실기(三友亭朴慶新先生實紀)』 속에 들어있는 내용 중의 한 부분이다.[30] 실기 말미에 "聖上己亥臘日李璣玉謹識"라고 하였듯이, 이기옥이 선조 32년(1599) 선달그믐에 정리한 것이다. 『삼우정박경신선생실기』의 전체 내용 구성은 다음과 같다.

표 2 『삼우정박경신선생실기』 목차별 내용 구성

순서	목 차	내 용	면수
1	제수(除授)	박경신의 역임 관직	2.5
2	포상(褒狀)	박경신의 절지수교서(節祗受敎書) 10매 *현존 절지수교서 8매와 내용 일치함	5.3
3	기관(器觀)	이기옥 입장에서 박경신 인격을 서술	2.8
4	창의일록(倡義日錄)	임진왜란 창의일기(1592년 4. 23~1594. 6)	68.4
5	사략겸유고(事略兼遺稿)	박경신의 약력과 남긴 유고	24.5
6	우민지(憂悶識)	이기옥이 처한 고민을 적음	7.5
총 면수			111

※ 면 당 글자 수는 대략 140자 내외(세로10줄×13~15자)

위의 표를 보면, 박경신실기 전체 내용 중에서 「창의일록」이 차지하는 비중이 약 62%에 해당한다. 그러하니, 본 실기의 1차 목적은 「창의일록」을 후세에 남겨야 하겠다는 것에 주안점을 둔 것이라 생각된다. 아울러 3번 「기관(器觀)」과 6번 「우민지(憂悶識)」는 전적으로 이기옥의 주관적인 글이며, 그 나머지는 박경신이 임지에서 죽기 전에 정리를 부탁하며 이기옥에게 넘겼던 원고였다고 판단된다.[31] 따라서 후자의 글들은 이기옥의 주관성이 개입될 소지가 적다 할 것이다.

아무튼 임진왜란 당시 청도지역 의병들의 전투 상황을 담은 「창의일록」이 새롭게 공개되었으니, 그 사료적 가치를 측정하기 위해 엄정한 사료비판(史料批判)이 필요하며, 이런 문제에 있어서는 「창의일기」나 「조전일기」도 예외가 될 수 없다. 이를 위해서는 얼마나 진실을 담고 있는가를 판단해야 하며, 그 근거를 확보하기 위해서는 객관성을 가진 다른 역사적 사실과 비교 분석하는 방법이 최선일 것 같다. 그런데 『조선왕조실록』을 비롯한 관찬(官撰) 자료는 물론 사찬(私撰) 자료에서도 청도 의병에 관한 내용들이 잘 찾아지지 않는다.

이런 가운데 이들 자료를 검토한 후 주목할 만한 결론을 도출한 바도 있다. 즉 조선후기 이래 박경전계의 김후생(金後生)이 작성한 「창의일기(倡義日記)」가 각종 포상과 관련된 중요한 준거 자료로 활용되면서, 박경신계 이기옥(李璣玉)이 작성한 「창의일록(倡義日錄)」은 반영되지 못했으며, 이로 인해 그의 후손들이 사회적 진출 과정에서 소외되었

31) 「창의일록」 1594년 5월 25일 "先生 于密陽府 命下走 以整倡義時日錄又詩書筆稿 而與櫃牘矣 是侍智男哲男兩從(선생은 밀양부에서 나에게 창의 때의 일록과 시서를 적은 원고 정리를 명하면서 서류 궤를 주었다. 이때에 시중들던 지남 철남 둘도 함께 했다.)"

음을 지적한 것이 그것이다.[32] 앞에서 언급한 바 있듯이 박우·박경인·박경선의 증직과 이후 박경신·박경전·박경윤 등 전후 3차례 증직을 가능케 한 준거 자료가 바로 「창의일기」였기 때문이다. 이와 함께 「창의일록」과 「창의일기」를 함께 비교 분석한 바도 있다. 여기에서 주목되는 것은 두 기록에서 나타나는 동일 전투의 참가 병력 수나 적을 사살한 숫자들이 부풀려져 있었던 점을 통해 「창의일록」이 먼저 나온 자료일 것으로 추정하였고, 이와 함께 동일한 전투를 각기 다른 날짜에 수록한 점들을 지적하기도 했다.[33] 따라서 이 논고는 향후 엄정하고도 객관적인 검증을 거쳐야만 두 자료의 사료적 가치가 드러날 것이란 전제가 깔려 있다.

그럼에도 불구하고 「창의일록」의 사료적 가치는 여전히 외면 받고 있다. 「창의일록」 후반부 내용, 즉 「조전일기」와 중복되는 부분은 학계에서도 재론의 여지가 없지만, 「창의일기」와 중복되는 의병 초기 기록에 대한 부정적인 시각이 크다. 그리고 「창의일록」을 부정적으로 보는 연구자의 입장은 대략 다음과 같다.

① 원본이 공개된 적이 없다. 즉, 1994년에 영인본으로 간행된 창의일록은 붓이 아닌 사인펜(?) 같은 것으로 다시 옮겨 쓴 재 필사본으로 추정된다. 따라서 이기옥의 친필 필사본이 아니기에 사

---

32) 김성우, 2001, 「密城朴氏 嘯皐公派의 淸道 정착과 宗族 활동」 『진단학보』 91, 196~198쪽.

33) 김경태, 2017, 「임진난기 청도지역의 항왜 활동과 청도지역의 전투」 『청도지역의 임진난사 연구』(2017년 임진난정신문화선양회 주최 학술회의)

료적 가치를 인정하기 어렵다.

② 임진왜란 때 또 다른 문과 출신의 박경신(朴慶新: 1560~1626) 활약에 대한 기록이 많이 남아 있으며, 호성공신 2등으로 책봉된 자는 문과출신 박경신일 가능성이 크다. 따라서 박경신이 창의했다가 바로 한양으로 상경하여 선조 임금 몽진에 호종했다는 초기 기록을 인정하기 어렵다.

③ 박경신이 청도에서 의병을 창의했다는 기록이 개인 행장을 비롯한 전기류는 물론 인근 지역 다른 의병장 문집에서 확인되지 않는다. 그런데 비해 박경전의 창의 기록들은 각 인물 행장을 비롯하여 여러 문집에 기록되어 있다.

영인 형태로 간행된 필사본에 대한 이기옥의 친필 여부 검증은 필자의 능력 밖이다. 원본이 공개된다면 서지학적 측면에서 지질이나 묵의 종류와 필체 등을 입체적으로 감정해야 하기 때문이다. 하지만 일각에서 주장하는 재필사본이라 할지라도, 재필사할 당시에 원본을 놓고 어느 정도로 수정 가필이 이루어졌는가에 따라 사료적 가치는 달라진다. 만약 「창의일록」이 필사자 상상에 의한 허구의 저작물이라면 일고의 가치도 없겠지만, 「창의일기」 「조전일기」와 겹치는 내용이 많다는 점에서 상상의 저작물이 아님은 분명하다. 따라서 문제 해결에 대한 초점은 재필사 여부가 아니라, 담고 있는 내용이 얼마나 역사적 사실과 부합하는가에 맞춰져야 하고, 이것을 밝히는 것이 역사학도의 몫이다. 동일한 내용이 많다는 점에서 어느 것이 원초 자료였는지는 검증을 통해서만 드러날 것이니, 섣불리 단정할 것이 아니라 검증이 필요한 시점이다.

둘째로 문과 출신 박경신과 혼동을 피해야 한다는 점은 필자 역시 잘 알고 있다. 2011년 디지털청도문화대전 집필 과정에서 두 사람의 이력이 섞여 있음을 발견했기 때문이다. 예컨대, 청도 조전장이나 밀양부사와[34] 같은 무과 출신 박경신 이력이 문과 출신 박경신 편에 들어 있는가 하면, 순조 16년(1816) 왜적 토벌에 공을 세운 박경신과 그의 종제 박경전(朴慶傳), 박경윤(朴慶胤) 등에게 증직(贈職)을 내린 것까지 엉뚱하게 소개되어 있다.[35] 이는 사전 편찬 과정에서 원고 집필자가 양자를 구분하지 못하여 범한 오류이지만, 그 영향은 전문 연구자들에게까지 미치고 있는 실정이다.

문과 출신의 박경신은 죽산박씨로 장령 박사공(朴思恭)의 아들인데, 임진왜란 당시 평양 전투에 투입된 순변사 이일(李鎰)의 종사관(從事官)으로 활약하다 해주목사로 체직된 후[36] 전주부윤을 거쳐[37] 서흥부사 등 경외의 여러 요직을 역임한 바 있다.[38] 아울러 무과 출신 박경신 역시 청도에서 창의하여 밀양부사로 재임 중 적과 싸우다 순국하였다. 임진왜란이 끝난 후 조정에서 호성원종공신을 책봉하였는데, 그

34) 신구문화사, 1986, 『한국인명대사전』 박경신 편; 한국학중앙연구원, 1991, 『한국민족문화대백과사전』 박경신 편.

35) 한국학중앙연구원, 2017, 한국향토문화전자대전 디지털미추홀구문화대전 – 박경신 편.

36) 『선조실록』 권33, 선조 25년 12월 17일 계묘.

37) 『선조실록』 권34, 선조 26년 1월 14일 기사. 『선조실록』 권40, 선조 26년 7월 18일 경오.

38) 『선조실록』 권123, 선조 33년 3월 20일 계해.

녹권 명단에 박경신(朴慶新)은 2등 공신으로 되어 있다. 이 경우 문과 출신의 박경신인지, 아니면 무과 출신의 박경신인지 선뜻 분별하기 어려운 점이 있다. 둘 다 비슷한 시기에 부사를 역임했으며, 무과 출신의 박경신은 이듬해 선무원종 1등 공신으로 책봉된 사실까지 있기 때문이다. 이를 두고 일각에서는 호성원종공신과 선무원종공신으로 동시에 녹훈된 사례가 없다거나 혹은 어렵다는 이유로 문과 출신 박경신이 호성공신이었을 것으로 보려는 경향이 있다. 이 문제는 단순히 공신책봉에 한정된 것이 아니라 무과 출신 박경신의 임진왜란 초기 청도지역 창의 활동이나 선조 임금 몽진 길에 수행했던 행적들을 부정적으로 보려는 것과 연결된다. 다시 말한다면 박경신측의 「창의일록」 초기 기록(임진년 4월 23~9월 30)에 대해 사료적 가치를 인정하지 않으려는 시각이다.

하지만 호성원종공신 녹권에서 박경신의 관직을 전(前) 행부사(行府使)로 표기했던 점에 주의를 기울여 보면 해답이 보인다. 선조 37년(1604) 공신녹권을 작성하던 시기에 문과 급제자 박경신은 영흥부사(永興府使)로 재임 중이었던데[39] 반해 무과 출신 박경신은 밀양부사로 왜적과 싸우다 선조 27년(1594) 4월 임지에서 이미 순직했던 인물이다. 아울러 당시 두 차례에 걸쳐 책봉된 13,000여 명의 양 공신 명단을 대조해 보면, 박경신을 비롯하여 약 280명 정도가 중복 녹훈되었음이 확인된다. 280명이란 숫자는 동일 관직으로 표기된 동일 성명만 추출하는 것을 원칙으로 했지만, 관직 표기가 다르다 할지라도

39) 『선조실록』 권180, 선조 37년 10월 1일 정미.

동일인이 분명한 경우는 포함시킨 숫자이다. 예컨대 기자헌의 경우 호성원종 공신록에는 우의정, 선무원종 공신록에는 좌의정으로 달리 표기되었는데, 이는 녹권 작성 당시의 현 직임을 표기했기 때문이다. 그러하니 중복녹훈에 의심을 가질 필요는 없으며, 녹훈 당시의 현 직함을 표기했다는 사실까지 확인한 셈이다. 따라서 청도 출신 박경신이 호종원종공신에 이어 선무원종공신에 녹훈된 사실을 의심한다거나, 이 때문에 임진왜란 창의 시점의 활동과 선조 몽진에 합류한 호종(扈從)의 공에 대해 의문을 가질 필요가 없다 할 것이다.

다음으로 각종 행장을 비롯한 인물 자료 혹은 인근 의병장 문집 등에서 박경신이 창의를 주도했다거나 초기 활동이 보이지 않는다는 지적은 일면 타당한 점이 있다. 하지만, 이들 자료 역시 객관성을 담보하고 있는지에 대한 사전 검토가 필요하다는 것이 필자의 생각이다.[40] 인물과 관련하여 후대에 간행된 많은 자료들은 당초의 역사 현장과는 거리가 멀게 왜곡되어 갔음이 주지의 사실이기 때문이다. 청

40) 임진왜란 당시 청도 의병과 연관된 인물인 이기옥과 최문병의 문집인 『두암문집(竇巖文集)』 『성재선생실기(省齋先生實紀)』 등을 참고할 수는 있지만, 조선말기 이후 편간된 문집이란 점에서 이들 역시 철저한 사료비판이 선행되어야 할 자료이다. 예컨대, 최문병의 『성재선생실기』에 나오는 청도 의병 관련 자료는 독자적인 것이 아니라 박경전의 『제우당문집』을 인용하는 수준에 머물고 있다. 그 외 19~20C초에 간행된 여러 문집에서 박경전의 창의사실들이 언급되어 있으나 이 역시 마찬가지이다. 아울러 당시 청도 군수로 재임했던 배응경의 『안촌선생문집』 「행장(김응조 찬)」과 「묘갈명(김응조 찬)」 등에서 왜적들이 청도를 짓밟았을 당시의 상황을 설명하고 있지만, 배응경이 청도읍성을 버리고 최정산에 숨었던 사실은 전혀 언급되지 않을 뿐만 아니라 오히려 그의 긍정적인 역할만 부각해 놓았다는 점에서 사료적 가치가 많이 훼손되어 있다.

도군수 배응경의 행장은 물론 박경신 행장까지도 역사적 사실과 얼마나 부합하는지 검토가 필요하며, 이런 문제는 차후 본문 서술과정에서 언급될 것이기에 여기에서는 생략한다. 당시 조정에 보고된 장계류(狀啓類)의 특성을 감안하면 후대에 생산된 인물 관련 자료보다는 왜곡 가능성이 훨씬 낮을 것이다.[41] 임진년 4월 29일부터 이듬해 4월까지 경상좌도 안집사를 지낸 김륵(金玏)이 올린 10차례의 장계 속에는 청도와 관련된 부분이 나온다. 그 속에는 박경신의 무예 능력을 평가하거나 그의 전투 상황을 담은 것들이 보이지만,[42] 박경전의 활약상은 보이지 않는다. 장계에 언급되지 않았다고 활약하지 않은 것은 아니지만, 김륵이 안집사로 근무할 당시에 청도와 관련된 정보를 수집하고 보고받은 것을 장계에 담은 것만은 확실하다 할 것이다.

이러한 상황이고 보면, 「창의일록」을 놓고 단순하게 사료적 가치가

---

41) 정해은, 2015, 「임진왜란 초기 경상좌도 안집사 김륵의 역할과 활동」『영남학』 28, 경북대학교 영남문화연구원.

42) 『백암선생문집(栢巖先生文集)』 권5 狀啓 條陳慶尙道軍情賊勢狀啓(1) (安集使時 ○壬辰) "而上道之人 本不閑於武事 値此危急之日 一無制兵之才 如臣腐儒 措手無策 雖切補天 一死何爲 前判官趙鵬 前部將朴慶新 前萬戶金克裕 崔大仁則得之羈困之中 留作兵武之用 而此特轅門一卒耳 旣無統御之人 則軍政之渙散 孰爲之收拾哉"

『백암선생문집(栢巖先生文集)』 권5 狀啓 條陳慶尙道軍情賊勢狀啓(4) (安集使時 ○壬辰) "今十一月初十日 前部將朴慶新 夜擊於淸道城外 勇進齊擊 達曙酣戰 所斬雖止於二馘 而射殺之數 至於百餘 入城之賊 一時擧哭 焚其積屍 竝皆退走 我軍亦得全完 朴慶新 臣之所帶軍官 曾定助戰將於淸道 前斬一馘於慶州 今且力於殲敵 多數射殺 又得一馘"

『백암선생문집(栢巖先生文集)』 권5 狀啓 條陳慶尙道軍情賊勢狀啓(7)(安集使時 ○癸巳) "淸道郡守裵應褧 與助戰將朴慶新謀聚軍兵 盡心討賊 射斬之數 前後相續"

없다고 평가할 문제가 아님이 분명하다. 그러하니, 동일한 공간과 동일 시간대의 내용을 담고 있는 위 3종류의 일기 자료부터 비교 검토하는 것이 우선되어야 할 것 같다. 「창의일록」을 「창의일기」나 「조전일기」와 비교해 보면, 서술 기간이 서로 겹칠 뿐만 아니라 기록 방식 역시 날짜별 순서에 따른 표기 양식이다. 따라서 비교 검토 작업이 크게 어려운 것은 아니다. 세부적인 내용 검토는 후술할 것이지만, 우선 개괄적인 수록 기간을 표로 나타내면 다음과 같다(이하 서술과정에서 「창의일록」은 자료 A, 「창의일기」는 자료 B, 「조전일기」는 자료 C라 칭하기로 한다).

표 3 청도 임진왜란 의병 창의기록 3종류

명 칭	주체	기록자	수록 기간 1	수록 기간 2	소 재
창의일록 (A)	박경신	이기옥	1592.4.23 ~9월	1592.10월 ~94.6월	삼우정박경신선생실기
창의일기 (B)	박경전	김후생	1592.4.23 ~9월	×	박씨충의록 십사의사록/제우당문집
조전일기 (C)	박경신	배응경 ×	×	1592.10월 ~94.6월	박씨충의록 십사의사록

자료 A와 C는 기간만 겹치는 것이 아니라 내용도 정확하게 겹친다. 다만 각 일자별 전투에 동원된 군사나 전과(戰果)를 부풀린 것과 몇 명의 전투 참가 인물을 교체한 정도의 차이만 확인된다. 따라서 생산 년도만 달리할 뿐 동일한 자료라 봐도 무방하다. 한편 자료 A와 B를 놓고 겹치는 기간(1592. 4. 23~9. 30)을 대조해보면, 자료 A는 박경신, 자료 B는 박경전 중심으로 서술되어 있어, 별도의 의병 조직으로 생각할 수도 있다. 하지만 동일 전투를 놓고 지휘권을 누가 행사했는가를 달리 표기했던 사례가 많기 때문에 별도의 의병 조직이

아니었음이 분명하다. 체제상으로 보면 자료 B는 A보다 날짜가 촘촘하게 엮어져 있으니, 두 자료의 시기별 상략(詳略)의 차이를 보인다. 이 가운데는 중복되는 것이 많으며, 특히 자료 A의 7~9월 전체 분량이 자료 B의 5월~7월에 수록되어 있다.

이렇듯 위 3종류의 기록을 놓고 검토하다보면, 자료 A가 B와 C 둘로 나누어진 것인지, 아니면 2개의 자료가 하나로 합쳐진 것인지에 대한 의문부터 갖게 만든다. 자료 A의 전반부와 기간이 겹치는 자료 B는 17세기 중 후반부터 여러 차례 전사(傳寫)되는 과정을 거쳤음을 이미 살펴보았다. 그렇기에 시간이 지날수록 더 많은 수정 가필의 흔적들이 확인되고 있다. 하지만 앞에서도 언급했듯이 자료 B가 담고 있는 날짜가 촘촘한 상황이라, 자료 A와 별개의 원본이 따로 존재했는지도 모른다.

수정 가필은 자료 C라고 예외는 아니지만, 원래의 틀이 유지된 선에서 이루어졌다는 점에서 다르다. 정작 여기에서 주목되는 것은 그 시작점이 임진년 10월로 되어 있어, 자료 B의 끝나는 지점과 시간적 공백 없이 연결된다는 점이다. 그렇다면 자료 C의 시작점이 왜 임진년 10월부터일까 하는 점이 의문으로 남는다. 박경신이 청도 조전장으로 도착한 날짜가 임진년 7월 혹은 8월이었기 때문이다.[43] 이런 의문점을 푸는 열쇠 또한 이 자료들의 비교 검토를 통한 해결을 기대

43) 자료 A에 의하면, 박경신이 4월 23일 종형제(박경전 박경윤)와 아들 조카들을 모아 창의한 후 이를 조정에 아뢰기 위해 한양으로 갔다가 선조의 의주 피난길에 합류한 후 청도로 내려 온 것이 7월 1일이었다. 이에 비해 자료 B에서는 박경신이 청도조전장으로 청도에 도착한 날짜를 8월 28일이라 하여 차이를 보이고 있다.

하고 있다.[44]

지금껏 검토한 상황들을 종합해 본다면 자료 A와 B 둘 중에 하나는 2차 생산 자료일 가능성이 높으며, 이를 검증하는 방법은 다양 할수록 좋다. 당시 청도 의병을 조직하고 활동한 내용에 대해 『선조실록』은 말할 것도 없고, 『징비록』이나 『기재사초』, 그리고 경상좌도의 의병 근황을 살피는데 도움이 되는 『난중잡록』·『학봉집』·『고대일록』·『망우당문집』 등에서도 관련 내용들이 별로 찾아지지 않는다. 따라서 이들에 대한 사료적 가치를 판단하는 가장 확실하고 빠른 방법은 각자 담고 있는 내용부터 비교해 보는 것이다. 예컨대, 창의 주도 인물은 물론 이후 청도읍성 탈환을 비롯한 각종 전투를 놓고 자료 A는 박경신이 지휘하였음에 반해 자료 B에서는 박경전이라 하였으니, 동일 사건과 동일 전투를 놓고 이렇듯 상반된 결과를 보인다는 것 자체가 해결의 실마리를 어렵게 하고 있다. 하지만 이들 자료는 물론 제3의 자료들까지 동원하여 비교 분석을 진행한다면 좀 더 합리적 추론에 도달할 수 있을 것이다. 따라서 본고는 청도 의병에 관한 전모를 밝히려는 것이 아니라, 좀 더 역사적 사실에 가까운 사료를 찾기 위한 노력일 뿐이다. 사실(史實)에 가까운 사료를 찾아야 당시 의병 실상에 한발 더 접근할 수 있기 때문이다.

44) 이 의문은 이어지는 제6장 3-2) 동일 전투에 대한 2개월의 시차 문제를 논의하는 과정에 상세하게 언급하였다.

제6장
「창의일록」과 「창의일기」 비교 검토

1. 창의주체와 맹약문 · 격문 검토

4월 20일 청도읍성이 함락되어 일본군 수중에 들어가자, 곧 이 지역 사족들 중심으로 의병이 결성되어 항전 태세를 갖춰나갔다. 임진왜란 당시 청도 의병은 타 지역에 비해 비교적 이른 시기에 조직되었으며, 이를 주도한 것은 밀양박씨 가문이었다. 청도읍성이 함락된지 사흘이 지난 4월 23일에 창의의 깃발을 올려 일본군의 기세가 격렬하던 5월 초부터 활동을 시작하여 특히 7월에는 의병들 독자적으로 연합하여 읍성을 탈환하기까지 하였다. 일본군이 다시 남하하여 전투가 소강상태에 이르기는 하였지만 청도지역에서 벌어진 각종 전투에서 많은 전과를 올렸다. 이렇듯 전쟁 초기에 독자적으로 일어난 의병들이 읍성을 탈환하여 군수 배응경에게 모든 권한을 인계했다.

의병들에 의해 지역이 보존되자, 피난 갔던 사람들도 돌아와 의병에 합류하거나 농사일을 할 수 있게 되었다.

청도 의병 조직을 이끈 인물은 박경신(朴慶新)과 박경전(朴慶傳)이었다. 이들은 고을 선비로 이름 높았던 소요당(逍遙堂) 박하담(朴河淡)의 손자들로 4촌간이다. 후일 이들은 선무원종공신 1등과 2등으로 각각 책봉되었듯이, 의병의 기치를 내걸어 세웠던 공은 매우 컸다. 아울러 이들이 활동할 당시의 상황을 기록으로 남긴 것들이 전하고 있는데, 두암 이기옥(李璣玉)이 쓴 「창의일록(倡義日錄)」과 김후생(金後生)이 쓴 「창의일기(倡義日記)」가 그것이다.[1] 전자는 그 내용 전개상 박경신, 후자는 박경전 중심으로 서술된 것이다.

이 기록들은 동일한 사건을 서술하는 과정 속에서도 크게 상반된 내용들을 담고 있지만, 상호 보완되는 측면이 없는 것도 아니다. 문제는 청도 의병군의 지휘 주체가 누구였느냐 하는 것이 관건인데, 이 문제를 놓고 두 자료는 크게 상반된 입장을 보여주고 있다. 기존의 청도 임진왜란 관련 서술에서는 한쪽 기록을 중심으로 이해해 왔던 것도 사실이다.[2] 이는 박경신을 중심으로 서술된 자료 A가 1990년에 비로소 공개된 자료이기 때문이기도 하지만, 최근에 나온 학술

1) 본고에서는 『삼우정박경신선생실기(1994)』에 실린 「창의일록(倡義日錄)」과 『제우당문집』의 「창의일기(倡義日記)」를 각각 대본으로 하였으며, 『십사의사록』에도 『제우당문집』과 동일한 「창의일기」가 실려 있다. 이들을 비교 분석하는 동안 필요에 따라 『박씨충의록』 내용도 함께 검토할 것이다.

2) 『청도군지(1991)』에서는 박경전의 「창의일기」 내용 중심으로 서술되어 있는데, 이기옥이 썼다고 알려진 박경신 측 「창의일록」이 1990년에 비로소 공개된 자료이기 때문으로 보인다.

논문 역시 한쪽 기록에 의존하여 당시 상황을 복원하고 있는 실정이다.[3] 이들 논고에서는 당시 청도 관내에서 일어난 각종 전투 현황은 물론 시기별 의병부대 조직까지 상세하게 복원하고 있지만, 제우당 박경전 중심으로 서술된 자료 B를 대본으로 했다는 점에서 아쉬운 점이 크다.

주지하듯이 14의사는 임진왜란 의병으로 활약했던 밀양박씨 소요당 박하담 손자들과 그 일족을 포함한 14명의 의사(義士)를 말하는데, 이는 당대부터 있었던 용어가 아니라 18세기 이후 문중 위선사업의 추숭(追崇) 과정에서 만들어진 용어였다.[4] 따라서 이런 자료를 놓고 학술적 검토 없이 그대로 인용하기에는 한계가 있다. 기존에 발표된 바가 있던 14의사 관련 논문[5] 역시 이 틀에서 벗어나는 것은 아니다. 특히 18세기 이후에는 각 문중마다 충의록(忠義錄) 변무록(辨誣錄) 등과 같은 자료들을 발간하여 위선사업을 벌이는 것이 크게 성행했는데, 이 자료들을 액면 그대로 믿을 수 있는 것이 아님은 분명하다.[6] 아무튼 현존 사료에 대한 철저한 비판이 전제되어야만 역사적 실체에 접근하는 데 있어 작은 오류 하나라도 더 줄일 수 있을 것이다.

---

3) 박순진, 2012, 「임진왜란기 청도 의병진의 조직과 활동 -悌友堂 朴慶傳 의병진을 중심으로」『경주사학』 36,

4) 위선사업의 하나로 14의사가 확정되는 과정에 대해서는 다음 논문에 자세하다.(김성우, 2001, 「密城朴氏 嘯皐公派의 淸道 定着과 宗族 활동」『震檀學報』 91.)

5) 강주진, 1980, 「壬辰倭亂과 淸道十四義士論」『한국학논집』 7; 김석희·김강식, 1992, 「壬辰倭亂과 淸道地域의 倡義活動 -淸道 密城朴氏 14義士를 중심으로-」『부산사학』 23.

6) 이수건, 1998, 「조선시대 身分史 관련 자료의 비판 -姓貫·家系·人物관련 僞造資料와 僞書를 중심으로-」『古文書研究』 14, 한국고문서학회.

임진왜란 창의 과정에서 그 주도 인물의 창의배경을 담고 있는 맹약문(盟約文)이나 창의 격문(檄文)은 의병을 연구하는 데 매우 중요한 부분이다. 주인공의 사회적 배경이나 사상적 배경을 짚어 내는데 도움이 되기 때문이다. 그런데 임진년 4월 23일 창의의 깃발을 올린 청도 의병의 맹약문과 격문이 오늘날까지 전해지고는 있지만, 오히려 우리를 혼란케 하는 면이 더 크다.

박경전의 『제우당문집』을 보면, 본문에 맹약문과 격문을 나란히 실은 것은 물론[7] 부록의 자료 B 4월 23일자에도 동일한 맹약문과 격문을 싣고 있다. 이 맹약문과 격문은 14의사들의 합집(合集)인 『십사의사록』에도 실려 있는데, 박경전 개인 시문(詩文)으로 처리한 것이 아니라, 종합편 성격인 권수(卷首)에 싣고 있다. 이를 『제우당문집』과 비교해 보면 동일한 것이니, 『십사의사록』에서 찬자(撰者)를 밝혀 놓지는 않았지만, 박경전의 글이란 점을 쉽게 알 수 있다.

이보다 시기가 앞서는 『박씨충의록』에 격문(檄文) 2개를 싣고 있으니, 『십사의사록』 편집 과정에서 하나가 삭제된 것을 알 수 있다. 삭제되었던 격문은 다행히 자료 A에서 확인되고 있으니, 『박씨충의록』에서 글쓴이를 밝혀놓지는 않았지만, 박경신 격문으로 봐도 무방하다 할 것이다. 두 개의 격문을 비교해 보면, 형식은 격문이지만 내용

7) 박경전의 『제우당문집(悌友堂文集)』 권1에 시 16수, 서(書) 2편, 문(文) 7편으로 구성되어 있는데, 맹약문과 격문은 문(文) 7편에 들어가 있다. 그리고 권2에 창의일기, 권3의 부록에 실기(實記) 창의일기서문, 창의일기 후서, 충효록 서문을 비롯하여 잡저, 시, 만사, 행장·묘갈명·유장(儒狀), 포계(褒啓) 등 9편, 상우재실적(尙友齋實蹟), 묘표 등이 수록되어 있다.(국회도서관 古 811.081 ㅂ124ㅈ)

이 다르다.

그런데 비해 자료 A와 B에 각각 싣고 있는 맹약문은 따로 작성한 글이라고 보기 어렵다. 내용은 물론 글자까지 겹치는 부분이 너무 많기 때문이다. 따라서 두 종류의 맹약문을 놓고, 정치(精緻)하게 상호 대조해 볼 필요가 있다.

표 4 청도의병 창의 맹약문 비교표

문장	자료 A (박경신 창의 맹약문)	자료 B (박경전 창의 맹약문)
1	今者 國家不祚 島夷橫恣 將帥非人 致此長驅 生民塗炭 士女汚辱 厄運之極 近古未有 (지금 나라에 운수가 없어 섬 오랑캐가 횡폭하고 방자하나 우리 장수들은 막아낼 인물이 없어 이에 이르도록 깊게 쳐들어와 생민(生民)이 도탄에 빠지고 사녀(士女)가 욕을 당하는 액운의 지극함이 만고에 없던 일이다.)	今者 國家不祚 島夷橫恣 將帥非人 致此長驅 生民塗炭 士女汚辱 厄運之極 近古未有 (좌측과 同一)
2	祖宗之靑氈 坐失寧忍越視 父母之赤子立死難容獨免 (역대 군왕이 경영해 온 평화롭고 아름다운 이 강토가 왜적에게 짓밟히는 것을 어찌 앉아서 볼 수 있겠는가? 어버이를 모신 자식이고 국왕의 은덕을 입은 신하들이라면 죽음을 무릅쓰고 일어나야지 홀로 난리를 면하기 어려운 일이니)	좌측 22字 없음
3	凡有血氣孰不慟心 (무릇 혈기가 있는 사람이라면 어찌 마음이 찢어지지 않으리오.)	凡有血氣孰不慟心 (좌측과 同一)
4	蠢蠻戴頭擧四海 而同憤義士切齒 與九族而齊約 (온천지에 머리를 쳐들고 준동하는 오랑캐를 보고 義士들이 함께 이를 갈며 분하게 여겨 온 집안의 젊은이들이 다 같이 의병이 되기를 맹약하는 바이다.)	좌측 20字 없음

5	愚等 雖無狀尙懷一寸忠赤 固當忘身 效死爲國 一死足矣 (우리들은 비록 내놓고 자랑할 것이 없지마는 한 가닥 충성심으로, 내 일신을 잊고 나라를 위해 기꺼이 한 목숨 바치려는 절의만은 확고하다.) (밑줄 친 부분만 同一)	我等 雖無狀尙懷 一寸忠赤 縱在衰服之中 豈可避小嫌 而辜大義乎 固當忘身 效死爲國 一死足矣 (우리들이 비록 내놓고 자랑할 것이 없지마는 한 가닥 충성심으로, 상(喪) 중의 몸이지만 어찌 소혐(小嫌)을 피하여 대의를 저버리겠는가? 내 일신을 잊고 나라를 위해 기꺼이 한 목숨 바치려는 절의만은 확고하다.)
6	其成敗利鈍 不暇論也 (그러하니 성공이냐 실패냐, 이로운 것이냐 해로운 것이냐를 따질 것은 아니로다.)	其成敗利鈍 不暇論也 (좌측과 同一)

위의 〈표 4〉에서 창의맹약문을 6개 문단으로 나눈 것은 첨삭(添削) 내용을 쉽게 나타내기 위한 것이다. 여기에서 1번 3번 6번의 경우 글자 한 자 틀리지 않는 동일한 내용이니, 박경신과 박경전이 각자 따로 맹약문을 작성했던 것이 아님은 분명하다. 그리고 2번과 4번 문단을 보면 박경전의 맹약문에는 없는 내용이다. 5번은 서로 내용이 다르긴 하나 기본 문형에서 약간의 내용이 변형된 것이 확인된다. 이상에서 검토한 것을 토대로 판단하건대, 하나의 원본을 놓고 베끼는 과정에서 문장을 약간 변형한 것이 틀림없으니, 원래 맹약문이 따로 존재했던 것이 아니라 하나에서 2종류가 만들어졌던 것이다. 하지만 어느 것이 원본이었는지에 대해 단언하기는 아직 이르다.

이 맹약문은 『십사의사록』 편찬의 저본이 된 『박씨충의록』에도 실려 있다. 『박씨충의록』 소재 맹약문을 위 도표에 제시된 원문과 대조해보면, 1~4번 문단은 자료 A와 동일하고, 5번 문단만 다르게 표현되어 있다. 5번 문단은 맹약문 중에서 매우 중요하다. 맹약문 주체가 누구인가를 밝히는 핵심이기 때문이다. 자료 A에서는 창의주체가 나타나지 않은데 비해, 자료 B에서는 상주의 몸임에도 불구하고 창의를 했다는 내용이 들어가 있다. 이는 박경전을 지칭하는 말이다. 이를 『박씨충의록』에 실린 맹약문과 비교해보면 글자까지 동일한 것은 아니지만, 박경전이 상주의 몸으로 창의했다는 동일한 내용으로 채워져 있다. 5번 문단을 좀 더 구체적으로 확인해 보면, 자료 A와 자료 B가 다른 점은 다음의 "縱在衰服之中 豈可避小嫌 而辜大義乎"가 추가된 것이다. 이 부분에 대해 『박씨충의록』에서는, "縱在衰服之中 衰服從戎其嫌小 世祿報國其義大 豈可避小嫌 而辜大義乎"라고 표현하고 있다. 따라서 밑줄 친 부분이 자료 B로 편찬되는 과정에서 삭제되었음을 알 수 있다.

한편, 『박씨충의록』을 놓고 자료 A와 대조해 보면 1~4번 문단이 동일하다. 1~4번의 내용과 글자까지 동일하다는 것은 양자의 관련성이 매우 높다는 것을 반증한다. 하나의 자료를 놓고 그대로 옮기지 않으면 일어날 수 없기 때문이다. 다만 5번 문단에서 "縱在衰服之中~而辜大義乎" 부분을 삽입한 것만 달라졌다. 이는 『박씨충의록』 편찬자들이 창의 주체를 박경전으로 강조하기 위해 추가했다는 말이 된다. 『박씨충의록』 가공 이후 자료 B 편집 과정에서도 '상주의 몸임에도 불구하고 대의에 따라 창의했다'라는 문구를 답습하였으니, 5번 문단이야말로 박경전의 창의를 부각하기 위한 노력들이 숨어 있다 할 것이다. 그리고 자료 B는 『박씨충의록』에 있던 2번, 4번 문단까지 삭제해 버렸다.

이상의 검토를 통해 우리는 자료 A → 『박씨충의록』 → 자료 B로 변화 과정을 거쳤다는 추론의 단서를 마련한 셈이다. 만약 추론이

틀리지 않는다면 『충효록』이나 『박씨충의록』을 편찬했던 당사자들은 자료 A를 놓고 참고했을 것이다. 필자의 이런 추론은 격문(檄文)을 놓고 비교해 봐도 동일한 결론에 도달한다. 앞에서 언급한 바 있듯이, 『박씨충의록』에서는 당초 2개의 격문을 싣고 있었다. 그런데 『십사의사록』에서는 박경전의 격문만 소개되어 있을 뿐, 박경신의 격문은 삭제되고 말았다. 『박씨충의록』이나 자료 B에 실린 박경전의 창의 격문은 다음과 같다.

> 한 나라의 근심은 군부의 치욕보다 큰 것이 없고, 군부의 치욕은 오늘날 보다 심한 적이 없다. …… 아! 우리 동지들은 각각 스스로 뜻을 가다듬어 함께 씻어버리면 죽어도 살아 있는 것과 같다. 이 달 모(某)일 새벽에 때에 맞추어 모임에 달려 나오라. 명을 들으면 상을 줄 것이고 어기면 벌을 받을 것이니, 이는 조정의 처분을 기다린다.(격문 B)

그런데 『박씨충의록』에 실린 또 하나의 격문, 즉, 『십사의사록』에서 삭제된 격문은 자료 A에 실린 박경신의 창의 당시 격문과 동일한 것이다. 동일하다는 의미는 내용뿐만 아니라 글자까지 같은 것을 뜻하는데, 그 격문을 제시하면 다음과 같다.

> 우리나라 삼천리를 두루 살펴 볼 때 이씨(李氏) 신하가 아닌 사람이 없고, 영남 70고을을 둘러봐도 공자의 가르침을 따르지 않는 사람이 없다. 나라의 은혜와 혜택은 백성과 벼슬아치 사이에 구별

이 있을 수 없고, 유교의 학문과 경전 가르침은 단지 지식을 습득하는 것이 아니라 배운대로 인(仁)을 이룩하여 의(義)를 실천하라는 것이다. …… 평소 성현의 책을 읽은 것은 오늘과 같은 일을 당했을 때 바르게 행신하기 위해서다. 사나이 대장부라면 이웃나라의 비웃음거리가 되어서는 안 된다. 이 같은 생각을 가진 사람은 모두 나와 나와 더불어 섬나라 오랑캐를 물리치는 일에 함께 하자.(격문 A)

이렇듯 자료 A에 실린 격문이 『박씨충의록』 소재 격문과 내용은 물론 글자까지 동일하니, 이는 자료 A의 격문을 그대로 옮겼다는 것을 보여준다. 뿐만 아니라 박경전의 글이라고 소개된 격문 B 역시 자료 A의 두번째 격문(1592.7.5)과 동일하다. 우리가 맹약문 검토에서 자료 A → 『박씨충의록』 → 자료 B으로 변화된 과정을 살펴보았듯이, 격문 또한 동일한 과정을 거쳤음을 짐작할 수 있다. 따라서 밀양박씨 소고공파 문중의 14의사 추숭과정에서 이용된 자료들 중에는 자료 A가 가장 원초적인 자료였다고 생각된다.[8] 그렇다면 자료 A는

8) 자료 A가 원초적인 원고였다면 이를 대본으로 충효록과 제우당문집으로 가공편집되었을 것이며, 충효록은 다시 박씨충의록으로 만들어졌다가 최종적인 십사의사록으로 정리되었다고 본다. 자료 A가 1차적인 자료였다는 사실에 대한 추적은 향후 본문 전개 과정에서 지속적으로 언급될 것이다. 그렇다면 자료 A를 놓고 자료 B와 자료 C로 나누었다고 보는 것이 합리적 추론이다. 자료 A와 B가 중복되는 부분들이 많은 것도 합리적 추론을 뒷받침한다고 본다. 동시에 자료 B가 중복되지 않는 독자적 내용까지 포함하고 있기 때문에 박경전 의병장 활동 관련 별도의 원고 존재 여부까지 검증작업이 필요한 시점이다. 하지만 이는 별도의 학술적 검토를 거쳐야 할 큰 문제이기에 본고에서는 생략한다.

1990년에 비로소 노출된 자료가 아니라, 조선후기 이래 14의사 추숭에 매달린 소수 인물들이 공유해 왔던 자료라 할 것이다.

2. 「창의일록」과 「창의일기」 비교표

박경신의 「창의일록」(자료 A)에 대한 사료적 가치를 판단하기 위해서는 박경전 중심으로 서술된 자료 B와 대조해 보는 것이 필수적이다. 동일한 사건을 놓고도 두 자료의 서술 내용이 상반되기 때문이다. 그러기 위해서는 이들 자료를 알아보기 쉽게 표로 정리해 볼 필요가 있다.

표 5 자료 A (「창의일록」) 및 자료 B(「창의일기」) 날짜별 내용 비교

일시	「창의일록(박경신)」: 정리 이기옥	일시	「창의일기(박경전)」: 기록 김후생
4.17	밀양 함락	4.18	밀양 함락
4.20	청도 함락	4.20	청도 함락
4.22	창의 계획을 제종(諸從)에게 편지를 냄		
4.23	선암사 앞에서 맹약문 낭독 (아들, 사촌과 조카 등 11명 합류) 義兵將 兼 助戰將 박경신 亞翼將 박경전 박경윤 先鋒將 박지남 박철남 左翼將 박근 박찬 右翼將 박린 박선 其他 박숙 박구 檄文을 지어 이웃 고을까지 발송 박경신이 임금께 上奏 위해 한양으로 출발	4.23	창의 및 의병진 구성 義兵將 박경전 捕獲將 이득복 代將 박경인 亞翼將 박경윤 박경선 掌書記 김후생 伏兵將 이정욱 김계후 정희호 夜擊將 배원우 遊擊將 이경 격문을 지어 江左 동지들에게 전함

일시	「창의일록(박경신)」: 정리 이기옥	일시	「창의일기(박경전)」: 기록 김후생
4.25	의병진 편제 본진 장수 박경전(선암사) 1진 장수 박경윤(동당) 2진 장수 박지남(길부) 3진 장수 박철남(서지) 이웃 고을에 격문 띄움		
4.28	박경신 한양 도착 (도승지 이항복 방문)		
4.29	이항복과 동행하여 의병조직 상계(上啓) 청도조전장 임명된 후 호종대열에 합류. 이득복 최정산에서 창의	5. 1	의병군을 선암에서 다스림: 鄭光弼 등 정예 500명이 모임
5. 3	밤에 왜적이 청도 동당에 나타남. 아침에 박경윤이 40~50명 의병을 모아 준비하는데 운수정 쪽에서 왜적이 총을 쏘며 와서 아군 절반이 죽고 소요대까지 쳐 들어와 박경윤은 박경전과 선암사에서 합쳐 쳐부수고자 하였으나 역부족으로 길부의 박지남 진지로 감. 왜적 선암사 점령. 어성 백련암에 서 선조 위패를 모시던 박환은 서지의 박철남 진지로 피해감	5. 3	적이 밀양에서 청도로 들어옴 정광필 전사 군기가 해이하고 인심이 의구하여 義將이 충의로 격려함
5. 4	길부에서 의병 200여병이 왜적과 싸웠으나 많은 전사자를 낸 채 박경전, 경윤, 지남은 구사일생으로 박곡으로 숨어들고 운문사로 패퇴		
5. 5	동당 선암 길부 3곳에서 패퇴한 의병은 한둘씩 서지 철남의 진지로 모여 듬. 이날 서면의 의병진이 이화에서 왜적과 싸웠으나 패함		

		5. 6	적이 東塘 침범, 박경전이 2천명 거느리고 적 20급을 베고, 말 10필 기타 卜物 등 획득. 도망간 백성들이 돌아와 의병진 3천명으로 늘어남
5. 7	어가 평양 도착. 윤두수가 청도 조전장의 소임을 다하도록 하여 박경신 청도로 출발. 서진 의병 200여 명에게 소를 잡아 사기를 올리고 여러 명을 매복시킴		
5. 8	왜적과 아침부터 일진일퇴. 의병진 곡천대 공암까지 후퇴. 왜적은 대천을 거쳐 섶마루까지 물러감. 창의군 박곡과 오리골로 피신	5. 8	적이 자인에서 서지산 밑으로 들어옴. 代將 박경인 부대 대승하였으나, 槍丸 傷을 입은 朴慶因 殞命
		5. 9	林峴 통과 적에게 의병장이 烏峴에서 7급을 벰
		5.11	愚淵에서 유격군이 20급을 베고 장물 9駄 획득
		5.14	적 100여 기가 林峴에서 산을 타고 약탈하니, 요로를 지켜 적 10급을 벰
		5.15	적이 순늪을 치니 의장이 적 5급을 베고, 소 9필을 잡아 군사에게 먹이다.
		5.17	임현에서 적 300여를 넘어뜨리고 가축 300여필 획득
5.19	서면 의병장 이득복(이기옥 숙부) 7~80여 기를 거느리고 최정산에 진을 치고, 이화 전투에서 전사하자 의병들 흩어짐	5.19	이득복의 500여 기가 최정산에서 8급을 베고 돌아오다 적이 이득복을 쏘아 의병들이 흩어짐
		5.20	자인의병장 최문병과 함께 두곡에서 싸워 적 100급을 베고, 장물 10駄 획득

<table>
<tr><th>일시</th><th>「창의일록(박경신)」: 정리 이기옥</th><th>일시</th><th>「창의일기(박경전)」: 기록 김후생</th></tr>
<tr><td rowspan="10">5월
~
6월</td><td rowspan="10">박경신 청도 오는 길에
영주 김개국 의병에 합세,
예안에서 왜적 2명을 베고,
안동에서 대검으로
왜적을 물리침</td><td>5.21</td><td>순찰사 김수의 글이 함양에서 도착, 민심이 안정 되다.</td></tr>
<tr><td>5.22</td><td>적 1000여 기 동곡을 치니,
박경전이 林峴에서 19급을 베고 말 30필 卜物 30여 駄를 노획</td></tr>
<tr><td>5.23</td><td>적 5000여 기 선암 침범하자 자인 의병장에게 도움 요청. 적이 환관 이한영 집에 주둔할 때 자인군 2000과 아군 3000여가 합쳐 싸우니, 돌아간 왜적은 200이다.</td></tr>
<tr><td>5.26</td><td>적이 신지 침입하자 아우 慶宣이 대군을 막다가 적을 안고 봉황애 낭떠러지에서 殉死하다.</td></tr>
<tr><td>5.29</td><td>적 700여 기가 동곡에 머무르자 자인의병진과 합세하여 마소 200필, 卜物 100여 駄를 노획</td></tr>
<tr><td>6. 5</td><td>적 8000여 명이 선암 침범,
義將이 100급을 벰</td></tr>
<tr><td>6. 9</td><td>명개곡에 들어오는 적과 의장이 접전을 벌여 창을 빼앗고 찔러 죽이다. 위태로운 지경에 장서기 김후생이 의장 뒤에서 쏘는 적을 치고 겨우 돌아와 璃와 璘을 보내 적 8인을 잡다. 익일에 복병이 크게 이겨 적이 동쪽에 나오지 못하니, 운문산 밑 80리가 안정되다.</td></tr>
<tr><td>6.12</td><td>안집사 김륵의 글이 도착하다.</td></tr>
<tr><td>6.14</td><td>壯士 1000여 인을 모집하다.</td></tr>
<tr><td>6.15
~18</td><td>영남 전황과 초유사 안집사 파견 등 파악
순찰사 手帖 얻어보고,
倭通事 전령을 받다.
밀양부사 박진 兵使로 밀양 땅에 주둔</td></tr>
</table>

		6.22	복병장 정희호 김계후를 보내 적 10급을 베고, 노획한 물건을 상으로 나누어주다.
		6.23	유격장 이경을 유천에 보내 10급을 베다.
		6.24	복병이 팔조현에서 적 5급을 베다.
6.29	박경신 귀향 도중 자인 의병장 최문병 면담	6.26	義將이 桐院에서 적 5급을 베고 卜駄 50필을 노획
7. 1	박경신 자택(금천 신지) 도착 왜적은 청도읍성과 오례성에 진을 침	7. 1	팔조현에서 적 50급을 베고 말 10필 소 5필 복물 등을 빼앗아 공암으로 돌아오다.
7. 3	청도 동면 서면 순찰, 군수 배응경을 최정산에서 만남		
7. 4	자인 의병장 최문병에게 협력 요청 서신을 박지남을 통해 보내자 시간에 맞춰 출병하겠다는 답신을 보내오다.		
7. 5	격문을 통해 의병 동원령을 내리다.	7.5	복병이 유천에서 적을 만나 거연에서 무수히 사살하니 적이 무서워 달아나다.
7. 6	동면에 흩어져 있는 의병장 소집 김일령 정해 배원우 이만생 김온종 정인진 박지남 박철남 박찬 박숙 박선 등		
7. 7	서면에 흩어져 있는 의병장 소집 최여준 이정욱 예몽진 반효흥 이잠 김홍한 박경전 박린 박구 박근 등		
7. 9	朴慶新 주도로 청도읍성 탈환(※) 주위 반대를 무릅쓰고 朴慶新이 군수 배응경에게 지휘권 넘김	7. 9	朴慶傳 주도로 청도읍성 탈환(※) 주위 반대를 무릅쓰고 朴慶傳이 군수 배응경에게 지휘권 넘김
7.14	왜적이 임현으로 넘어오자 2명을 벰	7.11	군사 1,000여 인을 정곡에 집결, 적군 1,000여 기와 여해원에서 싸워 수십 급을 베고, 노획한 물건을 군사에 나누어주다.

<table>
<tr><th>일시</th><th>「창의일록(박경신)」: 정리 이기옥</th><th>일시</th><th>「창의일기(박경전)」: 기록 김후생</th></tr>
<tr><td>7.15</td><td>신원마을 약탈 왜적 1명 베고
말1필 노획</td><td>7.15</td><td>적 300기가 대구 경내를 분탕하니,
의장이 2000여 기로 팔조현에서
50급을 베다.</td></tr>
<tr><td>7.20</td><td>자인의병장 최문병과 합세,
왜적 3명 벰</td><td>7.20</td><td>팔조현에서 적 50급 베고,
노획물을 얻다.</td></tr>
<tr><td>7.22</td><td>동곡 약탈 왜적 2명 베고
말과 짐 노획</td><td rowspan="3">7.25
~27</td><td rowspan="3">거연에서 적 30급을 베고,
말 20태를 노획
야격장 배원우 등이 적 5급을 베다.</td></tr>
<tr><td>7.23</td><td>왜적 100여 기 내관 이한영 집에
주둔
최의병장과 합세하여 격퇴,
초유사 김성일이 듣고 놀람</td></tr>
<tr><td>7.29</td><td>낙오 왜적 100여 기 동곡에 진을
치자, 자인의병과 함세하여 몰아냄</td></tr>
<tr><td rowspan="8">8. 9</td><td rowspan="8">명개곡에 들어온 왜적을
철남 근 찬 숙 선 린 구 지남 등이
합세하여 물리침</td><td>8. 1</td><td>義將이 金藏坊에서 적 20급을
베고, 경산 접경에서 20급을 베고
복물 30태 노획</td></tr>
<tr><td>8. 4</td><td>의장이 초유사 김성일 만나보고
軍器 수령</td></tr>
<tr><td>8. 5</td><td>팔조현에 군을 파견하여
10급을 베다.</td></tr>
<tr><td>8. 6</td><td>서면에서 적 50급을 베다.</td></tr>
<tr><td>8.13</td><td>의장이 군을 거느려 30급을 베고,
~~</td></tr>
<tr><td>8.26</td><td>의장이 밀양으로 향하던
적 10급을 베다.</td></tr>
<tr><td>8.27</td><td>조전장 박경신이 파견되어
신지에 도착하다.</td></tr>
<tr><td>8.28</td><td>의장이 적 수천기를 만나
50급을 베다.</td></tr>
</table>

9.11	정예병 200을 정곡에 집결, 적군 300여 기와 여해원에서 싸워 선봉장 2명을 베고 말 2필 노획.	9. 2	의장이 금장에 머문 적을 습격하다.
		9. 5	적 5000여 기가 창녕에서 마령재를 넘어오자 의장이 요격하여 100급을 베다.
		9.11	병사 박진 전령에 따라 조전장 박경신과 2000여 기로 경주 협공에 참가, 의장이 7~8급을 쏘아 죽였고, 조전장이 위험에 처하자 종 代孫이 몸으로 주인을 막아 무사하다. 박진의 경솔한 지휘 때문에 대패하다.
9.15	낙오병들이 대구 청도 경내에 분탕질하여 유곡에서 왜적 3명을 베고 청도군수에 보고	9.13	訥壘의 적 1000여 인을 의장이 夜擊하다.
		9.14	본군에 머문 적이 베이고 죽임이 무수하다.
9.17	金藏에 진을 친 왜적을 공격하여 3명 참살	9.17	金藏에 머문 적을 밤에 치다. 이후 야격군 이김이 승하여 쉽게 싸우다.
		9.19	의장이 야음에 최정산 적을 공격하다.
		9.22	兵使 박진이 郡境의 진에 머물다.
		9.24	돌아가는 적 數萬이 약탈하니 의장이 정병 3000을 거느리고 대파하다.
		9.25	의장이 밀양을 향하는 적 2000여 기의 뒤를 쳐서 數10급을 베다.
		9.27	의장이 홍의장군에게 軍器를 얻어오다.
		9.28	자인에서 대천으로 향하던 적 10000여 기를 의장이 정병 3000으로 대적하여 100여 기를 베고 복물 50태, 소 12필을 노획하다.
9.29	최정산에서 밤을 세워 왜적을 기습	9.29	의장이 진을 공암에 두고 군량책을 마련

위의 비교표에서 자료 B의 하한선인 임진년 9월 30일까지 담겨있는 내용을 비교해 보면, 날짜별로 상략(詳略)이 심하다는 것을 알 수 있다. 예컨대, 박경신이 일가 친족을 모아 창의한 후 청도 상황을 임금께 상주(上奏)하기 위해 상경하여, 몽진 길에 오른 선조 호종 대열에 합류한 채 평양까지 갔다가, 청도 조전장 임무를 위해 내려오던 기간 동안은 그가 청도를 떠나 있었기 때문에, 자료 A에서의 청도 현지 상황 설명은 소략할 수밖에 없다. 이에 비해 박경신이 청도를 비운 사이에 의병조직을 지휘했던 박경전 중심으로 서술된 자료 B에서는 상대적으로 그 기간의 의병 활약 내용이 비교적 풍부하다. 이런 내용상의 상략(詳略) 문제는 그 이후 기록에서도 동일하게 적용된다.

아울러 임진년 9월까지의 기록만을 담고 있는 자료 B 외에도 10월 이후의 청도 의병활동을 담은 자료 C의 내용들은 자료 A에도 고스란히 담겨 있다. 이들 자료들은 당시 청도 전투상황을 날짜별로 복원하는 데 상호 보완된다는 점에서 매우 매력적이다. 그런데 여기에는 필수적으로 따라야 할 전제조건이 있다. 즉, 두 기록 모두 객관적인 사실(史實)에 근거했다는 것이 충족되어야 한다. 이런 점을 염두에 두고 매우 신중하게 접근하지 않을 수가 없다.

3. 「창의일록」과 「창의일기」 체제 검토

1) 자료의 상략(詳略) 문제

우선 자료 A의 초기 상황을 살펴보면, 휴가의 말미를 얻어 청도에 내려 와 있던 박경신이 갑작스런 왜적의 침입으로 청도읍성이 함락되던 4월 20일 즈음, 대의에 동참해 달라는 글을 서면에 있던 종반(從班)들에게 알리도록 두 아들을 보냈고, 서면에 살던 종제나 조카들과 함께 두 아들이 신지에 도착한 시각이 4월 22일 밤이었다. 맹약문과 격문을 지어놓고 기다리던 박경신은 이들이 합류하자 4월 23일 아침 일찍 선암사(仙巖祠) 사당에 고유(告由)하고 맹약문을 읽었다. 박경신에 의해 창의 발의가 이루어졌던 그 날 의병진 편제까지 이루어졌고, 박경신은 곧장 임금께 상주하기 위해 한양으로 떠났다.

이틀 후인 25일 박경신의 종제 박경전이 의병들을 나누어 주둔시켰는데, 이 때 의병진은 본진 아래 3개 부대로 편제되었다.

본진: 선암서원, 장수 박경전

1진: 동당, 장수 박경윤

2진: 길부, 장수 박지남

3진: 서지, 장수 박철남

이 의병진 편성을 보면, 23일에 집합했던 11명 중에서 연령순으로 장수를 맡았음을 알 수 있다. 박경전(40세) 박경윤(37세) 박지남(28세) 박철남(28세) 등이 그들이며, 이들 4명은 후일 나란히 선무원종공신 2등에 책봉된 바가 있다. 이런 편제를 끝낸 후 곧 이웃 고을에 격문을 띄웠다고 했으니, 이 격문은 박경신 혹은 박경전이 작성한 것이었을 것이다. 당시 54세로 무과를 거쳐 중앙관직을 역임했던 박경신이 창의를 주도했지만, 그는 즉시 한양으로 향했다가 선조 호종 임무에 동참하게 되어 평양까지 수행했으니, 청도조전장으로 귀향했던 7월

1일까지의 실질적인 의병부대 지휘는 그의 종제인 박경전이 주도했음이 분명하다.[9] 이렇듯 자료 A에서는 일련의 창의 과정들이 비교적 소상하다. 그런데 비해 자료 B는 이런 과정들이 찾아지지 않는다.

그리고 4월 말경에 조직된 초기의 의병부대를 5월부터 실질적으로 지휘했던 박경전 의병진의 전투 상황에 대한 기록을 살펴보면 간극이 너무나 크다.

표 6 청도 의병진 초기(5월 初) 자료 대비표

자료 A		자료 B	
일시	기사	일시	기사
5.1	記事 無	5.1	의병군을 선암에서 다스림: 鄭光弼 등 정예 500명이 모임
5.3	밤에 왜적이 청도 동당에 나타남. 아침에 박경윤이 40~50명 의병을 모아 준비하는데 운수정 쪽에서 왜적이 총을 쏘며 와서 아군 절반이 죽고 소요대까지 쳐 들어와 박경윤은 박경전과 선암사에서 합쳐 쳐부수고자 하였으나 역부족으로 길부의 박지남 진지로 피해 감. 왜적 선암사 점령. 어성 백련암에서 선조 위패를 모시던 박환은 서지의 박철남 진지로 피해감	5.3	적이 밀양에서 청도로 들어옴 정광필 전사 군기가 해이하고 인심이 의구하여 義將(박경전)이 충의로 격려함
5.4	길부에서 의병 200여병이 왜적과 싸웠으나 많은 전사자를 낸 채 박경전, 경윤, 지남은 구사일생으로 박곡으로 숨어들고 운문사로 패퇴		

9) 자료 B인 「창의일기」에서는 박경신이 조전장으로 청도에 도착한 날짜를 8월 28일이라 하였으며, 『십사의사록』에서도 임진왜란 초기에 박경신이 한양에 거주하고 있었기에 박경전이 창의를 주도했다고 하여, 자료 A와는 많은 차이를 보이고 있다. 따라서 어느 것이 사실(史實)을 담고 있는지에 대한 확인 작업이 절실하다.

5.5	동당 선암 길부 3곳에서 패퇴한 의병은 한 둘씩 서지 철남의 진지로 모여 듬. 이날 서면의 의병진이 이화에서 왜적과 싸웠으나 패함	5.6	적이 東塘 침범, 박경전이 2천명 거느리고 적 20급을 베고, 말 10필 기타 卜物 등 획득 도망간 백성들이 돌아와 의병진 3천명으로 늘어남
5.7	서지 진중에서 소를 잡아 의병 200여 명의 사기를 올린 후 여러 군데 매복시킴		
5.8	왜적과 아침부터 일진일퇴. 의병진 곡천대 공암까지 후퇴. 왜적은 대천을 거쳐 섶마루까지 물러감. 창의군 박곡과 오리골로 피신	5.8	적이 자인에서 서지산으로 들어옴. 代將 박경인 부대 대승하였으나, 槍丸 傷을 입은 朴慶因이 殞命

위의 표에서 보는 것처럼, 자료 A는 연일 벌어진 왜적과의 전투에서 패한 상황을 잘 표현하고 있다. 5월 3일 제1진의 박경윤과 선암사에 진을 친 본진의 박경전 부대들이 역부족으로 제2진이 있던 길부로 후퇴한 장면이나, 길부의 2진과 합세한 본진과 1진 소속 의병 200여 명이 이튿날 왜적과 싸웠으나 패하여 박곡과 운문사 쪽으로 후퇴한 장면, 5월 5일 흩어진 의병들(본진과 1~2진 소속)이 3진 주둔지 서지의 박철남 진지로 합류하였던 상황, 5월 7일 서지의 진중에서 소를 잡아 병사 200여 명들을 먹임으로써 사기를 다시 끌어올린 상황, 그리고 5월 8일 아침부터 왜적들과 일진일퇴를 벌이다가 공암까지 후퇴한 끝에 왜적은 섶마루로 물러가고 의병들은 박곡과 오리골로 피신해 들어간 상황들이 잘 정리되어 있다. 그런데 비해 자료 B에서는 5월 3일 정광필과 5월 8일 박경인이 전사했을 뿐,[10] 박경

10) 배응경의 행장(『安村先生文集』 권4, 附錄)에 의하면, 정광필은 청도 관군 소속 영장(領將)으로 왜군이 자인을 향한다는 첩보에 따라 최문병 부대를 지원하여 크게 전과를 올린 인물로 묘사되어 있다. 따라서 그가 전사한 날짜에 대

전의 지휘 아래 동당 전투에서 적 20급을 베는 승리를 발판으로 의병 숫자가 3,000명으로 불어났다. 이렇듯 두 자료의 차이가 너무 큰 것을 알 수 있다. 우리는 이미 앞에서 홍의장군 곽재우조차도 창의 당시 50여 명에 불과한 의병들의 군량과 보급품 조달에 어려움을 겪었던 것은 물론 5월 초부터 바로 전투성과를 내기 쉽지 않았던 현실을 살펴 본 바가 있다.[11] 이런 점을 감안하여 자료 B를 파악할 필요가 있다.

시기별 상략 문제는 자료 B의 마지막 부분도 예외는 아니다. 해당 자료 임진년 9월 30일자에서 "이후의 자료도 많았으나, 유실되어 찾을 수가 없다(此後日記兪多 而遺失無考)"라고 밝히면서 추가한 문장이 있는데, 박경전이 정유재란 당시 화왕산성 수호 작전 참여 사실과 울산 증성(甑城)전투에서 공을 세운 내용을 세밀하게 설명한 것이 그것이다. 내용이 다소 장황하기에 이를 요약하면 다음과 같다.

> 丁酉年 가을 왜가 다시 일어나자 박경전은 화왕산성에서 여러 의사와 힘을 합쳐 성을 굳게 지켜 막았으며, 그 때 제현들 名諱 및 생년월일을 기록하여 「용사창의동고록」이라 하였다. 공(박경전)은 또 정병 5000여 인을 거느리고 울산 甑城에 나아가 세 번 싸

해서는 재고의 여지가 있다.

11) 『쇄미록』 권1, 임진남행일기, 임진 5월조에 따르면, 초유사 김성일(金誠一)에게 통문을 받은 직후 보낸 곽재우 답신에서, 5월 4일 부장 4명과 함께 낙동강 하류에서 왜선 3척을 공격했고, 6일에는 13명을 거느리고 왜선 11척을 공격해 쫒았다고 보고할 정도였다. 이렇듯 곽재우 의병부대의 실질적인 전투가 임진년 5월 초순부터 확인되고 있는 것은 4월 22일 창의 당시 50명 남짓의 의병으로 출발했음에도 군량이나 병기 및 의복 조달에 큰 어려움을 겪었던 상황에 기인한 것이다.

워 세 번 이겼으므로 俘獲이 부지기수이며, 적의 시체가 들을 덮었으니, 적이 겁내어 물러가자 추격하여 더욱 전과를 올렸다.

이 부분에 대해 『박씨충의록』에서는 "울산 증성 부전일기(赴戰日記)나 정유재란일기는 모두 유실되어 전하지 않으며, 두암 이기옥일기에 대강의 내용이 전한다."라고 하였듯이, 내용이 비교적 간단하다. 이처럼 『박씨충의록』의 단조로운 내용이 자료 B에서는 상황을 자세하게 묘사한 것으로 바뀌었는데, 사실(史實)에 근거하여 자세하게 묘사한 것이 아니라 윤색(潤色)된 부분이 많아 보인다. 이를 확인하기 위해 자료 B의 마지막 부분을 『박씨충의록』의 그것과 대조해 볼 필요가 있다.

표 7 자료 B의 임진년 9월 30일 이후 내용 비교

일자	박씨충의록	자료 B
임진(1592) 9.30	記錄 無	이후의 일기가 많았으나 유실되어 찾을 수 없다.
계사(1593) 윤 11.25	權令을 방문했을 때 兵使 박진이 공의 진중을 찾아오다.	記錄 無
윤 11.28	곽재우를 찾아가 무기를 청함	記錄 無
12.11	대구에 가서 초유사 김성일을 만나 군사 일에 논하다.	記錄 無
	이후 蔚山甑城赴戰日錄 및 丁酉再亂日記는 모두 유실되어 전하지 않지만, 대강은 李璣玉日記에 언급되어 있다. (日後蔚山甑城赴戰日錄及丁酉再亂日記並遺失無傳 而大概則見李璣玉日記云)	丁酉年 가을 왜가 다시 일어나자 박경전은 화왕산성에서 여러 의사와 힘을 합쳐 성을 굳게 지켜 막았으며, 그 때 제현들 名諱 및 생년월일을 기록하여 「용사창의동고록」이라 하였다. 공(박경전)은 또 정병 5000여 인을 거느리고 울산 甑城에 나아가 세 번 싸워 세 번 이겼으므로 俘獲이 부지기수이며, 적의 시체가 들을 덮었으니, 적이 겁내어 물러가자 추격하여 더욱 전과를 올렸다.(장황한 내용을 축약한 것임)

위의 표에서 보는 것처럼 『박씨충의록』의 「창의일기」 말미 부분이 자료 B로 옮겨지는 과정에서 큰 변화가 일어났다. 『박씨충의록』에서는 1593년 11월~12월의 3개 기사와 별개의 설명문 등 모두 4개 기사를 싣고 있지만, 자료 B에서는 1593년치 3개 기사가 삭제되었고, 그 대신 이어진 설명문 내용이 매우 풍성해졌다.

삭제된 3개의 기사는 급박했던 전투 상황이 아니라 박경전의 인적 네트워크를 강조한 내용들이다. 박경전이 권영(權令)을 방문했을 때 병사(兵使) 박진이 공의 진중을 찾아왔다는 계사년(1593) 윤11월 25일 기사, 곽재우를 찾아가 무기를 청했던 윤11월 28일 기사, 대구로 가서 초유사 김성일을 만나 군사 일을 논한 12월 11일 기사에서 보듯, 영천의 권응수, 병사 박진, 홍의장군 곽재우, 초유사 김성일 등은 당시 경상좌우도를 넘나들면서 가장 활발하게 왜적과 싸운 인물들이다. 따라서 『박씨충의록』 편집자들이 제우당 박경전의 인적 교류 범위를 넓히기 위한 의도로 이들을 추가했을 가능성이 크다. 『삼우정실기』에 의하면, 박경신은 권응수 박진 곽재우 김성일 등과 평소에 깊은 신뢰를 쌓아 왔던 것으로 확인되기도 한다.[12]

아무튼 〈표 7〉을 보면, 『박씨충의록』의 「창의일기」는 임진년 9월까지만 수록된 것이 아님을 알 수 있다. 그런데 자료 B에서 1592년 9월 30일자로 종료하면서 "이후의 일기가 많았으나 유실되어 찾을 수 없다"라는 내용을 추가하였다. 그러하니 자료 B를 편찬하는 과정에서

12) 이기옥이 정리한 「창의일록」을 보면, 삼우정 박경신이 이들과 긴밀하게 협조하여 왜적을 격퇴한 상항들이 잘 나타나며, 그가 밀양 관아에서 순국하자 권응수 곽재우 박진이 추모하는 만사(輓詞)를 보내왔던 사실도 기록해 놓고 있다.

『박씨충의록』「창의일기」의 1593년 3개 기사를 삭제하거나 다른 날짜로 옮겨야만 했다. 박경전이 곽재우를 찾아가 무기를 청한 윤11월 28일자 내용은 자료 B의 1592년 9월 27일자로, 초유사 김성일을 만나 군사 일을 의논한 1593년 12월 11일자 기사 역시 1592년 8월 4일로 옮겨졌음이 확인된다.

자료 B를 재편집하는 과정에서 1592년 9월을 하한선으로 잡았던 이유는 알 수가 없다. 그런데 여기에서 한 가지 유념해야 할 것은 『박씨충의록』의 1593년 12월 11일 기사 그 자체가 오류였다. 영남권역 전쟁을 지휘하던 초유사 김성일이 진주 인근에서 병사한 것이 1593년 4월 29일이었으니,[13] 이미 죽은 사람을 대구에서 만날 수는 없기 때문이다. 조선후기에 생산된 수많은 문집과 인물 관련 자료들을 확인하다보면 신뢰할 수 없는 내용들이 넘쳐나는데, 이런 점들이 자료에 대한 신뢰성을 크게 떨어뜨리고 있는 것도 사실이다.

2) 동일 전투에 대한 2개월의 시차 문제

1592년 8월 9일 벌어진 명개곡 전투를 비롯한 자료 A의 임진년 7월 중순부터 9월 중순까지의 2개월분 전투 내용 기사들이 고스란히 자료 B와 중복된다. 이 전투 내용들을 구체적으로 살펴보면, 자료 B에는 정확하게 2개월 앞당겨져 있다. 예컨대, 자료 A의 9월 11일자 내용을 보면, 정곡에 집결한 의병진들이 왜적을 만나 여해원에서 벌

13) 김성일, 『학봉집(鶴峰集)』 부록 1권 연보(年譜) “1593년 4월 29일에 진주의 공관에서 졸하였다”
이로, 『문수지(文殊誌)』 계사년(1593) 4월 “그믐날에 공(김성일)이 졸하였다”

어진 전투 상황이 그려져 있다. 그리고 이 전투 상황은 자료 B에서도 동일하게 소개되어 있지만 7월 11일자에 나온다. 다만 내용에 있어 자료 A는 의병진 200명이 왜적 300여 기와 맞서 싸웠다고 기록한데 반해, 자료 B는 1,000명의 의병진들이 왜적 1,000여 기를 상대로 벌인 전투였다고 한 점, 그리고 전투를 지휘한 인물에 대해 박경신과 박경전으로 각각 달리 기록하고 있다.

동일한 전투 장면을 놓고 날짜를 달리하는 이런 사례가 꽤 많은데, 한정된 시기에만 집중되어 있다. 한정된 시기란 자료 B의 5월 중순부터 7월 중순까지 약 2개월의 전투 상황이며, 이는 자료 A의 7월 중순부터 9월 중순까지에 해당한다. 이 기간 동안 자료 B의 각종 전투 상황을 나열하면 다음과 같다.

5월 14일 적 100여 기가 林峴에서 산을 타고 약탈하니, 요로를 지켜 적 10급을 벰

5월 15일 적이 언양에서 棘峴을 넘어 순늪을 치니 義將(박경전)이 적 5급을 베고, 소 9필을 잡아 군사에게 먹이다

5월 17일 임현에서 적 300여를 넘어뜨리고 가축 300여필 획득

5월 19일 500여 기 거느린 이득복이 최정산에서 전사, 적과 이촌에서 싸워 8급을 베었으나, 적이 이득복을 쏘아 의병들이 흩어짐

5월 20일 자인의병장 최문병과 豆谷에서 적 100급을 베고 장물 10바리 획득, 자인 都將 李祥이 전사, 비가 많이 오고 오래 싸워 활과 화살이 다하여 흩어지니 적의 활과 화살 300여 부를 얻었다.

5월 21일 순찰사 김수의 글이 함양에서 도착, 민심이 안정 되다

5월 22일 적 1000여 기 대부대가 유천에서 동곡을 치니, 義將이 林峴에서 19급을 베고 말 30필 卜物 30여 駄를 노획, 병사들에게 상을 주다

5월 23일 큰 비가 내리는데 왜적 5000여 기 선암 등지를 약탈하자 적을 상대하기 힘들어 자인 의병장에 도움 요청. 이날 왜적이 환관 이한영 집에 주둔할 때 자인군 2000과 아군 3000여가 합쳐 싸우니, 만호 林伯, 奉事 安以命, 伏兵將 李廷郁, 都將 朴天國 등이 돌격하니 적이 급해 물을 반쯤 건너려 할 때 화살을 퍼부어 떠내려간 적 시체가 수도 없었다. 또 20급을 베고, 장물 100여 바리를 얻었으며, 살아 돌아간 자 겨우 200명 정도였다. 이날 박천국의 戰馬가 칼에 찔리어 자빠지고 이정욱은 무사했다

5월 26일 적이 신지 침입하자 아우 慶宣이 대군을 막다가 적을 안고 낭떠러지에서 殉死하다.

5월 29일 적 700여 기가 밀양에서 임현을 지나 동곡에 머무르자 자인 의병장 최문병은 자인에서, 義將(박경전)은 安心坊에서 협공하니 적들이 달아남. 베고 잡지는 못했으나 마소 200필, 卜物 100여 바리 노획, 쌀 동철 조총 수백자루 철환 수십 말을 얻어 軍器가 여유있게 되었다.

6월 5일 적 8000여 명이 선암 침범, 義將이 100급을 벰

6월 9일 명개곡에 들어오는 적과 의장이 접전을 벌여 창을 빼앗고 찔러 죽이다. 위태로운 지경에 장서기 김후생이 의장 뒤에서 쏘는 적을 치고 겨우 돌아와 朴瑀와 朴璘을 보내 적 8인을 잡다. 익일에 복병이 크게 이겨 적이 동쪽에 나오지

못하니, 운문산 밑 80리가 안정되다.

6월 12일 안집사 김륵의 글이 도착하다

6월 14일 壯士를 1000여 인을 모집하다

6월 15일 영남 전황과 초유사 안집사 파견 등 파악

6월 18일 밀양부사 박진 兵使로 밀양 땅에 주둔

6월 22일 복병장 정희호 김계후를 보내 적 10급을 베고, 노획한 물건을 상으로 나누어주다

6월 23일 유격장 이경을 유천에 보내 10급을 베다

6월 24일 복병이 팔조현에서 적 5급을 베다

6월 26일 義將이 桐院에서 적 5급을 베고 卜馱 50필을 노획

7월 1일 팔조현에서 적 50급을 베고 말 10필 소 5필 복물 등을 빼앗아 공암으로 돌아오다

7월 5일 복병이 유천에서 적을 만나 거연에서 수도 없이 사살하니 적이 무서워 달아나다

7월 9일 朴慶傳 주도로 청도읍성 탈환, 주위 반대를 무릅쓰고 朴慶傳이 청도군수 배응경에게 지휘권 넘김

7월 11일 義將(박경전) 스스로 군사 1,000여 인을 정곡에 집결, 적군 1,000여 기와 여해원에서 싸워 수십 급을 베고, 노획한 물건을 군사에 나누어주다

7월 15일 낙오병 300기가 대구 경내를 분탕하니, 의장이 2000여 기로 팔조현에서 50급을 베고 소를 잡아 군사를 먹이다

이 중에서 밑줄 친 날짜 부분을 주목할 필요가 있는데, 이 전투는 자료 A의 7월 14일~9월 15일까지의 전체 내용과 정확하게 겹친다.

다시 말하자면, 7월 14일자는 5월 14일에, 9월 15일자는 7월 15일에 소개하는 식으로 2개월씩 앞당겨 놓은 것인데, 전투 참가자나 전투 규모만 달리 표기되어 있을 뿐이다.

그렇다면 왜 한정된 시기(7월 중순부터 9월 중순)의 전투만 2개월 앞 당겨졌을까 하는 점이 의문이 아닐 수 없다. 자료 A에 의하면, 박경신이 조전장 임무를 띠고 청도에 도착한 것이 임진년 7월 1일이며, 그의 주도하에 읍성을 탈환한 것이 7월 9일이었다. 읍성을 탈환한 이후 2개월간의 전투 상황 전체 내용을 요약하면 다음 표와 같다.

표 8 자료 A에 수록된 임진년 7월 중순~9월 중순의 활동 내용

일자	자료 A (창의일록) 수록 내용
7.14	왜적 수십 기마명이 임현으로 넘어오자 先生(박경신)이 鳥峴에서 싸워 2명을 벰
7.15	언양에서 棘林을 넘어 新院에 노략질하자 왜적 1명 베고 말1필 노획
7.20	자인의병장 최문병과 합세, 豆谷에서 왜적 3명 베었으나 자인 都將 李祥이 전사. 비가 많이 와서 화살이 떨어지게 되자, 흩어진 왜적들이 몰래 팔아먹는 화살을 사들였다.
7.22	왜적 기마 수십기가 유천에서 동곡으로 와 약탈, 적이 임현에 이르자 2명 베고 말 2필 짐 3바리 노획
7.23	큰 비가 내리는데 왜적 100여 기가 선암 등지에서 약탈하자 적을 상대하기 힘들어 자인 최문병 의병장에게 병력을 요청. 이날 왜적은 내관 이한영 집에 주둔, 이튿날 최의병장 병사 100여 명과 선생의 병력 100여 명이 합세하여 격퇴, 왜적은 시체 10여 구를 두고 임현으로 도망감. 초유사 김성일이 듣고 놀람
7.29	낙오 왜적 100여 기 밀양에서 임현을 넘어 동곡에 진을 치자, 자인의병장은 東谷에서 선생은 安心坊에서 협공하니 왜적이 달아남, 왜적을 베고 잡지는 못했으나 단지 소와 말 10여 마리와 짐 10여 바리를 획득, 군내에서 쌀 콩 구리 쇠와 조총 8자루 총알 2말을 모았다.
8. 9	명개곡 전투 (생략)
9.11	정예병 200을 정곡에 집결시켜 적 300여 기와 如海院에서 일진일퇴, 날이 저물어 적이 퇴각했다. 선봉장 2명을 베고 말 2필 노획.
9.15	낙오병이 대구청도 경내에 분탕질하여 유곡에서 왜적 3명을 베고 군수에게 보고

위 〈표 8〉에서 확인되는 자료 A의 7월 14일부터 9월 15일까지 벌어진 전투 내용들은 앞의 자료 B 밑줄친 날짜 부분과 일치하고 있는데, 해당날짜에서 정확히 2개월 전에 벌어진 전투 상황으로 묘사하고 있다. 다만 자료 B에서는 전투 규모나 전공(戰功)을 많이 부풀려 기록하고 있는데, 두 기록의 동일한 전투 장면을 대비시켜 제시해 보면 다음과 같다.

표 9 동일 전투에 대한 자료 A와 자료 B의 내용 비교

일자	전투지역	자료 B (창의일기) 내용	자료 A (창의일록) 내용
5.14 7.14	林峴 鳥峴	적 100여 기, 10명을 벰	적 수십 기, 2명을 벰
5.15 7.15	棘林 新院	적 5급 베고, 마소 9필 획득	적 1명 베고 마소 1필 노획
5.20 7.20	豆谷	적 100급 베고 장물 10바리 획득	왜적 3명 벰
5.22 7.22	東谷 林峴	적 1000여 기, 19급 베고 말 30필 짐 30여 바리 노획	적 수십 기, 2명 베고 말 2필 짐 3바리 노획
5.23 7.23	仙巖 林峴	적 5000여 기 자인 의병 2000과 아군 3000 20급 베고, 장물 100여 바리를 획득	적 100여 기 자인의병 100여 명, 아군 100여 명, 왜적 10여 구
5.29 7.29	林峴 東谷	적 700여 기 마소 200필, 卜物 100여 바리	적 100여 기 마소 10여 필, 짐 10여 바리
6. 9 8. 9	明介谷	명개곡 전투	명개곡 전투
7.11 9.11	如海院	아군 1,000여, 적군 1,000여 기 수십 급 베고, 노획 물건	정예병 200명, 적 300여 기 선봉장 2명을 베고 말 2필 노획
7.15 9.15	大邱 淸道	낙오병 300기, 아군 2000여 기 왜적 50급 벰.	왜적 3명 벰

예컨대 자료 B의 5월 20일 두곡 전투에서는 왜적 100여 급을 베었다

고 했다. 그런데 비해 같은 전투를 설명하는 자료 A에서는(7월 20일) 적 3급을 베었다고 한다. 이 전투는 자인 의병장 최문병과 합세하여 이룬 성과였지만, 그럼에도 적 3급을 벤 성과를 이루는데 그쳤다. 그런데 자료 B에서는 100여 급을 베었던 것으로 부풀려져 있다. 그리고 5월 22일 임현 전투에서 자료 B는 왜적 1,000여 기가 쳐들어 왔다고 한데 비해, 자료 A는 왜적 수십 명이 경내에 들어 왔다고 하였다. 동일 날짜의 동일 전투였음에도 불구하고 그 규모의 차이가 매우 크다. 따라서 두 자료는 동일전투에 참여한 별도의 인물이 세운 전공이 아니라, 하나의 원본을 놓고 옮기는 과정에서 개작(改作)한 것으로 봐야 한다.

자료 B는 박경전의 『제우당선생문집』에는 물론 『십사의사록』에서도 임진년 4월 23일부터 그 해 9월까지의 기록을 담았다. 그리고 『십사의사록』 박경신 편에 실린 「조전일기」의 시작은 임진년 10월부터의 기록이다. 「조전일기」를 자료 A와 대조해 보면 동일한 날짜에 동일한 내용을 싣고 있고, 다만 전투참가 인원이나 적을 벤 숫자 등을 약간 부풀려 놓은 상태다. 그런데 비해 자료 B는 자료 A에 없는 날짜까지 촘촘하게 기록이 메워진 것은 물론 부풀린 숫자가 더 많은 것도 사실이다.

자료 A인 「창의일록」을 놓고 임진년 9월까지는 박경전의 「창의일기」에, 10월 이후는 박경신의 「조전일기」에 나눠 실었다고 한다면, 당초 자료 A에 포함된 9월 이전의 박경신 행적 처리가 문제였을 것이다. 이 때 해결 방법은 두 가지인데, 삭제하지 않으면 다른 날짜로 옮겨야 한다. 그리하여 4월 23일~7월 초순의 기사는 삭제되었으며, 7월 중순~9월 중순 기사는 2개월 전으로 옮겨 자료 B에 담은 것이다. 전술한 창의일기 3종류 검토 과정에서, 박경신의 청도 조전장 도착 날짜가 임진년 7월 혹은 8월이었음에도 왜 10월부터 기록을 남겼을까 라는 의문을 제기한 바가 있는데(제5장 4), 그 해답을 여기에서 찾은 셈이다.

이처럼 자료 A의 7~9월의 전투 상황을 자료 B에서 2개월 앞 당겨 실었으니, 박경신이 청도에 도착한 날짜 역시 여기에 맞춰야만 했다. 박경신의 청도 도착 일을 자료 A에서는 7월 1일이라 하였지만, 자료 B에서는 8월 27일로 명기하고 있다. 자료 B의 대본이 되는 『박씨충의록』의 8월 27일자 기록을 찾아보면, 그 날짜에는 아무런 기록이 없다. 그런데 자료 B의 8월 27일자에서는 "안집사 군관으로 군인(郡人) 전 부장(部將) 박경신이 본군(本郡) 조전장으로 신지에 도착했으니, 바로 의장(義將: 박경전)의 종형이다."라는 내용이 추가되어 있다. 『박씨충의록』의 「창의일기」나 『제우당문집』의 「창의일기」는 공히 김후생이 기록한 것이라고 밝히고 있다. 그런데도 없던 내용이 새로 추가된 것인데, 이는 김륵의 문집에 들어있는 안집사 장계(狀啓)에서 찾아 추록한 것으로 보인다. 박경신 관직을 전 부장으로 표기한 점이나 안집사 김륵의 군관(軍官)으로 밝혔던 것에서[14] 그런 추정이 가능하다. 하지만 장계에서는 박경신이 왜적을 무찌른 전투 상황만을 묘사했기에 그의 도착일까지 알 수 있는 상황은 아니다.

이밖에도 자료 A와 B는 동일한 사안을 놓고 상반된 내용을 담고

---

14) 『백암선생문집(栢巖先生文集)』 권5 狀啓 條陳慶尙道軍情賊勢狀啓(4) (安集使時 ○壬辰) "今十一月初十日 前部將朴慶新 夜擊於淸道城外 勇進齊擊 … 朴慶新 臣之所帶軍官 曾定助戰將於淸道 …"

있는데, 두 기록의 크게 상충되는 부분은 ① 4월 23일 의병진 구성, ② 7월 9일 청도읍성 탈환 지휘 인물, ③ 명개곡 전투 지휘 등이다. 상충되는 문제의 핵심은 의병을 이끈 인물이 박경신인가 아니면 박경전인가 하는 문제이다. 선조의 호종 임무를 마친 박경신이 청도조 전장으로 도착한 날짜가 7월 1일(자료 A)이었다면 읍성 탈환이나 명개곡 전투를 비롯한 여러 전투들을 지휘할 수 있었지만, 8월 27일(자료 B)에 도착하였다면 사정은 달라진다. 이렇듯 문제의 핵심이 박경신의 귀향 날짜에 맞춰져 있다 할 것이다.

3) 일기 기록자에 대한 검토

자료 A를 정리한 이는 이기옥, 자료 B의 기록을 남긴 이는 김후생으로 알려져 있다. 자료 A는 이기옥의 필사 원본으로 존재하는 것이지만, 자료 B는 목판으로 간행된 책이란 점에서 필사 원본보다 신뢰성이 떨어지는 것이 사실이다. 김후생은 자료 B에서 박경전의 장서기(掌書記)로 등장하는 인물인데, 『제우당문집』에 실린 박경전 장손 동로가 찬(撰)한 〈창의일기 서문〉에 의하면, 김후생의 동생 후창이 청도 동화리에 살았던 것으로 나온다.

> 기옥의 아들 중경이 선고의 책 상자 속에서 원고를 발견하여 찾아 보관해 왔는데, 본군(本郡) 동화리(東化里)에 사는 장서기 김후생의 동생 후창이 형의 흔적을 보고 싶다고 빌려가서는 돌려주지 않은 채 죽었다. 후창의 사위 신응제를 찾아가 물은 즉 어느 족형(族兄)의 집에 있다는 것을 듣고 되찾아 …

이렇듯 김후생에 관해서는 후세의 자료에 확인되고 있지만, 그의 본관을 비롯한 가계(家系)와 이력에 관해서는 더 이상 알려진 게 없다. 따라서 두 자료가 갖는 사료적 가치와 객관성을 더 고증한 이후라야 사실 여부를 판단할 수 있을 것 같다.

위 서문을 보면, 김후생의 초고 「창의일기」 교정을 부탁받고 박경전으로부터 넘겨받은 이기옥이 세상을 떠났던 까닭에 후손들은 일기 존재조차 알지 못하고 지냈다고 하였다. 이기옥이 생을 마감한 것이 1604년이었는데, 이 시기는 매우 중요하다. 전쟁이 종식된 지 3년이 지난 선조 34년(1601) 봄부터 비변사와 공신도감에서 대대적인 공적(功績) 조사를 하고 있었기 때문이다.[15] 그리고 이 해에 선조를 모시고 의주까지 호종하는 데 공이 있던 사람들에게 호성공신(扈聖功臣) 86명을 책봉했으며, 여기에 들지 못한 이들에게 다시 호성원종공신으로 책봉했다. 선조의 파천 길을 호종했던 박경신은 호성원종 2등 공신에 책봉되었다. 이후 조정에서는 전쟁에 공을 세운 이들에게도 선무공신(宣武功臣)으로 책봉했으며, 여기에 미치지 못하는 이들에게는 선무원종공신 호가 내려졌다. 박경신과 함께 창의 대열에 합류한 11명의 박씨 문중 일원들 모두 선무원종공신이 되었다. 이기옥이 생을 마감한 것이 바로 이때였다. 국가에서 대대적으로 전쟁 관련 포상을 하던 사회 분위기로 비춰 볼 때 「창의일기」 원고는 매우 중요한 자료였음이 틀림없다. 박경전이 청도 관내에서 이기옥과 함께 살았고, 이기옥보다 19년을 더 살았다. 그런데도 이기옥 사후 「창의일기」를 회수

15) 『선조실록』 권135, 선조 34년 3월 갑술조.

하지 않았다는 것은 큰 의문이며, 이런 것들이 결국 김후생이 기록했다는 「창의일기」의 존재까지 의심나게 하는 요소이기도 하다.

아무튼 위의 서문을 보면, 이리 저리 떠돌던 「창의일기」 존재를 후손들이 회수하고 보니, 4월부터 9월까지의 기록은 상세하나 그 후의 기록은 유실되었다고 했다. 이 상황에 대해 『박씨충의록』 소재 「창의일기」 마지막 부분에서 다음과 같이 설명하고 있다.

> 이후 울산 증성 부전일록 및 정유재란일기는 모두 유실되어 전하지 않지만, 대강은 이기옥일기에 언급되어 있다.(日後蔚山甑城赴戰日錄及丁酉再亂日記並遺失無傳 而大槪則見李璣玉日記云)

위의 「창의일기」 말미에서 "울산전투와 정유재란 기록의 유실된 부분은 「이기옥일기」에 언급되어 있다"라고 하여, 김후생의 「창의일기」와는 별개의 「이기옥일기」가 존재했음을 알려주고 있다. 이것이 바로 자료 A일 가능성도 있지만, 정유재란 당시 벌어졌던 울산 증성 전투나 화왕산성 수호 작전은 1597년에 벌어졌으니, 자료 A와 바로 연결 짓기는 어려운 점이 있다. 자료 A는 밀양부사로 재직하던 박경신이 1594년 5월에 자료 궤짝을 이기옥에게 넘기며 정리를 부탁한 후 그해 6월에 생을 마감했던 상황까지만 담고 있기 때문이다.[16] 아울러 이기옥 문집에 첨부된 일록(日錄) 발문에 의하면, 기축년(선조 22년, 1589)부터 선조 34년(1601)의 일록과 그 이후 이기옥이 생을 마감할 때까지의 3년치 일록의 존재를 말하고 있기는 하다.[17] 하지만 창번

16) 『삼우정박경신선생실기(1994)』「창의일록(倡義日錄)」

17) 『두암선생문집(竇巖先生文集)』 권2, 부록, 일록발(日錄跋: 李以鍵 撰).

(蒼樊) 이이건(李以鍵; 1841~1904)이 1902년에 글을 쓸 당시 그 존재를 확인하지는 못했을 뿐 아니라 임진왜란 의병 일기처럼 특정 사건에 대한 기록과는 차원이 다른 것으로 보인다. 이런 상황들을 종합해보면 또 다른 「이기옥일기」가 필사본 형태로 존재했지만, 근세에 와서 산실(散失)되었던 것으로 보인다. 하지만 조선후기 선비사회에서는 「이기옥일기」가 두루 읽히고 있었음이 분명하다. 이긍익이 저술한 『연려실기술(燃藜室記述)』에서 정탁(鄭琢) 선생 일화에 대한 전거(典據) 자료로 활용하고 있었기 때문이다.[18]

상황이야 어찌되었건 『박씨충의록』 편집자들이 「이기옥일기」를 공유하고 있었던 것은 분명한 사실이다. 이기옥은 전의이씨 이흥지(李興智)의 손자인데, 1566년 청도에서 태어났다. 세종조 관찰사를 역임한 효정공 이정간(李貞幹)의 5대손 이흥지가 소요당 박하담의 딸에게 장가들어 경기도 금천에서 청도로 이주하게 되었는데, 이기옥은 어려서 아버지를 여의고 진외가에 의지하며 살았다. 이렇듯 이기옥에게 박경신과 박경전은 아버지 외사촌들이니, 그에게는 외5촌이 된다. 「한강문인록」에 그의 아들 이중경과 함께 이름을 올린 이기옥은 청도가 배출한 뛰어난 선비 중에 한 사람이었는데, 『두암문집(竇巖文集)』을 남겼다. 이기옥은 어려서부터 박경신의 도움으로 책을 읽고, 무자년(1588) 봄에 전주를 한차례 다녀왔다는 이유만으로 기축옥사에 연루되어 종성감옥에 투옥되었다. 그러다가 박경신의 노력으로 풀려나 선생의 서울 정릉 숙소에서 함께 기거하다 신묘년(1591) 8

18) 『연려실기술(燃藜室記述)』 권18, 선조조 고사본말(宣祖朝故事本末) 상신(相臣) 정탁(鄭琢).

월에 선생을 따라 청도 섶마루(신지)에 내려와 있었고, 이어 임진왜란이 발발하자 선생의 장서기(掌書記)가 되었다고 했다.[19] 『두암문집』에서는 박경신과 관련된 사실에 대해 언급이 없기도 하거니와, 임진왜란이 일어났을 당시 이기옥은 종성 고령진에서 유배 중이다가 5월에 풀려났던 것으로 되어 있다. 대개의 문집들이 그렇듯이, 『두암집』 역시 철종 6년(1855)에 가서야 후대인들이 정리하여 편집 간행된 것이니, 이런 점들을 고려할 필요가 있다.

이제 자료 C를 정리하고 기록한 사람이 누구인지 살펴 볼 차례이다. 자료 C를 A와 비교해 보면 별개의 자료가 아님이 확실하다. 이런 사실은 이어지는 제7장의 비교 검토 과정에서 충분히 입증되리라 믿는다. 그렇다면 자료 A가 이기옥의 필사본이듯, 자료 C를 1차적으로 정리하고 기록한 자도 이기옥이었음을 말해준다. 박경신의 행장에서 임진년 10월 20일부터 이듬해 윤11월까지의 전투상황을 자세히 담고 있는데, 수록된 기간이나 내용들이 자료 C와 일치한다. 아울러 행장을 지은 이귀성(李龜星)은 두암 이기옥의 「난중일록(亂中日錄)」을 근거로 했다고 밝혔는데, 이는 박정상(박경인 9세손)이 제공했던 자료였다.[20] 그런데, 『박씨충의록』에서 「조전장(助戰將) 창의일기(倡義日記: 1592.10.20~1594.6)」 전문을 싣고 청도군수 배응경의 기록이라 했다가, 반세기가 흐른 『십사의사록』의 「조전일기」에서는 그 부분을 삭제하고 말았다. 배응경이라 한 부분을 누가 봐도 동의하기 어렵기

---

19) 『삼우정박경신선생실기(1994)』 「우민지(憂悶識: 이기옥 撰)」

20) 『십사의사록』 권1, 三友亭(朴慶新)行狀 "…謹按 竇巖李璣玉亂中日錄 其略有曰 壬辰十月二十日…"

때문일 것이다.

그렇다면 『박씨충의록』에서는 왜 배응경을 내세워야 했을까? 『박씨충의록』에는 「창녕공(昌寧公) 창의일기(倡義日記)」도 함께 싣고 있다. 두 일기를 함께 싣고는 있지만 본류와 지류 혹은 주종으로 따진다면, 의병장 박경전의 활약을 담은 「창녕공 창의일기」가 핵심이었던 것이 사실이다. 그리고 이 일기를 정리하고 기록한 인물이 김후생이란 사실을 그 이전부터 밝혀왔다. 그런 상황에서 『박씨충의록』 편집을 주도한 이들에게는 「조전장 창의일기」 정리기록자를 어떻게 할 것인가 라는 고민이 대두되었고, 이들은 이기옥이란 사실을 알고 있었음에도 배응경을 내세웠을 것이다. 그 후 『십사의사록』 편집자들이 배응경을 삭제하고 말았는데, 이 역시 똑 같은 고민을 보여주는 것이라 할 것이다.

4. 「창의일록」과 「창의일기」 내용 검토

1) 창의 의병진 구성

당시 청도 의병 활동에 대한 그 중심인물을 보면, 4월 23일자에 나타난 각각의 의병진 편제에 잘 나타나 있다. 자료 A에는 박경신을 중심으로 종제(從弟)와 아들 조카 등 밀양박씨 일문의 11명인데 반하여, 자료 B에서는 박경전을 중심으로 타성(他姓) 재지사족들이 그 구성원이다.

여기에서 생각해 볼 수 있는 것은, 4월 20일에 청도읍성이 함락되고 사흘밖에 지나지 않은 상태에서 인근의 재지사족을 아우르는 의병 편제가 가능했겠는가 하는 점이다. 그보다는 밀양박씨 일문 중심의 편제가 더 가능성이 높을 것이란 추정도 가능하다. 물론 이는 추정에 불과하지만, 후일 청도 의병들 중에서 선무원종공신에 책봉된 면면을 살펴보면, 필자의 추정이 틀리지 않았음을 뒷받침 한다고 본다.

다음 표에서 확인되듯이, 자료 A의 의병진용은 모두 선무원종공신에 책봉되었는데 비해, 자료 B의 의병진용은 공신으로 책봉된 자와 그렇지 않은 자들이 섞여있다. 이 때 양쪽 기록에서 보이는 박경전과 박경윤이 동일인이었음은 물론이다.

표 10 청도 의병진 공신 책봉 현황

박경신 의병진 (창의일록): 자료 A				박경전 의병진 (창의일기): 자료 B			
성 명	관계	임 무	공 신 호	성 명	관계 (本貫)	임 무	공 신 호
朴慶新	本人	義兵將	宣武原從1等	朴慶傳	本人	義兵將	宣武原從2等
朴慶傳	從弟	亞翼將	宣武原從2等	李得福	(全義)	捕獲將	
朴慶胤	從弟	亞翼將	宣武原從2等	朴慶因	從兄	代 將	
朴智男	子	先鋒將	宣武原從2等	朴慶胤	弟	亞翼將	宣武原從2等
朴哲男	子	先鋒將	宣武原從2等	朴慶宣	弟	亞翼將	
朴 璘	從姪	右翼將	宣武原從2等	金後生	(?)	掌書記	
朴 瑾	再從姪	左翼將	宣武原從2等	李廷郁	(慶州)	伏兵將	宣武原從2等
朴 璨	姪	左翼將	宣武原從3等	金繼后	(?)	伏兵將	
朴 瑄	姪	右翼將	宣武原從3等	鄭希濩	(?)	伏兵將	
朴 球	從姪		宣武原從3等	裵元佑	(盆城)	夜擊將	宣武原從2等
朴 琡	姪		宣武原從3等	李 磬	(固城)	遊軍將	宣武原從3等

선무원종공신 책봉은 당대의 기록이며, 따라서 사료적 가치가 매우 높은 자료임에 틀림없다. 그리고 박경신이 받은 공신 녹권(錄券) 역시 현존하고 있다. 선조는 임진왜란이란 미증유의 전란을 수습하는 과정에서 전투에서 공을 세우거나 군수품 보급에 기여한 인물을 선정하여 선조 37년(1604)에 우선적으로 선무공신에 책봉했고, 여기에 들지 못한 사람들을 대상으로 그 이듬해인 4월에 약 9,060인에 달하는 원종공신을 책봉하였다.[21] 따라서 이 때 공신으로 책봉했다는 것은 해당 인물의 공(功)에 대해 국가가 공인해 주는 절차였다. 이런 결과를 놓고 청도 의병사를 조명해 본다면 당대에 공신으로 책봉 받은 자들이 의병의 주류이자 중심이었다는 것에 의심의 여지는 없다.

이렇듯 자료A와 B가 서로 다른점을 검증하기 위해 두 기록의 중간 단계로 보이는『박씨충의록』의「창의일기」를 참고할 필요가 있다. 1823년경에 만들어진『박씨충의록』에 의하면, 박경전이 창의한 날짜는 4월 23일이 아닌 4월 25일로 나타나며, 창의 당시 의병진 구성도 자료 B와는 다르다. 그 구체적 내용을 보면 다음과 같다.

○ 4월 25일 박경전은 적을 피해 운문산에서 종형 경신(慶新) 경인(慶因), 아우 경윤(慶胤) 경선(慶宣) 및 제자질(諸子姪) 10여 인, 내형(內兄) 이득복과 함께 창의를 모의하여, 공(公)이 의장(義將)이 된 후 종형 경인을 대장(代將), 이득복을 포획장(捕獲將)으로 삼아 함께 글로 맹약했다. 이 때 이득복은 서면(西面)을,

21)『선조실록』권186, 선조 38년 4월 16일 경신조에는 9,060명으로 밝히고 있는데, 임난영남의병사(임난호국영남충의단보존회. 2001.3월)가 이 녹권을 연구 집계하는 과정에서 106명이 적은 8,954명으로 확인 되었다.

공(公)이 동면(東面)을 맡아 군민들을 불러 모아 통장(統將) 대오(隊伍)를 정하니 명령을 따르지 않은 이가 없었다. 장서기(掌書記) 김후생(金後生)으로 하여금 격문을 지어 영남 좌우도 동지제인(同志諸人)들에게 돌렸다.

『박씨충의록』에서는 박경전이 종형제 박경신·박경인, 아우 박경윤·박경선 및 제자질(諸子姪) 10여 인, 그리고 내형(內兄) 이득복과 함께 창의했다고 했지만, 자료 B에서는 이런 내용이 보이질 않는다. 여기에서 언급한 10여 인이란 14의사를 뜻하는 것이며, 제자질(諸子姪)이란 자료 A에서 언급한 바 있던 박씨 문중 창의 가담자로 후일 선무원종공신에 책봉된 경(慶)자 항렬 아랫대의 인물들(지남·철남·린·근찬·선·구·숙 및 박우 포함)을 뜻하는 것이 분명하다.

『박씨충의록』의 창의진 명단을 놓고 자료 B의 창의진 〈표 10〉과 비교해 보면, '박경신과 제자질(諸子姪)'을 삭제한 대신 새로운 인물을 추가하는 등 큰 변화상이 보인다. 하지만 삭제되거나 추가된 인물을 무엇으로 근거한 것인지는 알 수가 없다. 창의 의병진의 변화 과정을 좀 더 구체적으로 따져보면, 전후 2차례의 작업과정을 거친 것이 확인된다. 자료 A에서 보이지 않던 박경인·박경선·이득복·김후생을 『박씨충의록』에 추가한 것이 1차 작업이었다면, 이를 토대로 '박경신과 제자질'을 삭제한 대신 이정욱·김계후·정희호·배원우·이경 등을 추가한 것이 2차 작업이었다. 1차로 추가된 이득복(전의 이씨), 2차로 추가된 이정욱(경주 이씨)·배원우(분성 배씨)·이경(고성 이씨) 등은 청도 관내의 사족가문 출신인 동시에 2차 추가 3명은 선무원종공신이기도 하다. 그런데 김후생·김계후·정희호의 가문은 확인하지 못하였다. 창의인물의 변화과정을 알기 쉽게 표로 정리해 보면 다음과 같다.

표 11 자료별 임진왜란 창의인물 비교표

자료	자료 A	박씨충의록		자료 B		
		기존인물	추가인물	기존인물	추가인물	삭제인물
인물	**박경신** 박경전 박경윤 박지남 박철남 박린 박근 박찬 박선 박구 박숙	**박경전** 박경신 박경윤 諸子姪 8명 (박지남 박철남 박린 박근 박찬 박선 박구 박숙)	박경인 박경선 諸子姪1명 (박우) 이득복 김후생	**박경전** 박경인 박경윤 박경선 이득복 김후생	이정욱 김계후 정희호 배원우 이경	박경신 諸子姪 9명
소계	11	11	5	6	5	
총계	11명	16명		11명		

『박씨충의록』에 등장하는 창의진의 면면을 보면, 임진왜란 선무원종공신 11명에다 박경인을 비롯한 5명이 추가되었다. 추가된 5명 중에서 박씨 인물 박경인·박경선·박우 등 3명은 순의삼충(殉義三忠)으로 추숭된 자들이니, 당시 위선사업이 여기에 초점이 맞춰져 있었음을 잘 보여주고 있다. 이 때 14의사와 이득복·김후생 등 16명에게 부여한 직책을 보면 다음과 같다.[22]

제1의사　　박경신 조전장(助戰將)

제2의사　　박경전 의병장(義兵將)

---

22) 『박씨충의록』「총전(摠傳)」

제3의사　박경윤 아익장(亞翼將)
제4의사　박경인 후전장(後殿將)
제5의사　박경선 후전장(後殿將)
제6의사　박 우 선봉장(先鋒將)
제7의사　박 린 우익장(右翼將)
제8의사　박 근 좌익장(左翼將)
제9의사　박지남 선봉장(先鋒將)
제10의사　박 찬 좌익장(左翼將)
제11의사　박 선 우익장(右翼將)
제12의사　박 숙
제13의사　박철남
제14의사　박 구
이득복 포획장(捕獲將)
김후생 장서기(掌書記)

이상의 박경전 이하 16명의 창의 인물은 이후 자료 B로 옮겨지는 과정에서 10명이 삭제되고 5명이 추가되었다. 삭제된 10명은 박경신과 제자질 9명이다. 『박씨충의록』 소재 「창녕공 창의일기」 4월 25일자 기사를 보면, 창의 과정을 설명하는 가운데 박경전이 종형 박경신과 더불어 창의했다고 밝혔다. 그런데도 그 이후 자료에서 박경신을 창의 대열에서 제외해 버렸다. 시간이 흐를수록 박경신의 활약을 축소하는 동시에 박경전의 단독 창의를 강조해 가는 과정을 잘 보여준다.

이러한 상황은 박경신의 행장(行狀)에도 잘 나타난다. 즉 박경신은 사환(仕宦) 중이라 한양에 머물렀기에 아우 박경인과 종제 박경전 등

일가(一家) 13명이 창의를 모의할 당시 참여할 수 없었다고[23] 한 것 역시 같은 맥락이라 이해된다. 통상적으로 인물 행장은 후손들이 기초 자료를 찬자에게 제공하는 게 관례였다. 『십사의사록』에 수록된 박경신 행장은 풍기군수 이귀성이 찬(撰)한 것으로, 박경인의 9세인 박정상(朴廷相)이 가승(家乘)과 『충효록』을 제공하면서 행장을 요청했다.[24] 앞에서도 살펴보았듯이 『박씨충의록』을 편찬한 이가 바로 박정상이었으며, 박찬과 박선의 행장까지도 그의 노력으로 완성되었다. 이런 점들을 감안한다면, 이귀성에게 제공된 기초자료는 창의 당시 박경신이 한양에 머물렀기에 그를 제외한 13명이 창의할 수밖에 없었다는 내용이 포함되었을 것이다. 박경신의 아들 박철남 묘갈에서도 "벼슬살이 하던 아버지가 돌아오지 못하매 종숙 제우당(경전)이 창의할 때 함께 했다"라고 한 것과도 맥을 같이 한다. 이 묘갈은 조긍섭(曺兢燮)이 제우당 박경전 혈손인 해묵(海默: 상우재파)이 초안한 행장(行狀)을 바탕으로 지은 것이기 때문이다.[25]

아울러 『박씨충의록』에서 선봉장·우익장·좌익장까지 맡았던 제6의사(박우)부터 제11의사 박선은 물론 그 아래 제자질 9명 모두 삭제하였다. 그 대신 이정욱·김계후·정희호·배원우·이경 등 5명을 추가하였다. 이 때 이전에는 볼 수 없었던 복병장(伏兵將), 야격장(夜擊將), 유군장(遊軍將)이라는 새로운 직책도 함께 등장시켰다(〈표 10〉 참조). 공교롭게도 최종적으로 확정된 11명은 자료 A와 동일한 숫자이다.

---

23) 『십사의사록』 권1, 박경신 행장(行狀: 1826년 풍기군수 李龜星 撰).

24) 위의 행장 참조.

25) 『암서선생문집(巖棲先生文集)』 권31, 墓碣銘, 忠武衛部將朴公墓碣銘.

자료 B의 창의진 11명에 대한 활약상을 자료 A에서 확인해보면, 박경전·박경윤·이득복·배원우·이정욱의 활약상은 보이지만, 박경인·박경선·김후생·김계후·정희호·이경 등 6명의 행적은 찾아지지 않는다. 확인되지 않은 이들의 실제 활동 여부는 좀 더 깊이 있는 연구가 필요하며, 확인된 인물 중에서도 사실관계를 좀 더 명확히 할 부분이 있다. 이득복과 관련하여 자료 A의 1592년 4월 29일자 기사를 보면 다음과 같다.

> 4월 29일: 이날 서면(西面)에 거처하고 있는 중부(仲父)[26] 이득복이 창의하였다. 그는 서생으로서 무예에 익숙하지 못하였으나, 동면(東面)의 외종(外從) 박경신 측이 급히 돌리는 격문을 보고 병사 수십인을 모아 최정산에서 의병을 일으켜 오직 충의로써 의사들을 격려하며 적을 토벌하여 읍성을 탈환하고자 하였다.[27]

이 자료는 이득복의 조카 이기옥이 정리한 것이다. 이를 통해서 보면, 이기옥의 숙부 이득복은 박경신의 격문에 자극을 받아 청도 서면 쪽의 최정산에서 독자적으로 의병들을 모아 4월 29일에 창의의 깃발을 올렸다고 하였다. 따라서 박경신 혹은 박경전의 창의 시점보다 6일 정도 늦었던 것이다. 그런 후 이득복은 5월 19일 최정산에서

26) 이득복을 중부(仲父: 작은 아버지)로 표현한 것은 창의일록을 정리한 두암 이기옥의 입장에서 표현한 용어이다.

27) 『삼우정박경신선생실기(1994)』 「창의일록(倡義日錄)」 1592년 4월 29일 "是日 居西面仲父李得福倡義 其書生而不閑弓馬也 見東面外從朴慶新之移檄文以聚兵得數十人 義旅於最頂山 徒以忠義 激厲義士 欲奪邑城討賊"

벌어진 왜적과의 전투에서 전사하고 말았다. 이 상황에 대해 자료 A에서 이기옥은 "서면 의병장 이득복 중부(仲父)께서 전사하였다. 이때에 의병장 이득복은 의병 7~80 기마병을 거느리고 최정산에서 진을 쳤다. 이날 의병진과 왜적은 이화(수야 4리 귀일 뒷산)에서 싸워 적 3급을 베고 왜적을 바라보니 패하여 바람처럼 달아났다. 의병군이 승세를 몰아 적을 추격하다가 돌아옴에 미쳐서 길에 매복해 있던 왜적들에게 이득복 의장은 탄환을 맞았으며, 적은 기치를 돌리다가 의병에게 돌진해 들어가매, 의병군은 크게 패하여 죽은 자가 반을 차지하였고 모두 흩어졌다."라고 서술하고 있다.

자료 A와 B 중에 전투 지휘 인물이나 전투 상황과 날짜까지 합치되는 유일한 곳이 바로 서면 의병장 이득복의 전사 부분이다. 그런데 자료 A에서 이득복 의장(義將)이 7~80 기병을 거느리고 전투에 임했다고 했지만, 『박씨충의록』에서는 100여 기, 자료 B에서는 1,000여 기로 부풀려져 있음이 확인된다. 지금까지의 정황을 놓고 추론해 본다면, 서면 의병장 이득복은 4월 23일 전후 박경전의 창의 대열에 합류했던 것이 아니라, 서면에서 독자적으로 창의의 깃발을 올려 왜적과 맞서다 전사한 것으로 보는 것이 합리적일 것 같다.[28]

지금까지 청도 임진왜란 의병의 창의 인물과 관련하여 기록상의 차이점을 살펴보았는데, 자료 B로 편집되기까지는 수많은 수정 내

28) 이기옥의 문집에는 이득복 전공을 인정받기 위해 올린 정문(呈文)이 실려 있다. 여기에 의하면, 이득복이 서면에서 독자적으로 창의하여 동면에서 활약한 수성장(守城將) 박경전 의병대와 왜적을 협공하였음을 그렸을 뿐, 박경전 휘하의 포획장으로 활약했음을 암시하는 내용은 보이지 않는다(『두암선생문집(竇巖先生文集)』 권3, 呈本郡文).

용들이 있었다. 오류를 잡기 위한 것인지 아니면 실재(實在) 여부와 상관없는 새로운 '역사 만들기' 시도인지에 대해 진지한 고민을 해야 할 시점이다. 전해내려 오는 수많은 인물 관련 자료들 중에는 후손들 혹은 후학들에 의해 '역사 만들기'와 '역사 지우기'가 광범위하게 자행되어 왔던 것이 엄연한 현실이기도 하다.

2) 청도읍성 탈환

임진년 7월 9일의 청도읍성 탈환은 우리 의병사에서 매우 의미 있는 사건이다. 첫째, 왜군에게 짓밟힌 영남 열읍들 중에서 가장 이른 시기에 이룬 쾌거라는 점, 둘째, 인근의 수많은 군현 군사를 동원한 영천이나 경주 읍성 탈환과는 달리 자인현 의병들에 협조를 얻은 청도 의병들이 주체가 되었던 점 때문이다. 특히 읍성을 버리고 최정산으로 숨어버린 청도군수 배응경을 대신하여 주체적으로 활약한 청도 의병의 공적은 작은 것이 아니었다. 읍성을 탈환한 의병장은 주위의 반대에도 불구하고 군수 배응경에게 모든 권한을 인계했으며, 이후에는 의병이란 칭호 대신 관군(官軍)을 칭함으로써 작전과 전과를 모두 공적(公的) 틀로 돌렸다.

그런데, 그 주인공으로 자료 A에서는 박경신을, 자료 B에서는 박경전을 내세우고 있어 혼란을 주고 있다. 이런 의문점을 풀기 위해 자료 A의 임진년 7월 9일자 읍성 탈환 기사부터 검토해야 할 것 같다. 다음은 기사 전문이며, 서술 편의를 위해 ① ① ③으로 나누었다.

① 寅時 초에 先生(박경신)은 휘하 의병들을 집결시켜 놓고 "너희

들은 모두가 용감한 사람들이다. 적과 맞서 물러서서는 안 된다. 오로지 있는 힘을 다해 왜적을 무찔러 주기 바란다." 라고 하고는, 앞장서서 말을 타고 달리자, 은신처에서 나온 군수가 따르고 휘하 병사들이 선생의 뒤를 따랐다. 이 때 박지남은 자인에서 온 최문병 휘하의 지원병을 인도하는 길잡이가 되어 中山에서 邑城을 향하여 진격했다. 새벽에 청도와 자인 양쪽 군사가 栗林 근처에서 합류했는데, 그 세력이 700~800명에 이르렀다. 날이 밝아질 무렵 청도 자인 연합군은 관아 앞에 당도했다. 여러 왜적이 칼날을 번쩍이며 뛰쳐나오자 先生의 화살 하나가 적을 맞춰 거꾸러뜨렸다. 그러자 아군 진영의 사기는 크게 진작되어 여러 병사들이 다투어 돌격하여 적을 패퇴시키자, 왜적들은 마침내 달아났고, 아군은 드디어 청도읍성에 들어갔다.

② 先生(박경신)은 입성한 휘하의 군사들 앞에 청도군수를 데리고 나와 우뚝 서서, "이제부터 이 성의 주인에게 모든 권한을 이양한다. 따라서 ㉠ 배웅경 군수가 우리 군사의 총사령관이 되었으므로 앞으로 이분의 명령에 따라야 한다." 고 명했다. 그러자 ㉡ 朴慶傳이 "卿(박경신)은 청도조전장입니다. 왜적을 맞아 싸운 것은 ㉢ 청도군수의 명에 따른 것이 아니라 흩어져 있는 의병들을 모아 ㉣ 조전장의 군법대로 싸워 읍성을 탈환하는 큰 성과를 거두었는데, 어찌 패배하여 달아난 청도군수를 지휘자로 세운단 말입니까? 그것은 우리 의병들에게 아무 도움이 되지 않으니 군수를 몰아내는 것이 옳습니다."라고 항의했다. 이에 ㉤ 선생(박경신)은 "그 말은 심히 옳지 못하다. 백성과 관리의 분수는 지켜

야 할 일과 따라야 할 법이 따로 정해져 있는데, 이에 순응하면 복이 되고, 거스리면 화가 되는 법이라 이것을 무시하면 어지러움으로 돌아갈 것이니, 군수를 모시고 함께 왜적을 물리치는 것이 옳지 않겠는가?"라고 하였다. 이 말을 들은 군사들은 모두 감복하였다. 이로써 군사의 규율과 여러 조치가 모두 ㉥ 군수 명령과 지휘에 따랐다. 그리고 의병이란 칭호도 없애고 관군이라 부르게 하였으며, 갖가지 보고 사항 군수 명의를 사용케 하였다. 이에 따라 청도조전장이 수행하는 작전과 전과 및 공훈도 모두 군수에게 돌아가게 하였다. 이를 보고 휘하의 장졸들이 의롭게 생각하지 않는 이가 없었다.

③ 이 때부터 산속에 피난하여 숨었던 군민들이 집으로 돌아오게 되고 농사일을 하게 되었다. 청도읍성에서 달아난 왜적은 오례성으로 갔다가 밀양으로 퇴각했다.

위의 ①은 박경신 지휘아래 청도와 자인 연합의병진이 일사분란하게 읍성을 공격하여 적을 내쫓고 입성하게 되는 과정을 묘사한 장면이다. ②는 박경신이 군수 배응경에게 모든 권한을 이양하려 할 때 종제(從弟) 박경전이 반대 하였지만, 대의명분을 앞세운 설득으로 휘하의 군사들을 감복케 한 장면과 더 이상 의병이란 칭호를 쓰지 않는 대신 관군으로 편입시켜 모든 공적을 지휘권을 가진 군수에게 돌아가도록 한 장면이다. 그리고 ③은 읍성 탈환 후 백성들의 안집 상태 및 퇴각 왜군들에 대한 부가 설명이다. 따라서 위의 기사에서 ①②가 가장 핵심 요소임을 알 수 있다.

박경신이 군수에게 지휘권을 넘겨준 것은 대구 진관(鎭管)에 예속된 청도군수의 동첨절제사(同僉節制使) 역할 회복이란 차원이라 할 것이다. 이는 무너진 국가의 군사행정 체계를 되돌리려는 것이었는데, 무과 출신의 박경신이 여러 해 동안 경외직을 경험한 데서 나온 것이다. 이와 함께 청도읍성 탈환 후 의병 칭호를 버리고 관군으로 칭하도록 한 것은 나라에서 공인한 청도 조전장으로서의 임무를 다하기 위한 것이었다. 왕조국가에서 사적으로 병력을 동원하는 것이 자칫 반역으로 몰릴 위험성을 내포하기도 하거니와 흩어져버린 관군 복구를 위해 지휘권을 일원화해야 한다는 명분을 택한 것이었다.

지금까지 자료 A에 실린 청도읍성 탈환에 대해 살펴보았는데, 자료 B에서는 박경신이 아니라 박경전 중심으로 서술되어 있다. 우리는 자료 B를 살펴보기에 앞서 『박씨충의록』의 읍성 탈환 기사부터 확인할 필요가 있다. 실상을 이해하는 데 도움이 되기 때문이다. 『박씨충의록』은 7월 9일이 아닌 7일자에 실려 있는데, 위에 제시된 자료 A의 ①과 ③은 생략된 채 ②부분만 소개하고 있다. 그 중에서도 서두를 제외한 밑줄 친 부분만 옮겨 왔는데, 그대로 옮긴 것이 아니라 박경신이 아닌 박경전 활약으로 수정을 가하였다. 어떤 단어와 단락이 수정되었는지는 원문(原文)으로 확인하는 것이 이해하기가 쉽다.

城主移帖 ㉠以裵主倅(公)爲總帥(代將) 令聽節制耳 ㉡慶傳抗(軍中皆)曰 卿淸道助戰將也(朴義將) 當賊勢(熾張之日) 非有㉢主倅之令(官守之號令) 而收散卒 聚義徒 已成㉣助戰將之法(自家軍法) 垂成大功 而何以城主立奔敗之餘來制成事之中 非吾輩之利

也 拒之爲可也 ⓜ先生(公揖)曰 此甚不可 民主之分典法所係順逆之道 禍福所由人而蔑 是同歸亂流 奉城主共事討賊 不亦可乎 軍中聞之 莫不感賀 於是(遣吏卒迎城) 軍機擧措 一聽城主指麾 去義兵之號 而稱官軍 每報必稱ⓑ郡倅(代將) 輒有軍功 盡歸城主 諸將士無不義之

위의 원문은 자료 A의 읍성 탈환 기사 ②의 밑줄 친 부분인 동시에 『박씨충의록』 읍성 탈환 기사의 전체 분량이고, ㉠~ⓑ으로 표시한 부분이 수정된 곳이다. ㉠~ⓑ의 밑줄 친 부분은 『박씨충의록』에서 삭제된 글자이며, ( )안의 글자는 삭제된 글자를 대신하여 새로 교체해 넣은 것이다.

이렇듯 『박씨충의록』 편집과정에서 삭제와 교체된 내용을 보면 박경신의 행적을 지우고 박경전을 부각하기 위한 것임이 잘 드러난다. 예컨대 ㉠의 밑줄 친 부분 "배군수가 우리 군사 총사령관이 되어(裵主倅爲總帥)"라고 한 부분이 "공(박경전)이 대장이 되어(公爲代將)"로 바뀐 것이다. 이런 기조는 계속 이어지는데, ㉡ ㉢ ㉣을 보면 읍성에 입성한 박경신이 모든 권한을 배군수에게 넘기려 했을 때, 청도조전장(박경신)으로서 공적과 권한 인계를 박경전이 반대했던 내용이다. 이에 반하여 『박씨충의록』에서는 군수 배응경이 읍성 탈환을 지휘한 박경전을 대장으로 삼자, 휘하 군사들이 산속으로 달아났던 배군수가 갑자기 공적을 가로채려는 것에 불만을 토로한 것으로 수정했다. ⓜ은 공적을 넘기는 것에 반대하는 의견에 대처하는 의병장의 의로운 행동을 잘 표현하고 있지만, 각각 박경신과 박경전으로 달리 기록하고 있다. 그리고 마지막 ⓑ을 보면, 관군에게 인계한 상황에 따른 모든 보고를 군수에게 일원화하여 공을 군수에게 돌렸다고 한 것을 두고, 『박씨충의록』에서는 모든 보고를 군수가 아닌 대장(박경전) 명의를 사용했다는 것으로 표기되었다. 이렇듯 전체 문맥에서 박경신 역할이 지워진 대신 모든 것이 박경전의 것으로 수정되었다.

그런데 위의 『박씨충의록』 내용은 자료 B로 편집되는 과정에서 또 한 차례 가필과 수정한 것들이 보이는데, 이를 확인하기 위해 자료 B의 7월 9일자 기사의 전문을 제시하면 다음과 같다.

> ⓐ청도 군수 배응경이 朴義將(박경전)이 성읍을 보전했다는 소식을 듣고 비로소 군에 복귀하여 박의장(박경전)을 代將으로 삼고자 하니, 의장(박경전) 휘하 사람들이 분하게 여겨 "우리 의장이 당초 적세가 크게 떨친 건 관청의 명에 따른 것이 아니라 散卒을 수습하고 의를 세워 스스로 군법을 이루어 큰 공을 세웠는데, 지금 배군수가 깊은 산에 달아났다가 ⓑ이미 서너 달을 지낸 지금에 갑자기 다른 사람이 성사해 놓은 것을 주장하고자 하니, 무슨 일인가, ⓒ그는 食祿의 신하로 국난에도 죽지 않고 성을 버리고 달아났으니 신하의 도리가 아니거늘 어찌 맞아들이겠는가, 칼로 베는 것이 좋을 것이다." 하니, 의장(박경전)이 의리로서 울면서 말려 가로되, "그 말은 심히 옳지 못하다. 백성과 관리의 분수는 지켜야 할 일과 따라야 할 법이 따로 정해져 있는데, 여기에 순응하면 복이 되고 거스리면 화가 되는 법이니, 이것을 무시하면 어지러움으로 돌아 갈 것이라. ⓓ또 못난 내가 喪中의 몸으로 이

같은 일을 일으킴은 부득이 한 데서 온 것이며, 진실로 충성을 떨쳐 난리에 대응하여 성읍을 보존하고 백성을 구제하여 더러움을 깨끗이 닦아내고 君父의 부끄러움을 씻을 자가 있으니, 내 어찌 감히 義將이란 이름을 감당할 수 있겠는가? 염치없이 자리에 앉았을 수가 없구나." 하였더라. 이에 군사를 보내 배 군수를 맞이하여 入城시켜 전후의 모든 功을 배 군수에게 돌려주니, 배 군수가 눈물을 흘리면서 감격하여 손을 잡고 결의형제를 원하더라. 이로써 義將과 義兵의 명칭을 떼어 버리고 官軍으로 일컬어 ⓔ더욱 마음과 힘을 합쳐 싸워 비록 공이 많으나, 자기 것으로 하지 않더라. ⓕ묻는 사람이 있으면 가로되 "城主의 힘과 戰士들의 용기이지, 내 어찌 공이 있겠는가?" 하였다. 軍中에서 다 말하길 "義將의 나라를 위한 충성과 공을 사양하는 의리를 사람으로 하여금 감복케 한다." 고 하더라.

위의 자료 B 내용을 보면, 큰 틀에서는 『박씨충의록』과 동일하다. 왜냐하면 자료 A의 ①에 언급된 내용, 즉 읍성 탈환을 위한 참여 부대와 전술 구사 등과 같은 상황들이 함께 생략되었기 때문이다. 이렇듯 자료 B가 『박씨충의록』과 동일한 서사 구조를 유지하고 있지만, 세부적인 내용을 달리 한 것들도 보인다. 그것은 새로 추가한 내용이거나(ⓐ~ⓕ), 같은 내용을 서술 형식만 달리한 것이(ⓕ) 섞여 있다.

자료 A에서는 박경신, B에서는 박경전이 읍성 탈환을 주도했다고 말하고 있지만, 그 구체적인 전개 내용을 들여다보면 원래 하나의 자료였음이 분명하다. 탈환한 읍성 지배권을 군수 배응경에게 넘기는 과정에서 주위의 반대의견을 물리치는 스토리가 동일 서사 구조이기도 하지만, 상황을 설명하는 문장의 글자까지 일치하는 곳이 너무 많다. 예컨대, "그 말은 심히 옳지 못하다. 백성과 관리의 분수는 지켜야 할 일과 따라야 할 법이 따로 정해져 있는데, 여기에 순응하면 복이 되고 거스리면 화가 되는 법이니, 이것을 무시하면 어지러움으로 돌아 갈 것이라(曰 此甚不可 民主之分 典法所係 順逆之道 禍福所由人而蔑是 同歸亂流)."라고 했던 것은 지휘권과 공적을 군수 배응경에게 넘기려는 것에 대한 불만을 달래기 위해 소리친 말인데, 자료 A에서는 박경신이, 자료 B에서는 박경전이 했다고 기록하고 있다. 하지만, 하나는 원본이며 다른 하나는 그대로 베낀 것에 불과하다. 서사 구조나 내용 구성이야 동일할 수 있지만, 이를 표기하는 글자까지 일치할 확률이 없기 때문이다. 글자까지 일치하는 곳은 이 외에도 앞에서 제시한 『박씨충의록』 원문에서 확인한 바와 같다. 따라서 자료 A →『박씨충의록』→ 자료 B로 재생산되었음을 여기에서도 거듭 확인한 셈이다.

임진년 7월 9일 읍성 탈환 작전이 청도 의병 단독만으로 진행되기는 어려웠다. 청도읍성 탈환이 있은 후에 진행된 영천이나 경주 읍성 탈환 경우에도 인근 여러 고을 의병들의 협조 없이는 불가능했다. 특히 경주 읍성은 인근의 16개 군현 병사들을 모아 2차례 공격 끝에 수복했다. 이렇듯 치밀한 사전 계획을 하지 않고는 불가능할 것이란 점을 놓고서, 자료 A가 담고 있는 전후 사정을 주의 깊게 관찰할 필요가 있다.

7월 1일 청도조전장으로 돌아온 박경신이 종제와 조카들을 불러 모았던 것은 물론, 2일에는 서면(西面)에 종제 경전을, 자인의 최문병에게 아들 지남을 보내 상황을 점검했다. 3일에는 최정산에 숨은 군수 배응경은 만났고, 4일에는 아들 지남을 다시 자인 의병장 최문병의 협조를 요청하는 편지를 보내 답신을 받았으며, 5일에는 동면에 있던 의병 간부들을 두곡(군 동쪽 20리)에, 서면에 있던 의병 간부들을 이화(현 수야 4리)에 집결하도록 격문을 돌렸다. 그리하여 7월 6일 동면에 흩어져 있던 의병장들을 신지로 불러 점검했을 때 김일령·정해·배원우·이만생·김온종·정인진, 그리고 박지남·박철남·박찬·박숙·박선 등이 참여했다. 이튿날(7일) 서면 쪽에 집결한 의병들의 면면을 보면, 박씨 문중의 박경전·박경윤·박린·박구·박근 외에도 지역 선비 최여준·이정욱·예몽진·반효홍·이잠·김홍한 등이었다. 이런 만반의 준비 끝에 7월 9일 청도읍성을 기습하여 탈환작전을 차질없이 수행했음을 잘 보여주고 있다. 청도읍성 탈환 작전에 참여한 박씨 일문의 11명 모두 후일 선무원종공신으로 책봉 받은 바 있다. 그런데 비해 자료 B에서는 읍성 탈환 준비 과정에 관한 내용들이 언급되어 있지 않다.

3) 명개곡 전투

명개곡(明介谷: 신지 동북방면 5리) 전투에 대해 자료 A는 임진년 8월 9일, 자료 B는 6월 9일로 다르게 기록되어 있다. 하지만, 이에 대한 전개 상황을 들여다보면 별개의 것이 아니라 동일한 전투임을 알 수 있다. 이를 확인하기 위해 우선 자료 A 내용을 보면 다음과 같다.

8월 9일, 적이 명개곡에 들어왔다. ① 先生(박경신)은 군사를 거느리고 달려가 저녁 무렵에 대천원(大川院)에 이르렀다. 밤에 선봉장들로 하여금 병사들을 인솔하고 요로에 매복시켜 놓고, 이튿날 아침에 많은 군사가 한꺼번에 돌진해 가니, 달아나던 왜적들은 매복한 아군들과 맞닥뜨려 많이 죽었다. 승세를 몰아 아군들이 추격하니 적들이 어지럽게 흩어졌다, 轉戰하여 동당(東塘)에 이르게 된 왜적 10여 명이 길을 읽고 엉겁결에 인가에 뛰어들어 문을 잠그고 숨었다. 이에 우리 군사가 밖에서 대문을 잠그고 불을 지르니, 왜적들이 마굿간 구멍으로 빠져 나와 칼을 휘두르며 고함을 질렀다. 아군은 왜적을 향해 일제히 활을 쏘아 거꾸러뜨리자 화살 맞은 왜적 1명이 무릎으로 기어 도망가려 하였다. 이 때 갑자기 나타난 ② 왜적 1명이 朴哲男을 몰래 뒤쫓아 왼쪽 다리를 공격하여 철남이 말에서 떨어지자 왜적이 칼로 철남 머리를 치려고 할 때 철남은 잽싸게 몸을 뒹굴어 피했다. 이를 본 朴瑾이 고함을 지르며 창으로 왜적을 무찌르고자 하니, 왜적은 박근에게 덤벼들었다. 이 틈에 박철남은 일어나 왜적의 등을 쏘아 맞추자 왜적이 쓰러졌다. 그리하여 ③ 朴哲男과 朴瑾은 모두 화를 면했고, 이날 朴瓚 朴埱 朴智男 朴瑄 朴璘 朴球 등 8명이 함께 추격하여 싸우니, 낙오된 왜적들은 숲을 따라 도망쳤고, 혼이 난 왜적들은 그 후로 청도 동면에는 감히 나타나지 못했다.

명개곡 전투는 자료 B에도 다음과 같은 내용으로 실려 있다.

6월 9일. 적이 명개곡에 들어왔다. ① 義將(박경전)은 군사를 거느리고 달려가 저녁 무렵에 대천원(大川院)에 이르러 군사들에게 밥을 먹이고 말을 쉬게 하였다. 金繼后를 보내 요로에 매복시켜 놓고 이튿날 아침에 군사를 이끌고 軍容을 성하게 하여 돌진하니, 달아나던 왜적들은 매복한 아군들과 마닥뜨려 많이 죽었다. 아군들이 상승세를 몰아 추격하니 적들이 어지럽게 흩어졌다. 轉戰하여 東塘에 이르게 된 왜적 2,000여 명이 길을 읽고 엉겹결에 인가에 뛰어들어 문을 잠그고 숨었다. 이에 우리 군사가 밖에서 문을 잠그고 불을 지르니, 왜적들이 마굿간 구멍으로 빠져 나와 칼을 휘두르며 고함을 지르니, 아군이 18명을 쏘아 넘겼다. 아군은 왜적을 향해 일제히 활을 쏘아 거꾸러뜨리자 활을 맞은 왜적 1명이 무릎으로 기어 도망가려 하였다. 그 중에 화살을 맞은 왜적 1명이 무릎으로 기어 달아나거늘 義將(박경전)이 활로써 뒤따라 좇을 새 척후병 金富者로 하여금 낙오병이 오는가 보라고 했더니, 김부자가 무릎으로 기어 도망가는 적을 주목하다가 미처 돌아보기 전에 낙오병이 뒤를 따라 먼저 김부자의 팔을 끊고 義將에게 습격해 왔다. ② 義將(박경전)이 뜻밖의 적으로부터 왼편 다리를 맞아 말에서 떨어지니 적이 다시 창으로 찌르고자 할 새 義將이 분발하여 몸을 일으켜 창을 빼앗아 그 왜적을 찔러 죽였다. 새로 날랜 적 수백 기가 돌격해 오니. 義將이 추격해 죽인 바가 심히 많았다. 이 때 여러 군사는 밖에 있고, 홀로 그 날랜 적을 당함에 적은 많고 아군이 적어 위태로운 지경에 이르렀을 때 掌書記 金後生이 바라보고 크게 호령하여 창을 휘두르며 나오니, 적이 바라

보고 습격해 왔다. 김후생이 義將 뒤에서 쏘는 적을 치니 죽은 자가 10여 인이었고, 김후생은 겨우 죽음을 면했다. 조금 후 의장은 상처에 나오는 피로 유혈이 낭자하고 인사불성이 되어 겨우 진에 돌아와 ③ 朴瑀와 朴璘 등 8명을 보내 추격하니, 다른 적 18명이 숲으로 달아났다. 그 다음날 복병이 또 적과 싸워 죽인 자가 심히 많았으니, 이로써 군의 기세가 떨치게 되고 적은 겁을 먹고 감히 동쪽으로 나오지 못하니 운문산 밑 80리 땅의 백성들이 비로소 안심하고 산으로 피난 간 자가 점점 돌아와 갈고 곡식을 심더라.

두 기록을 비교해보면, 전투 일시와 공을 세운 사람만 달리 표현되었을 뿐 동일한 전투 상황을 묘사했음이 분명하다. 명개곡 전투일시는 차치하고, 그 전모에 대해서는 두 기록을 통해 충분히 짐작할 수 있겠다. 자료 A와 B 전체를 통틀어 명개곡 전투만큼 당시 상황을 상세하게 묘사한 것도 드문데, 두 기록 모두 동일한 서시구조로 싣고 있다는 점에서 역사적 사실과 부합하는 것이라 단언해도 무방하다.

동당(東塘)에 이르게 된 왜적들이 길을 잃고 민가에 들어갔을 때, 의병들이 문을 잠그고 불을 지르자 왜적들이 마굿간 구멍으로 빠져나와 소리를 지르면서 대항하는 장면, 무릎에 화살을 맞은 왜적 1명이 다리를 끌고 기어가는 장면 등이 매우 실감나게 표현되어 있다. 그렇다면 이 명개곡 전투가 삼우정 박경신 중심으로 전개된 전투인가? 아니면 제우당 박경전 지휘 아래 치러진 전과였는가? 위의 두 자료 ①에서 확인되듯이 전투 지휘자를 달리하고 있다.

그리고 두 자료에서 ② ③으로 표시한 부분이 서로 대칭되는 핵심인데, 자료 A와 B의 ②에서 보는 바와 같이, 왜적에게 왼쪽 다리를 공격당해 말에서 떨어진 의병장을 놓고 전자는 박철남, 후자는 박경전으로 각각 달리 기록하고 있다. 뿐만 아니라 ③의 경우에도 전투에 참여한 인물을 달리 기록하고 있는데, 자료 A에서는 박철남(朴哲男)·박근(朴瑾)·박찬(朴瓚)·박숙(朴琡)·박지남(朴智男)·박선(朴瑄)·박린(朴璘)·박구(朴球) 등 8명으로 나타난다. 그리고 자료 B에서는 박우(朴瑀)·박린(朴璘) 등 8명으로 기록하고 있다. 둘 중에 하나는 왜곡된 것이 분명하다.

『박씨충의록』에도 명개곡 전투 장면이 나오는데, 박경전의 전공으로 상세하게 싣고 있지만, 여기에서 김부자(金富者)란 인물이 등장하지는 않았다. 그렇다면 김부자는 『제우당문집』과 『십사의사록』에서 새롭게 등장시킨 인물인데, 그 내용을 보면, "화살을 맞은 적 1명이 무릎을 끌며 달아나자, 박경전이 적을 쫓으면서 사후(伺候) 김부자로 하여금 망보게 하였다. 김부자가 무릎을 끌고 달아나는 적에 주목하느라 미처 돌아보지 못하는 사이 뒤따라오던 적이 김부자의 팔을 자르고 박경전에게 다가왔다. 박경전은 뜻하지 않은 적의 공격으로 말에서 떨어졌고, 적이 창으로 찌르려 할 때 그 창을 빼앗아 찔러 죽였다."라는 것이었다. 이 부분은 자료 A와 B의 ②에 해당하는 전투장면인 동시에 주인공 박철남이 박경전으로 수정된 부분이다. 박철남을 박경전으로 수정한 것이 1차 작업이었다면, 이를 놓고 박경전 전투 장면을 좀 더 실감나게 표현하기 위한 2차 작업에서 김부자란 인물이 추가되었을 것으로 추정된다. 김부자의 가문이나 이력은 파악하지 못한 상태이다.

『박씨충의록』에서부터 등장했던 김후생이나 김계후란 인물도 잘 확인되지 않는데, 김후생은 자료 B의 기록자로 알려져 있으며, 청도 관내 동화리(東化里)에 그의 동생 김후창이 살았다는 기록은 남아 있다. 그러함에도 이 기록은 박경전 종손 동로가 작성한 서문에서 언급된 것일 뿐, 본관이나 가문 같은 것은 물론 다른 행적들조차 확인되지 않는다. 김계후의 가문이나 이력에 대해서도 알려진 게 없다.[29]

자료 B의 명개곡 전투에는 김부자 외에 추가된 인물이 또 보인다. "박경전이 진지로 돌아와 박우(朴瑀)와 박린(朴璘) 등 8명을 보내 적을 추격하게 했다."라는 자료 B 내용을 놓고 『박씨충의록』과 대조해 보면, 박린(朴璘)은 기록에 없었다. 그렇다면 『박씨충의록』에 없던 인물이 자료 B에서 새롭게 등장한 것은 김부자와 박린 등 2명인 셈이다. 박린은 밀양박씨 소요당 후손들 선무원종공신 11명 가운데 한 사람이며, 아버지 박경윤(국헌공 파시조)과 함께 2등 공신으로 책봉된 바가 있다. 박린이 새롭게 추가되있다는 사실은 국헌공 후손들의 자료 B 위선사업 참여 정도를 보여주는 바로미터이기도 하다.[30]

한편 『박씨충의록』에서부터 등장한 박우(朴瑀)를 보면, 『일성록』에서 "17세 때에 임진왜란을 당하여 박경전(朴慶傳)의 군대가 있는 곳으

29) 김부자 혹은 김후생과 김계후 같은 인물의 본관이나 가문을 필자의 능력 부족으로 확인하지 못했을 뿐, 향후 이와 관련한 자료들이 발굴될 여지는 남아 있다.

30) 자료 C의 「조전일기」 1593년 1월 8일자 전투 상황 설명에서 박경신의 장남 지남(智男)을 종제(從弟) 경륜(慶胤)으로 수정된 것이 확인된다. 이 부분 역시 국헌공 공적을 부풀리려는 작업의 일환이며, 이에 대한 것은 후술하는 '조전일기 내용 검토' 편을 참고하기 바란다.

로 달려가 싸울 때마다 앞장섰다. 인조 2년(1624) 이괄이 난을 일으키자 남이흥(南以興) 부대 일원으로 저탄(猪灘) 전투에서 공을 세워 진무원종공신(振武原從功臣) 1등에 올랐다. 그 후 남포(藍浦) 임소에서 면직되어 집에 머무르다 병자호란(1636)으로 청나라 군대가 경기까지 침범했다는 소식을 듣고 아들 박상룡(朴尙龍)과 두 명의 동복(僮僕)을 데리고 충청 병사(忠清兵使) 이의배(李義培) 군대가 주둔 한 곳으로 달려갔다. 쌍령(雙嶺)에 이르러 적을 만나 힘을 다하여 싸웠는데 어디선가 날아온 화살이 가슴에 꽂혀 군문(軍門) 앞에서 죽었는데, 아들이 시신을 찾아 달을 넘겨 장사 지냈는데도 그 낯빛이 살아 있는 듯했다"라고 기록하고 있다.[31] 이는 정조대왕이 충신과 효자 열녀를 대대적으로 발굴 포상하려는 방침에 따른 기사내용인데, 이의준(李義駿)이 왕명을 받들어 정조 24(1800)에 편찬한 『존주휘편(尊周彙編)』에도 동일한 내용이 실려 있다. 그리고 여기에는 박우가 정조 19년(1795)에 호조참의로 증직된 사실까지 밝히고 있다.[32] 따라서 조선후기에 들어와 소고공파 후예들 중에서 가장 먼저 증직된 이가 기포공 박우였고, 그의 활동 범위도 매우 넓었다. 그리고 자료 B에 나타난 박우(朴瑀)의 공적을 생각한다면, 다른 박씨 문중원 11명과 함께 선무원종공신에 책봉되어야 마땅하다. 3살 많은 가형 박찬과 2살 터울 아우인 박숙까지 선무원종공신에 올랐기 때문이다. 그런데도 불구하고 박우는 인조반정으로 야기된 이괄의 난을 진압한 후 진무원종 1등 공신에 올랐을 뿐이다. 이런 점들을 결부시켜보면 박우는 임진왜란 당시 창

31) 『일성록』 정조 18년 10월 30일 갑신.

32) 『존주휘편(尊周彙編)』 卷之諸臣事實 3, 李義培 편.

의 대열이나 명개곡 전투에 참여하지 않았을 가능성이 크다. 이기옥이 남긴 「우민지(憂悶識)」에서, 임진왜란으로 청도 밀양박씨 일문에서 의병을 조직했을 당시 박우는 공부를 위해 영천에 머물렀다고 했던 사실에 무게감이 실리는 이유도 여기에 있다.[33] 그런데도 불구하고 박우가 임진왜란 시기부터 공적을 세웠다는 것으로 증직된 이면에는 박경전계의 김후생(金後生)이 작성한 「창의일기(倡義日記)」가 이후 각종 포상과 관련된 중요한 준거 자료로 활용되었다고[34] 지적한 선행연구에서 해답을 찾을 수 있을 것 같다.

정조 18년(1794)에 박우의 증직을 청원하던 상황을 돌이켜보면, 청도군수 김재순(金在淳)이 경상도관찰사 조진택(趙鎭澤)에게 올린 첩장(牒狀)의 근거가 임란 창의일록과 보첩(譜牒) 등이었으니,[35] 그 첩장 내용이 『일성록』은 물론 『존주휘편』에까지 그대로 옮겨지게 되었다.

아무튼 명개곡 전투에 대해 달리 표현한 두 사안을 놓고 본다면, 원본을 놓고 이를 재생산 과정에서 선투 날짜와 참가자를 달리 표기하고 있는데, 이는 이본(異本) 생산 과정에서 빚어진 실수가 아니라 의도된 수정이라고 보는 것이 이치에 합당하다.

---

33) 『삼우정박경신선생실기(1994)』「우민지(憂悶識: 이기옥 撰)」 참조. 당초 자료 A에 없던 박우(朴瑀)가 『박씨충의록』의 명개곡 전투에서 새롭게 등장하였듯이, 자료 C의 「조전일기」 1593년 1월 9일자 전투에서도 박우가 새롭게 추가되었음이 확인된다. 이 부분에 대한 자세한 설명은 후술하는 '조전일기 내용 검토'편을 참고하기 바란다.

34) 김성우, 2001, 「密城朴氏 嘯皐公派의 淸道 정착과 宗族 활동」『진단학보』 91.

35) 『십사의사록』 권5, 參議公請贈時道啓 "…前後擧義事蹟 載於壬亂倡義日錄朴氏刊行譜諜本郡輿誌…"

4) 전과(戰果)에 대한 검토

자료 B에 나타난 각종 전투에서 박경전이 이끌었던 의병들이 참수하거나 사살한 왜적 수를 합쳐보면 무려 1,000명 이상에 달한다. 그리고 노획한 우마(牛馬)나 복물(卜物) 또한 그 규모가 매우 다양하고 크다. 그런데 비해 자료 A에서는 전투마다 왜적을 벤 수가 수명에 지나지 않는 경우가 많아 두 기록이 대비된다.

임진왜란 당시 군공(軍功)에 대한 논상(論賞) 근거를 마련할 때, 조정에 보고되는 왜적 참살 숫자를 믿을 수 없다는 것이 가장 큰 난제였다. 직접 쏘아 죽인 것을 본 사람도 없는데, 세어 본 것처럼 올라 온 보고서가 많았기 때문이다. 예컨대 평양성 전투에 도강하여 접전을 벌인 왜적의 수가 300명도 채 안되는데, 각 진에서 사살했다는 보고를 합치면 6,200명이나 된다는 것이었다.[36] 당대에 파악했던 실상도 이러할진대, 후대의 후손들에 의해 가공된 자료의 신빙성은 더 떨어질 수밖에 없다.

따라서 우리는 자료 B가 『박씨충의록』을 바탕으로 편집되었음을 감안하여, 먼저 두 자료를 함께 검토해 보는 것이 필요하다. 박경전이 이끄는 의병들의 활약은 임진년 5월 1일부터 시작된다. 『박씨충의록』 소재 「창의일기」에서는 5월 1일 정광필(鄭光弼) 등 정예 40여 인이 모였다고 했다. 이에 대한 원문 자료를 보면 다음과 같다.

○ 5월 1일 선암에서 군사를 정돈하여 정광필(鄭光弼) 등 정예 40

36) 『선조실록』 권35, 선조 26년 2월 28일 계축.

여 인을 모았는데, 모두 정예(精銳) 분용(奮勇)한 자들이었다. 이 때 적이 사방 경내에 가득하여 인민이 흩어졌는데, 오직 운문산 한 방면은 요새에 의거하여 쉴 수 있었다.

그런데 자료 B에서는 정광필 등 정예 500명이 모였다고 했다. 40여 명이 500명으로 불어난 것이다. 초창기 의병들이 500명 이상의 부대를 쉽게 형성할 수 있었는가에 대한 점은 의문이 아닐 수 없다. 곽재우가 의령에서 4월 22일 거병할 당시 심대승, 권란 등 평소 알고 지내던 장정 10여 명과 그들이 거느린 노비들을 합친 숫자가 50여 명 남짓이었고, 이런 조촐한 병력을 가지고 의병장으로서의 첫발을 내딛었다. 의령에는 이때까지 왜군의 손길이 닿지 않았기 때문에 가능한 것이었다. 그런데 이미 적에게 유린되어 초토화되다시피 한 청도에서 단번에 500명 정도 병력 집결이 가능했겠는가 하는 점은 의문으로 남는다.

아무튼 『박씨충의록』과 자료 B를 대조해 보면, 전과(戰果) 부풀리기 사례는 일일이 거론할 수 없을 정도로 많다. 그 중에서 특이한 상황들을 모아보면 다음과 같다.[37]

37) 『박씨충의록』 소재 「창의일기」와 『제우당문집』이나 『십사의사록』에 실린 「창의일기」를 대조해 보면, 적을 벤 숫자나 전투 참가 인명을 달리한 부분들이 많지만, 기사가 없던 일자에 추가된 내용이 있다거나, 기사가 있던 일자의 내용 전체를 삭제한 부분도 상당수에 이른다. 이에 대한 구체적인 분석은 별도의 논문을 통해서 해야 할 것으로 보인다.

표 12 『박씨충의록』과 자료 B(『십사의사록』『제우당문집』) 내용 비교

일 시	박씨충의록	자료 B
임진 5. 1	정광필 등 40여 명 합세	500여 명 합세
5, 6	박경전이 50여 명을 이끌고… 동당전투 적8급, 말 2필 노획 의병 응모자가 200여 인	박경전이 2,000여 기를 이끌고 … 적 20급, 말 10필 의병 응모자가 3,000여 인
5.14	적 7급 사살	적 10명 사살
5.17	30여 명 사살 말 30여 필 노획	300여 명 사살 말 300여 필 노획
5.19	이득복 의장 100여 기병 지휘	500여 기병
5.20	적 9급 사살, 짐 6바리 弓矢 30여 부 획득	적 100명 사살 짐 10바리 弓矢 300여 부 획득
5.22	적 100여 기 침입	적 1,000여 기 침입
5.23	적 500여 기 선암 침입 자인의병 2,000여 인과 우리 군 200여 명 합세 참수 10급	적 5,000여 기 침입 자인의병 2,000여 인과 우리 군 3,000여 명 합세 참수 20급
5.26	박경선이 봉황애에서 적을 안고 죽음	박경선이 절벽에서 적을 안고 죽음
6. 5	적 기병 80여 명 선암 침입 참수 9급	적 8,000여 기 선암 침입 참수 100급
6. 9	명개곡 전투 적 30여 인	명개곡 전투 적 2,000여 인 전투참가자 김부자 박린 등 추가
7. 1	팔조령에서 적 6급 사살	적 50여 명
7.11	의장이 700명으로 여해원 전투 벌여 참 3급	의장이 1,000여 명으로 여해원 전투 벌여 참 수십 급
7.15	참적 5급	참적 50급
7.20	참적 2급	참적 50급
7.25	참적 3급	참적 30급
7.27	참적 2급	참적 5급
8. 1	참적 2급	참적 20급
8. 2	참수 9급	참수 30명 참적 20급
8. 5	참적 3급	참적 10명

일 시	박씨충의록	자료 B
8. 6	참적 5급	참적 50명
8.18	참적 3급	참적 30명
8.26	참적 1급	참적 10명
8,27	記錄 無	청도조전장 박경신 신지에 도착
8.28	참적 1급	참수 50명
9. 5	記錄 無	적 기병 5,000명 나타자자 義將이 3,000여 기병으로 100여 명을 죽임.
9.11	記錄 無	경주성 탈환전투 지원
9.24	적 5,000여 명이 약탈하자 박경전이 조전장(박경신)과 함께 적 수백을 죽이고, 2명을 참	적 數萬명이 약탈하자 의장이 정병 3,000으로 대파하다. 죽은 적의 수가 부지기수이며…
9.25	兵使 박진과 함께 참 1급	兵使 박진과 함께 참 數十급
9.27	적 50여 인을 추격하여 참 2급하고 卜物과 牛馬 5필 획득	곽재우를 찾아가 군사 일을 논하고 무기를 얻어오다.
9.28	記錄 無	적 10,000여 기병 침입하자 3,000여 기병으로 진격하니 밟혀죽은 자가 반인데, 적 100명을 죽임.
9.29	記錄 無	공암에 머물며 군마를 쉬게하고, 백성들에게 농사 짓게 하여 군량에 대비하다.
9.30	記錄 無	이후의 일기가 많았으나 유실되어 찾을 수 없다.
계사 윤11.28	權令을 방문했을 때 兵使 박진이 공의 진중을 찾아옴	記錄 無
윤11.28	곽재우를 찾아가 무기를 청함	記錄 無
12.11	대구에 가서 초유사 김성일을 만나 군사 일에 논함	記錄 無

『박씨충의록』 소재 「창의일기」 기록자를 김후생이라 하였고, 자료 B 기록자 역시 김후생이라 하였다. 그런데도 불구하고 이런 차이를

보이는 것에 대해 어떻게 설명해야 할까? 원본을 토대로 자료를 재가공하던 과정에서 공적을 부풀리려는 후손들의 그릇된 판단이 빚은 결과임이 분명하다.

앞에서도 언급했듯이, 임진왜란 당시 적을 사살한 숫자 보고가 허위인 경우가 많았다. 이에 선조가 직접 명을 내려 일단 장부에 적어놓고 후일 정돈되기를 기다려 조치하는 방법을 택했는데, 참수한 숫자는 허위일 가능성이 낮았지만, 화살로 사살한 경우엔 그 수효를 정확하게 확인하기 어려웠다. 이에 처음에는 사살 2명을 수급 하나로 간주했지만, 4명을 사살해야만 수급 하나에 준하는 규정을 만들기도 했다.[38]

당시 왜적을 참수하거나 사살한 근거는 각지에 파견된 겸순찰사가 발급한 「절지수교서(節祗受敎書)」였던 것으로 보인다.[39] 박경신과 그의 아들 박지남과 박철남이 받았던 「절지수교서(節祗受敎書)」 원본 13매가 현존하고 있는데, 이 교서들은 박경신이 1592년 11월 10일 청도 율림(栗林) 전투에서 왜적 1과(顆)를 참하여 4등 공신에 훈록한다는 11월 17일자 교서에서부터 이듬해 3월 12일까지 발급된 총 8매와 그의 두 아들이 받은 5매의 교서이다. 박경신이 받았던 것은 모두 10매이지만, 2매는 분실한 상태다. 이 교서 중에서 첫 번째에 해당하는 11월 17일자

38) 『선조실록』 권36, 선조 26년 3월 21일 병자.

39) '祗受'란 임금님이 내려주신 것을 공경하게 받는다는 뜻이다. 따라서 '節祗受'를 문서명으로 사용하기엔 부적절한 면이 있다. 임금님 말씀 혹은 명령인 '敎' 내지 '書書'를 높이기 위해 행을 바꾸어 쓴 것에 불과하다. 이런 형태로 남아 있는 당대의 문서가 희귀하여 본고에서는 그냥 「節祗受敎書」라 칭하기로 한다.

전문과 두 번째 해당하는 12월 21일자 전문을 소개하면 다음과 같다.

[원문]

節祇受

敎書內凡斬倭一級以上者皆錄爲功臣亦有旨是置 淸道助戰將朴慶新十一月初十日 栗林接戰時斬倭一顆依承傳 當錄四等功臣者 萬曆二十年十二月十七日 在安東

兼巡察使 (手決) 都事(手決)

[번역]

이번에 祇受한 敎書 중에 '무릇 왜적 1급 이상을 참한 자는 모두 공신으로 勳錄하라'는 교지가 있었고, 청도 조전장 박경신은 11월 10일 栗林 접전에서 왜적 1顆를 참했으니, 傳敎를 받은 바에 따라 마땅히 4등 공신에 勳錄함. 萬曆 20년 11월 17일 안동에서 兼巡察使(手決) 都事(手決)

[원문]

節祇受

敎書內凡斬倭一級以上者皆錄爲功臣亦有旨是置 淸道助戰將朴慶新 前後所斬四顆依承傳 當錄三等功臣者 萬曆二十年十二月二十一日

兼巡察使(手決) 都事(手決)

[번역]

이번에 祇受한 敎書 중에 '무릇 왜적 1급 이상을 참한 자는 모두 공신으로 勳錄하라'는 교지가 있었고, 청도 조전장 박경신은

前後 4顆를 참했으니, 傳敎를 받은 바에 따라 마땅히 3등 공신에 勳錄 함. 萬曆 20년 12월 21일

兼巡察使(手決) 都事(手決)

이 교서는 각 개인별 공적이 생기면 이에 상응하는 포상에 대해 경상도 순찰사가 임금을 대신하여 임시로 발급한 것임을 알 수 있는데, 전시 상황 속에서 현지에서 공적을 확인해 주는 차원이었다.

현존하는 13매와 분실된 2매(〈표 13〉의 일련번호 5-1, 8-1번)까지 모두 15매의 교지를 놓고 일목요연하게 일별할 수 있도록 표로 만들어 보았다. 이 작업은 자료 A 속에서 15개의 절지수교지 포상 내용과 일치하는 전투 상황이 있는지를 확인하기 위한 것이다. 확인이 된다면 두 자료의 객관성을 높이는 것이 될 것으로 판단된다. 분실된 교지까지 넣을 수 있었던 것은 이기옥의 필사본 「포상(褒狀)」이란 글 속에 박경신이 받았던 총 10매의 원문이 실려 있기 때문이다. 이를 현존 박경신 절지수교지 8매와 비교해 보면, 모든 내용과 글자까지 일치하고 있다. 따라서 이기옥의 필사본 「포상(褒狀)」이란 글은 신빙성이 높은 자료라고 해도 무방하다.

아래 〈표 13〉을 보면, 전투일시가 명기된 것이 있는 반면, 포상일시만 나온 것도 있다. 1번, 9번, 11번 절지수교서처럼 전투장소와 전투일자까지 명기하고 있는 경우가 3매이다. 이는 자료 A에서 해당 날짜 내용을 찾아보면 간단하게 확인된다. 그에 반해 전투 일시가 불분명한 나머지 교지들은 발급일 기준으로 약 7~8일 전의 전투 상황을 자료 A에서 찾아야만 했다. 왜냐하면, 대개의 경우 전투가 벌

어진 7~8일 후쯤 포상문서를 발급한 것으로 추정되기 때문이다(1번 9번 11번 자료에 근거함).

표 13 〈절지수교서〉와 〈자료 A〉 관련 내용 비교

번호	전투 일시	포상 일시	절지수교서 내용	자료 A 상 관련내용
1	1592 11.10	1592 11.17	청도조전장 박경신 栗林전투 왜적 1顆 참. 4등공신에 훈록	11.7 율림 전투에서 새벽까지 싸워 3급을 참수. 적들은 밀양으로 달아남.
2		1592 12.21	청도조전장 박경신 전후로 왜적 4顆 참. 3등공신에 훈록	12.11 井谷에 진을 친 왜적 토벌 1명 베다. 12.14 外終道 杜谷에 매복한 군사가 江津谷에서 접전 벌여 3명 베고, 포로 6명을 잡다.
3		1593 2. 2	청도조전장 박경신 전후로 왜적 6顆 참. 2등공신에 훈록	1.17 왜적 10여 인을 죽였으나 김온종이 죽는 등 피해가 컸다. 기습을 감행 적 1명을 베다.
4		1593 2. 3	청도조전장 박경신 전후로 왜적 7顆 참. 2등공신에 훈록	1.20 휘하 배원우가 적 1명을 베다.
5		1593 2.16	청도조전장 박경신 전후로 왜적 8顆 참. 2등공신에 훈록	2. 8 낙오병들이 대오를 갖춰 밀양으로 향하자 건현 박월에 매복하여 8명이나 쏘아 넘어뜨리고, 아군은 산으로 올라가 무사하다.
5-1		1593 2.17	청도조전장 박경신 전후로 왜적 10顆 참. 2등공신에 훈록	2. 9 왜적 5~6명을 베고, 돌아오다 율산이 전사하다. 다시 돌격하여 손수 2명을 베고, 휘하 부대들과 협력하여 5명을 사로잡다.
6		1593 2.29	청도조전장 박경신 전후로 왜적 11顆 참. 1등공신에 훈록	2.22 유천에서 들어온 적 5명을 베다. 2.23 熊峴으로 가던 적 3명을 베다.
7		1593 3. 3	청도조전장 박경신 전후로 왜적 12顆 참. 1등공신에 훈록	2.24 밀양으로 향하던 적을 赤巖에서 공격하여 3명을 베다.

8		1593 3.12	청도조전장 훈련판관 박경신 전후로 왜적 13顆 참. 1등공신에 훈록	3. 2 밀양으로 가던 적을 추격하여 5명을 베다. 3. 7 자인 땅 興定에서 적 4명을 베다.
8-1		1593 4. 8	청도조전장 겸 밀양도호부사 박경신 전후로 왜적 63顆 참. 1등공신에 훈록 ※ 4월 1일 밀양부사 임명	3.10 팔조현에서 적 5~6명을 베다 3.17 낙오병 수백명이 밀양에서 들어와 야영하자 기습하여 많은 왜적을 사살하다. 3.20 낙오병 500명이 청도로 진입하자, 군북 이화리(귀일) 전투에서 적 4명을 베다. 3.25 낙오병이 밀양에서 들어오자 3.27 적암에 주둔한 낙오병을 쳐 적 괴수 2명을 베다. 3.29 낙오병 500여 명이 이화리에 주둔하자 적 3명을 베었다. 적의 반격으로 간신히…
9	1593 1. 8	1593 1.16	청도 閑良 박지남 鋤巨里 접전 왜적 1顆 참. 4등공신에 훈록	성안의 왜적과 돌아가던 왜적이 합세한 200여 명이 군 동쪽 沙峴에 출몰하여 金谷으로 포위하니 조전장이 간신히 빠져나와 仙巖의 박지남 진지로 달려가 精兵 40여 명을 차출, 東倉에서 전투가 벌어져 왜적 수명을 베고 포로 4명을 구출해 오다.
10		1593 3. 2	청도 閑良 박지남 전후로 왜적 2顆 참. 4등공신에 훈록	위 2.23 혹은 2.24 戰果 참조
11	1593 1. 9	1593 1.18	청도 閑良 박철남 無屯里 접전 왜적 1顆 참. 4등공신에 훈록	井谷 向仁村에 침범한 왜적을 휘하의 조카 박찬 등을 보내 치게 하니, 1명을 베고 여러 명에게 상처를 입히고 소와 말을 빼앗아 왔다. 우마는 군사들에게 나누어 주었다.
12		1593 1.20	청도 閑良 박철남 전후로 왜적 2顆 참. 3등공신에 훈록	1.13 야습하여 왜적 7명을 베었으나, 아군 2명이 화살을 맞아 본진으로 돌아왔다.
13		1593 2.26	청도 閑良 박철남 전후로 왜적 4顆 참. 3등공신에 훈록	2.19 유천에서 낙오병을 맞아 驍卒을 거느리고 돌격하여 6명을 베다.

절지수교서 1, 9, 11은 발급자(겸순찰사)가 수급자(박경신, 박지남, 박철남)에게 최초로 발급한 것인데, 전투날짜와 전투지역까지 함께 명시되어 있는 특징을 보인다. 예컨대 1은 박경신이 율림 전투에서 접전을 벌여 왜적 1명을 참했기에 4등공신으로 확인해 준 문서이다. 이어서 박경신에게 발급된 2~8의 경우는 최초 발급 이후 새로운 공적(참수한 왜적 수)이 추가될 때마다 그 수(數)를 더하여 내려 준 것이다. 이런 사실을 놓고 본다면, 참적(斬敵) 누계에 따라 4등에서 3등 혹은 2등으로 공적이 상향 조정되어 갔으며, 누적 11과(顆)가 되었을 때 비로소 1등 공신에 훈록했음을 알 수 있다.

이렇듯 처음 발급된 문서에 전투지역과 날짜가 명기되고, 이후 누계 상황에 따라 등급이 올라간 형식은 박지남이나 박철남의 경우도 예외는 아니었다. 따라서 당시 절지수교서는 적어도 왜적 1명 이상을 참살했을 경우에 이를 확인하는 차원에서 내려진 문서였음을 알 수 있고, 이를 뒤집어 설명한다면 왜적 수십 명을 한꺼번에 참살한다는 자체가 매우 어려웠음을 말하는 것이기도 하다.

절지수교서 내용을 놓고 자료 A의 해당 날짜와 비교해 본 결과, 약간의 오차가 있으나 신뢰 수준을 크게 벗어나는 것은 아니었다. 전투가 벌어진 7~8일 후 즈음에 절지수교서가 내려졌던 것이 확인되고 있기 때문이다. 예컨대, 11월 17일자 발급 교서인 "청도조전장 박경신이 11월 초10일 율림(栗林) 전투에서 왜적 1과(顆)를 참하여 4등 공신에 훈록되었다"는 것은 매우 의미 깊은 훈적이 아닐 수 없다. 박경신이 순찰사로부터 그 공적을 최초로 확인받은 교서였고, 공적이 하나하나 쌓이는 과정에서 여기에 더하여 무려 10매의 교서를 차례로 받았기 때문이다. 이기옥이 정리한 「창의일록」에는 11월 10일이 아닌 7일자 기사에서 새벽까지 벌어진 율림 전투 상황을 담고 있지만, 경상좌도 안집사였던 김륵이 조정에 보고한 장계(狀啓)에는 11월 10일의 전투상황으로 나오는데,[40] 「창의일록」에서 3명을 참했다고 한데 반해 장계에서는 2명으로 되어 있다. 하지만 절지수 교서에서는 1명을 참하여 4등 공신으로 임시 훈록되었음을 알 수 있다.

한편, 서두에서 '자료 B의 각종 전투에서 참살과 사살한 왜적 수는 무려 1,000명에 달하며, 노획한 우마(牛馬)나 복물(卜物) 또한 그 규모가 매우 크다.'라고 제기했던 문제로 돌아가면, 이는 전투에 직접 참가했다는 장서기(掌書記) 김후생(金後生)의 기록이라고 알려져 있다. 그리고 자료 B에 언급된 수많은 전투 상황과 전과를 보면, 당시 청도지역에서 일어난 전투상황이나 전과(戰果)로는 상상을 뛰어넘는 규모여서 후대의 가필임이 분명해 보이고, 이는 당초 기록자로 알려진 김후생이란 인물까지 의심나게 만든다.

아무튼 자료 A와 B 공히 연속된 시간 흐름에 따라 그때그때 일기 작성이 이루어진 것처럼 보이지만, 실제로는 후대에 와서 재정리한 자료로 추정되는 것도 그 때문이다.

40) 『백암선생문집(栢巖先生文集)』 권5 狀啓 條陳慶尙道軍情賊勢狀啓(4) (安集使時 ○壬辰) "今十一月初十日 前部將朴慶新 夜擊於淸道城外 勇進齊擊 達曙酣戰 所斬雖止於二馘 而射殺之數 至於百餘 入城之賊 一時擧哭 焚其積屍 竝皆退走 我軍亦得全完 朴慶新 臣之所帶軍官 曾定助戰將於淸道 前斬一馘於慶州 今且力於殲敵 多數射殺 又得一馘"

제7장
「창의일록」과 「조전일기」 비교 검토

1. 「창의일록」과 「조전일기」

자료 A인 「창의일록」은 이미 인급한 바 있듯이, 임진년(1592) 4월 23일부터 박경신이 밀양관아에서 순직한 1594년 6월까지의 일기인데, 1990년에 비로소 그 존재가 알려진 자료다. 그런데 반해 임진년 10월 20일부터 박경신이 순직한 날까지의 기록을 담은 「조전일기」는 고종 4년(1867)년에 간행된 『십사의사록』에 실려 있어 일찍부터 잘 알려져 왔다. 두 기록을 살펴보면 동일 날짜의 동일 공간에서 벌어진 전투상황을 설명하고 있어 별개의 자료가 아님을 단박에 알 수 있다.

『십사의사록』에 수록된 박경신 행장(行狀)을 보면,[1] 임진왜란 당시 그의 활약상을 소개하고 있는데, 임진년 10월부터의 기록인 「조전일기」와 정확하게 겹친다. 행장을 받기 위해서는 찬자(撰者)에게 기초자료를 제공해야 하는데, 이때 행장(行狀) 찬자에게 제공한 기초자료는 자료 A가 아닌 자료 C였음을 알 수 있다. 이를 두고 이귀성은 두암 이기옥의 「난중일록(亂中日錄)」이라 칭하고 있었다.

아울러 자료 A인 「창의일록」과 자료 B인 「창의일기」에 대해서도 충분히 검토한 바가 있듯이, 자료 B는 임진왜란이 일어나 창의의 깃발을 든 4월 23일부터 그해 9월까지의 기록이었다. 이를 자료 C와 함께 놓고 보면 정확하게 날짜 공백 없이 연결된다. 그런데 자료 C를 자료 A와 비교해 보면, 양자 모두 겹치는 내용이기에 서로의 관련성이 매우 높다 할 것이다. 다시 말한다면, 자료 C의 원본이 자료 A였다고 추론해도 무리가 없어 보인다. 이를 확실히 해 두기 위해서라도 두 기록을 놓고 대비시켜 검증해 봐야 할 것이다.

자료 A에 있던 박경신의 글들이 자료 C에서 생략되었다. 예컨대, 임진년 10월 25일 손기양의 편지, 12월 13일 망우당 곽재우에 대한 화답시, 1593년 7월 15일 곽망우당에게 보낸 편지, 11월 15일 영남루에서 읊은 시, 12월 18일 신지에서 읊은 시, 1594년 3월과 4월경 밀양 관아에서 읊은 시와 한강 정구에게 보낸 편지글 등이다(다음의 〈표 14〉 참조 바람). 하지만 생략된 이 글들은 『십사의사록』 박경신 편의 본문 시서(詩書)로 옮겨져 있다. 『십사의사록』이라는 합본 문집을 편집하는 과정에서 자료 A 속에 들어있던 박경신의 시문(詩文)과 편지글

1) 박경신 행장(行狀)은 1826년(병술) 풍기군수 이귀성(李龜星)이 찬(撰)했다. 진성이씨 퇴계 후손으로 1756년(영조 32)에 태어난 그의 자는 이서(而瑞). 호는 속은재(俗隱齋). 생원시에 합격하여 풍기군수를 지냈고, 참판 이귀운(李龜雲)의 동생이다.

들을 따로 뽑아 본문으로 처리하고, 전투에 관한 것만 자료 C인 「조전일기」에 남겼던 것이다. 따라서 이는 편집상의 문제이지 내용을 왜곡한 것은 아니다.

그 다음으로 검토해야 할 것이 호칭 문제이다. 자료 A인 「창의일록」에서는 각 전투에서 벌어진 상황을 서술하는 가운데 주인공인 박경신을 선생(先生)으로 지칭한 데 반하여, 자료 C인 「조전일기」에서는 청도조전장(清道助戰將)으로 표기하고 있다. 이는 주어에 대한 표기 방법의 문제이기에 사실(史實)을 왜곡한 것은 아니다. 하지만 여기에는 편집자의 또 다른 의도를 숨기고 있음이 발견된다.

자료 A에 의하면, 청도가 함락된 3일이 지난 4월 23일에 박경신의 주도하에 그의 종제 박경전 등 일족 10명을 불러 모아 맹약문을 읽고 창의를 한 후, 이 상황을 보고하기 위해 한양으로 출발한 후 7월 1일에 돌아왔다. 그런데 비해 자료 B에서는 박경전의 주도로 창의군을 조직하여 각종 전투를 지휘한 의병장으로서의 공적을 기록하고 있다. 특히 자료 B는 김후생의 「창의일기」를 바탕으로 수백 년간 벌여왔던 위선사업의 결과물이었고, 박경전을 의병장으로 부각시키기 위한 목적이 제일 컸다. 그러기 위해서는 박경신의 활약상을 청도조전장 부임 이후로 한정해야만 했는데, 1823년경에 편찬된 『박씨충의록』 「총전(摠傳)」에서 "박경신은 조전장이 되어 대군을 이끄는 일을 도왔으며, 박경신은 의병장이 되어 의병을 일으켰다"[2]라고 한 것이나, 박경신의 전투상황 기록을 「조전장 창의일기」라고 명명한 것에서 그

2) 『박씨충의록』 「총전(摠傳)」 "慶新爲助戰將 助大軍之戰也 慶傳爲義兵將 倡擧義之兵也"

의도가 잘 드러난다. 따라서 박경신 호칭을 선생에서 청도조전장으로 변경하였다는 것은 의병이 아닌 관군(官軍)으로서의 의무를 강조하기 위한 것도 있지만, 자료 A를 B와 C로 나누는 과정에서 자료 B는 의병장(박경전), 자료 C는 조전장(박경신) 활약으로 대비시키려는 의도가 다분히 내포되어 있을 것으로 추정된다.

여기에서 조전장이란 직함에 대해 살펴보아야 할 것 같은데, 조선시대 조전장은 정식 편제에 나타나는 관직은 아니었다. 즉 위급한 상황이나 급박한 군사 동원 과정에서 임시로 임무를 부여하고 운영한 사례들이 찾아지는데, 성종 때는 자주 파견되었으나 선조 시기에 와서 새로 활용되고 있었다. 선조 16년(1583)에 함경도 건너편 오랑캐 율보리(栗甫里)가 국경을 넘자 박선(朴宣)과 이천(李薦) 등이 조전장으로 지휘 장수를 도운 적이 있고,[3] 임진란이 소강상태에 접어들었던 선조 29년(1596) 군공청(軍功廳)에서 공적을 조사하던 과정에서 올린 도원수 권율(權慄)의 계본(啓本)에 의하면, 김응함(金應緘)이 조전장으로 활동한 사실이 확인된다.[4] 관찬(官撰) 기록에는 보이지 않지만 임진왜란 중에 조전장 제도를 폭넓게 활용하고 있었는데, 학봉 김성일이 경상우도 감사로서 올린 장계에서, "도내의 각 고을에 모두 조전장을 두어 군대의 위세가 조금 강성해졌습니다."라고 하였듯이,[5] 임진왜란이란 비상시국에 경상도 전역에 조전장을 두었음을 알 수 있다.

「창의일록」 4월 23일자 기록에 의하면, "서원의 강당에서 군사 일

3) 「선조수정실록」 권17, 선조 16년 5월 1일 임오.

4) 「선조실록」 권75, 선조 29년 5월 27일 계사.

5) 김성일(金誠一), 『학봉속집』 제3권, 장(狀).

에 대한 계책을 세워 먼저 각각의 호칭을 정했는데, 선생(박경신)은 의병장 겸 조전장이 되어 대군의 전쟁을 도우며(又祠宇之講堂 計戎事 先定各號 先生爲義兵將兼助戰將 助大軍之戰也)"라고 하였듯이, 박경신이 스스로 조전장이라 칭했다고 한다. 유사시 군사 임무를 부여하는 조전장은 국가의 정식 임명절차를 거쳐야 한다는 사실과 배치되는 내용이 아닐 수 없다. 경상도 안집사(安集使)로 내려와 의병을 독려했던 김륵(金玏)의 『백암문집(栢巖文集)』에 따르면, 임진년 5월에 전(前) 부장(部將) 박경신을 청도조전장으로 삼았다고 하였듯이,[6] 박경신이 스스로 조전장이 될 수 있는 상황이 아니었다.[7]

한편 자료 C와 자료 A의 두 기록을 놓고 일자별로 내용을 대조해 보면 글자나 문장 자체가 동일하다. 따라서 『십사의사록』에 수록된 자료 C는 자료 A인 「창의일록」을 근거로 했다고 봐도 무리가 없다. 그런데, 두 기록 사이에는 전투에 참가한 병력 숫자나 전공 세운 사람을 달리 표기한 경우가 많다. 전투 참가 숫자나 참가자 인명은 결코 가볍게 넘길 사안이 아니다. 전공(戰功)을 따질 때 가장 핵심적인 요소이기 때문이다. 특히 전공을 세운 본래의 인물이 삭제되고 다른 인물로 대체되었다면, 이는 단순한 전투참가 병력 수나 적을 벤 숫자를 부풀리는 것과는 차원이 다르다. 후손들끼리 매우 예민한 상황이 연출될 수 있기 때문이다. 그럼에도 불구하고 자료 C에서는 이런 사례들이 자주 보인다.

---

6) 김륵(金玏), 『백암문집(栢巖文集)』 연보(年譜).

7) 박경신으로부터 넘겨받은 자료를 정리 과정에서 빚어진 이기옥의 실수일 가능성이 높다. 이런 점들이 사료적 가치를 훼손하는 부분이다.

2. 「조전일기」와 「창의일록」 비교표

앞에서도 언급했듯이, 『십사의사록』에 소개되는 첫 번째 인물은 다름 아닌 박경신이다. 이에 따라 박경신의 유고(遺稿)와 함께 그의 부록 편에 실린 「조전일기」 역시 임진왜란 당시 박경신의 활약상을 담은 것이었다. 그런데 「조전일기」는 임진년 10월 20일부터 박경신이 임지에서 순국하는 시기까지만 기록되어 있다. 다행히 자료 A에서 임진년 4월 23일부터 순국까지의 일기 내용이 수록되어 있어, 두 기록을 대조해 볼 수가 있다.

두 기록을 대조해 보면 동일한 글자로 표현된 동일 내용이란 점에서, 「조전일기」는 「창의일록」을 대본으로 작성되었을 것으로 판단된다. 다만 부분적으로 의도적인 개작(改作)들이 눈에 띄는데, 「창의일록」이 「조전일기」로 옮겨지는 과정에서 어떻게 수정되었는지 좀 더 알기 쉽게 〈표〉로 나타내면 다음과 같다. 「창의일록」의 밑줄 친 부분이 「조전일기」와 다른 내용이다.

표 14 창의일록과 조전일기 내용 비교

일시	倡義日錄	助戰日記
임진 10.20	병사 박진이 참모 권응수로 하여금 대구에 남아있던 적을 토벌하게 하였다. 선생은 별장으로 좌익군이 되어 … 왜적 <u>10여 명</u>을 베었다.	50여 명
10.25	손기양(밀양의병장)에게 편지를 보냈는데, 내용은 다음과 같다. …	省略
10.29	정예병 90여 명을 거느리고 오례산성에 진을 쳤다. 왜적 <u>300여 명</u>이 편대를 나누어 올라오자 선생이 공격하니 …	1,000여 명

일 시	倡義日錄	助戰日記
11.4	왜적 수백명이 청도 경계에 있는 천로 등지로 들어와 만행을 저지르자 … 적병 13명을 사살하고 적의 마필 20여 기를 사로 잡았다. …	50여 기
11. 7	왜적이 향교와 밤숲 등지에 진을 치자 정예병을 거느리고 …	
11.22	왜적이 군 동쪽 15리쯤의 정곡에 진을 치고 민가를 노략질 했다. 선생이 100여 명의 군사를 이끌고 왜의 기병 10여 명을 쏘아 넘어뜨리자, 왜의 보병 200여 명이 별안간 돌격해왔다. …	200여 명 40여 명 100여 명
12. 4	왜적이 팔조현에서 청도로 들어오자 선생이 병력을 이끌고 잠복시켜었던 복병과 함께 20여 명의 목을 베고 …	수십여 명
12.11	군내 주둔하던 500여 왜적이 동서로 나누어 … 선생은 배원우에게 복병을 모으게 하니, 2~300명이 모이게 되어 운수정에서 사열 …	700여 왜적 5~600명
12.13	곽재우가 보낸 시에 화답하는 글을 보냈는데, 다음과 같다. …	省略
12.14	밤에 적이 외종도 두곡에 도착 정보가 있어 군사를 정비 매복 …	
12.30	소모대장 조호익이 청도에 와 병사 모집을 요청하자 선생은 군내의 병력 100명 가까이 모집해 주고 …	수백명
1593 1. 7	대구 내왕 왜적과 군내 남아있던 왜적들이 군 동쪽 고미리에 진을 치고 분탕질로 사람을 죽이고 노략질하기에 선생이 병사를 거느리고 …	
1. 8	성에 있던 왜적과 돌아가던 왜적 200명이 합세하여 … 금곡을 포위하니 아군 진지가 소란스러워 선생이 포위망을 뚫고 … 선암에 진을 치고 있던 장남 지남의 진지로 가 정병 40여 명을 차출하여 …	600명 從弟 慶胤
1. 9	성안의 적들이 정곡 향인촌 등을 침범하니 선생이 병사를 이끌고 … 휘하의 조카 朴瑬 등을 먼저 보내 적을 치게 하여 1명을 베고 …	朴瑀
1.13	돌아가는 적 500여 명이 군의 동쪽 냇가에 노영하니, 선생이 밤중에 군사를 거느리고 공격하여 7명의 목을 베었다. 그러나 아군 김천이 등 2명이 화살을 맞아 …	
1.14	성에 있던 왜적이 나와 군의 동쪽 두곡에 진을 친다기에 선생이 동창에서 군사를 거느리고 달려가다 오히려 포위되었으나, 간신히 …	

1.17	새벽에 왜적과 싸워 10여 명을 죽였으나, 김온종이 적탄에 죽고 정인진은 포로가 되어 … 이날 밤 기습을 감행하여 적 1명을 베고 …	1월 15일
1.20	왜적 200여 명이 군 동쪽 熊峴을 넘어 두곡을 노략질 … 휘하 배원우가 1명을 베었다 …	
2. 1	낙오 왜병들이 天老 등지에 모여 숙영하며 횡포를 부려 선생이 군사를 거느리고 달려가 백여 명을 쏘아 죽이고 6명을 베었다. …	수백명
2. 2	초유사 김성일에게 병력 지원 요청하여 70명을 지원 받았다.	
2. 3	홍의장군 곽재우가 싸움마다 공을 세운다는 소식을 듣고 격문으로 서로 표리관계를 유지하며 합세하여 싸우자고 약속하다.	
2. 4	성안의 왜적 500여 명이 熊峴을 넘어 … 수십 차례나 교전하여 왜적 4~5명을 베었다. 아군 기세가 등등해지자 …	
2. 8	낙오병이 대열을 갖춰 밀양으로 향하자 선생이 정병을 거느리고 …	
2. 9	돌아가는 왜적 700여 명이 동문 밖에 밤을 보낸다는 정보를 듣고 …	
2.10	휘하 군관을 영천 신령에서 싸우는 의병장 권응수에게 보내 …	
2.15	돌아가는 왜적 수백명이 대구에서 밀양으로 향하자 선생은 …	
2.17	성안의 왜적이 군 동쪽 송라리에 노략질을 일삼자, 선생은 군사를 …	
2.19	선생이 유천에 진을 치고 왜적을 기다리고 있었는데 …	
2.20	유천에서 적을 만나 수 명의 목을 베고 …	
2.22	밤에 밀양 청도에 머물던 적이 유천에 모여 아군이 매복했던 …	
2.23	성안의 왜적이 熊峴으로 향하자 선생이 날랜 병사를 이끌고 …	
2.24	돌아가는 왜적이 청도로 와서 밀양으로 향하자 선생은 …	
3. 2	선생은 유천 적암 등지에 군사를 매복시켜 …	
3. 7	선생은 병력을 이끌고 자인현으로 갔다. 청도에 머물던 왜적들은 …	
3.10	군북 팔조현에 군사를 매복시켜 …	

일 시	倡義日錄	助戰日記
3.17	낙오병 수백명이 밀양에서 청도로 올라 …	700명
3.20	낙오병 5백여 명이 …	700여 명
3.25	낙오병이 밀양에서 청도로 올라오므로 …	
3.27	돌아가는 왜적이 모여 적암에 머물렀는데 …	
3.29	낙오병 오백여 명이 군북 이화리에 주둔했다. …	
4. 1	조정에서 軍功으로 선생을 청도조전장 겸 밀양도호부사에 …	
4. 9	낙오병 백여 명이 청도군으로 들어오자 …	
4.11	兵使 전령으로 경주에 주둔한 왜적을 토벌하게 되자, 선생은 다음날 1,000여 명의 군사를 거느리고 …	2,000여 명
5.16	선생이 유천으로 가서 방어사 김응서를 만나고 돌아왔다.	
5.22	선생이 오천에서 들으시길, 왜적 선박 500척이 밀양남쪽 10리 …	
5.24	선생이 유천에서 방어사 김공을 만나고 돌아왔다.	
6.12	선생이 왜적 토벌 일로 영천에 갔을 때 왜적들은 경주 안강 …	
6.21	진주성으로 이동하는 왜적 600여 명이 청도 낙오병과 오례산성 …	4월 4일 기사
7.15	선생이 장서기인 나(이기옥)를 화왕산 곽장군에게 보내 앞으로 작전계획과 협력에 관해 의견 교환하고 철환과 군기도 요청하라 하였다. *이 때 선생은 곽망우당에게 편지를 보냈는데, 그 내용은 다음과 같다. "… … …"*	*고딕체 이하 생략*
7.25	선생이 군사를 거느리고 팔조현으로 가 왜적 2명을 베었다.	
9. 6	선생이 박춘복 진지에서 돌아왔다. 27일 과거시험 응시자들이 …	
9. 7	선생은 순찰사가 영천에 머문다는 소식을 듣고 …	
윤 11. 1	선생이 밀양에서 초계로 와 군량미 50석을 監捧하였다.	
11. 7	선생이 烏谷에 돌아왔다.	
11. 8	선생이 왜적 2명을 베었다.	

11.10	병사 권공과 언양군수 위덕화 대암 박성이 진지를 방문했다.	
11.15	선생이 영남루에 올라 시를 읊었는데, 다음과 같다. "왜적이…… "	省略
11.16	선생이 明軍과 상의하기 위해 일찍 관아로 나갔다.	
11.17	선생이 진지에서 돌아와 방어사를 방문하니, 방어사 참모 손하안이 말하길 "방어사 김응서가 팔거첨에 와 있는 좌상 윤두수를 뵈니, 윤좌상이 방어사에게, '밀양부사 박경신은 왜적을 잘 잡을 뿐 아니라 민심도 얻어 도내 賢將이란 소문이 자자한데 정말 그러한가?'라고 물어니 방어사가 '밀양에서 선정을 베풀뿐만 아니라 청도를 능히 보존하니(能保淸道), 사로잡은 왜적 100여 급에 斬한 왜적이 합쳐 10顆 인지라 비교 대상이 없을 정도로 道內의 명장입니다 … …'	삭제 (能保淸道) 16顆
11.19	좌상과 元帥가 이 일을 啓達하다	
11.20	선생을 嘉善大夫로 승진하는 교지를 원수가 밀양으로 보내왔다.	통정대부
12. 7	선생이 순찰사 명에 따라 달려갔는데, 아들 지남 철남도 따라갔다.	
12.18	선생이 先考 제사를 위해 신지에 머물렀다. *밤에 시를 한 수 읊었는데, "해마다 기일을 맞이하여 … …"*	*고딕체 이하 省略*
1594 3월	선생이 밀양 관아에서 시를 읊었는데, 그 내용은 "……"	省略
4. 1	청화절에 선생이 寒岡 鄭逑에게 편지를 보냈는데, "… …"	省略
5.25	선생은 밀양부에서 나(이기옥)에게 倡義時日錄과 詩書筆稿 등의 원고를 정리하라면서 서류궤짝을 넘겨주셨다. 그 자리엔 지남 철남 두 진외종도 함께 있었다.	僉使従弟慶傳及内従姪李璣玉 修起兵倡義時日錄
6. 5	밀양관아에서 선생이 순직하였는데, 청도조전장 겸 밀양도호부사로 품계는 가선대부였다. 임종은 지남 철남 쌍둥이와 내(이기옥)가 함께 받들었다.	助戰將卒于官
6. 7	선생 시신을 밀양에서 신지로 운상해 왔는데 …	省略
6. 9	선생의 장례는 선달산 부인 의흥예씨와 쌍분으로 안장 … 병사 박진 만사, 병판 이항복 만사, 좌상 윤두수 만사 등 전문 수록	省略

위 표를 근거로 추론해 보면, 각종 전투에서 무찌른 왜적의 규모나

아군의 상황을 달리 표기하고 있는데, 숫자가 불어난 것이 후대에 생산된 자료일 것이다. 원본에서 왜적 50명을 베었다고 했다면, 이후 편간되는 자료에서 10명으로 축소할 이유가 없기 때문이다. 따라서 『십사의사록』에 실린 「조전일기」는 이기옥 필사본인 자료 A를 대본으로 재편집된 것이란 해석이 가능하다.

3. 「조전일기」 내용 검토

자료 C를 A와 비교해 보면, 아군이나 왜적의 수를 단순히 부풀린 것도 있지만, 이보다 좀 더 심한 왜곡들이 보인다. 전투에 참가한 인물이 바뀌고 있기 때문이다. 1593년 1월 8일의 기사를 보면 박경신의 장남 지남(智男)을 종제(從弟) 경륜(慶胤)으로 수정한 것이 확인되고, 1월 9일에도 조카 박찬(朴璨)을 박우(朴瑀)로 수정한 것이 보인다.

> 1월 8일. 성에 있던 왜적과 돌아가던 왜적 200명 [600명]이 합세하여 … 금곡을 포위하니 아군 진지가 소란스러워 선생이 포위망을 뚫고 … 선암에 진을 치고 있던 장남 智男 [從弟 慶胤] 의 진지로 가 정병 40여 명을 차출하여 …
>
> 1월 9일. 성안의 적들이 정곡 향인촌 등을 침범하니 선생이 병사를 이끌고 … 휘하의 조카 朴璨 [朴瑀] 등을 먼저 보내 적을 치게 하여 1명을 베고 …
>
> ※ [ ] 는 조전일기에서 수정된 내용임

왜적이 금곡을 포위했던 1월 8일의 전투에 등장한 박지남은 박경신의 장남으로 선무원종공신 2등에 책봉된 바 있는데, 그가 삭제된 자리에 박경전의 아우 박경윤으로 교체해 넣었다. 박경윤 역시 의병 활동을 함께 하여 선무원종공신 2등에 책봉된 인물이다. 그리고 1월 9일 정곡과 향인촌 전투상황에서 전공을 세운 박찬(朴璨) 대신 박우로 교체하였는데, 자료 A에 의하면 박찬은 4월 23일 창의 당시 그의 8촌 형 박근(朴瑾)과 함께 좌익장을 맡았고, 후일 그의 의병 활동이 국가적으로 인정을 받아 선무원종 3등공신으로 책봉된 바가 있다. 그런데 비해 그 대신 추가된 박우(朴瑀)는 인조반정에 불만을 품은 이괄이 난을 일으키자 이를 진압한 공으로 진무원종공신으로 책봉된 이후의 상황만 확인될 뿐, 임진왜란 당시 활약상은 잘 드러나지 않는다. 앞에서도 언급한 바가 있듯이 이기옥의 「우민지(憂悶識)」에 따르면, 창의 시점에 박우는 공부를 위해 영천에 있었다고 했다.[8] 이런 사실들에 근거한다면 박우는 임진왜란 당시 의병으로 활약한 것이 아닐 가능성이 크다. 14명의 임진왜란 의사를 추숭하는 과정에서 선무원종공신으로 책봉된 11명 외에 3명을 추가했는데, 그 중에 1명이 박우였다.

이렇듯 왜적 토벌에 참가하여 공을 세운 박지남이나 박찬이 박경윤 혹은 박우로 교체되고 말았는데, 이는 1823년에 편찬되었던 『박씨충의록』에서도 마찬가지이다. 오래전부터 전공을 세운 인물 교체 작업이 이루어졌음을 알 수 있다. 그런데 각 인물에 대한 수정 결과

8) 『삼우정박경신선생실기(1994)』 「우민지(憂悶識: 이기옥 撰)」

를 놓고 보면, 당시 위선사업을 주도했던 계열과 여기에 소외되었던 계열이 잘 드러난다. 즉 박지남과 박찬 후손들은 문중 위선사업에서 소외되었던 반면 박우와 박경윤 후손들이 문중 위선사업을 주도하거나 깊게 관여했음을 보게 된다. 앞에서 살펴 본『충효록』편찬 과정에서 14의사 위선사업을 주도했던 계열은 제우당파(박경전) 상우재파(박경준: 박경전 次男人後) 지평공파(박경인) 국헌공파(박경윤) 등이었다고 확인한 바 있다. 여기에 더하여 기포공파(박우) 후예들 역시 문중사업에 깊이 관여했음을 보여주고 있다.

이런 종류의 의도적 수정 사례는 비단 여기에 그치지 않는다. 임진년 윤11월 17일 좌의정 윤두수가 방어사 김응서에게 밀양부사 박경신에 대한 소문을 확인하는 과정에서, 방어사가 "(박경신이) 밀양에서 선정을 베풀 뿐만 아니라 청도를 능히 보존했다(能保淸道)"라고 구두로 보고했던 문구가 있는데,『십사의사록』의「조전일기」에는 '능보청도'를 삭제하였다. 그리고 이어 나오는 다음날 기사의 가선대부도 통정대부로 수정되어 있다.

> 11월 17일. 선생이 진지에서 돌아와 방어사를 방문하니, 방어사 참모 손하안이 말하길 "방어사 김응서가 팔거첨에 와 있는 좌상 윤두수를 뵈니, 윤좌상이 방어사에게, '밀양부사 박경신은 왜적을 잘 잡을 뿐 아니라 민심도 얻어 도내 賢將이란 소문이 자자한데 정말 그러한가?' 라고 물으니 방어사가 '밀양에서 선정을 베풀 뿐만 아니라 청도를 능히 보존하니(能保淸道 －삭제), 사로잡은 왜적 100여 급에 斬한 왜적이 합쳐 10顆 인지라 비교 대상이 없을 정도로 道內의

명장입니다 ……

11월 18일. 선생을 嘉善大夫 [通政大夫]로 승진하는 교지를 원수가 밀양으로 보내왔다.

※ [ ]는 조전일기에서 수정된 내용임

이상의 11월 17일 기사와 11월 18일 기사를 통해서 보면, 이는 청도에서의 박경신 공적과 역할을 축소하고 밀양에서의 공적으로만 한정하려는 의도가 아니고는 일어나기 힘든 부분이다. 뿐만 아니라, 조정에서 박경신에게 포상의 은전으로 가선대부(종2품)로 승진시킨다는 교지가 내려왔던 기사 내용에 대해 「조전일기」에서는 통정대부(정3품)라고 기록하고 있다. 이를 『박씨충의록』과 대조해 본 결과 동일하게 수정되어 있으니, 그 이전부터 수정작업이 이루어졌음을 알 수 있다.

그리고 일기 마지막 부분에는 더 중요하고도 핵심적인 내용들이 나타나고 있는데, 화살표로 표시한 부분이 『십사의사록』의 「조전일기」 내용이다. 이를 확인해 보면, 단어 한 두 개가 바뀐 것이 아니라 문장 전체가 수정된 것이다.

○ 1594년 5월 25일.

선생은 밀양부에서 나(이기옥)에게 倡義時日錄과 詩書筆稿 등의 원고를 정리하라면서 서류궤짝을 넘겨주셨다. 그 자리엔 지남 철남 두 진외종도 함께 있었다.

⇒ 첨사 종제 경전과 내종질 이기옥에게 군사를 일으켜 창의할 때의 일록을 다듬게 했다. (僉使從弟慶傳及內從姪李璣玉 修起兵倡義時日錄): 1593년 12월 20일자에 추가됨.

○ 1594년 6월 5일.

밀양관아에서 선생이 순직하였는데, 청도조전장 겸 밀양도호부사로 품계는 가선대부였다. 임종은 지남 철남 쌍둥이와 내(이기옥)가 함께 받들었다.

⇒ 밀양관아에서 조전장이 돌아가셨다.(助戰將卒于官)

삼우정 박경신이 죽기 1개월 전에 왜적을 토벌했던 내용을 담은 일록(日錄)을 비롯한 유고(遺稿)를 누구에게 넘겼는가 하는 문제는 매우 중요하다. 넘겨받은 사람이 주도적으로 정리했을 것이므로, 이후 박씨 일문에서 추진한 임진왜란 창의 활동에 대한 위선사업 주체가 누구였으며, 그 원본 작성자가 누구였는가 하는 문제와 직결되기 때문이다.

박경신은 생을 마감하기 열흘 전에 평소 간직했던 유고를 넘겨 정리를 부탁했는데, 자료 A에서는 이기옥에게, 「조전일기」에서는 박경전과 이기옥에게 넘겨 정리하게 했다는 것이다. 두 기록에서 차이 나는 것은 박경전이 추가되었다는 점이다. 이를 『박씨충의록』 소재 「조전일기」와 『십사의사록』 소재 「조전일기」를 대조해 보면, 전자는 해당 날짜에 기사 자체가 없다. 이에 비해, 후자에서는 "첨사 종제 경전과 내종질 이기옥에게 군사를 일으켜 창의할 때의 일록을 다듬게 했다(僉使從弟慶傳及內從姪李璣玉 修起兵倡義時日錄)."라는 내용이 추가되어 있다.

박경신 죽음 전후의 내용들을 자료 A와 『박씨충의록』을 놓고 비교해보면 삭제한 것들이 확인된다. 즉, 1594년 3월부터 6월 9일까지의 삭제된 내용을 보면 다음 표와 같다.

표 15 박경신 임종 전후 서술 내용에 대한 비교표

일자	자료 A	박씨 충의록	자료 C
1594 3월	선생이 밀양 관아에서 시를 읊었는데, 그 내용은 "……"	省略	省略
4. 1	청화절에 선생이 寒岡 鄭逑에게 편지를 보냈는데, "……"	省略	省略
5.25	선생은 밀양부에서 나(이기옥)에게 倡義時日錄과 詩書筆稿 등의 원고를 정리하라면서 서류궤짝을 넘겨주셨다. 그 자리엔 지남 철남 두 진외종도 함께 있었다.	省略	僉使從弟慶傳及內從姪李璣玉修起兵倡義時日錄(1593.12.20)
6. 5	밀양관아에서 선생이 순직하였는데, 청도조전장 겸 밀양도호부사로 품계는 가선대부였다. 임종은 지남 철남 쌍둥이와 내(이기옥)가 함께 받들었다.	助戰將卒于官	助戰將卒于官
6. 7	선생 시신을 밀양에서 신지로 운상해 왔는데 …	省略	省略
6. 9	선생의 장례는 선달산에 부인 의흥예씨와 쌍분으로 안장 … 병사 박진 만사, 병판 이항복 만사, 좌상 윤두수 만사 등 전문을 수록	省略	省略
	선생이 남긴 유고에는 편지와 보고, 詩書, 記, 祭文 등 분량이 궤짝에 가득하지만, 아직 다 정리하지 못하여 대부분 생략하였다.	省略	省略

위 표에서 확인되듯이, 자료 A에서 『박씨충의록』으로 편찬될 당시에는 박경신이 임지에서 순직한 사항만 간단하게 "조전장이 관아에서 졸하였다(助戰將卒于官)."라고 정리하고, 나머지는 모두 삭제하였다. 그러다가 이를 토대로 새롭게 자료 C를 편찬하는 과정에서 한 군데 추가한 것이 바로 1593년 12월 20일자 기사 "僉使從弟慶傳及內從姪李璣玉 修起兵倡義時日錄"이다. 날짜까지 옮긴 이 기사의 핵심은 박경신이 그의 생전 자료를 이기옥과 박경전에게도 함께 넘겼다는 내용이다. 이전에 편찬된 『박씨충의록』과 자료 C를 대조해 보면, 두 자

료 가운데 유일하게 다른 곳이 바로 이 기사이다. 박경신 유고를 놓고 어떻게든 박경전과 연결 지으려는 후손들의 의도가 잘 드러나는 대목이 아닐 수가 없다.

박경신이 생전에 유고 정리를 직접 부탁했던 사람 중에 확실하게 입증되는 인물이 바로 이기옥이다. 그런데, 자료 B인 「창의일기」 작업 과정에서도 이기옥이 등장한다. 김후생이 정리한 원고를 박경전이 생전에 이기옥에게 교정을 맡겼다고 하였던 것이 그것이다. 이렇듯 박경신의 유고 정리와 관련한 인물들이 서로 상반된 입장을 보이고 있는데, 자료 A는 오랜 기간 노출되지 않다가 1990년대에 와서야 공개되었다. 그런데 비해 자료 B는 여러 세대를 거치는 변천 과정에서 크고 작은 첨삭(添削)들이 자행되었음을 확인할 수 있었다.

문중 내부의 조상 현양사업이란 언제나 주도하는 계파와 동조하는 계파가 있기 마련이다. 그러는 가운데 문중 내부의 결속을 저해하는 알력들이 있었던 것도 사실이다. 김성우 교수의 연구 논문(1991)에 의하면, 박경전계의 김후생(金後生)이 작성한 「창의일기(倡義日記)」가 이후 각종 포상과 관련된 중요한 준거 자료로 활용 되면서, 박경신계의 이기옥(李璣玉)이 작성한 「창의일록(倡義日錄)」이 반영되지 못했으며, 이로 인해 그의 후손들이 사회적 진출 과정에서도 소외되었다고 지적했듯이, 밀성박씨 14의사를 추숭하기 위한 위선 사업에서 이기옥의 존재까지도 무시되거나 약화되었음이 분명하다.

제8장
「창의일록」과 여타 자료 비교 검토

청도 의병자료에 대한 객관성을 높이기 위해서는 『조선왕조실록』을 비롯한 다른 기록들과 교차 검증으로 풀어야 할 부분이 많다. 여기에서 유의할 점은 자료 성격에 대한 파악이 전제되어야 한다. 예컨대 자인 의병장 최문병 문집 같은 경우는 청도의병과 관련하여 많은 내용을 담고 있긴 하지만, 박경전의 『제우당문집』을 그대로 인용했다는 점에서 고려 대상에서 제외해야 한다. 이들 문집들은 19세기 중엽 이후 후손들에 의해 편찬되었고, 그 과정에서 오류를 범한 사실부터 먼저 파악하는 것이 순서이기 때문이다.

1. 『선조실록』과 비교 검토

자료 A에서 선조 26년(1593) 박경신이 청도 오례산성에서 왜적과 벌인 전투에 대해 다음과 같이 기록하고 있다.

○ 『창의일록』 1593년 6월 21일

진주성에 가려고 이동하는 왜적 600여 명이 본군의 오례성 아래에 영락된 왜적들과 합세를 하였다. 선생은 친히 복병장 김연석과 승병장 법징 등의 군사 도합 300여 인을 인솔하고 왜적의 행로를 기다리다가 졸지에 달려들어 왜적들에 돌격하니 어떤 한 적이 붉은 옷을 입고 굳센 말을 타고 칼을 휘두르며 횡포하고 방자하게 굴었다. 김연석이 선봉으로 쳐들어가 쏘아서 적의 기병을 떨어뜨리고 또 휘하의 서언량이 달려 쳐들어가 참수하였으며, 한만이가 또 보병 왜적 2급을 참수하니 이로써 모든 군사들이 승승장구하여 거의 모두 사살하게 되니, 적은 크게 다급해지며 싸울 수 없게 되어 궤멸되었다. 버려진 시신은 부지기수였으며 산 왜적들은 도망쳐 달아났다.[1]

이는 2차 진주성 전투에 총력전을 벌이려던 인근의 일본군들이 진

1) 『창의일록』 1593년 6월 21일, "赴晉州城 移賊六百餘 合勢本郡零賊於五禮城下 而先生 親率伏兵將金延石僧兵將法澄等軍合三百餘人 期賊路猝馳突擊之 有一賊 着紅衣 騎壯馬 揮劍橫恣 而金延石先登 射之賊墜騎 又麾下徐彦良 馳入斬首 韓萬伊 又斬步倭二級 以諸軍乘勝長驅 幾盡射殺 賊大慌 不能戰 潰 而棄屍不知其數 生賊遁走"

주로 집결하기 위해 청도를 지나던 상황에서 맞은 전투 상황이다. 강화교섭이 시작되어 4월 18일 휴전이 성립되었음에도 도요토미 히데요시는 일본군을 총 동원하여 진주성 공격을 시도했다. 한차례 진주성에서 크게 패한 바 있는 도요토미 히데요시의 복수심도 있었지만, 강화 교섭으로 해이해 질 수 있는 내부 기강을 다잡기 위한 수단이었을 것이다. 1593년 6월 22일에서 29일까지의 2차 진주성 공세는 영남 남부 전역에 영향을 미쳤는데, 청도는 부산에서 진주로 가는 일본군 경로 중의 하나였다. 진주성으로 집결하려는 왜적들이 청도를 지나간다는 정보는 밀양부사 겸 청도조전장 박경신이 미리 입수한 상태였고, 사전에 치밀한 작전 계획을 토대로 전투를 벌여 크게 무찔렀다. 그리고 이 상황은 조정에까지 보고되어 후일 『선조실록』에 오르게 되었다.

> 명나라 경략(經略) 송응창이 접반사 윤근수에게 '그대 나라 병마는 근자에 승전이 많았는데, 중국 사람들이 「그대 나라가 전에는 번번이 패배하였는데 지금 여러 차례 승전한 것은 무슨 까닭인가?」하고 물으니, 그대 나라 장관(將官)들은 「이제 하늘이 우리를 도와주기 때문에 항상 이긴다.」고 한다. 왜적이 비록 전라도로 향했다 하나 반드시 패망할 것이니 그다지 염려할 필요가 없다. 오늘 보고가 도착했는데, 그대 나라 군사가 청도(淸道)에서 대승하였다고 한다. 그대 나라에는 아마도 아직 보고가 도달하지 않았을 것이니 즉시 국왕께 아뢰라.'[2]

위의 『선조실록』 내용은 청도의 전투 상황을 명나라 송응창이 윤근수에게 전하면서 임금인 선조에게 보고하라고 종용하던 상황을 생생하게 전해주고 있는데, 진주성 전투가 벌어지기 전에 이미 청도에서 한 차례 대규모 전투가 있었고, 우리 군이 큰 승리를 거두었다는 내용이다. 여기에서 말한 청도에서 대승을 거둔 전투 상황이 바로 앞에서 살펴 본 자료 A의 1593년 6월 21일자이다.

서애 유성룡이 남긴 『진사록』에서도 자료 A와 『선조실록』을 뒷받침하는 내용들이 확인된다. 『진사록』 계사년 6월 20일자를 보면, "1593년 6월 18일 독포사 박진과 방어사 이시언·김응서·정희현 등이 올린 보고서에, 「밀양부사 박경신이 시급히 보고한 내용에, 영산현 북쪽 5리쯤 떨어진 보림산에 올라 멀리 바라보니 함안지역 경계 내에서 불꽃과 연기가 하늘까지 치솟고 영산지역 경계 안의 수로에는 왜적의 배가 수없이 정박해 있으며, 또 적병 100여 명은 매포(買浦)로부터 밀양부 경계인 웅현(熊峴)을 향해 가므로 밀양부사가 군사 20여 명을 이끌고 가서 적병을 갑자기 추격하여 쏘아 죽이고 넘어뜨렸으나, 많은 적병이 즉시 시체를 끌고 갔기 때문에 머리를 베지는 못했습니다」라고 했다"는 내용이 바로 그것이다.[3]

밀양과 경계에 위치한 청도 오례산성에서 벌어진 이 전투는 박경신의 지휘 아래 큰 승리를 거두었다. 그리고 독포사와 방어사는 박경신의 보고에 힘입어 적절한 방어조치를 취했지만, 안타깝게도 진

2) 『선조실록』 권39, 선조 26년 6월 29일 임자.

3) 유성룡, 『진사록(辰巳錄)』 「馳啓慶尙道賊勢危急狀 癸巳 6월 20일」(2001, 서애선생기념사업회)

주성 2차 전투는 아군에게 큰 상처를 남긴 채 패배로 끝나고 말았다. 그러나 청도 오례산성에서 벌어진 전투에서 박경신이 크게 승리하였던 사실은 조야(朝野)에서 크게 주목받고 있었다 할 것이다.

한편 자료 A의 1593년 윤11월 17일 기사를 보면, 좌의정 윤두수가 순시 차 영남의 팔거(현 칠곡)에 왔을 때 방어사 김응서를 만나, 밀양부사 박경신의 전투 상황에 대해 전해들은 바를 재차 확인하면서 나눈 대화 내용들이 수록되어 있다. 즉, 윤두수가 "밀양부사 박경신이 왜적 포로를 잘 잡을 뿐 아니라 민심도 얻어 도내에서 어진 사람이란 소문이 있는데 참으로 그러한가?"라고 묻자, 방어사 김응서가 "박경신은 밀양에서 선정을 베풀 뿐 아니라 청도도 온전하게 보전하고 왜적을 잡는데도 당할 자가 없어 직접 벤 것만도 수십 명이나 되니 도내에서는 명장입니다"라는 대답으로 이어지는 내용들이 수록되어 있다. 그리고 이때 좌의정 윤두수가 확인한 내용들이 윤11월 19일 조정에 보고되었다고 이기옥이 기록한 바가 있는데, 이와 관련된 사안들은 후일 『선조실록』에 다음과 같이 오르게 되었다.

> 비변사가 아뢰기를, "경상도 감사 등이 연속으로 치계(馳啓)한 것을 보면, 울산(蔚山)·경주(慶州)의 외롭게 살아남은 백성들이 충의에 분발하여 몸을 바치지 않는 이가 없어서 강적과 날마다 혈전을 벌여 아홉 번 죽더라도 돌아가지 않는다 하니 매우 가긍합니다. 지금 또 밀양부사 박경신(朴慶新)이 밀양의 남은 백성 20여 명을 불러 모아 꽤 전공을 세웠다고 하는데, 다른 곳의 백성이 적에게 달라붙는 것을 달갑게 여기고 오래도록 나오지 않는 것과

비교하여 본다면, 차이가 큽니다. …… 힘껏 싸워 군공(軍功)이 있는 이는 이미 논상(論賞)하는 중에 있으나 그 나머지 각 인원 등은 특별히 실시할 만한 상이 없으니, …… 전후로 힘껏 싸우다가 진중에서 죽은 사람은 별도로 기록하되, 만일 처자가 있는 이라면 즉시 잡역을 영원히 면제하여 수고롭지 않게 하고, 또 장관(將官)으로 하여금 한 곳에 단(壇)을 세워 간략하게 탁주(濁酒)와 보리밥으로 초혼제(招魂祭)를 올려 충혼을 위로하게 해야 할 것입니다. 이러한 뜻을 경상 감사 및 좌·우 병사·수사와 도원수에게 하유하여 각 장관에게 알려서 일제히 시행한 뒤에 계문하게 하소서." 하니, 매우 옳다고 답하였다.[4]

여기에서 밀양부사 박경신이 밀양의 남은 백성 20여 명을 불러 모아 전공을 세웠다는 것은 그해 6월 21일에 오례산성 전투에서 세웠던 것을 말한다. 아울러 20여 명의 백성이란 자료 A에서 구체적으로 언급된 바 있던 김연석(金延石)과 법징(法澄) 스님, 한만이(韓萬伊) 등과 같은 인물이었을 것으로 추정된다.

아무튼 『선조실록』에 수록된 박경신 관련 2개의 내용들은 자료 A에서도 확인되고 있으니, 이는 자료 A의 객관성과 신뢰 수준이 매우 높다는 것을 증명하고 있다.

4) 『선조실록』 권49, 선조 27년 3월 25일 계묘.

2. 문집류 비교 검토

1)『제우당선생문집』 소재「최문병서(崔文炳書)」

자료 A의「창의일록」7월 4일자에 따르면, 임진년 청도읍성 탈환(7월 9일)을 준비하는 과정에서 이웃 고을 자인 의병장 최문병에게 연합작전을 제의한 편지글과 최의병장 답신이 실려 있다. 그런데 그 2개의 편지글 전문은 제우당 박경전 문집에도 들어 있다.『제우당선생문집』 구성을 보면, 권1에 시 16수, 서(書) 2편, 문(文) 7편 등이 실려 있는데, 그 중에서 서(書) 2편이 바로 최문병에게 보낸 편지글「여최의장문병서(與崔義將文炳書)」와 최문병 답신인「답박의장경전서(答朴義將慶傳書)」이다. 이 책 권2·3에는 부록으로 창의일기를 비롯하여 행장·묘갈명·유장(儒狀)·포계(褒啓) 등이 수록되어 있다. 또 다른 책『십사의사록』의 박경전 편에도 이런 내용 중심으로 편집되어 있으나,「여최의장문병서(與崔義將文炳書)」만 수록한 반면, 최문병 답신인「답박의장경전서(答朴義將慶傳書)」는 수록하지 않았다. 이렇듯 자료 A에 실린 편지글 2개는 박경신이 최문병 의병장에게 보낸 것이라 하였음에 반해『제우당선생문집』을 비롯하여『십사의사록』에서는 박경전의 편지글이라 하였다.

「여최의장문병서(與崔義將文炳書)」는 원문으로 400자가 넘는 짧지 않는 글이다. 그리고 양쪽에 실리긴 했지만, 이는 어느 한 사람의 서신이었음이 분명하다. 동일한 내용으로 채워졌을 뿐 아니라 글자까지 동일하기 때문이다. 여기에서 우리가 주의 깊게 양측 기록을 대조해 보면 몇 군데에 차이 나는 곳이 있는데, 이는 옮기는 과정에서 실수가 아닌 의도적인 수정으로 판단되기도 한다. 따라서 자료 A의 7월 4일자 소재 최문병 의병장에게 보낸 편지글과 『제우당문집』의 「여최의장문병서(與崔義將文炳書)」를 서로 비교해 보아야 할 것 같다.

> 지난번 만나 論兵한 후로 그 생각들이 흐르는 물같이 차오릅니다. 비루한 이 사람이 겨우 한 목숨 부지하였으나, 지금 적의 세력들이 너무 크게 뻗치어 그 수효를 알 수 없고 사방에 가득하니, 郡民 [百姓]들은 황급히 깊은 골짜기로 모두 피해 버려 아무리 義理을 앞세워 적과 싸워야 한다고 타일러도 질서가 무너지고 …… 간신히 끌어 모은 병사가 겨우 ㉠400~500 [2,000~3,000]에 불과한데, 어제 새벽 왜적이 仙岩과 巾峴 등에 또 침범했습니다. ㉡아무 날을 [明日] 기해 왜적을 격파할 계책을 세웠으나 병력이 부족하여 …… 자인과 청도는 서로 경계를 접하고 있어 …… ㉢아무 날 동틀 무렵 [明日]에 시간에 맞춰 와 주시는 것이 어떻겠습니까?

위의 인용 자료 ㉠ ㉡ ㉢이 핵심인데, [ ] 안의 숫자와 글은 『제우당문집』 내용이다. 우선 ㉠을 보면, 자료 A에서는 청도에서 끌어 모은 병력이 겨우 400~500명에 지나지 않는다고 한 데 비해, 박경전의 『제우당문집』에서는 2,000~3,000명의 규모라 하였다. 박경전의 의병 활동을 담은 자료 B에서 초기부터 모은 병력 수가 2,000여 명이었다고 했으니, 이 편지글에서 2,000~3,000의 숫자가 되어야 하는 것은 당연한 귀결이었을 것이다. 그리고 ㉡ ㉢에서 박경신은 읍성 탈환 작전을 위한 군사 동원의 구체적 시간에 대해 아무 날을 뜻하는 "○

日"로 표현하였다. 이는 혹시 모를 기밀 노출을 방지하기 위한 조치였을 것이다. 이에 반해 박경전 문집에 실린 글에는 구체적으로 내일이라 못 박은 "明日"로 표기하고 있다.

이 편지글은 박경신과 박경전 두 사람이 공동으로 보낸 것일 수도 있다. 하지만, 그럴 경우 서두에서나 문맥상으로도 그런 표현이 들어가야 하는데, 이 서신에서는 그런 내용들이 확인되지 않는다. 그리고 이런 상황은 최문병 답신에서도 마찬가지이다. 따라서 자료 A에 있던 편지글이 『제우당문집』으로 옮겨졌을 것으로 추정된다.

2) 『낙재일기(樂齋日記)』 '박경선 통문' 검토

임진왜란 당시 영남지역 의병 중에서 비교적 늦은 시기에 창의한 곳이 대구였으며, 이 지역 선비들에게 창의를 하게끔 자극을 준 것이 바로 청도 의병이었다. 대구 의병장 중에 크게 활약한 이가 바로 서사원(徐思遠)인데, 그가 남긴 『낙재일기』는 임진란 당시의 상황을 잘 보여주고 있다. 일기 1592년 5월 28일자 기록에 따르면,

> 저녁에 부인사에 가서 자인의 손(孫)생원(生員)과 이승증(李承曾), 청도 박경선(朴慶宣) 등이 보낸 통문을 보니, 자못 적을 토벌하려는 적개(敵愾)한 기상이 있어 찬복하지 않을 수가 없다. 비록 우리 고을이 크다 한들 의병을 일으킬 사람이 없으니, 개탄과 부끄러움을 이기지 못하겠다.

라고 한탄한 대목에서 나타나듯이,[5] 청도의 박경선이 보낸 통문에

큰 자극을 받아 의병을 일으킨 사실이 잘 드러난다.

박경선(朴慶宣)은 제우당 박경전의 아우이다. 박경선의 행장(行狀)에 의하면, 만력 13년(선조 18년, 1585) 무과에 합격하여 천성(天城) 만호에 제수되었다가 임진왜란이 일어나자 형들과 조카 등 14명과 함께 운문산에서 의병을 일으켰다고 했고, 또 장사랑(將士郞: 종9품) 신분으로 공(公)의 걱정거리를 영남 각지에 격문으로 보내 의병을 일으키도록 독려했다고 한다. 그가 어성 봉황애 전투에서 큰 활약을 펼치자 적들이 비장군(飛將軍)이라 칭하며 겁먹을 정도였는데, 적들이 모부인이 숨은 곳에 얼쩡거리자 이를 유인하기 위해 봉황애 낭떠러지에 적장을 안고 떨어져 순국하였다고 한다.[6]

박경선은 순조 4년(1804) 경상도 감사 계문(啓聞)에 따라 좌승지로 증직 받았는데, 증직 사실이 조선왕조실록을 비롯한 관찬 사서에 언급되어 있다.[7] 그의 행장(行狀)은 순조 13년(1813) 김굉(金㙆)이 쓴 것으로 그는 대산 이상정 문인이며 예조참판을 역임한 바 있다. 박경선의 봉황애 순국 장면은 묘갈명(墓碣銘)에도 언급되어 있는데, 이는 예조판서를 역임한 이익운이 찬했다.

---

5) 『낙재선생일기』 임진 5월 28일, "夕往夫仁寺 見慈仁孫生員李承曾 淸道朴慶宣等 通文 頗有討賊敵愾之氣 令人贊服不已 吾邑雖巨府 無一人倡義 慨歎羞愧 殆不自勝"

6) 『십사의사록』 권3, 승지공실기 행장 "萬曆十三年 擢武科 除天城萬戶 壬辰四月倭寇渡海 十四日陷釜山 十五日陷東萊 十八日陷密陽 二十日陷淸道 公郡人也遂與從兄慶因兄慶傳慶胤及諸子姪 合十四人 起義旅雲門山中 其盟約文畧曰 …… 蓋以時居將仕郞 公憂故云 遂傳檄江左右 激起義旅…"

7) 『순조실록』 15권, 순조 12년 3월 13일 을유.

자료 B에 의하면, 박경선은 임진년 4월 23일 백형 박경전이 창의할 때 중형 박경윤과 함께 아익장(亞翼將)을 맡았으며, 5월 26일 선암서원 건너편 봉황애에서 적장을 안고 투신했다고 한다. 박경선의 행장을 보면 영남 좌도 각지에 격문을 보냈다고 했고, 대구 의병장 서사원 역시 자인의 이승증과 청도의 박경선에게 격문을 받았다고 자신의 일기에 남겼다. 그런데 서사원이 통문을 받은 시점은 박경선이 순국한지 이틀이 지난 5월 28일이었다. 박경선의 통문은 서사원만 받은 게 아니었다. 경주 의병장 최여호(崔汝琥) 역시 박경선 통문 접수 사실을 밝히고 있는데, 5월 29일이었다.[8] 박경선이 순국 전에 보낸 통문이 후일 전달되었을 가능성이 없지는 않으나, 앞뒤가 잘 맞지 않는 느낌이다. 박경선 통문 사실은 후대의 『십사의사록』에서도 서사원의 임란일기(壬亂日記)에서 발췌한 것을 전재(轉載)하고 있는데, 다음과 같다.[9]

徐樂齋思遠壬亂日記

五月十四日 淸道朴慶宣等 通文 頗有死[討]賊 敵愾之氣 令人贊服不已 吾邑雖巨府 無一人倡義 慨歎羞愧 殆不自勝

[번역] 5월 14일 청도 박경선 등이 보낸 통문을 보니, 자못 적을 토벌하려는 적개(敵愾)한 기상이 있어 찬복하지 않을 수가 없다. 비록 우리 고을이 크다 한들 의병을 일으킬 사람이 없으니, 개탄

8) 『관란문집』 권2, 「임란일기초(壬亂日記抄)」 "滄洲崔先生汝瑚日錄 又日 五月二十九日 慈仁進士李承曾淸道幼學朴慶宣通文來到 頗有奮義討賊之計"

9) 『십사의사록』 권5 「제현기적(諸賢記蹟)」

과 부끄러움을 이기지 못하겠다.

이 글은 『낙재일기(樂齋日記)』 원전 내용을 그대로 인용한 것인데도 불구하고, 5월 14일로 되어 있다. 『낙재일기』에는 앞에서도 언급했듯이 5월 28일인데, 『십사의사록』에서 날짜를 달리 한 것은 단순한 실수가 아니라, 박경선의 봉황애 투신 날짜 5월 26일에 맞추기 위해 부득이하게 5월 14일로 당겼다고 생각된다.

만약, 자료 B 내용대로 박경선이 창의 당시 아익장(亞翼將)을 맡았을 뿐만 아니라 봉황애 전투에서 적장을 안고 투신했다면, 그 공적은 작은 것이 아님은 분명하다. 그런데도 불구하고 박씨 일문의 11명이 받았던 선무원종공신 책봉에도 이름을 올리지 못했다. 창의 모의 당시 집결했던 11명(자료 A, 임진년 4월 23일자 기록)만이 공신으로 책봉되었으니, 박경선은 그 당대에 공적 인정을 받지 못했음을 알려준다.

『삼우정박경신선생실기』 소재(所載) 「우민지(憂悶識)」에서 창의 당시 박경선과 박우는 공부를 위해 대구와 영천에 있었다고 했다.[10] 만약에 박경선이 당시 대구에 거처하고 있었다면, 그의 가형(家兄) 박경전 요청으로 자신이 작성한 통문을 인근 선비들에게 보냈을 가능성은 있다. 그리고 이때 보낸 여러 통의 격문 중에서 대구 선비 서사원과 경주 선비 최여호도 읽었다고 추정된다. 따라서 박경선이 직접 창의군 일선에서 활약하지는 않았지만, 창의 대열과 함께 노력한 것은 분명해 보인다.

10) 『삼우정박경신선생실기(1994)』「우민지(憂悶識: 이기옥 撰)」

이런 사안들을 놓고 좀 더 깊이 검토해 봐야 할 것들이 있다. 자료 B 임진년 5월 26일에 의하면, 적장을 안고 투신한 박경선의 관직을 만호(萬戶)로 표기하고 있다.[11] 아울러 그의 행장(行狀)에서도 천성만호(天城萬戶)로 있을 때에 의병에 참여하였다고 했다. 하지만 이는 역사적 사실과 부합하지는 않는다. 임진난이 일어났을 당시의 천성만호는 황정(黃珽)이었기 때문이다. 천성은 가덕도와 함께 중종시대 이후 대일본 관계에서 매우 중요한 거점이었다. 일본군이 쳐들어 왔을 때 최초로 발견한 이는 가덕도 응봉(鷹峰) 봉수감고 이등(李登)과 연대감고 서건(徐建)이었고, 천성만호 황정(黃珽)이 이들 직속상관이었다. 이 연락을 받은 천성만호 황정이 곧장 가덕첨사를 통해 이순신에게 왜적 침입 사실을 보고했고, 이 때의 서간첩(書簡帖) 임진장초(壬辰狀草)가 『난중일기』와 함께 국보 76호로 지정되어 있다.

당시 수군에 배속된 만호는 육군의 병마동첨절제사(兵馬同僉節制使)와 함께 종4품 무관직이었다. 박경선이 만력 13년(선조 18년, 1585)에 무과에 합격했다 했으니,[12] 승진이 매우 빨랐다면 종4품 만호가 불가능한 것도 아니다. 하지만 같은 해 장원급제했던 선의문(宣義問)이[13] 당시 종5품 판관(判官)에 불과했다는 점을 감안하면, 종4품의 만호직을 수행하다 의병에 참여했다고 보기는 어렵다.

11) 『박씨충의록』 5월 26일자에서도 박경선을 만호(萬戶)로 기록하고 있다.

12) 선조 18년에 실시된 무과 합격자의 명단은 확인되지 않는다. 선조 17년의 무과 합격자는 방목(榜目)이 남아 있는데 비해, 선조 18년의 무과방목이 남아 있지 않기 때문이다. 다만 장원합격자인 선의문만 확인될 뿐이다.

13) 『國朝榜目』(규장각한국학연구원 -奎貴 11655): [무과] 선조 18년(1585) 乙酉 式年試 甲科.

만약 박경선이 천성만호를 역임했다면 1592년이라기 보다는 그 이후였을 가능성이 크다.[14] 박경선의 행장에 보면, 장사랑(將士郎: 종9품의 문산계) 신분으로 영남 좌우에 격문을 보냈다 한 바가 있다. 경주 의병장 최여호(崔汝瑚)도 통문을 보낸 자가 "청도유학 박경선(淸道幼學朴慶宣)"이라 표기하고 있는데, 통문을 보낸 당사자가 유학(幼學)이라 칭했으니, 최여호 입장에서는 그 직함을 그대로 옮긴 것에 불과하다. 유학(幼學)이란 정식 관료로 진출하기 위해 공부하고 있는 신분을 뜻한다. 조선조 양반사회에서 유학이란 산관(散官)인 품계(品階) 조차 받지 못한 상태일 수도 있지만, 종9품 장사랑이나 그 이상의 계급을 유지했던 때도 많았다. 그러하니 박경선의 신분이 급제하기 전의 유학인 동시에 장사랑 품계를 지닌 선비였음이 틀림없다. 따라서 이 시기는 아직 정식으로 출사(出仕)하기 전이었음이 분명하다.

자료 A의 4월 25일자 내용을 보면, 의병장 박경전은 자신을 본진으로 하고 나머지 의병진을 3개 부대로 나누어 주둔시키는 한편 이웃 고을에 격문을 띄웠다고 했다. 이런 격문을 만들어 통문으로 발송한 이가 박경선이었을 가능성은 있지만, 임진왜란 창의 초기부터 직접 전투에 참여한 것은 아닌 듯하다. 그리고 박경선이 무과에 급제하여 천성만호를 역임했던 것이 사실이라면, 임진왜란 초기가 아니라 전쟁 중반 이후였을 가능성이 크다. 그렇기에 박경선이 임진년 5월 26일에 죽음을 맞이했다는 봉황애 전투는 재고되어야 한다.[15]

14) 박경선이 역임한 천성만호는 실직(實職)이 아닌 산직(散職)일 가능성도 고려해 봐야 할 문제이기도 하다.

15) 『박씨충의록』 5월 26일 기사에는 봉황애로 기록하고 있지만, 자료 B에서는

실제의 역사적 사실이 아닐 가능성이 크기 때문이다.

3) 『낙재일기(樂齋日記)』 감사도회관문(監司道回關文) 검토

『낙재일기』에서 또 하나 검토되어야 할 것은 경상우감사 김수가 영남 각지에 보낸 회관문(回關文)이다. 낙재 서사원이 이여빈(李汝彬)과 함께 동화사로 가서 경상감사의 회관문(回關文)을 본 것이 6월 26일이며, 이에 자극받아 이튿날 동료들과 향병(鄕兵)을 모아 의병을 일으켰다.[16] 감사 김수가 함양에서 경상도 전역에 보낸 감사도회관문(監司道回關文) 전문이 『낙재일기』에 실려 있는데, 곽재우와 김면 등 경상우도 의병 상황과 전라좌수사의 활약으로 전라도 지역이 비교적 안정되어 있던 상황을 소개하면서 경상좌도에서도 향병(鄕兵)이 일어나야 함을 강조한 것이 주된 내용이다. 서사원은 6월 21일에도 동화사로

그냥 절벽으로 표현하였다. 자료 B의 5월 26일자를 보면, "왜적이 신지를 침범하니 우리 군이 고립되어 날이 저물도록 나아가지 못했다. 다음날 의장(義將) 아우 만호 박경선과 의군(義軍) 박필생이 험한 곳에 자리 잡아 굳게 지켰는데, 뜻하지 않게 적진이 눈앞에 닥치자 경선이 적을 쫓아 활을 쏘아대니 적의 무리들이 조금 물러났다가 또 다시 대군으로 몰려왔다. 이 때 화살은 이미 떨어졌고 단병(短兵)으로 서로 붙어 싸우다 물러나곤 하였다. 그러나 병력이 적을 당하지 못하자 왜적이 칼로 경선의 우측 팔을 치니, 팔이 떨어져나가 피가 비 오듯 했다. 경선은 스스로는 모면하기 어렵다는 것과 화가 모친 처소에까지 미칠 것을 알고, 왼쪽 팔로 그 적을 안고 함께 절벽 아래 깊은 물에 뛰어내려 죽음으로 생을 마감했다. 의장이 창황하게 급히 왔으나 이미 손을 쓸 수가 없어 비통함이 좌우 손을 잃은 거와 같았다."라고 하였는데, 밑줄 친 것은 자료 B 편집 과정에서 새로 추가한 내용이다.

16) 『낙재선생문집』의 「연보」에서는 향병(鄕兵)을 일으킨 날짜가 6월 8일로 되어 있다.

갔지만 좌병사 박진이 안동으로 갔다는 소식만을 접한 채 돌아왔고, 그 후 부인사에서 향장(鄕丈)들과 전황에 대한 대책을 숙의한 바가 있다. 따라서 그 때까지도 감사도회관문(監司道回關文)이 동화사에 도착했던 것이 아니었음이 분명하다. 그러다가 6월 26일 관문(關文) 도착한 시기에 다시 동화사로 가서 이를 읽은 것에 자극을 받아 창의하게 되었다.

그런데 자료 B에 따르면, 함양에서 순찰사 김수의 관문(關文)이 청도에 도착한 것이 5월 21일이었다. 서사원의 『낙재일기』와는 약 1개월 이상 시차가 있는데, 이는 지역에 따라 관문(關文) 도착 시점이 달랐던 것이 아니라, 후일 자료를 엮는 과정에서 빚어진 착오라 생각된다.

4) 안촌(安村) 배응경(裵應褧) 행장 및 묘갈명 검토

배응경의 『안촌선생문집』에는 김응조(1587~1667)가 찬(撰)한 행장과 묘갈명이 들어 있다.[17] 김응조는 인조·효종·현종 삼대에 걸쳐 관직을 역임하였을 뿐 아니라, 문장에 능해 영남지역에서 발간된 각종 문집에는 꽤 많은 그의 글이 등장한다. 안촌 행장에 의하면 임진왜란 당시 청도 군수 배응경은 소속 관군을 이끌고 경상감사 김수의 명에 따라 밀양 무흘역 방어에 투입되었다가 후퇴하니, 텅 빈 읍성에 지원군이 없어 성을 버릴 수밖에 없었다고 한다. 이 역시 김수의 명에 따른 것이었다고 한다. 그 후 청도 관내의 선비와 백성들이 힘을 다해 적의를 불태우려는 기상을 모아 박경전을 대장(代將), 박경신

17) 배응경, 『안촌선생문집』 권4, 「행장(김응조 찬)」「묘갈명(김응조 찬)」

을 조방장(助防將)으로 삼아 요해에 나누어 주둔시켜 왜적을 쳐부수었다는 것이다.

그런데 자료 A와 B에 따르면, 최정산에 숨어있던 청도 군수 배응경은 7월 9일 청도읍성을 탈환한 의병들에게 행정권과 군사 지휘권을 양도받은 것에 불과했다. 읍성 탈환은 청도 의병들의 주도로 이루어졌으며, 의병대장이 모든 권한을 군수였던 배응경에게 인계하려고 했을 때, 당시 주위 불만이 많았음을 잠재운 것도 자료 A에서는 박경신, 자료 B에서는 박경전이었다고 서술하고 있다. 이렇듯 청도읍성 탈환 주체가 자료마다 다르듯이, 배응경 인물 관련자료 역시 그를 합리화하는 또 다른 시각들이 내재되어 있음이 확인된다.

아울러 배응경 묘갈명에서는 그가 청도군수를 역임하는 동안의 공적에 대해 이렇게 표현하고 있다.

> 신묘년에 청도군수에 임명되었고, 임진년에 왜구가 갑자기 침입하자 순찰사는 휘하에 영을 내려 적의 선봉을 피하라 하였으나, 공은 죽더라도 떠나서는 안 된다는 의리를 내세웠다. 임소에 돌아와 수천의 병사를 모아 야격군이라 이름하고 박경전을 대장(代將)으로 삼아 적을 막게 했더니, 적군이 더러 깜짝 속아 야격군이 쳐들어온다고 놀라곤 했다. 적군이 자인을 향하자 공이 구원병을 보내 3일간 힘써 싸워 적을 수백 명이나 사로 잡았다. 적이 드디어 물러나자 전공이 보고되어 박경전은 승진하여 밀양부사에 제수되었지만, 공에게는 다만 군자감 정(正)이란 벼슬만 내렸으니, 공이 휘하 부하에게 공로를 돌린 때문이다.[18]

특히 임진~계사년의 왜적을 물리친 공로를 배응경이 양보하여 박경전을 먼저 밀양부사에 승진하도록 하였다고 한 부분을 주목해 보면, 그는 임진왜란 이듬해 청도군수에서 파직된 처지인데다 영천(榮川: 경북 영주)으로 거처를 옮겼다가 모친상을 당한 상중의 몸이었다. 그런 상황에서 공로를 양보하여 박경전을 밀양부사로 승진할 수 있도록 도왔다는 것 자체가 논리상 맞지 않을 뿐 아니라, 정작 밀양부사로 부임한 사람은 박경전이 아니라 박경신이었다.

이처럼 행장이나 묘갈명 같은 개별 인물 기록에 대해서는 신중한 접근이 필요하다. 대개 후손들에 의해 가공되거나 가필될 확률이 크기 때문이다. 특히 임진왜란 이후 인물에 대한 각종 충효록(忠孝錄)이나 변무록(辨誣錄) 같은 경우는 대개 문중 단위 위선사업의 하나로 간행된 것이 주종을 이룬다. 앞에서 검토한 바 있던 박경선 행장도 예외가 될 수는 없다고 본다.

3. 경주성 탈환 기록 비교 검토

경주성 탈환 작전과 관련하여 청도 의병들 또한 이 전투에 참가한 것으로 되어 있다. 하지만 자료 A와 자료 B는 날짜를 달리할 뿐만

---

18)『안촌선생문집(安村先生文集)』 권7, 附錄, 墓碣銘(金應祖 撰) "辛卯 除淸道郡守 壬辰倭寇猝發 巡使令諂節下避賊鋒 公極陳效死勿去之義 還任所 得選兵數千 號夜擊軍 以朴慶傳爲代將以禦賊 賊中或虛驚曰夜擊軍至矣 賊向慈仁 公遣援兵力戰三日 捕賊數百級 賊遂退 捷奏朴慶傳陞秩爲密陽府使 公則只加軍資正資級 蓋公歸功於麾下故也"

아니라 내용에 있어서도 약간 달리 서술되어 있는 문제점이 발견된다. 이러한 점들을 검증하기 위해 다른 자료들의 비교 검토가 필요할 것 같다.

의병들의 독자적 활약으로 읍성을 탈환한 청도는 그 유래를 찾기 힘들 정도이다. 영남 어느 고을 보다 이른 시기에 읍성을 탈환하여 관군에게 인계 절차를 밟았기에 민관(民官)의 협동 체제가 잘 이루어진 모범사례에 해당하기 때문이다. 이것이 기폭제가 되어 이웃 고을 영천과 경주 읍성도 연이어 탈환을 시도하게 되었는데, 이 중에서도 경주성 탈환의 의미는 매우 컸다. 영남좌도 고을들을 이끌어야 하는 읍격(邑格)의 상징성 때문이다. 청도읍성에 이어 영천성 탈환까지 성공을 거두자 관군과 의병들의 사기가 고조되었다. 이에 좌병사(左兵使) 박진은 인근 읍의 군사를 좌병영이 있던 안강으로 집결토록 하는 한편, 자신도 청송·안덕(安德)·영천(永川) 등지를 돌며 군졸 수합에 나섰다.[19] 그리하여 좌병사 박진은 군관 권응수, 판관 박의장으로 선봉을 삼았다. 경주성 탈환을 위한 1차 전투는 이렇게 시작되었다. 이각 대신 좌병사가 된 박진이 안강에서 군사 검열을 마친 후 대병(大兵)을 복성군(復城軍)이라 칭했던 것이 8월 20일이었는데, 그 부대 명칭에서 짐작할 수 있듯이 경주성 탈환에 대한 목적을 분명히 하였다.

경주성 탈환 전투와 관련하여 다양한 기록들이 존재하나 하루 이틀 정도 차이가 있고, 관군과 의병으로 구성된 복성군 편제에 있어서도 참가 고을이나 병력 수가 기록마다 차이를 보이고 있다.[20] 이

19) 孫曄, 『용사일기(龍蛇日記)』 임진 7월 2일조: 崔奉天, 『운암실기(秐庵實紀)』: 朴毅長, 『관감록(觀感錄)』

는 기록자 마다 개인적 편차에 따른 어쩔 수 없는 상황을 보여주는 것인데, 하루 이틀 정도 차이가 난다고 해서 자료의 객관성에 흠결이 되지는 않는다. 이런 오차가 생긴 것은 8월 20일에 집결한 복성군이 이튿날인 21일에 탈환공격을 감행했기 때문에 발생한 것으로 보이기 때문이다. 그리고 인근에 위치한 12~16읍의 군사 수만 여 명이 합세하여 경주 읍성 공격을 감행했는데, 이는 6월 9일에 있었던 문천회맹(蚊川會盟)이 바탕이 되었음은 물론이다.

문천 회맹이란 임진왜란으로 쑥밭이 되자 경주부윤 윤인함(尹仁涵)과 판관 박의장(朴毅長)을 필두로 인근 각지에서 거병한 의병장들이 경주 문천 강에 모여 마혈(馬血)을 나누어 마시고 민군이 합세하여 결사항전을 다짐했던 회합이다. 조선 초기에는 공신들을 모아 이런 회맹의식을 자주 거행한 바 있는데, 여기에 영향을 받았던 것으로 판단된다. 경주의 문천회맹은 이듬해인 1593년 2월 문경의 당교회맹(唐橋會盟), 1593년 10월 언양의 구강회맹(鷗江會盟), 1596년 3월 대구의 팔공산회맹(八公山會盟), 1597년 7월의 화왕산회맹(火旺山會盟)에도 큰 영향을 미친 것으로 평가 되고 있다. 그렇지만 후대로 갈수록 회맹 참여 인원을 늘리려는 추세로 인해 왜곡된 측면이 많다는 점들이 지적되

20) 『경주읍지』에서는 8월 20일, 『백운재실기(권응수)』에는 22일, 『용사일기(손엽)』와 『관감록(박의장)』에서는 21일로 기록되어 있다. 참여 고을 수와 병력 수 또한 『선조수정실록』 『징비록』 『난중잡록』 『재조번장지』 등에는 16읍 1만여 명, 손엽의 『용사일기』에는 11읍 3만7천여 명, 『경주선생안』에는 16읍 5만여 명으로 기록하고 있다. 실제 전투에 참가했던 손엽의 기록에 나타난 11읍 3만7천여 명에 무게를 둔다면, 6월 9일 문천회맹에 참여한 고을 의병들이 주축이 되었다고 보는 게 합리적일 것 같다

기도 한다.

아무튼 의병의 기치를 내걸고 회맹의식에 참가한 경주·울산·영천·영일·흥해·양산·영해·대구·장기·동래·언양 등 11개 고을 의병장 130여 명이 문천 반월성에 집결하여 충의 보국의 의지를 다지며 경주읍성 탈환에 대한 대책을 논의한 것은 사실이지만, 이에 대한 기록마다 차이를 보이는 것은 당대에도 그 정확한 집계가 어려웠을 것이란 점들을 고려해야 할 것이다.[21] 인위적인 왜곡이 아니었다는 점들을[21]감안하여 본다면, 회맹 참여자는 경주 출신 의병장이 41명으로 가장 많고, 대구는 1명만이 참가한 것으로 드러난다. 회맹에 참여한 고을 중에 대구를 제외하면 모두 경주 진관(鎭管) 소속이었다. 청도는 산동지역이 경주와 연접해 있다 할지라도 대구 진관에 예속되어 있다. 따라서 청도 의병장들이 참여하지 않은 것은 납득이 된다.

이렇듯 6월 9일에 있었던 문천회맹에는 청도 의병장들이 참여하지 않았지만, 8월 21일에 감행된 경주읍성 탈환작전에는 동원되어 함께 전투를 벌였다. 이 때에도 대다수 참여 전투 부대들은 경주 진관 소속의 관민(官民)으로 편성된 복성군(復城軍)이었다. 이것이 바로 제1차 경주성 탈환 전투였는데, 실패로 끝나고 말았다.[22] 8월 21일에 감행된 1차 전투에 이어 2차 경주성 탈환 전투가 벌어졌는데, 이에 대한 준비는 임진년 8월 25일경부터 시작되었다. 이 때는 경주 출신 이장

---

21) 김득복의 『동엄실기(東广實紀)』와 이대임의 『죽계실기』에 자세하나 약간 차이가 난다.

22) 경주성 탈환 전투에 관한 내용은 다음 논문에 자세하다.(최효식, 1991, 「임진왜란 초 경주 의병활동 연구」『경주사학』 16)

손에 의해 완성된 비장의 무기 비격진천뢰(飛擊震天雷)가 큰 효과를 발휘하기 시작했다. 그리고 경주 판관 박의장(朴毅長)이 중심이 된 1천여 명의 결사대를 움직였는데, 여기에는 주로 경주 의병장들이 포진되어 있었다. 본격적인 2차 경주 읍성 탈환 전투가 시작된 것은 9월 7일이며, 이를 막아내지 못한 일본군들이 9월 8일 밤에 성을 버리고 도주하자 추격하여 30여 명을 사살하였다. 쫓긴 왜군들이 서생포와 부산으로 철수함으로써 경주성 탈환 작전은 마무리되었고, 영남 내륙 백성들 또한 다소 안정을 찾을 수 있었다.

이상에서 살펴 본 경주성 탈환 작전에 청도 의병들도 참가했음을 말해주는 것이 자료 A와 B인데, 전후 상황을 종합해 보면 1592년 8월 21에 감행된 1차 전투에 참가했음이 확실하다. 자료 A와 B는 한결같이 병사(兵使) 박진의 경솔한 지휘로 실패했다고 기록하고 있기 때문이다. 그렇다면 두 자료 모두 1592년 8월 21일경의 날짜에 맞춰져 기록되어야만 한다. 그럼에도 불구하고 두 자료는 모두 날짜를 달리할 뿐만 아니라 전투 참가자도 상이하게 기록하고 있다. 이에 대한 기록이 다소 장황하기에 이를 요약하여 제시하면 다음과 같다.

[자료 A] 1593년 4월 11일

병사 박진의 전령에 따라 선생[박경신]은 다음날 1,000여 명의 군사로 좌익군이 되어 진격하다 아군이 패하여 혼란에 빠짐. 포위망을 뚫고 단기로 서천으로 향하다가 적병 하나가 선생의 등을 칼로 치려 할 때 종 대손(代孫)이 몸으로 막아 참사를 피함. 박진의 경솔한 지휘 때문에 대패하다.

[자료 B] 1592년 9월 11일

병사 박진 전령에 따라 조전장 박경신과 2,000여 기로 경주 협공에 참가, 의장[박경전]이 7~8급을 쏘아 죽였고, 조전장[박경신]이 위험에 처하자 종 대손(代孫)이 몸으로 주인을 막아 무사하다. 박진의 경솔한 지휘 때문에 대패하다.

자료 A에 따르면 경주성 탈환에 참가한 박경신이 종 대손의 도움으로 위기에 탈출하였다는 내용만 있을 뿐, 박경전의 참전 사실에 대해서는 언급이 되어 있지 않다. 그런데 자료 B에서는 박경전이 좌병사 박진의 전령에 따라 조전장 박경신과 함께 경주 읍성 탈환에 참가하여 적지 않은 공을 세웠고, 위험에 처한 박경신이 종 대손의 도움으로 무사하게 되었음을 말하고 있다. 청도 의병진이 이끈 병력 숫자 역시 1,000명과 2,000여 기로 달리 기록하고 있다.

여기에서 눈길을 끄는 것은 1차 경주성 탈환 작전이 8월 21일이었는데, 두 자료에서는 왜 각기 다른 날짜에 수록했을까 하는 점이다. 이로 인해 청도 의병진들이 과연 1차 경주성 탈환 전투에 참여했을까 하는 문제까지 재검토되어야 할 실정이다. 1차 경주성 탈환 전투가 8월 21일이었는데, 병사(兵使) 박진의 전령에 따라 총집결하는 대규모 병력 동원이었으니, 청도 의병진 역시 참가했을 가능성이 높다. 자료 A를 보면, 박경신이 인솔했던 군사가 1,000여 명이라 했다. 그런데 자료 B에서는 2,000여 기를 참전시켰다고 했다. 경주성 탈환 작전에 참가한 박경신이 위험에 처해졌을 때 그의 종이던 대손(代孫)이 주인을 구해 준 구체적 사실이나, 박진의 경솔한 지휘 때문에 작전이 실패로 끝났다는 식의 결론이 동일한 서사구조인데, 이 사실로 본다면 박경신의 참전 사실은 믿어도 좋을 듯하다.

그런데 박경전의 참전에 대해 자료 A에서는 언급되어 있지 않지만, 자료 B에서 박경전이 박경신과 함께 참전했던 것으로 되어 있다. 당시 대규모 병력 동원이란 점에서 보면 박경전 역시 참전 가능성이 없는 것은 아니지만, 이에 대해서는 좀 더 세밀한 검토 작업이 요구된다. 그럼에도 두 자료 모두 실제 전투와 동떨어진 날짜에 싣고 있는 오류를 범하고 있기에, 이들의 참전 사실에 대한 객관적인 입증 자체를 어렵게 하고 있다.

이런 결과들을 놓고 유추해 보면, 두 자료 모두 당대의 일기처럼 그날그날 현장에서 바로 기록된 것이 아니라, 원 자료를 바탕으로 후대에 편집하고 정리했다는 점을 다시 한 번 상기시켜 준다 하겠다. 자료 A는 박경신으로부터 전해 받은 1차 자료를 토대로 이기옥이 재정리한 것이다. 그리고 이기옥은 자료를 정리하는 과정에서 경주성 탈환 참전 내용을 1593년 4월 11일에 넣고 말았다. 이것이 이기옥의 창작이 아니라면, 자료 정리 과정에서 빚어진 실수였을 가능성이 크다.

한편 자료 B에서는 1592년 9월 11일자에 이 기사를 싣고 있다. 여기에는 박경전이 박경신과 함께 경주성 탈환 작전에 참가하여 공을 세웠다는 내용을 수록하고 있는데, 이 기사 전문은 『박씨충의록』 소재 「창의일기」에서는 보이지 않는다. 그렇다면 자료 B를 편집하는 과정에서 새로 추가한 것임을 알 수 있다. 김후생이 기록했다는 「창의일기」를 후손들이 확보한 시기가 1600년대 초였고, 이후 김후생의 「창의일기」를 대본으로 『충효록』이 만들어졌다가, 이는 다시 1823년경 『박씨충의록』으로 묶여진 바가 있다. 그리고 『박씨충의록』을 토대로 1867년에 완성한 것이 자료 B였다. 『박씨충의록』에 없었던 내용이 자료 B에서 새롭게 추가된 핵심이 바로 박경전의 참전과 전공에 관한 내용이다. 이는 자료 B를 편집하는 과정에서 박경전의 활약상을 강조하기 위해 추가한 한 것으로밖에 볼 수가 없다.

그렇다면 자료 A의 1593년 4월 11일 기사를 놓고 자료 B에서 1592년 9월 11일자 기사로 처리한 것이 불가피한 선택이었을 것이다. 즉 경주성 전투에 박경전이 박경신과 함께 참전하여 공을 세운 활약상에 대한 윤색 부분을 1593년 4월 11일 기사로 넣을 수가 없었다. 「창의일기」의 하한선이 1592년 9월이고, 그 이후의 자료는 훼손되고 분실되었다고 스스로 밝혔기 때문이다. 그런데 『십사의사록』 편집자들은 경주성 전투 내용을 박경전의 「창의일기」에는 1592년 9월 11일, 박경신의 「조전일기」에는 1593년 4월 11일자에 각각 싣는 우를 범하고 말았다.

앞에서 우리는 동일한 전투에 대한 두 기록의 2개월 시차 문제를 살펴보았는데, 경주성 전투만 예외적으로 6개월의 시차를 보이고 있다. 그리고 2개월 시차의 기사 내용들은 『박씨충의록』에 근거한 것이지만, 경주성 전투 기사는 『박씨충의록』에도 없던 부분을 새로이 추가했다는 점이 다르다.

이기옥이 경주성 탈환 전투를 1593년 4월 11일자에 넣은 이유는 무엇일까? 넘겨받은 원고에 정확한 날짜 표기가 없었기도 하지만, 원고를 정리하던 이기옥이 경주성 탈환 전투 실제 날짜를 정확하게 인지하고 있었다면 1592년 8월 21일 전후에 넣었을 것이다. 그러하니, 불충분한 원고에다 경주성 탈환 전투에 대한 정확한 날짜를 인지하지 못했기 때문으로 보인다. 이런 부분이 자료 A의 신뢰성을 떨어뜨리는 것도 사실이다. 하지만, 자료 B에서 1592년 9월 11일자로 처리한 것, 여기에 더하여 박경전의 공적을 추가한 것은 의도적인 '역사 만들기'로 추정된다 할 것이다.

자료 B 편집자가 9월 11일로 처리했다는 것은 이들 역시 경주성 전투의 실제 날짜를 정확하게 인지하지 못했기에 빚어진 일이다. 자료 B 편집자가 1592년 9월 11일로 처리한 것은 조전장 박경신이 청도에 도착한 날짜와 맞추려는 의도로 보이기까지 한다. 자료 B에서 박경신 도착 날짜를 8월 27일이라 밝히고 있지만, 이 역시 『박씨충의록』에 없던 내용이 새로 추가되었다. 이렇듯 자료 B에서 임진년 8월 27일 박경신이 청도에 도착했다는 내용과 9월 11일 경주성 탈환작전 참가 관련 두 내용이 함께 추가되는 상황을 정리하면 다음 〈표 14〉와 같으며, 여기에서 확인되듯이 박경전의 공적 부풀리기에 초점이 맞춰져 있었다.

표 14 자료 B 편집 과정에서 새로 추가한 몇 가지 내용

일자	『박씨충의록』	자료 B (『십사의사록』 『제우당문집』)
1592. 8. 27	記錄 無	청도조전장 박경신 신지에 도착
9. 5	記錄 無	적 기병 5,000명 나타나자 義將이 3,000여 기병으로 100여 명을 죽임.
9. 11	記錄 無	경주성 탈환전투 지원
9. 28	記錄 無	적 10,000여 기병 침입하자 3,000여 기병으로 진격하니 밟혀죽은 자가 반인데, 적 100명을 죽임.

경주성 탈환과 관련하여 『동엄실기(東广實紀)』나 『죽계실기(竹溪實記)』 등과 같은 자료들이 있지만, 여기에서도 청도 의병들이 경주성 탈환 작전에 참여했다는 단서가 확인되지 않고 있다. 하지만, 안집사 김륵의 4번째 장계(狀啓)에는 박경신이 청도뿐 아니라 경주에서까지 적을 참살한 공적을 기록하고 있으니,[23] 여기에서 언급한 박경신의 경주 전투는 1차 경주성 탈환(1592년 8월 21일) 상황을 지칭한 것으로 판단된다. 이와 연관시켜 이기옥이 동강 김우옹에게 보낸 서간문 하나를 살펴봐야 할 것 같다. 아래의 편지글은 청도 의병장들에게 국가 차원의 포상이 필요하다는 점을 청원하려는 목적으로 스승 김우옹에게 보낸 것인데, 그 시기는 대략 계사년(1593) 12월경으로 추정된다.

> (前略) 전 部將 朴慶新은 여러 차례 적을 마닥뜨려 죽인 것이 많았는데, 鷄林[경주] 전투에서 죽음을 무릎서고 돌진하다 위험한 상황을 겨우 면하였고, 그의 종제 守城將 朴慶傳은 남은 군사들을 거느리고 雲門을 굳게 지키며 병기를 제조하여 군민들이 안전함을 얻도록 하여 그 충성스런 전공을 떨쳤나이다. 모두 좋은 벼슬을 더해 줘야 함에도 이들은 외롭고 한미하여 기댈 언덕조차 없어 한 자급도 올려 받지 못하고 있으니, 어찌 百代의 권면한 바가 되겠나이까? 엎드려 빌건대, 도를 논하는 여가에 하나같이 공의(公儀)에 부쳐 주심이 어떠하신지요?(後略)[24]

23) 『백암선생문집(栢巖先生文集)』 권5 狀啓 條陳慶尙道軍情賊勢狀啓(4) "今十一月初十日 前部將朴慶新 夜擊於淸道城外 勇進齊擊 … 朴慶新 臣之所帶軍官 曾定助戰將於淸道 前斬一馘於慶州 …"

우리는 이미 자료 A에서 박경신이 위험에 처했던 경주의 전투 장면을 보았듯이, 위의 서간문에서도 그런 사실이 잘 드러난다. 아울러 경주 전투에 많은 병력을 이끌고 참전하였던 박경신이 청도를 수호하기 위한 잔존 병력을 어느 정도 남겼으며, 그 잔존 병력을 이끌었던 의병장이 바로 박경전이었음을 보여주고 있다. 이렇듯이 박경전은 임진년 8월 21일에 치러진 경주 전투에 참가하지 않은 채 청도 동면의 운문을 지켜내어 백성들을 안집시켰던 공적을 세웠고, 이를 적극적으로 알리려는 노력이 서간문에 잘 나타나고 있으니, 이를 통해 청도 의병진의 경주성 1차 탈환 전투 참전 관련 전모를 어느 정도 확인할 수 있다. 따라서 박경신이 청도에 도착한 것은 8월 27일이 아니라 7월 1일로 보는 것이 합리적이다.[24]

4. 안집사 김륵의 장계(狀啓) 기록 검토

임진왜란 발발은 워낙 급작스런 대규모 침략이었기에 일선 지휘자가 도망가는 등 초기의 군사 명령 체계가 작동될 상황이 아니었다. 5월 3일 경상좌도 관찰사로 이성임이 제수되었지만[25] 부임하지 못하

---

24) 『두암선생문집(竇巖先生文集)』 권2, 書, 上東岡先生, "… 前部將朴慶新 累遇賊鋒 所殺甚衆 鷄林之戰 冒死突進 幾危而免 其從弟守城將朴慶傳 捌率餘軍 拒守雲門 多造軍器 郡民賴以得全 其奮忠戰功 皆可加美官 而此人孤寒 無樊緣之勢 未得及一資 奚足爲百代之勸也 伏望論道之餘 一委公儀 何如…"

25) 서사원, 『낙재선생일기(樂齋先生日記)』 1592년 5월 3일.

여 지휘 공백이 생겼는데다, 이어 김성일이 경상좌도 관찰사로 부임했다가 바로 우도로 교체되어 돌아갔으며, 9월초에야 한효순이 좌도 관찰사로 부임하였다.[26] 전란 초기의 이런 혼란 속에서 경상좌도 안집사로 파견된 김륵이라고 예외는 아니었으니, 그의 초기 활동은 대구나 영천 이남을 넘지 못했다.[27] 경상 감사 김수가 올린 장계에 따르면, 6월 무렵 일본군이 많이 있던 지역으로는 제1진의 왜군이 휩쓸고 지나간 동래·밀양·청도·대구를 비롯하여 낙동강 연안인 영산·창녕·현풍과 제2진 침략 루트인 경주·영천 등을 지목한 바가 있다.[28] 그렇기에 안집사 김륵은 안동 예안을 근거지로 활약했을 뿐, 7월 무렵까지도 대구·청도·경주 지역들을 간혹 문서로 상황만 접하는 실정이었고, 원거리 사정은 들을 수는 있으나 믿을만한 것이 못된다고 하였다.[29] 김륵이 안집사로 부임한 임진년 4월 말부터 이듬해 4월까지 조정에 보고하기 위해 초기에 작성된 장계에는 그런 급박한 상황들이 잘 나타난다.

그가 안집사로 활약할 당시에 작성한 장계는 모두 10개 가량 남아있다. 그 중에서 4개는 임진년에 작성한 것이며, 나머지는 이듬해인 계사년에 작성된 것이다. 전장에 임한 그가 직접 작성했을 장계의 특성을 고려한다면, 그 사료적 가치는 매우 높다 할 것이다. 이 10개

---

26) 『선조실록』 권29, 선조 25년 8월 7일 갑오; 『정만록(이탁영)』 건, 1592년 9월 7일.

27) 정해은, 2015, 「임진왜란 초기 경상좌도 안집사 김륵의 역할과 활동」 『영남학』 28, 경북대학교 영남문화연구원

28) 이탁영, 『정만록』 곤, 장계.

29) 『백암선생문집(栢巖先生文集)』 권5 狀啓 條陳慶尙道軍情賊勢狀啓(2).

의 장계 중에 박경신의 활약을 언급한 것은 1번과 4번째 장계, 그리고 7번째 장계 등 모두 3곳이다. 안집사 김륵의 부임이 4월 29일이었고, 이후 5월 4일까지 두 차례의 장계는 길이 막혀 되돌아 올 지경이었다. 따라서 현재 남아 있는 1번째 장계는 부임 이래 10월의 상황도 담고 있을 정도다. 따라서 장계 작성 시점에 대해서는 전후 사정을 감안하여 추정해 볼 수 있을 뿐이다.

김륵의 2번째 장계에서는 임진년 6월경에 일어난 안동과 예안 등지의 전황을 다음과 같이 묘사하고 있다.

> 지난 6월 초열흘에 적들이 용궁현 접경을 침범하였는데, 여러 고을 병력과 힘을 합쳐 쫓아 회군시킨 뒤에 적들은 또 다수의 무리를 이끌고 쳐들어왔다. 용궁현감 우복룡과 예안현감 신지제는 공교롭게도 그들과 마주쳤으나, 중과부적으로 패하여 도망가고 말았습니다. … 적들은 학가산 지름길을 따라 야반에 안동으로 직행하여 왔고, 그 무리들을 나누어 예안으로 들어가 주둔하고 있으니, 이미 전일에 모였던 우리 군사들은 제각기 가솔과 재물을 거느리고 깊은 산속으로 들어가 버려 소집의 어려움은 변란의 초기와 다를 바 없습니다.[30]

전쟁 초기에 왜군들은 조령을 넘어 서울 함락에 급급하였기에 주변 읍에 난입하는 일이 별로 없었다. 그러나 5월 중순 이후 왜군들이

30) 『백암선생문집(栢巖先生文集)』 권5 狀啓 條陳慶尙道軍情賊勢狀啓(2)

용궁과 예천 지역에 출몰하기 시작하자 김륵은 주변 읍의 군사들을 조발해 전투에 임했고,[31] 피해가 적지 않았지만 요충지 매복과 야간 기습으로 예안의 적은 7월 9일에, 안동의 적은 7월 18일에 풍산현 근처까지 물리칠 수 있었다.[32]

여기에서 경상좌도 북부지역 전투 상황에 대해 살펴본 것은 박경신이 선조 몽진 길의 호종 임무를 마치고 청도 조전장으로 돌아오던 길목이 이 지역과 겹치기 때문이다. 「창의일록(倡義日錄)」에서는 그가 5~6월에 겪었던 상황을 묶어 다음과 같이 기록하고 있다.

> 돌아오는 길에 적을 만난 것이 수도 없었으나 담력과 용기로써 산길을 걷고 물을 건너왔다. 그 때 영주에서 왜적과 대항하였는데 때문에 의병장 김개국과 합세하여 왜적의 진로를 차단하고 적이 있는 거리를 공격하니, 적은 승리가 어렵다고 여겨 그 진지를 달아나므로 귀로를 보전할 수 있었다. 또한 예안에서 앞길이 통하지 못하여 달아나 산중으로 들어갔다가 한참 지나서 경비 서고 있는 왜적을 살피다가 갑자기 추격하여 손수 왜적을 벤 것이 2급 이었다. 나아가다가 또 안동에서 왜적을 만나서 대검을 휘두르고 말을 달려 구사일생으로 겨우 벗어났다.[33]

31) 이여빈, 『용사록(龍蛇錄)』 1592년 4월 27일~6월 9일.

32) 『백암선생문집(栢巖先生文集)』 권5 狀啓 條陳慶尙道軍情賊勢狀啓(2)

33) 『삼우정박경신선생실기(1994)』 「창의일록(倡義日錄)」 五六月 "先生還路 遭賊無數 以膽勇嶺嶠渡河 而時對賊于榮州 以合勢義將金蓋國 遮斷賊路 與賊巷擊賊難勝 遁其陣 而得保歸路 且不通前路于禮安 奔入山中 良久 而探戒賊 俄突追擊 手斬二級 而進且遭賊于安東 而振大劍 以馳馬 九死一生 纔脫也"

위의 두 자료를 놓고 보면, 임진년 6월경 안동이나 예안 등지에서 일어난 상황들이 대개 일치한다는 것을 알 수 있다. 그렇다면 박경신이 이 지역을 통과하는 동안 안집사 김륵을 만났을 가능성은 충분하다. 「창의일록」에서는 그런 사실을 기록으로 남기지 않았지만, 김륵의 1번째 장계에서 이런 추정의 단서를 찾을 수가 있다.

> 그러나 상도(上道) 사람들은 본래 무예에 익숙지 않아 이같이 위급한 때를 만나 한 사람도 군을 통솔할 능력 있는 자가 없으니, 신과 같이 쓸모없는 선비라도 비록 나라에 공헌하려는 마음은 간절하나 손을 쓸 계책이 없으니, 한 번 죽는다 한들 무슨 소용이 있겠습니까? 전 판관 조붕(趙鵬), 전 부장 박경신(朴慶新), 전 만호 김극유(金克裕) 최대인(崔大仁)을 전쟁의 와중에 만나게 되어 병무(兵務)의 지휘자로 기용코자 하나, 이들은 군문에서는 한갓 졸병일 따름이니 군을 통솔할 사람이 없다면 군무(軍務)가 혼란함을 뉘라서 수습하겠습니까?[34]

안집사 김륵의 1번째 장계는 앞에서도 언급했듯이, 임진년 5월부터 10월까지의 상황을 담고 있으니, 김륵이 전쟁 와중에 박경신을 만났다고 했지만 그 구체적인 시기를 가늠하기는 어렵다. 하지만 경상좌도 북부지역의 몇 고을을 제외하고는 수령들이 산속으로 도망가 버린 급박한 상황을 설명하는 가운데 전체를 통솔할 무장으로 기용

34) 『백암선생문집(栢巖先生文集)』 권5 狀啓 條陳慶尙道軍情賊勢狀啓(1)

할만한 인재가 없음을 한탄했던 내용이란 점에 유념할 필요가 있다. 이와 함께 경상도 일원에서의 전세가 다소 안정세를 찾아가던 것이 임진년 7월 이후라는 점까지 고려하여, 김륵이 전쟁 와중에 박경신을 만났다는 시기를 유추해 보면 6월경일 가능성이 크다 할 것이다.

그 이후 김륵이 임진년 마지막에 올린 4번째 장계에서는 청도의 박경신 전투 상황에 대해 보다 꼼꼼하게 기록하여 보고서를 작성하고 있는데, 그 내용을 보면 다음과 같다.

> 권응수가 영천에서 적을 섬멸한 뒤로는 장수된 사람이 한 번도 적을 쳐부수지 못하고 많은 군사를 잃어 패전만 거듭했으니, 온 도내의 인심은 기가 꺾이고 어수선하기만 한데, 금 11월 10일 전부장 박경신이 청도의 성 밖을 야간에 습격하여 용감하게도 일제히 쳐들어가 새벽까지 적군과 뒤섞여 한창 싸웠는데, 비록 적의 참수가 둘 뿐이지만, 사살한 수는 백여 명에 이르렀고, 성안에 들어있는 적들은 일시에 곡을 하며 시체를 쌓아놓고 불을 질러 태워버리고 모두 달아났는데, 아군은 아무 탈이 없었습니다. 박경신은 신이 대동하고 있던 군관(軍官)으로 일찍이 청도 조전장을 삼았었고, 지난번에는 경주에서 한 명을 참수하는 전과를 올렸는데, 이번에 또 적을 섬멸하는 데 힘을 쏟아 다수 사살하고 또 한 번 참수를 하여 열읍의 인심들이 조금이나마 힘을 얻었으니, 그의 충성과 용맹은 가히 상 줄만 합니다. 참수나 사살한 수는 이미 병사(兵使)에게 일임하였으니, 낱낱이 열거하여 계달하지 않겠나이다.[35]

안집사 김륵은 청도에서 올린 박경신의 전과가 단순히 그 지역에 국한된 것이 아니라, 경상좌도의 전반적인 전황에 큰 영향을 준 기폭제였음을 높이 평가하고 있다. 다시 말한다면 7월말 권응수가 영천성 탈환 이후[36] 영남지역에서 이렇다 할 공적이 없었는데 박경신이 올린 전과의 파급 효과가 큰 것에 고무된 상황을 잘 표현한 것이다. 그렇기에 박경신을 두고 김륵 자신이 거느린 군관이었다거나 자신이 조전장으로 삼았다는 사실을 특별히 강조하는 모습을 보인 것이다. 이는 전술한 바 있던 박경신의 첫 번째 절지수교서(1592년 11월 17일)에서 "11월 10일 율림(栗林) 접전에서 왜적 1과를 참했으니, 전교를 받은 바에 따라 마땅히 4등 공신에 훈록함"이란 내용과도 부합되고 있다. 다만 「창의일록」에서는 이 전투를 11월 7일자에 기록하고 있는데, 그 내용은 다음과 같다.

> 적은 진을 치고 향교 및 율림 등의 곳에 주둔하여 머무르게 되자 선생은 밤에 정병을 거느리고 새벽에 이르기까지 격렬하게 싸워서 적의 무리들은 모두 흩어지고 부상자들을 부축하고 시신을 끌

35) 『백암선생문집(栢巖先生文集)』 권5 狀啓 條陳慶尙道軍情賊勢狀啓(4)

36) 권응수가 지휘한 영천성 수복전투는 임진년 7월 23일 이후 의병장들이 추평에 도착하였는데, 7월 24일까지 합류한 의병 병력은 3,560여 명이었고, 25일에는 경주에서 權士諤, 孫時, 崔震立 등이 100여 명을 지휘하여 참전했다. 지역별로 영천, 경주, 신녕, 하양, 자인, 의성, 의흥, 흥해, 영일, 대구 등 10여 지역의 의병이 참가하였으니, 단순한 의병부대만이 아니라 관군까지 참여하여 올린 전과였다.(김경록, 2020, 「임진전쟁시기 영천성 수복전투의 전개과정과 군사사적 특징」『군사』 114)

며 도망쳤다. 바로 날랜 기병이 북쪽 후미를 쫓아 공격하여 3급을 참수하였다. 시신을 수레에 싣고 간 왜적들이 성문에 이르러 성내에 남아 있는 적과 더불어 집을 헐어버리고 시신을 불사르며 이어서 밀양으로 달아났다.[37]

따라서 박경신의 율림 전투는 다소 시간적 오차가 있기는 하지만, 신뢰성이 매우 높은 자료라고 판단된다. 그 이후의 안집사 김륵이 경상좌도 열읍의 전황을 보고하는 가운데, 청도 상황에 대해 다음과 같이 언급하고 있다.

(전략) 하양 경산은 적의 소굴에서 멀지 않아 현령과 현감은 모두 관아에 있을 수가 없는 실정이고, 청도는 군수 배응경이 조전장 박경신과 함께 군병 모으기를 도모하여 적을 토벌하는데 마음을 다하고 있으며, 따라서 사살과 참수의 수가 전후하여 이어지고 있습니다. 밀양의 부사 이수일은 …… (후략)[38]

이 장계에서는 계사년에 접어들어 경상좌도의 다소 안정된 전투 상황이 전개되는 속에서 청도 역시 군수 배응경과 조전장 박경신이 힘을 합쳐 잘 대응하고 있음을 전하고 있다.

---

37) 『삼우정박경신선생실기(1994)』 「창의일록(倡義日錄)」 "初七日 賊結陣 屯宿於鄉校及栗林等處 先生 夜率精兵 達曙鏖戰 賊徒咸散 扶傷曳尸而遁 乃以驍騎逐北尾擊 斬首三級 賊輿尸 至城門 與城內留賊 撤屋焚屍 尋走密陽"

38) 『백암선생문집(栢巖先生文集)』 권5 狀啓 條陳慶尚道軍情賊勢狀啓(7)

이상에서 경상좌도 안집사 김륵의 장계 3곳에 언급된 박경신의 활약상을 놓고, 「창의일록」의 전반적인 상황들과 대비시켜 보면 상호 부합하는 면이 크다 할 것이다. 따라서 「창의일록」이 가지는 사료적 가치는 신뢰할 수 있는 수준이라 판단된다.

지금까지 우리는 「창의일록」에 대한 사료적 가치에 대해 다각도로 검토를 해 보았다. 임진왜란 당시 청도에서 일어난 의병들의 활약을 담은 또 다른 자료인 「창의일기」와 「조전일기」는 물론 제3의 자료들과도 교차 검증해 봄으로써 어느 자료가 더 객관성을 가진 것인지를 확인한 셈이다. 각지에서 벌어진 전투 상황을 놓고 전공을 부풀리기 위한 수정 가필이 많았지만, 이 중에서도 특이할만한 사안은 인물과 관련된 것이라 할 것이다. 새로운 인물을 추가하거나, 전투를 수행한 인물을 임의로 교체했다는 것은 일반적인 전공 부풀리기보다 훨씬 예민한 문제이다. 아울러 이런 사례들이 나타났다는 것은 모든 계파가 참여한 위선사업이 아니었음을 보여주는 것이다.

표 15 자료 A와 비교하여 추가 교체한 인물

구분	자료 B		자료 C		
활동내용 (일 자)	창의진구성 (1592.4.23.)	명개곡전투 (1592.8.9)	선암진지 (1593.1.8)	향인촌전투 (1593.1.9)	원고 부탁 (1594.5.25)
추가인물	박경인 박경선	박우			
교체인물		박철남 →박경전	박지남 →박경윤	박찬 →박우	박지남철남 →박경전
삭제인물	박경신 諸子姪				

위의 표를 보면, 박경신(삼우정파)의 두 아들 지남 철남 형제의 후손들은 위선 사업 과정에서 소외되었음을 알 수 있고, 박찬(첨정공파)의 후예들 역시 마찬가지였음이 드러난다. 그런데 반해 박경전(제우당파, 상우재공파), 박경인(지평공파), 박경윤과 박린(국헌공파), 박경선(승지공파), 박우(기포공파) 후손들이 위선사업을 주도했음을 추정케 한다. 이런 위선사업들이 추진되던 수백 년 동안 문중 내부의 크고 작은 갈등들이 야기되지 않을 수 없었다.

문중 내부 혹은 문중간의 갈등을 역사학계에서는 향전(鄕戰)이라 부르는데, 이는 조선후기 향촌사회 흐름의 양상들 중에 하나였다. 수백 년 지속되어 온 양반 사회의 모순들이 분출된 것이었으니, 어느 지역 어느 문중이라도 예외 없이 겪어야 하는 일이었다. 이런 틈바구니 속에서 일방적인 주장과 사실들만 담은 자료들이 난무한 것도 엄연한 현실이었다. 우리가 지금까지 살펴 본 청도 의병 관련 자료 역시 이런 시대적 배경 속에서 나타난 결과물 중에 하나였다.

현존하는 자료들이 모두 사실(史實)에 근거한 객관성과 역사성을 담보한다면 청도 의병에 대한 복원 작업은 매우 수월하다. 상호 보완되는 측면이 크기 때문이다. 그러나 현존 자료들이 당시에 진행된 역사적 사실과 동떨어진 내용이 들어 있다면, 오늘날 연구자들이 이를 그대로 인용해서는 안 된다. 팩트(fact)에 근거했다 할지라도 그것이 역사적 사실과 부합하지 않는다면 역사로서의 의미를 상실한 것이기 때문이다.

임진왜란 당시의 청도 의병에 대해 현존사료에 대한 고민과 비판 없는 글쓰기는 위험하다. 이는 임진왜란 당시의 청도 의병 관련 연구가 객관성을 유지하지도, 실증적으로 풀어내지도 못했음을 반증하는 것이기 때문이다. 그리고 이러한 연구 경향에 대한 반성에서 출발한 것이 본고의 목적이었다. 특히 창의 시점부터 벌어진 동일한 사건들을 두고 상반된 내용을 싣고 있는 「창의일록」과 「창의일기」를 검토하는 과정에서, 한쪽 자료가 왜곡되었을 것이란 합리적 의심이 추론을 낳게 되고, 그 추론에 대해 객관성을 높이는 작업이 연구자의 몫이기 때문이다. 필자의 추론과 해석방법에 동의하지 않는 연구자들 또한 있을 수 있다. 그리고 현존하는 청도지역 임진왜란의병일기 자료들 모두 객관성이 결여되거나 사료적 가치가 훼손된 한계점이 없는 것도 아니다. 하지만 어느 자료를 어떻게 취사선택해야 할 것인가에 대한 고민이 필요하다는 점은 확인된 셈이다. 따라서 향후 청도의 임진왜란 의병사(義兵史)를 복원할 경우, 원 사료(史料)에 대한 깊이 있는 고민을 전제해야 한다는 점을 촉구하는 계기가 될 것임은 분명하다. 청도 의병에 대한 새로운 접근과 복원이 심도 있게 진행되기를 기대한다.

[참고문헌]

『高麗史』『朝鮮王朝實錄』『承政院日記』『日省錄』『備邊司謄錄』『尊周彙編』『經國大典』『新增東國輿地勝覽』『國朝文科榜目』『燃藜室記述』『國朝人物考』『星湖僿說』『慵齋叢話』『懲毖錄』『壬辰狀草』『征蠻錄』『亂中雜錄』『辰巳錄』『樂齋日記』『龍蛇錄』『瑣尾錄』『龍蛇日記』『觀感錄』『倡義錄』『陶山及門諸賢錄』『東儒師友錄』『輿地圖書』『咸州志』『鰲山誌』『文殊誌』『慶州邑誌』『慶州先生案』『淸道鄕案正名錄』『청도군지(1991)』

『松隱先生文集』『逍遙堂逸稿』『憂堂集』『瓶齋先生文集』『三友亭朴慶新先生實紀』『朴氏忠義錄』『悌友堂文集』『十四義士錄』『進溪文集』『佔畢齋集』『濯纓文集』『寒岡先生續集』『安村先生文集』『鶴峰先生文集』『竇巖文集』『省齋先生實紀』『栢巖先生文集』『觀瀾文集』『秐庵實紀』『白雲齋實紀』『東广實紀』『竹溪實記』

국사편찬위원회, 2002, 『신편 한국사』 29.

동아대 박물관, 2002, 『密陽古法里壁畵墓』.

육군본부, 1968, 『韓國軍制史: 近世朝鮮前期篇』.

박홍갑, 2006, 『병재 박하징 연구』 경인문화사.

박홍갑 외, 2019, 『청도 밀양박씨 소고공파와 박시묵 박재형』 경인문화사.

이경석, 1967, 『임진전란사』 서울대학교출판부.

강주진, 1980, 「壬辰倭亂과 淸道十四義士論」『한국학논집』 7.

계승범, 2015, 「임진왜란 초기 倡義명분과 조선왕조의 正體性」『서강인문논총』 47.

김경록, 2020, 「임진전쟁시기 영천성 수복전투의 전개과정과 군사사적 특징」『군사』 114.

김경태, 2017, 「임진란기 청도지역의 항왜 활동과 청도지역의 전투」『청도지역의 임진란사 연구』, 임진란정신문화선양회.

김광철, 2002,「여말선초 사회변동과 朴翊의 生涯」『밀양고법리벽화묘』, 동아대박물관.

김진수, 2012,「임진왜란 초기 경상좌도 조선군의 대응양상에 대한 검토」『군사』84.

김석희, 1962,「壬辰倭亂의 義兵運動에 關한 一考」『鄕土서울』15.

김석희 · 김강식, 1992,「壬辰倭亂과 淸道地域의 倡義活動 -淸道 密城朴氏 14義士를 중심으로-」『부산사학』23.

김성우, 2001,「密城朴氏 嘯皐公派의 淸道 定着과 宗族 활동」『震檀學報』91.

김성우, 2011,「忘憂堂 郭再祐에 관한 '불편한 진실'과 임진 의병 활동에 대한 재평가」『韓國史學報』42.

김윤수, 1996,「『逍遙堂逸稿』 해제」『남명학연구』6.

김학수, 2008,「鄭逑 文學의 創作現場과 遺跡에 대한 연구」『大東漢文學』29.

김학수, 2015,「李天培 · 天封의 寒岡學 계승과 寒岡學派에서의 역할과 위상」『영남학』28.

노관범, 2001,「19세기 후반 淸道 지역 南人學者의 학문과 小學의 대중화 -進溪 朴在馨의 海東續小學을 중심으로-」『韓國學報』104.

노영구, 2001,「임진왜란 초기 近始齋 金垓의 의병활동」『군자리 그 문화사적 성격』, 토우.

노영구, 2003,「임진왜란 초기양상에 대한 기존인식의 재검토 -화가산현립박물관소장「임진왜란도 병풍」에 대한 새로운 이해를 바탕으로-」『한국문화』31.

노영구, 2007,「최근의 조선시대 군사사 연구 경향과 과제」『교수논총(국방대학)』44.

박순진, 2012,「임진왜란기 청도 의병진의 조직과 활동 -悌友堂 朴慶傳 의병진을 중심으로」『경주사학』36.

박홍갑, 2001,「조선시대 시호제도」『한국 중세사회의 제문제(김윤곤화갑기념논총)』.

박홍갑, 2002,「조선초기 훈련원의 위상과 기능」『史學硏究』67, 2002.

박홍갑, 2003, 「16세기초 청도지역 사림의 활동 –瓶齋 朴河澄을 중심으로–」『民族文化論叢』 28.
박홍갑, 2004, 「조선초기 밀양 재지세력의 청도이주와 정착과정 –밀양박씨 소고공파를 중심으로–」『백산학보』 70.
박홍갑, 2005, 「청도 사찬읍지 鰲山志(1673)의 編目과 특징」『중앙사론』 21.
신병주, 1997, 「16세기 초 處士型 學者의 學風과 現實觀 –金大有와 朴河談을 중심으로–」『南冥學研究論叢』 5.
오종록, 2004, 「조선시대 군사사 연구의 동향–2001~2004–」『군사』 53.
이겸주, 1992, 「壬辰倭亂前 朝鮮의 國防實態」『韓國史論』 22.
이선희, 2017, 「임진왜란기 청도지역 수령의 임용실태와 전쟁 대응」『청도지역의 임진란사 연구』 학술회의 발표문
이수건. 1998, 「조선시대 身分史 관련 자료의 비판 –姓貫 · 家系 · 人物관련 僞造資料와 僞書를 중심으로–」『古文書研究』 14.
이호준. 2010, 「임진왜란 초기 경상도 지역 전투와 군사체제」『군사』 77.
임선빈, 2015, 「만경노씨 三義士의 '역사적 實在'와 '記憶된 역사」『역사민속학』 47.
장동표, 1998, 「16~17세기 청도지역 재지사족의 향촌지배와 그 성격」『釜大史學』 22.
정진영, 2005, 「송암 김면의 의병 활동과 관련 자료의 검토」『대구사학』 78.
정출헌, 2009, 「임진왜란의 영웅을 기억하는 두 개의 방식 –사실의 기억 또는 기억의 서사」『한문학보』 21.
정해은, 2015, 「임진왜란 초기 경상좌도 안집사 김륵의 역할과 활동」『영남학』 28.
최효식, 1991, 「임진왜란 초 경주 의병활동 연구」『경주사학』 16.
최효식, 1994, 「임진왜란 중 영천성 탈환전투의 고찰」『대구사학』 47.
하영휘, 2007, 「화왕산성의 기억」『임진왜란–동아시아 삼국전쟁』, 휴머니스트.
허선도, 1973, 1974, 「제승방략 연구(상 하)」『진단학보』 36, 37.
渡部學, 1975, 「海東續小學とその著者 朴在馨 –舊韓末在鄉處士層の思想と行動」『武藏大學人文學會雜誌』7-1.
渡部學, 1980,「海東續小學에 對하여-進溪先生 撰著-」『한국학논집』7.
渡部學, 1982,「仙湖龍巖公派朴氏の兩班性-いわゆる鄕班の社會的 成立」『歷史における民衆と文化』.

[색인]

● 숫자

● 한국어

〈 ㄱ 〉

〈 ㅇ 〉

〈 ㅈ 〉

〈 ㅊ 〉

〈 ㅌ 〉

〈 ㅍ 〉

〈 ㅎ 〉

[부록 1] 창의일록 탈초 원문/번역문

倡義日錄

賓巖 李璣玉(1566~1604)

先生無營進意 而辛卯五月 恩賜暇 退仕以還鄕 靜于薪旨第也

선생(삼우정 박경신, 이하 같음)은 나라 경영에 나아갈 뜻이 없어 신묘년(선조 24, 1591) 5월에 임금이 은혜를 베풀어 휴가를 주니 직임에서 물러나 고향으로 돌아와 신지 집에서 조용히 지냈다.

朝野昇平 而倭寇猝至 渡海犯境 當壬辰之亂矣 賊侵陷釜山 卽四月十三日也 十四日 東萊陷 府使宋象賢死之 十八日 密陽陷 二十日 淸道陷 淸是倭路之要衝也 嶺以南遂風靡 倭分二路 一由鳥嶺 一由秋風嶺 直向京城 國內大震 莫有當其鋒者 莫萊之忠臣義士 亦無能旋踵於造次之間 都巡察使金睟退保晉州 本郡守裵應褧 避匿大丘 左兵使李珏 擁兵不進 右兵使曺大坤 敗帥熊川 蔚彦以北六七邑 虛無人矣

조정과 민간이 태평하였으나 왜구가 갑자기 바다를 건너 와서 국경을 침범함으로 임진왜란을 당하였다. 왜적이 침입하여 부산이 함락된 날이 곧바로 4월 13일이다. 14일에 동래가 함락되고 부사 송상현이 죽었다. 18일에 밀양이 함락되었고 20일에 청도가 함락되었으며, 청도는 왜적이 침노해 가는 길의 아주 중요한 곳이다. 조령과 추풍령 이남은 마침내 바람에 풀이 쓸리듯 무너지고 왜적은 두 길로 나누어 한 쪽은 조령을 경유하고 다른 한 쪽은 추풍령을 경유하여 곧바로 경성(수도)으로 향하였다. 나라 안이 몹시 두려웠으나 그 예리한 기세를 당해낼 자가 없었고 동래에는 충신과 의사도 없었으며 또한 지극히 짧은 동안의 사이에 뒷걸음질 칠 수도 없었다. 도순찰사 김수는 후퇴하여 진주를 지켰고, 본군(청도군)의 군수 배응경은 피하여 대구에 숨었으며, 좌병사 이각은 병사를 거느리고 있으면서도 진격하지 못하였고, 우병사 조대곤은 웅천에서 패배한 장수가 되었으니, 울산 언양 이북의 6~7개 읍들은 텅 비어 사람이 없게 되었다.

于時 先生 聞賊占邑城 而慨然雪涕 投袂起曰 主辱 而臣不死 可乎 與二子倡義 討賊之論 以書招郡西之諸從曰 今者 島夷來侵 陷邑城 民甚混 則皆奔避 而時若此 吾黨何如乎 雖邑人竄幽 惟諸從勿爲遁去輕妄 而如吾言 則可以圖累世之家廟 亦可保堂內老少也 我欲須臾與爾輩旅義 計討道州之賊 而當赴君父之急馳之也

이때에 선생은 왜적이 읍성을 점령했다는 말을 듣고 분개하여 눈물을 씻으며 소매를 떨치고 일어서며 말하기를,

'임금이 욕을 당하는데 신하가 죽지 않으면 옳은 일인가?'

라고 하였다.

두 아들과 더불어 대의를 창도하여 의병을 일으켜 왜적을 토벌할 것을 의논하고, 편지로써 청도군 서면의 여러 일족들을 불러 말하기를,

'요사이 섬나라 오랑캐가 침입해 와서 읍성을 무너뜨려 백성들은 매우 혼란해져 모두 달아나 피하였으니, 이와 같은 때에 우리들은 어찌 해야 되겠는가? 비록 읍의 사람들은 달아나 숨을지라도 오직 여러 일족들만은 떠나가서 달아나거나 경망

한 짓을 행하지 마라. 나의 말과 같이 하면 여러 대의 집안 사당을 도모할 수가 있으며, 또한 당내(삼종 이내)의 노인과 어린이를 보전할 수 있다. 나의 바람은 잠깐이라도 너희들과 더불어 의용병으로 청도에 있는 왜적을 토벌할 것을 계획하고 마땅히 임금에게 나아가 급히 달려갈 것이다.'

라고 하였다.

其夜 智哲兄弟往西 而一堂皆率 由省杜院東之連陵 到薪旨 是二十二日三更也 先生已作盟約文移檄文矣 翌早朝 先會仙巖祠 定計 遂殺鷄狗 盛血于盤 焚香 告于廟 讀盟約文曰 今者 國家不祚 島夷橫恣 將帥匪人 致此長驅 生民塗炭 士女汚辱 厄運之極 近古未有 祖宗之靑氈坐失 寧忍越視 父母之赤子 立死難容獨免 凡有血氣 孰不慟心 蠢蠻戴頭 擧四海而同憤 義士切齒 與九族而齊約 愚等 雖無狀 尙懷一寸忠赤 固當忘身效死 爲國一死足矣 其成敗利鈍 不暇論也

그날(4월 20일) 밤에 지철 형제는 군 서쪽으로 가서 일가 친족들을 모두 거느리고 성현 두곡 원정 동창으로 이어지는 언덕을 경유하여 신지에 도착하였다. 이때가 22일 삼경이었다. 선생은 이미 맹약문과 이격문을 지어놓았다.

이튿날 이른 아침에 먼저 선암사에 모여 계략을 정하고 드디어 닭과 개를 잡아서 쟁반에 피를 담고 분향을 하여 사당에 고하고 맹약문을 읽으니,

'지금에 국가가 복이 없어서 섬나라의 오랑캐들이 횡포하고 방자하나 장수로는 사람이 없어서 이를 다하여 쉬지 않고 계속 달렸으나 백성들은 도탄에 빠지고 남녀들이 더럽혀지고 욕을 당하며 액운의 극진함이 근고에는 없었다. 역대 군왕들의 귀중한 보물들을 앉은 채로 잃어버렸으니 어찌 차마 넘보는가? 순수한 백성들은

선채로 죽을지라도 홀로 액을 면함은 용납하기 어렵다. 무릇 혈기가 있다면 누가 마음으로 애통해 하지 않겠는가? 무례한 오랑캐를 머리에 이고 있어서 온 사해가 함께 분노하고 의사들은 이를 갈며 9족과 더불어 일제히 약속을 한다. 우리들은 비록 내세울만한 공적은 없으나 오히려 마음에 한 치의 충적(충성스러운 진심)을 품고 진실로 마땅히 자기 몸을 잊고 목숨을 바쳐서 국가를 위하여 한번 죽음으로 만족스럽게 여기노라. 그 성패와 예리하고 둔함은 논할 겨를이 없다.'

라고 하였다.

聞者 爲之凜然 一家老少男女 莫不賈勇 讀畢會堂 諸從子弟 於廟 先生前出 令曰 爾輩不欲令皆死可 自募報國者 立保家者 坐 乃智男哲男 欽然立相許也 從子換也 睠頸顧璨琡 勇若而起對 爲社稷 討賊 忠君事親之本也 固侍仲父 愚然 璨立琡立 琡也 惑敢問于從叔 珽何處去 奚爲不參擧歟

들은 자들은 생각함이 늠름한 상태였고, 일가의 노소남녀들은 용기를 북돋우지 않음이 없었다. (맹약문) 읽는 것을 마치자 대청에 제종자제들을 모두 모으니 사당에서 선생이 앞에 나와서 명령하여 말하기를,

'너희들에게 모두 죽을 것을 명령하고 싶지 않는 것이 옳다고 생각된다. 스스로 나라의 은혜를 갚을 자를 모으려하니 가문을 일으켜 보전할 자는 앉아라.'

라고 하였다.

이에 지남과 철남은 흠연히 일어서서 서로 맡겼다. 조카 환은 목을 돌려 찬과 숙을 돌아보고 용감한 모습으로 일어나 대답하기를,

'사직을 위하여 적을 토벌하는 것은 임금에게 충성하고 어버이를 섬기는 근본이니 한결같이 중부를 모시고 저도 그렇게 하겠습니다.'

라고 하였다.

찬도 일어서고 숙도 일어섰다. 숙은 의혹스런 모습으로 감히 종숙에게 묻기를,

'정은 어디에 갔습니까? 어찌하여 거사에 참여하지 않습니까?'

라고 하였다.

慶傳對曰 其侍王夫人 而窈行 琡再言之 王夫人避賊 足與璣輩邪 雖余年幼 而軀已壯 曷忠君保廟退之乎 能以之 慶胤子璘球立 慶因子瑄立 年皆二十 前後也 僉曰 願效死 河清之曾孫瑾 早中司馬 有篤行者 聞諸叔此擧 亦自外至 願應募

경전이 대답하여 말하기를,

'그는 왕부인(할머니)을 모시고 (피난시키려고) 깊숙한 곳으로 갔다.'

라고 하였다.

숙이 다시 경전에게 말하기를,

'왕부인이 적을 피하는 것은 기의 무리들과 함께 하면 충분하지 않습니까? 비록 나의 나이는 어리나 몸은 이미 장대하였으니 어찌 임금에게 충성하고 사당(조상)을 지키는 일에 물러나겠습니까? 능히 이를 할 수 있습니다.'

라고 하였다.

경윤의 아들 린과 구도 일어섰고, 경인의 아들 선도 일어섰다. 나이는 모두 스무 살 전후이며 모두,

'목숨을 바칠 것을 원합니다.'

라고 말하였다.

하청의 증손 근은 일찍이 사마시에 급제하였고 돈독한 행실이 있는 자였다. 여

러 숙항(아저씨 뻘의 항렬)들의 이번 거사 소식을 듣고, 역시 외지에서부터 와서 응모하기를 원하였다.

募既定 先生謂瑍曰 汝言誠然 恩義一致 忠孝雙全 吾門亦太重 而爾奉廟帶老少 避賊 入雲門山深處之 餘輩以齒 敍立於廟庭矣 先生 以廟神靈之命警告于衆曰 咨 余十一人 惟死生一心 有進而死無退 而生有死而報國 無生而作俘

모집이 이미 정해지자 선생이 환에게 일러 말하기를,

'너의 말이 진실로 옳다. 은혜와 의리의 일치와 충성과 효도를 다 온전히 갖춤은 우리 문중에도 역시 매우 중요하다. 너는 사당을 잘 받들고 노소를 대동하고 적을 피하여 운문산 깊은 곳에 들어가도록 하라.'

라고 하였다.

남은 무리들은 나이에 따라 사당 뜰에 차례대로 서게 하고 선생이 사당에 모신 신령의 명령으로써 무리들에게 경고하여 말하기를,

'아! 우리 11명은 오직 죽고 사는 마음을 한결같이 하여 나아가는 것만 있고 물러나는 것은 없으며 살아서는 죽을 힘을 다하여 국가의 은혜를 보답하는 것만 있고 살아서 사로잡히게 되는 것은 없어야 한다.'

라고 하였다.

誓辭既畢 各又歃血 退坐 又祠宇之講堂 計戎事 先定各號 先生爲義兵將兼助戰將 助大軍之戰也 慶傳慶胤爲亞翼將 以輔翼於左右將也 智男哲男爲先鋒將 瑾璨爲左翼將 璘瑄爲右翼將 琡球亦皆有掌

맹세의 말을 이미 마치고 각각 또 희생의 피를 마시고 물러앉았다. 또 사당의 강당에서 전쟁을 계획하고 먼저 각 호칭을 정하였다. 선생은 의병장 겸 조전장이 되어서 대군의 전투를 도우는 것이다. 경전 경윤은 아익장이 되어서 좌우 장군을 보익하며, 지남 철남은 선봉장이 되고, 근과 찬은 좌익장이 되고, 린과 선은 우익장이 되고, 숙과 구도 역시 모두 주관함이 있었다.

收家丁 得數十人 聚民 粟爲十餘斛 裂布爲旗 鑄鐵爲槍 集弓矢數百 設鼓鉦 戎具旣備 乃爲壇於雲門嶺麓吉夫嶝 祭告天地 其文曰 皇天后土 默相上下 勿以大東禮義之邦 爲南蠻鴃舌之鄕

집안에서 부리는 남자 하인을 모아서 수십 인을 얻었고 백성들을 모으며 곡식 십여 곡을 모았다. 베를 찢어 기를 만들고 쇠를 주조하여 창을 만들고 활과 화살을 모은 것이 수백이요, 북과 징도 준비하였으며 전쟁 도구도 이미 갖추어졌다. 이에 운문령 기슭인 길부등에 제단을 만들고 천지에 제사지내고 고하였는데, 그 글에 말하기를,

'하늘의 신과 땅의 신은 잠자코 서로 상하에 있으면서 우리 동방예의의 나라를 남쪽 오랑캐의 때까치의 지저귀는 소리의 고향으로 만들지 마소서.'

라고 하였다.

先生 計設陣 謂衆曰 吾輩共守一處 敗則同死 不如分守 以成掎角 乃分爲四隊 各據要險 而檄傳鄰郡 以倡四方之義士 其檄文曰 環海東三千里 莫非李氏之臣 匝嶺南七十州 皆是孔子之徒 祖宗之恩澤 豈間立朝在野 詩禮之經訓 只知成仁取義 昇平日久 民不知於兵革 邊禦歲弛 國無恃於城池 島夷

之厄 在漢稱難 天豈不仁 蠻荊之讐于周 亦有 人非無智 噫 玆小醜犯我大邦 千里長驅 便是齊民之莫格 一朝猝至殆 同魏兵之不意 國步不知 稅駕此何日也 官守擧皆委命 彼亦人耳 食君祿幾年 何惜一死 受庭訓 當日肯教偸生 不汗五日 何異原野之橫 遺名千載 豈同草木之腐 讀聖賢書 正爲今日之用 爲丈夫身 毋作鄰國之羞 凡有此心 與我同仇

선생은 진을 설치할 것을 계획하고 무리들에게 일러 말하기를,

'우리들이 한 곳에서 함께 지키다가 패하면 모두 함께 죽을 것이니 분산하여 지키는 것만 못하다. 때문에 앞뒤에서 협격을 이루도록 해야 한다. 이에 나누어 네 개의 편대를 만들어 각각 중요하고 험한 곳에 의거하도록 한다.'

하고 격문을 이웃 군에 전달하여 사방의 의사들을 모았는데, 그 격문에 말하기를,

'해동 삼천리를 둘러보면 이씨의 신하가 아닌 자가 없고, 영남 칠십 주를 두루 미침에 모두가 공자의 문인 아님이 없다. 조종의 은택이 어찌 조정에 있는 사람(벼슬아치)과 초야에 있는 사람(백성)을 분별하겠는가? 시례 경적의 가르침은 다만 인을 이루고 의를 취하는 것을 알 뿐이다. 나라가 태평한 날이 오래여서 백성들은 전쟁을 알지 못하게 되고, 변방의 방어는 해마다 해이되고 국가는 성벽과 해자도 믿을 수 없게 되었다. 섬나라 오랑캐의 재앙은 한나라에 있어서도 헤아리기가 어렵다. 하늘이 어찌 어질지 아니하겠는가? 옛 중국 남방의 오랑캐인 만형이 주나라에 원수가 된 경우도 역시 있으나 사람이 지혜가 없어서가 아니다. 아! 이 소인의 무리들이 우리의 큰 나라를 침범하여 천리 길 먼 길을 말을 타고 달려왔으니, 바로 이것은 제나라 백성들이 삼감이 없이 지내다가 하루아침에 갑자기 위태함이 이르러 위나라 군사가 불의에 기습하는 것과 같이 국가의 운명을 알지를 못하니, 말의 멍에를 풀

고 수레를 멈추는 것이 이에 어느 날인가? 관리와 수령들의 거행은 모두 군왕의 명에 위임하는 것이니, 저들도 역시 사람일 뿐이다. 임금의 녹을 먹은 지가 몇 년인가? 어찌 한 번의 죽음을 애석히 하겠는가? 가정에서의 가르침을 받고 마땅히 날마다 기꺼이 구차하게 살아남게 하나 5일도 땀을 흘리지 못하니(버티지 못하니) 들판에서 횡사하는 것과 무엇이 다른가? 천년에 이름을 남겨야 할 것이지 어찌 초목과 같이 썩어서야 되겠는가? 성현의 글을 읽는 것은 바로 오늘 날에 쓰려 하기 때문이다. 장부의 몸이 되어서 이웃 나라의 수치 거리를 행하지 말아야 할 것이다. 무릇 이런 마음이 있으면 나와 더불어 같이 원수를 치자'

라고 하였다.

是以四月二十三日也: 是日暮遂 先生 當赴社稷之急 以向京 單騎疾馳之 于是 激義陣書曰 示智哲暨諸從 盟約文在 不必架疊 而君輩能出氣力討賊 甚協吾心 吾往京 未知死生 深以爲恨 今幸相握 惟倡義一款 以死自誓 上以答國家之恩 下不負祖先忠孝之傳 豈不有光 每念宋泉谷 堂堂義烈 感淚潸然

이날은 4월 23일이다. 이날 해가 저물자 드디어 선생은 마땅히 사직의 위급함을 알리려 서울을 향하여 홀로 말을 타고 빨리 달렸다. 이에 의병 진영을 격려하는 글에서 말하기를,

'지남 철남 및 여러 일족들에게 보이노라. 맹약문이 있으므로 반드시 중첩하지 않겠다. 자네들은 능히 기력을 내어 적을 토벌할 수 있으니 내 마음에 매우 적합하지만, 내가 서울에 가서 사생을 알지 못한다면 매우 한으로 여기게 될 것이다. 지금은 다행히 서로 손을 잡고 오직 한결같은 정성으로 창의하여 죽음으로써 스스로 맹세하기를 위로는 국가의 은혜를 보답하고 아래로는 조상의 충효의 전승을 저버리

지 않겠다고 하였으니, 어찌 광영이 있지 않겠는가? 매양 천곡 송상현을 생각할 때 마다 당당한 의열에 감격하여 눈물을 흘리게 되는구나!'

라고 하였다.

二十五日: 義旗設陣於要險矣 定本據仙巖祠 其帥慶傳 一陣 屯東塘 帥慶胤 二陣 屯吉夫 帥智男三陣 屯西芝 帥哲男 皆東面之要衝也 是日 檄飛鄰郡 守令士大夫 始有興起堅守之志 民之散四方者 稍稍還集 軍勢漸張 乃建旗鼓 始討犯郡之賊

25일: 의병의 깃발로 중요하고 험한 곳에 진을 쳤다. 선암사를 본 근거지로 정하고서 경전을 그 장수로 삼고, 1진은 동당에 진을 치고 경윤을 장수로 삼으며, 2진은 길부에 진을 치고 지남을 장수로 삼으며, 3진은 서지에 진을 치고 철남을 장수로 삼았으니 모두 동쪽 지역 면의 요충지이다. 이날 격문을 이웃 군에 빠르게 전하니 수령과 사대부들도 비로소 흥기하여 굳게 지키려는 뜻이 있었으며, 군민 중에 사방으로 흩어졌던 자들이 차츰차츰 돌아와 모여서 의군의 형세가 점차 확장되었으니, 이에 기와 북을 세우고 청도군을 침범한 왜적을 토벌하기 시작하였다.

二十八日: 先生至京 初訪李恒福

28일: 선생은 서울에 이르러 처음으로 이항복을 방문하였다.

二十九日: 先生請對 入東廂 與白沙 謁上 啓密淸以南 旣陷聲聞 而上京路 況 以故族黨召倡 已設陣於淸道要險 請阻賊進京討賊 上喜允之 故拜淸道助

戰將 是 諸臣侍坐 論車駕暫出幸平壤 其尹斗壽請 今事急西巡 先使朴慶新扈從 車駕至平壤而還 赴助戰將 可也 上諾

29일: 선생은 대면을 청하여 동상에 들어가서 백사(이항복)와 더불어 주상을 알현하고, 밀양 청도 이남의 이미 함락된 소식과 서울에 올라오는 도중의 상황을 아뢰었고, 그 때문에 족당들을 불러 창의하여 이미 청도의 중요하고 험한 곳에 진을 쳤으며 적이 서울에 올라가는 것을 막도록 적을 토벌할 것을 아뢰니, 주상이 이를 기쁘게 윤허하였다. 그러므로 청도 조전장을 배수하였으며, 이때 여러 신하들은 주상을 모시고 앉아서 주상이 잠깐 나가서 평양으로 행차할 것을 논하였는데, 그때 윤두수가 청하기를,

'지금의 일은 서경으로 순행하는 것이 급하므로 먼저 박경신으로 하여금 호종케 하고, 주상이 평양에 이르면 돌아와서 조전장에 부임하는 것이 옳다.'

고 하니, 주상이 허락하였다.

是日 居西面仲父李得福倡義 其書生而不閑弓馬也 見東面外從朴慶新之移檄文 以聚兵得數十人 義旅於最頂山 徒以忠義 激厲義士 欲奪邑城討賊

이날 서면에서 거처하고 있는 중부[1] 이득복이 창의하였다. 그는 서생으로서 무예에 익숙하지 못하였으나 동쪽 지방의 외종 박경신측이 급히 돌리는 격문을 보고 수십 인을 모아 최정산에서 의병을 일으켜 오직 충의로써 의사들을 격려하며 적을 토벌하여 읍성을 탈환하고자 하였다.

---

1) 이득복을 중부(仲父: 작은 아버지)로 표현한 것은 창의일록을 정리한 두암 이기옥의 입장에서 표현한 용어이다.

三十日: 曉 御駕西巡 東方向明雨作 崇仁門內大倉火起 煙焰充天 先生 爲護衛軍 扈從

30일: 새벽에 주상은 서경으로 순행하고, 동쪽에는 날이 밝음을 향하는데 비는 시작되고 숭인문 안쪽의 큰 창고에 불이 일어나 연기와 화염이 하늘에 가득하였으며, 선생은 호위군이 되어서 호종하였다.

五月三日: 夜 賊潛入 環東塘 散伏于山麓 於是 慶胤募衆爲務 得丁壯四五十人 就東塘民家 備軍器 負固暇息 而朝俄然銃聲於雲樹亭 近義陣聞其聲 大驚 咸走村外 以伏賊 暗起射鳥銃 死者居半 而所殺賊不見 恐慶胤不戰棄旗鼓而脫 非徒敗走而潰之 走兵稍集于仙巖慶傳陣 旣敵氣彌漫 及逍遙臺 士女奔竄 而于是 相會傳胤 欲計合率 勁弓利槍抗賊戰 而紀綱已壞 人心疑懼 溺於利害 成敗之不肯趨令 幾敗北矣 兄弟兩帥出涕 而避于吉夫智男陣 是日 換也 奉廟 帶老少 自白蓮庵 逃避于西芝哲男陣 日暮 賊占仙巖祠

5월 3일: 밤에 왜적이 몰래 들어와 동당을 포위하니 흩어져 산기슭에 숨었다. 이때에 경윤은 군사 모으는 것에 힘써 정장년 40~50인을 얻어서 동당 민가에 나아가 군의 병장기를 갖추느라 진실로 쉴 겨를이 없었다. 아침에 갑자기 운수정에서 총 소리가 나서 가까이에 있는 의병 진지가 그 소리를 듣고 크게 놀라 모두 마을 밖으로 달아나는데, 매복해 있던 왜적이 몰래 일어나 조총을 쏘아서 죽은 자가 반을 차지하였으되 적을 죽이는 것은 보이지 않았다. 경윤은 싸우지 아니하고 기와 북을 버리고 탈출할 것을 걱정하였는데 단지 패하여 달아날 뿐만이 아니라 무너지게 되었다. 달아난 의병은 조금씩 선암사 경전의 진지에 모였으며 이미 적의 기세는 끊임없이 계속 이어져서 소요대까지 미쳐서 남녀들은 달아나 숨었다. 이에 경전과 경윤이 서로 만나 합동으로 군사를 거느리고 센 활과 날카로운 창으로 적과 대항하여 싸울 것을 계획하고자 하였으나, 기강이 이미 무너졌고 인심은 의심하고 두려워하여 이해에 빠져 성패에는 기꺼이 명령을 따르려 하지 않으니 거의 패배한 것이라, 형제 두 장수는 눈물을 흘리며 길부에 있는 지남의 진지로 피하였다. 이날 환은 사당의 위패를 받들고 노소를 대동하여 백련암에서부터 서지에 있는 철남의 진지로 도피하였으며, 날이 저물자 적은 선암사를 점령하였다.

四日: 吉夫義陣 對仙巖占賊戰於薪旨 吉夫間松林 初打鼓 軍中歡呼 由是士聲大振 二百餘壯 自持弓刀槍 突進接戰 而前擊義士 居半中丸倒 後陣士氣 猝甚落 恐瞠躊躇 而賊騎追逐馳進 竟義陣敗退 死者不少 傳胤智 皆九死一生 走竄珀谷 逾雲門寺

4일: 길부에 있는 의병 진영은 선암사를 점령한 왜적에 대응하여 신지에서 싸웠는데, 길부 사이에 있는 송림에서 처음으로 북을 치니 군중이 환호하였다. 이로 말미암아 병사들은 소리 지르며 크게 떨쳤다. 200여 장정들은 스스로 활과 칼, 창 등을 잡고 돌진하여 접전하였는데, 앞장서서 공격하던 의사들은 반 정도는 탄환을 맞아 쓰러졌으며 후진의 사기도 갑자기 심히 떨어졌다. 두려워서 눈을 휘둥그레 뜨고 주저하는데 왜적의 기병이 추격하여 달려 나아가니, 마침내 의병 진영은 패퇴하였고 죽은 자도 적지 않았으며, 경전과 경윤과 지남은 모두 구사일생으로 달아나 박곡으로 숨어들어 운문사로 넘어갔다.

五日: 東塘仙巖吉夫義陣敗退者 皆稍集于西芝哲男陣 是日 西面義陣與賊戰

於耳火 而敗之

5일: 동당과 선암과 길부의 의병 진영 중에서 패퇴한 자들이 모두 서지에 있는 철남의 진영으로 조금씩 모였다. 이날에 서면(산서지역)의 의병 진영이 왜적과 이화에서 싸우다가 패하였다.

七日: 御駕次于平壤城 有頃 先生見右相尹斗壽 其曰 已至平壤 今車駕必能巡事 是以 明朝 君可當赴助戰將也

7일: 어가가 평양성에 행차하였다. 오래지 않아 선생은 우상 윤두수를 만나니 그가 말하기를,

'이미 평양에 이르렀으니 곧 주상은 반드시 능히 순행하는 일을 잘 할 수 있을 것이다. 이 때문에 내일 아침에 그대는 마땅히 조전장에 나아갈 수 있을 것이다.'

라고 하였다.

是日 西芝陣中 爲軍士鼓氣 而殺牛餉 士是雲集者 二百餘人 陣聲漸振 以擇勤幹之士 爲將 分據險 設伏戒賊

이날 서지의 진중에서는 군사의 사기를 북돋우기 위하여 소를 잡아 접대하니 군사들이 이에 운집하는 이들이 200여 인이라, 진영의 위세가 점차 떨치게 되었고 때문에 부지런하고 재간이 있는 군사를 택하여 장수로 삼고 나누어 험지를 근거지로 하여 복병을 두어서 적을 경계하였다.

八日: 先生向淸回自平壤城 於是 吟曰 遽當八路哭 敢求一身安 鯨海翻金甲 龍灣播玉鑾 北瞻葵悃切 南望劍心寒 成敗何須較 駑才庶可殫

8일: 선생은 청도를 향하여 평양성으로부터 돌아왔다. 이때에 시를 읊기를,

'갑자기 팔도가 곡함을 당하였는데 감히 일신의 편안함을 구하겠는가? 고래의 바다에는 금 갑옷을 일렁이고 용의 물굽이에는 옥 방울을 흩뿌리네. 북쪽을 우러러 보면 해바라기의 정성이 간절하고 남녘을 바라보면 검객의 마음은 쌀쌀하기만 하도다. 성패를 어찌 모름지기 비교하겠는가? 노둔한 인재는 다행히 마음과 힘을 다할 수 있도다.'

라고 하였다.

是日 曉 賊潛回 登山頂 從陵 暗下山 突入于西芝義陣 是陣中給食 而不可憑阻應之 然 勤幹之士 皆强起對戰 乃一進一退 激接而鳥銃之威不可抗力 竟義陣敗退于曲川 又賊退去大川院 于仙巖 是戰 義陣死者 多矣 保生東面諸勤幹之士 痛哭而曰 嶺南已爲倭 有吾輩何面目更立天地乎 一死足矣 或曰 賊勢如此 乃天也 非人力可圖 當藏蹤林壑 以觀見變可也 起兵討賊 亦非利事 惟待歸還朴慶新義兵將 其必有朝廷手帖也 是後 仙巖祠倡義者兩分 而竄于珀谷梧谷避之

이날 새벽에 왜적이 몰래 돌아와 산꼭대기에 올라 언덕을 따라 산에서 내려와 서지의 의병 진영으로 갑자기 쳐들어왔다. 이때에 진중에서는 급식중이라서 이를 의거하여 저지하거나 대응할 수 없었다. 그러나 부지런하고 재간이 있는 병사들이 모두 세차게 일어나 상대하여 싸웠는데 곧 일진일퇴하며 격렬하게 접전하였으나 조총의 위력에는 불가항력이었다. 마침내 의병 진영은 곡천으로 패퇴하였다. 또 왜적은 대천원에 물러갔다가 선암사에 갔다. 이 싸움에서 의병진은 죽은 자가 많았으며 생명을 보전한 동면의 부지런하고 재간 있는 병사들은 통곡

을 하며 말하기를,

'영남은 이미 왜적에게 당하였는데 우리들은 무슨 면목이 있어서 다시 천지에 서 있겠는가?'

라고 하니,

혹자가 말하기를,

'적의 기세가 이와 같은 것은 곧 하늘의 뜻이며 인력으로 도모할 수 있는 것이 아니다. 마땅히 숲속 골짜기에 자취를 감추고서 움직임을 살펴보는 것이 옳다고 여긴다. 의병을 일으켜 적을 토벌하는 것은 역시 이익 있는 일이 아니다. 오직 박경신 의병장이 돌아오기를 기다리면 그 분은 반드시 조정의 수단이나 법첩이 있을 것이다.'

라고 하였다.

이 뒤로 선암사에서 창의한 자들은 둘로 나뉘어져서 박곡과 오곡으로 달아나 왜적을 피하였다.

十九日: 西面義兵將李得福仲父戰死矣 於是 李義將 領兵七八十騎 結陣最頂山也 是日 義陣與賊戰於耳火 斬賊三級 賊望風奔潰 義軍勝 追賊及還 賊伏於路 李義將中丸 賊回旗縱兵 義軍大敗 死者居半 義徒盡散矣

19일: 서면 의병장 이득복 중부가 전사하였다. 이때에 의병장 이득복은 의병 7~8십 기마병을 거느리고 최정산에서 진을 쳤다. 이날 의병진과 왜적은 이화에서 싸워서 적 3급을 베고 왜적을 바라보니 패하여 바람처럼 달아났고 의병군이 승리하여 적을 추격하다가 돌아옴에 미쳐서 길에 매복해 있던 왜적들에게 이의장은 탄환을 맞았으며, 적은 기치를 돌리다가 의병에게 쳐들어가매, 의병군은 크게 패하여 죽은 자가 반을 차지하였고 의병들은 모두 흩어졌다.

五六月: 先生還路 遭賊無數 以膽勇嶺嶠渡河 而時對賊于榮州 以合勢義將金蓋國 遮斷賊路 與賊巷擊 賊難勝 遁其陣 而得保歸路 且不通前路于禮安奔入山中 良久 而探戒賊 俄突追擊 手斬二級 而進且遭賊于安東 而振大劍以馳馬 九死一生 纔脫也

5~6월: 선생은 돌아오는 길에 적을 만난 것이 수도 없었으나 담력과 용기로써 산길을 걷고 물을 건너왔다. 그 때 영주에서 왜적과 대항하였는데 때문에 의병장 김개국과 합세하여 왜적의 진로를 차단하고 적이 있는 거리를 공격하니, 적은 승리가 어렵다고 여겨 그 진지를 달아나므로 귀로를 보전할 수 있었다. 또한 예안에서 앞길이 통하지 못하여 달아나 산중으로 들어갔다가 한참 지나서 경비 서고 있는 왜적을 살피다가 갑자기 추격하여 손수 왜적을 벤 것이 2급 이었다. 나아가다가 또 안동에서 왜적을 만나서 대검을 휘두르고 말을 달려 구사일생으로 겨우 벗어났다.

于是 吟曰 單騎風馳丸雨中 義禮安過惟神命 濱於九死是一身 只憂家國蕩殘況

이에 시를 읊기를

'총알이 비 내리는 듯 하는 속을 단기로 바람처럼 달리고, 의성 예안 안동 땅을 오직 하늘의 명령으로 지나왔네. 구사일생의 끝에서 이 한 몸 살았으니, 다만 집안과 나라가 방탕하고 무너지는 상황을 근심할 뿐이네.'

라고 하였다.

又至永川吟曰 疲馬臨岸淩雨暮 千里矢石歸來遲 破袂餒腹何慮事 上抱萬憂

欲恢急

또 영천에 이르러 읊기를,

'피로해진 말로 강기슭에 다다르니 저무는 날에 비는 세차게 내리고, 천리 길 전쟁으로 돌아오는 길은 더디기만 하구나. 찢어진 옷소매 주린 배가 어찌 근심스런 일이겠는가? 주상이 안고 있는 만 가지의 근심을 돌이키고자 함이 급하도다.'

라고 하였다.

又六月二十九日　到慈仁　會義將崔文炳　以論討倭合勢之策　其座相約詠曰　奮忠抗難惟臣道　逃避偸生何所以　淨掃妖氛恢聖國　千秋豈不義男子　崔義將附次　貞節專心危不貳　雖當板蕩有爲以　偸生謀避豈人道　雪恥酬王忠義子

또 6월 29일 자인에 도착하여 의병장 최문병을 만나서 왜적을 토벌함에 있어 세력을 합할 계책을 논의하고 그 자리에서 서로 약속하며 시를 읊기를,

'충성을 떨쳐 병란을 막는 것이 오직 신하된 도리인데, 무슨 까닭으로 도피하여 구차히 살아남겠는가? 전란을 깨끗하게 쓸어내어 성스러운 나라를 넓혀야지, 천추에 어찌 불의의 남자가 되겠는가?'

라고 하니,

최의병장이 차운 시를 덧붙이기를,

'곧은 절의로 마음을 오로지 하여 나라의 위기에 두 마음 품지 않았는데 비록 국가의 혼란과 불안을 당할지라도 행하여야 할 것이 있다네. 피난을 도모하여 구차히 살아남는 것이 어찌 사람의 도리이겠는가? 치욕을 씻고 왕에게 보답하는 것이 충의의 자손이로다.'

라고 하였다.

七月一日: 遂先生爲清道助戰將 還薪旨第也 於是 倡義之諸從 逃竄于雲門山 而賊屯邑城且五禮城矣 先生不移時 召招倡義之諸從
7월 1일: 드디어 선생은 청도 조전장이 되어서 신지 집으로 돌아왔다. 이때 창의한 제종들은 달아나 운문산에 숨었고 왜적은 읍성과 오례성에 진을 쳤다. 선생은 시각을 지체하지 않고 창의했던 제종들을 불렀다.

二日: 先生所計 入邑城以若所爲 遣慶傳于西面 智男于慈仁崔文炳
2일: 선생이 계획한 것은 읍성에 들어가서 곧 행동하는 것이니, 서면에 경전을 보내고, 지남을 자인의 최문병에게 보내었다.

三日: 先生 郡東西巡察 會裵應褧主倅於最頂山 相握曰 我死之不恤 而惟討賊 是憂以報國也
3일: 선생은 군의 동서를 순찰하고 최정산에서 배응경 군수를 만나 서로 악수를 하고 말하기를,

'우리의 죽음은 근심할 것이 아니며 오직 적을 토벌해야 하니 이에 보국할 것을 근심해야 한다.'

라고 하였다.

四日: 先生 再遣智男于崔文炳 謂書曰 向者 論兵之後 思想 如水滔滔 鄙人僅保一縷之命 而今賊勢熾張 其數不知 而充斥四境 郡民擾擾 已皆避幽谷 雖激以義理 時 當板蕩 紀綱壞弛 人心疑懼 徒知竄伏之計 兵難聚多 僅僅收合之 卒不過四五百 而昨日曉頭 倭賊又犯仙巖巾峴等處 ○日破賊之術 吾

雖已曉 但恨 兵力之不足 此將奈何 貴邑與本郡 地界相接 若本郡敗亡 則貴邑亦被池魚之殃 此所謂脣亡齒寒 可不畏哉 於晞 今惟 嶺南最多賊禍 而列郡守令徒知賊虜 而不知有君父 唯有苟活偸生之計 而蕩爲空城 是誠百代之羞也 自古以來 夷賊之變 何代無之 忠臣烈士 何代無之 昔 祿山煽亂 唐幾顚矣 而李郭扶之 唐緖重光 完顔猾夏宋幾亡矣 而韓岳扶之 宋祚不絶 李郭韓岳之忠 豈獨在於唐宋之間 而於今 獨無其人乎 惟我朝鮮雖蕞爾小國 忠臣烈士 世不乏人 雖百萬倭酋 其如我國何夫 士之處世 當以忠孝節義四字爲本 人而不守此四字 則與禽獸同歸 豈可忽哉 且請軍協力 實爲義氣增倍 將軍旣在居鄰之局 與我戮力同心 出萬死 掃除狂塵 而雪君父之恥 則豈不爲千秋之義鬼耶 ※日昧爽 及期赴會 如何

4일: 선생은 다시 최문병에게 지남을 보내어 편지에 이르기를,

'지난번 용병을 논의한 뒤에 사상이 물처럼 도도하여 비천한 사람(나)은 한 오리의 실같은 목숨을 겨우 보전할 수 있었습니다. 지금 적의 기세는 성대하게 크고 그 수는 알지 못하게 사방의 경계에 가득 차서 군민들은 몹시 어지러워져 이미 모두 그윽하고 깊은 골짜기로 피하였소. 비록 의리로써 떨쳤으나 때마침 나라가 혼란하고 불안해짐을 당하여 기강이 무너지며 해이해지고 인심은 의심하고 두려워하며 다만 달아나 숨는 계책만 알 뿐이며 의병을 많이 모으기는 어려워서 근근히 모아서 합하여도 죄다 4~5백에 지나지 않았습니다. 작일 꼭두새벽에 왜적이 또 선암과 건현 등을 범하였습니다. 접때에 적을 깨뜨릴 계략을 내 비록 이미 깨우쳤으나 다만 한스러운 것은 병력이 부족하니 이를 장차 어찌 하겠습니까? 귀읍과 본군은 땅의 경계가 서로 접하여 만약 본군이 패망하면 곧 귀읍도 역시 연못 물고기의 재앙(아무런 죄도 없이 화를 당함의 비유)과 같은 재앙을 당할 것입니다. 이것이 이르는 바

순망치한이라는 것이니 두렵지 않을 수 있겠습니까? 날이 샐 무렵, 지금은 오직 영남이 왜적의 화가 가장 많은데 여러 군 수령들은 다만 적과 오랑캐만 알 뿐이며 임금이 있음을 알지 못합니다. 오직 구차하게 살기를 탐하고 죽어야 할 때 죽지 못하고 욕되게 삶을 탐내는 계책만 있어서 뿔뿔이 흩어져 빈 성을 이루게 되니 이것은 진실로 백대의 수치입니다. 자고이래로 오랑캐와 적의 변란은 어느 시대인들 없었겠으며 충신과 열사는 어느 시대인들 없었겠습니까? 옛날 안록산이 반란을 일으켜 당나라가 거의 무너지려 할 때 이광필, 곽자의 등이 나라를 붙들어 당나라는 거듭 빛나는 실마리가 되었고, 완안이 중하를 어지럽혀서 송나라가 거의 망하려 할 때 한세충, 악비 등이 나라를 붙들어 송나라의 조정은 끝나지 않았습니다. 이광필, 곽자의, 한세충 악비의 충성이 어찌 유독 당나라와 송나라의 때에만 있었겠습니까? 지금에는 어찌 그러한 사람이 없는 것입니까? 생각해보면 우리 조선은 비록 작은 소국이나 충신열사는 대대로 인재가 부족하지 않았었는데, 비록 백만 왜적의 모임일지라도 그들이 우리나라를 어찌 하겠습니까? 선비가 처세를 함에 마땅히 충효절의의 네 글자를 근본으로 삼아야 하며 사람으로서 이 네 글자를 지키지 않는다면 금수와 더불어 귀착하는 곳이 같으니 어찌 소홀히 할 수 있겠습니까? 또한 군사 요청에 협력해주면 실로 의병의 기개는 갑절이 불어나게 될 것입니다. 장군은 이미 이웃 가까이에서 거주하고 있으니, 나와 함께 힘을 합하고 마음을 같이 하여 만 번의 죽음을 이루어도 미치광이의 티끌을 쓸어 제거하여 군왕의 치욕을 설욕 한다면 곧 어찌 천추의 정의로운 귀신이 되지 않겠습니까? 아무 날 먼동이 틀 무렵에 때에 미쳐서 나아가 모이는 것이 어떠하겠습니까?'

라고 하였다.

是日 智男還持崔義將答 其書曰 伏見送書 寧不懸懸向溯不已 鄙人黽勉從事 軍務多端 示中滿幅詞意無非忠義所激 而令人感服矣 凡有血氣 孰不慟心 弟亦切齒腐心也 夫以將軍之雄壯膽略恢弘 智謀倚如長城 則足當一方 何區區於如我駑劣之才乎 文炳窮伏 轅門日望將軍之勝奇 而至於專令之惠 實是不敢當 且素無神出鬼沒之術 又無掀天動地之力 則上豈敢望李郭韓岳之忠乎 文炳之募兵 只出於憤時之拙計 非有籌策軍卒之有餘也 然而自鄙邑賊徒彌滿之後 追奔逐北 勘滅無期 卽聞貴邑梟賊 大陣尙存屯留 豈無相救之道乎 尋常與國猶尙救之 況我相接之邑乎 顧念 今之他事後之我事當聳躍應期 爲將軍羽翼兵勢爲計耳

이날 지남은 최 의병장의 답서를 가지고 돌아왔는데 그 서찰에 말하기를,

'보내준 편지를 삼가 엎드려 보았는데 향하여 거슬러 올라가서의 약조를 버리지 않을 것을 어찌 마음에 두지 않았겠습니까? 비천한 소인이 부지런히 힘써 일을 처리하고 군사 직무의 일도 많은데 마음의 폭에 가득 찬 말의 뜻이 충의를 격려하는 것이 아님이 없어서 사람들로 하여금 감복하게 하였습니다. 무릇 혈기가 있으면 누가 애통한 마음이 없겠습니까? 아우도 역시 절치부심 하였습니다. 무릇 장군의 웅장한 담력과 지략과 넓고 큰 지혜와 책모로써는 의지할만함이 장대한 성과 같으니 곧 족히 한 곳을 맡을 수 있는데 나와 같이 우둔하고 용렬한 재주에 있어서 어찌 부지런히 힘쓸 수 있겠습니까? 저 최문병은 크게 엎드려서 군영의 문에서 날마다 장군의 승리의 기별을 기다리고 있었는데 명령에 오로지 하는 은혜에 이르러서는 실로 이에 감당하지 못할 지경입니다. 또한 본디부터 신출귀몰하는 술수도 없으며 또 하늘을 뒤집어엎고 땅을 뒤흔들만한 힘도 없으니, 위로 어찌 감히 이광필, 곽자의, 한세충 악비의 충성을 바라겠습니까? 문병의 모병은 단지 분노할 때에 내는

졸렬한 계책이며 주책(이리저리 타산한 끝에 생각해 낸 계책)이 있어서 병졸이 여유가 있는 것은 아닙니다. 비루한(저희의) 읍에 왜적의 무리들이 널리 가득 찬 뒤로부터 달아나는 자를 좇아서 북쪽으로 좇아내었으나 멸망을 헤아리기에는 기약할 수 없습니다. 곧 귀읍에 사나운 적의 큰 진영이 아직도 존재하여 진을 치고 머무른다는 것을 들었는데 어찌 서로 구원할 방도가 없겠습니까? 보통 서로 동맹을 한 나라도 오히려 도와서 구원해 주는데 하물며 우리와 서로 접해 있는 읍에 있어서랴? 마음에 두고 생각해 보면 지금의 남의 일이 훗날 나의 일일 것이니 마땅히 높이 우뚝 뛰어 시기에 대응하여 장군의 우익이 되는 것이 병력의 형세에서 계책으로 삼을 뿐입니다.'

라고 하였다.

五日: 先生不問所從來 郡壯皆收召 欲成編隊 而東面者據杜谷 西面者耳火是檄文曰 一國之患莫大於君父之辱 君父之辱莫若今日也 爲今日臣子者 固當奮忠死義以報不共之讐也 今者 賊起未旬 已失本郡邑城 而尙無一人抗難討賊者 惟爲奔遁山谷之計 誠百代之羞也 豈忠肝義膽素乏其人 抑恐力不足勢不便 而然耶 苟有倡之者 必有超乘之才 龍從雲合先後 而來矣 吾等以區區激人於散亡之餘 募兵於竄伏之中 死寧爲義鬼 生不忍爲夷虜 北望悲切五內殞越 非吾諸君 誰與爲謀 嗟 我同志各自銳意共殄戎醜之禍 以雪君父之辱則死猶生也 以○月○日昧爽 及期赴會 不違用命賞 不用戮 待朝廷處置

5일: 선생은 좇아 온 바의 내력을 묻지 아니하고 군내의 젊은이를 모두 불러 모아 편대를 이루고자 하였으며 동면의 경우는 두곡을 근거지로 하고 서면의 경우는 이화를 근거지로 하였다. 이에 격문에서 말하기를,

'한 나라의 근심은 군부가 욕을 당하는 것보다 큰 것은 없으며 군부가 욕을 당하는 것은 금일과 같은 경우는 없었다. 금일 신하된 자는 진실로 마땅히 충을 떨치고 정의를 지켜 죽음으로써 함께 살 수 없는 원수를 보답하여야 한다. 지금에는 적이 일어나 열흘이 못되어 이미 본군의 읍성을 잃었고 아직도 병란에 항거하여 왜적을 토벌하는 자는 한 사람도 없으며 오직 산골짜기로 달아나 숨을 계책만 생각할 뿐이니 진실로 백대의 수치이다. 어찌 충성스러운 마음과 정의로운 담력이 본디부터 그럴만한 사람이 부족해서인가? 아니면 힘이 부족하고 형세가 적절하지 못함이 두려워서 그러한가? 진실로 창도하는 자가 있으면 반드시 뛰어넘어 오르는 출중한 인재가 있으리라. 용이 구름을 따르듯 선후로 합하여 올 것이리라. 우리들은 뿔뿔이 흩어져 달아나는 중에 남은 사람들을 구구하게 격려하고 숨어 있는 중에서 모병을 하여 죽어서 차라리 정의로운 귀신이 될지언정 살아서 차마 오랑캐의 포로가 되지는 않으리라. 북쪽을 바라보면 슬픔이 절박하여 오장이 끊어지고 흩어지도다. 나와 제군들이 아니면 누구와 함께 도모하겠는가? 아! 우리 동지는 각자 예리한 의지로 오랑캐 무리들의 화를 함께 끊어서 군부의 치욕을 씻으면 곧 죽어도 사는 것과 같은 것이다. 모월 모일 먼동이 틀 무렵에 시기에 미쳐 모임에 나아갈 것이니 명령을 받듦을 어기지 않으면 상을 줄 것이며 따르지 않아서 벌을 주는 것은 조정의 처치를 기다리겠다.'

라고 하였다.

六日: 召招東面各陣義兵將于薪旨 而先生命曰 若已示檄文 諸君誰與爲謀 嗟 我同志也 死爲義鬼 生爲夷虜不容矣 非有主倅之令 而余其代以當擊賊 復城保郡 乃今後 助戰將之令 卽軍法焉 是合謀者 金日嶺 鄭海 裵元祐 李

萬生 金溫宗 鄭仁進 與智男 哲男 璨 琡 瑄 等也

6일: 신지에 동쪽 지역 면의 각 진영의 의병장을 불러서 선생이 명하기를,

'만약 이미 격문을 보았다면 제군들은 누구와 함께 도모하겠는가? 아! 우리 동지는 죽어서는 의귀가 되고 살아서 오랑캐의 포로가 되는 것은 용납하지 못한다. 군수의 명령이 있는 것이 아니어서 내가 그것을 대신하여 마땅히 적을 공격하여 성을 회복하고 군을 지킬 것이니 곧 지금 뒤로는 조전장의 명령이 곧 군법이다.'

라고 하였다.

이때 합동 모의한 자는 김일령 정해 배원우 이만생 김온종 정인진과 지남 철남 찬 숙 선 등이다.

七日: 西面各陣義兵將 合謀于耳火 而先生發命如昨 是召招者 崔汝峻 李廷郁 芮夢辰 潘孝弘 李潛 金弘漢 與慶傳 慶胤 璘 球 瑾 等也

7일: 서면 각 진영의 의병장은 이화에서 합모하였고, 선생이 명령을 내는 것을 어제와 같이 하였다. 이때 부른 자는 최여준 이정욱 예몽진 반효홍 이잠 김홍한과 경전 경윤 린 구 근 등이다.

九日: 初寅先生率領兵曰 汝輩 勇士也 不可見賊先退 惟勉以盡力討賊 遂馳馬 而先陣乃主倅所由義兵 皆從之 是時 爲智男向導慈仁援兵 自中山 進邑城 于曉 淸慈兩軍合於栗林 近其勢七八百也 向明聯軍 至衙前 諸賊揮刃突出 先生一箭迎射殪之 而陣士氣大振 諸壯咸突力戰 而賊敗之遁去矣領兵皆入城 而先生前立帶郡守曰 今是城主移帖 以裵主倅爲總帥 令聽節制耳 慶傳抗曰 卿淸道助戰將也 當賊勢 非有主倅之令 而收散卒 聚義徒 已成助戰將

之法 垂成大功 而何以城主立奔敗之餘來制成事之中 非吾輩之利也 拒之爲可也 先生曰 此甚不可 民主之分典法所係順逆之道 禍福所由人而蔑 是同歸亂流 奉城主共事討賊 不亦可乎 軍中聞之 莫不感賀 於是 軍機擧措 一聽城主指麾 去義兵之號 而稱官軍 每報必稱郡倅 輒有軍功 盡歸城主 諸將士無不義之 始郡民安居 逃竄者 稍稍還家 耕種事矣 是自邑城遁賊 去五禮城由此 退密陽也

9일: 인시 초에 선생은 의병을 거느리고 말하기를,

'너희들은 용사이다. 적이 먼저 물러나는 것을 볼 수 없으니 오직 힘써서 온 힘을 다하여 적을 토벌해야 한다.'고 하고,

드디어 말을 달려 앞장 선 부대는 곧 군수가 의병을 말미암은 바이니 모두 그를 따랐다. 이때 지남은 자인의 원병을 인도하는 사람이 되어서 중산에서부터 읍성으로 나아가 새벽에 청도 자인 양군이 율림에서 합하였는데, 그 형세가 7~8백에 가까웠다. 날이 새벽을 향할 때 연합군이 관아 앞에 이르니 여러 왜적들이 칼날을 휘두르며 갑자기 툭 튀어 나와서 선생이 하나의 화살로 적을 맞아 쏘아서 쓰러뜨리니, 진영의 사기가 크게 떨쳐졌고 모든 장정들이 돌진하여 힘껏 싸우니 왜적은 패하여 달아나므로, 의병을 거느리고 모두 성에 들어가서 선생은 앞에 서서 군수를 데리고서 말하기를,

'이제 이 성의 주인에게 권한을 이양하니 배 군수를 총수로 삼아 명령에 따라 절제할 뿐이다.'

라고 하자,

경전이 항거하여 말하기를,

'경은 청도의 조전장입니다. 적병의 기세를 만났으나 군수의 명령이 있은 것이 아니

고, 흩어진 군사를 모아 의병을 조직하여 이미 조전장의 법으로 이루어 거의 큰 공을 세웠는데, 어찌하여 패하여 달아나 성을 버렸다가 돌아온 성주를 세워서 일을 완성하는 중심으로 만들려 하십니까? 우리들에게 유익한 일이 아니니 거절함이 옳은 일입니다.'

라고 하였다.

선생이 말하기를,

'이것은 심히 옳지 못하다. 민주에서 전법을 분별하는 것은 순리와 역리의 도리에 관계되는 것이어서 화복은 사람으로 말미암아서 멸하는 것이니 이는 어지러운 물결에 함께 돌아가는 것이어서 성주를 받들어 일을 함께 하여 왜적을 토벌하는 것이 역시 옳지 않겠는가?'

하니,

군중에서 이를 듣고 감동하여 경하하지 않는 이가 없었다. 이에 군사 기밀과 행동거지를 한결같이 성주의 지휘를 따라서 의병의 칭호를 버리고 관군을 일컬으며, 매양 보고마다 반드시 군수 명의로 말하였으며, 문득 의병군의 공적이 있으면 모두 성주에게 돌렸다. 모든 장수와 사병들은 의롭지 않음이 없어서 비로소 군민들은 편안히 생활할 수 있었고, 도망하여 숨은 자들도 차츰차츰 집으로 돌아와 땅을 갈고 파종하는 농사 일을 하게 되었다. 이에 읍성에서부터 달아난 왜적들은 오례성을 떠나서 이로 말미암아 밀양으로 물러났다.

十四日: 賊數十騎 自石窟 逾林峴 而先生領兵戰於鳥峴 斬首二級

14일: 적 수십의 기병들이 석굴에서부터 임현을 넘어와서 선생은 군사를 거느리고 조현에서 싸워서 왜적 2급을 참수하였다.

十五日: 賊自彥陽越棘林 寇新院 先生領兵馳進 斬首一級 獲馬一匹

15일: 왜적이 언양에서부터 극림으로 넘어와 신원을 약탈하므로, 선생은 군사를 거느리고 달려 나아가 왜적 1급을 참수하고 말 한필을 획득하였다.

二十日: 先生與省齋 合力討賊 戰於杜谷 左右翼進斬三級 而慈仁都將李祥戰死 時雨水 久戰 弓矢已盡 乃散賊 贓買弓矢多少

20일: 선생과 성재 최문병이 합력하여 적을 토벌하며 두곡에서 싸우다가 좌우익진이 왜적 3급을 베었으나 자인 도장 이상이 전사하였다. 이 때 비가 내렸는데 오래 싸우다가 활과 화살은 이미 다하여 곧 흩어진 왜적들에게 몰래 활과 화살 다소를 사들였다.

二十二日: 賊數十騎 自楡川寇東谷 與賊戰 至林峴 斬二級 奪戰馬二匹 卜三駄

22일: 왜적 수십 기마병이 유천에서부터 동곡으로 와서 약탈을 하여 왜적과 더불어 싸웠는데, 임현에 이르러 2급을 베고 전마 2필과 짐 3바리를 빼앗았다.

二十三日: 大雨 賊百餘騎寇仙巖巾峴等地 先生領兵不敵 請於崔省齋 是日賊宿內官李漢英家 翌日 崔義將兵百餘 助戰將兵百餘 合勢 隔水相戰 賊屍十餘 得免賊遁去林峴 招諭使金誠一 聞之大驚矣

23일: 큰 비가 내렸다. 왜적 백여 기병이 선암 건현 등지를 약탈하여 선생은 거느리고 있는 군사로는 대적하지 못하여 성재 최문병에게 요청하였다. 이날 왜적은 내관 이한영 집에서 묵었는데, 익일 최의병장의 병사 백여 명과 조전장의 병사 백여 명이 합세하여 물을 사이에 두고 서로 싸웠는데, 적의 시신이 십여 구이며 왜적은 위기를 면하여 임현으로 도망쳐 갈 수 있었다. 초유사 김성일이 이를 듣고 크게 놀랐다.

二十九日: 零賊百餘騎 自密陽逾林峴 屯於東谷 崔義將 自慈仁鼓譟而進 先生 自安心坊馳突 而前賊望見 棄軍器仗 不戰先遁 不及斬捕 只奪 牛馬十餘匹 卜物十餘馱 募郡中 米太及銅鐵 鳥銃八柄 鐵丸二斗

29일: 영락한 왜적 백여 기병이 밀양에서부터 임현으로 넘어와 동곡에 주둔하였다. 최의병장은 자인에서부터 북을 치고 함성을 지르며 진격하고, 선생은 안심방에서부터 질주 돌진하니 앞에 있는 왜적들이 바라보다가 병장기를 버리고 싸우지도 않고 미리 달아나므로 참수나 체포에는 미치지 못하였다. 다만 빼앗은 것은 우마 십여 필과 바리 짐 물건 십여 바리 뿐이었다. 군(郡) 내에서 쌀과 콩, 구리와 철, 조총 8자루와 철환(철탄) 두말을 모았다.

八月九日: 賊入明介谷 先生領兵馳逐 暮至大川院 遣先鋒將率兵 設伏要路 翌早朝 盛軍容突進 賊望見遁歸 遇伏兵 死者多矣 我軍乘勝 追逐 賊散亂轉戰 至東塘 賊十餘人窘蹙 投入人家 門扃自固 我軍自外鎖 其戶焚家 賊從厮孔出 揮劍呼譟 我軍聚射之 倒賊 其中一賊逢矢 膝行而走 不意一賊潛隨哲男後 擊左脚 哲男墜馬 賊以劍擊頭 哲男 展身巧避 刃未及身 瑾望見 揮槍大呼 而進賊反逐 瑾哲男突起 從後射 中其背 賊應弦而倒 瑾亦得而免焉 璨 琡 智男 瑄 璘 球 等 八人 皆追戰逢刃 零賊從林莽遁走 賊咸怖不敢東出矣

8월 9일: 왜적이 명개곡에 침입하자 선생은 군사를 거느리고 달려가 쫓았다. 저녁에 대천원에 이르러 선봉장으로 하여금 군사를 거느리고 중요한 길목에 복병을 진열하게 하고 이튿날 이른 아침에 강성한 군대의 모습으로 돌진하니 왜적이 바라보다가 달아나며 돌아가다가 복병을 만나 죽은 자가 대부분이었다. 아군은 승세를 타고 추격하여 쫓으니 왜적은 흩어져서 어지럽게 이리 저리 자리를 옮기면서 싸우다가 동당에 이르렀다. 왜적 십여 인이 매우 괴로워하며 위축되어 인가에 몸을 던져 들어갔다. 문빗장이 원래 견고하여 아군은 밖에서부터 문을 잠그고 그 집을 불사르니, 왜적들은 하인을 따라서 성대하게 나와서 칼을 휘두르며 큰 소리로 외치기에, 아군들이 모여 그들을 쏘아서 왜적을 넘어뜨렸다. 그 중에 한 적이 화살을 맞고서 무릎으로 걸으며 달아났으나, 뜻하지 않게 한 왜적이 몰래 철남의 뒤를 따르다가 왼쪽 다리를 공격했다. 철남이 말에서 떨어지자 왜적이 칼로써 머리를 쳤으나 철남은 몸을 굴러 교묘히 피함에 칼날이 몸에 미치지 못하였다. 근이 바라보다가 창을 휘둘러 크게 외치면서 적에게 나아가 반격하여 쫓았다. 근과 철남은 돌기하여 뒤로부터 쏘아서 그 등을 맞히니 왜적은 활시위 소리가 나자말자 쓰러짐에 근 또한 이에 화를 면할 수 있었다. 찬과 숙 지남 선 린 구 등 8인이 함께 추격하여 싸우니 칼날을 만난 왜적들은 영락하여 풀숲을 따라서 도망쳐 달아났으며, 왜적들은 모두 두려워하여 감히 동면에는 나오지 못하였다.

九月十一日: 先生精兵二百餘人 期井谷進攻賊壘 賊衆三百餘騎逆於如海院 與賊進退而戰 射殺者 甚衆 日已夕矣 賊皆遁去 先鋒將斬二級 奪二馬

9월 11일: 선생은 정예병 200여 인으로 정곡에서 적의 보루에 나아가 공격할 것을 기약하였는데, 왜적의 무리 300여 기병을 여해원에서 만나 적과 더불어 진퇴하며 싸웠는데, 사살자가 매우 많았으며 날은 이미 저녁이 되어 왜적들은 모두 도망쳐 가버렸다. 선봉장은 왜적 2급을 베고 말 2필을 빼앗았다.

十五日: 零賊焚蕩大丘境 先生領兵 戰於柳谷 斬賊三級 馳報城主

15일: 영락한 왜적들이 대구 경계에서 분탕(불에 태워 없앰)질을 하여 선생은 군사를 거느리고 유곡에서 싸우면서 왜적 3급을 베고 달려가서 성주에게 보고하였다.

十七日: 夜擊金藏屯賊 斬殺三級 自是夜擊軍 乘勝樂戰 賊每夜戒嚴 設伏以待 少不暇休

17일: 밤에 금장에서 진을 치고 있던 왜적을 공격하여 적 3급을 참수하여 죽였다. 이로부터 야격군(주로 밤에 공격하는 군사)은 이긴 기세를 타고 기분 좋게 싸웠다. 왜적들이 밤마다 경계를 엄하게 하며 매복을 설치하여 기다리니 쉴 틈을 조금도 주지 않았다.

二十九日: 於最頂山 乘夜掩擊

29일: 최정산에서 밤을 틈타 느닷없이 덮쳐 공격하였다.

十月二十日: 兵使朴晉 住兵慈仁縣 遣虞候權應銖 討大丘留倭 時 先生 以別將 領左軍赴戰 策馬突進 爲賊所圍 弓劍交揮 先生 乃拔箭射倭中胸 卽倒諸賊 猶魚貫 而進勢急蒼黃 麾下金天祉等 來援得脫 與左右軍 合勢力戰

斬倭十餘級

10월 20일: 병사 박진이 군사를 자인현에 머물게 하고 우후(각 병영 종3품 병마 우후 및 각 수영의 정4품 수군우후의 통칭 무관직) 권응수를 보내어 대구에 남아있는 왜병을 토벌하였다. 이때에 선생은 별장으로써 좌군을 통솔하여 전쟁에 뛰어들어 말에 채찍질하여 돌진하다가 적에게 포위를 당하여 활과 칼을 휘두르게 되자 선생은 바로 화살을 뽑아 왜적에게 쏘아서 가슴을 맞혀 곧바로 쓰러뜨렸으나 여러 왜적들은 오히려 꼬챙이에 꿴 물고기처럼 차례대로 잇달아 나와서 진격하는 형세의 급함이 창황하였다. 휘하 김천지 등이 와서 지원해주어 벗어날 수 있었다. 좌우군과 더불어 합세하여 힘껏 싸워 왜적을 벤 것이 10여급이었다.

二十五日: 先生 與孫鰲漢起陽 其書曰 前書 路阻未復 尙慊悵不已不審 戎務何似 吾輩同起 草莽 只有忠赤一心而已 利鈍何計 聞天將勸與倭和 此事雖出於緩禍 而旣辱 及陵寢與彼 當不共戴一天 和可忍乎 遠外未能的知 姑不宣

25일: 선생은 오한 손기양에게 편지를 보내 주었는데, 그 편지에서 말하기를,

'앞에 편지를 받고는 길이 막혀 아직도 회복하지 못하여 또한 유감스럽고 한스러움을 그만 두지 못하며 자세히 살피지 못하였습니다. 군사 업무는 어떻게 이어 갑니까? 우리들은 함께 일어났으나 초야에 있는 평민으로 다만 충성스러운 진심 한 마음만 있을 뿐입니다. 운수의 좋음과 나쁨을 어찌 헤아리겠습니까? 천자국(명나라) 장수가 왜적과 더불어 화친할 것을 권한다는 것을 들었는데 이 일은 비록 화를 완화 시키는 것에서 나왔다고 할지라도 이미 욕을 당하였고 능침과 저들과는

마땅히 같은 하늘을 함께 일 수가 없는데 화친을 용납할 수 있겠습니까? 멀리 떨어진 밖이라 확실히 알 수 없으니 우선 널리 펴지 않겠습니다.'

라고 하였다.

二十九日: 先生親率精兵九十餘人 結陣郡南五禮山城 平朝 賊兵三百餘人 分陣上來 先生 先登擊賊 厲氣百倍 又使鄭海金金一齡翼進夾擊 大呼弓丸俱發 發無不中賊 驚駭奔散 遂奪 其騎馬二匹 文書二櫃 食架一具 賊遁入城中 又選精銳 追之 賊屯于鄕校 我軍 一時 同進射殺 甚衆 後爲援賊所扼僅以全還

29일: 선생이 정병 90여 명을 친히 거느리고 군 남쪽 오례산성에서 진을 쳤다. 평조(오전 3시~5시, 인시)에 적병 300여 명이 진을 나누어 올라오매, 선생이 먼저 올라 적을 공격하니 사기가 백배를 떨쳤다. 또 정해금과 김일령의 좌우익으로 하여금 나아가 양쪽에서 동시에 공격하여 크게 소리 내어 외치면서 활과 탄알을 함께 쏘게 하니, 쏜 것마다 적을 맞히지 않은 것이 없으니 놀라서 달아나 흩어졌으며, 드디어 기마 2필, 문서 2궤, 식품 시렁 1구를 빼앗았고 적은 도망쳐 성중으로 들어갔다. 또 정예병을 선발하여 그들을 쫓으니 왜적은 향교에서 진을 쳤다. 아군은 일시에 함께 나아가 사살한 것이 매우 많았으되, 그 뒤에 적의 원병에게 압박을 당하여 겨우 온전히 돌아올 수 있었다.

十一月 初四日: 賊數百餘人 入於郡境上天老等 處留屯橫肆 先生 率驍兵百餘 進圍屯賊 賊驚潰 乃乘勝遠逐 射殺十三級 奪賊所騎二十餘匹 時 賊援兵四至 乃全軍引還

11월 초4일: 왜적 수백여 명이 군 경계 부근인 천로 둥지에 들어와 그곳에서 머물러 진을 치고 제멋대로 자행하였다. 선생은 용맹스러운 군사 100여 명을 거느리고 나아가 주둔하고 있는 적을 포위하니, 왜적들이 놀라 뿔뿔이 흩어지기에 바로 승세를 타고 멀리 쫓았으며, 사살 자가 13급이요, 왜적에게 기마 20여 필을 뺐었다. 이 때에 적의 원병이 사방으로부터 와서 바로 전군을 인솔하여 돌아왔다.

初七日: 賊結陣 屯宿於鄕校及栗林等處 先生 夜率精兵 達曙鏖戰 賊徒咸散 扶傷曳尸而遁 乃以驍騎 逐北尾擊 斬首三級 賊輿尸 至城門 與城內留賊 撤屋焚屍 尋走密陽

초7일: 적은 진을 치고 향교 및 율림 등의 곳에 주둔하여 머무르게 되자 선생은 밤에 정병을 거느리고 새벽에 이르기까지 격렬하게 싸워서 적의 무리들은 모두 흩어지고 부상자들을 부축하고 시신을 끌며 도망쳤다. 바로 날랜 기병이 북쪽 후미를 쫓아 공격하여 3급을 참수하였다. 시신을 수레에 싣고 간 왜적들이 성문에 이르러 성내에 남아 있는 적과 더불어 집을 헐어버리고 시신을 불사르며 이어서 밀양으로 달아났다.

二十二日: 倭賊 出陣郡東十五里許井谷 焚蕩人家 先生率兵百餘人 據城接戰 射倒騎倭十餘人 有步倭二百餘人奔突 我軍之後 勢窮力弱 知無生路 乃召射牌等約曰 我等且死矣 死則當與賊俱死 先生 先自挺馬 揮劍馳突 斬倒倭將二人 步倭五六人 賊奔遁 乃奪白馬一匹 暮又掩襲 城下屯宿之賊 射殺五六人

22일: 왜적이 군 동쪽 15리쯤 되는 정곡에서 진영을 나와 인가를 분탕질 하자, 선생이 군사 100여 인을 거느리고 성에 의거하며 접전하여 왜적 기병 10여 인을 쏘아 거꾸러뜨리니, 어떤 왜적 보병 200여 인이 달려와 아군의 후미를 돌격하였는데, 형세가 곤궁하고 힘도 약하여 살길이 없음을 알았다. 곧 사패(弓手로 조직된 부대) 등을 불러 기약하며 말하기를,

'우리들은 장차 죽게 되었다. 죽는다면 곧 마땅히 적과 더불어 함께 죽어야 할 것이다'

라고 하고는, 선생이 먼저 말을 달려 칼을 휘두르며 맹렬하게 돌진하여 왜적 장수 2명과 보병 5~6명을 베어 쓰러뜨리니, 적은 도망쳐 달아났다. 그리하여 백마 한필을 빼앗고 해질 무렵에 또 성 아래에 주둔하여 머물러 있는 왜적을 엄습하여 5~6인을 사살하였다.

十二月 初四日: 賊 自八助峴 向淸道 先生 提兵馳出 與伏兵 要路擊之 斬首二十餘 奪其卜馱 散賞士卒

12월 4일: 왜적들이 팔조현에서부터 청도를 향해 옴으로 선생은 군사를 거느리고 달려 나가 복병과 더불어 요로에서 그들을 공격하여 20여 명을 참수하고, 그들의 짐바리를 뺏어서 사졸들에게 상으로 나누어 주었다.

十一日: 郡屯賊五百餘人 東西分出 結陣井谷 焚蕩江津店人家 先生 乃領夜擊將裵元祐等 追擊 隨山 據險嚴 設器械 倭衆彌亘數十里 焚蕩村家 殺掠人馬 人皆竄伏 乃命裵元祐 招集各處伏兵 合二三百人 調閱於雲樹亭 自東倉馳逐 至臥巖 進退數十合 先生手斬一級 諸軍乘勝翼進 賊遂遁去

11일: 군에 주둔하고 있는 왜적 500여 명이 동서로 나누어 나와서 정곡에서 진을 치고 강진점의 인가를 분탕질하므로, 선생은 이에 야격장 배원우 등을 거느리고 추격하여 산을 따라 험준하고 삼엄한 곳에 의거하여 기계를 설치하였다. 왜적의 무리들은 널리 궁수십리를 뻗쳐 있으면서 시골 집들을 분탕질을 하고 사람과 말을 죽이고 약탈하니 사람들은 모두 달아나 숨었다. 그래서 배원우에게 명하여 각처의 복병을 불러 모으게 하니 모두 200~300명이었다. 운수정에서 갖추어 검열하고 동창에서부터 달려가 쫓아서 와암에 이르러 진퇴가 수십합이었는데, 선생이 손수 베어 죽인 것이 1급이며, 여러 군사들이 승세를 타고 좌우익이 진격하니 왜적은 드디어 도망쳐 갔다.

十三日: 先生和郭忘憂堂再祐 其書曰 仗劍戎衣客 無心白日眠 盟倡飛檄後 勇仡短鋒前 鬼哭荒沙外 人竄怯雨邊 思宗寧濟淚 悚未凱歌傳

13일: 선생은 곽 망우당 재우에게 시로 응답하였는데, 그 서찰에서 읊기를,

'검을 짚고 군복을 입은 객은 무심하게도 대낮에 잠을 자고 있네. 창의를 맹세하고 격문을 날린 뒤에 짧은 칼끝 앞에서 용맹하고 날랜 군사들이네. 귀신은 거칠은 모래 밖에서 울고 사람은 겁이 많은 안에서 숨었다네. 종사를 생각하면 어찌 눈물이나 흘리고만 있겠는가? 개선의 노래를 전하지 못함이 한스럽구나!'

라고 하였다.

十四日: 夜 知賊又至外終道杜谷 乃整軍馬 設伏待變 翌日 平朝 賊分布殺掠 先生 督軍策馬 追至江津谷 接戰先斬二級 鼓衆督捕 射牌李萬生等 中丸顚倒 賊形勢 艱危 稍退 萬生等扶瘡 死戰 賊還入城中 終夜擊之 追捕六

級 大捷而還

14일: 밤에 왜적이 외종도의 두곡에 이른다는 것을 알고 곧바로 군마를 정돈하고 매복을 갖추고 변란을 기다렸다. 익일 평조에 왜적이 나뉘어 퍼져서 살육하고 노략질하였다. 선생은 군사를 독려하고 말을 채찍질하여 쫓아 강진곡에 이르러 접전하여 먼저 왜적 2급을 베어 무리들을 고무하고 포획할 것을 독려하였으나, 사패 이만생 등이 탄알을 맞고 전도되었다. 적의 형세가 험악하고 위태하여 조금 물러났으나 만생 등은 상처에 의지하여 죽기를 각오하고 싸우니 적은 도리어 성 안으로 들어갔다. 밤새도록 이들을 공격하여 쫓아가 왜적 6급을 포획하고 크게 이기고 돌아왔다.

三十日: 召募大將曺好益入郡 先生起 近百人應募 仍同晝方略

30일: 병사를 모집하는 소모대장 조호익이 군에 들어옴으로 선생이 일어나서 100인에 가까운 군사가 모집에 응하였고 인하여 함께 방도와 책략을 꾀하였다.

癸巳

正月 初七日: 大丘往來倭奴 與本郡留賊 出陣郡東古彌里 焚蕩殺掠 先生率兵追擊 殺獲殆盡 日暮還軍

계사년(선조 26년, 1593) 정월 초 7일: 대구를 왕래하는 왜놈과 본군에 남아있는 왜적들이 나와서 군의 동쪽 고미리에 진을 치고 분탕질을 하며 살육하고 약탈 하였다. 선생은 의병을 인솔 추격하여 거의 다 살획하고 날이 저물어 환군하였다.

初八日: 據城之賊 與歸賊 合二百餘人 出陣郡東沙峴 半夜卒圍金谷 我軍陣處 軍中驚亂 先生 挺身 潰圍馳赴仙巖 長男智男之陣 招聚精兵四十餘人時 賊已焚東塘里及東倉閭閻 先生 乃引軍 而進相遇於東倉 以長片箭更迭射殺斬數級 賊退走杜谷 我軍追至院亭子 與夜擊軍 夾擊斬首 又數級 且使士卒 登山轉石 賊多壓死 且奪被虜男婦四人 完軍大捷

초 8일: 성에 의거한 왜적과 돌아온 왜적 200여 인이 합세하여 군 동쪽 사현으로 출진하다 한 밤중에 마침내 금곡을 포위하니 아군이 진치고 있는 곳에서는 군중이 놀라고 혼란해졌다. 선생은 몸을 떨쳐 앞장서서 나아가 포위를 무너뜨리고 달려 선암에 있는 장남 지남의 진지로 나아가서 정병 40여 인을 불러 모았다. 그 때 왜적은 이미 동당리 및 동창의 여염집을 불사르고 있었다. 선생은 곧바로 군사를 인솔하여 나아가 동창에서 서로 만나 긴 화살과 짧고 작은 화살을 번갈아 쏘아서 왜적을 사살하고 수명을 목 베니 왜적은 물러나 두곡으로 달아남으로 아군은 추격하여 원정자에 이르러 야격군과 함께 협격하여 참수하기를 또 수급이었다. 또한 사졸로 하여금 산에 올라 돌을 굴리게 하니 적은 대부분 압사하였으며, 또한 왜적에게 사로잡힌 남자와 부인 4명을 빼앗았으니, 완전하게 아군이 크게 이겼다.

初九日: 據城之賊 犯井谷向仁村等處 先生率兵馳射 又使麾下姪璨等 先登斬倭一級 其餘中傷者 不知其數 奪牛馬十匹 盡賞軍

초 9일: 성에 의거하고 있던 왜적이 정곡과 향인촌 등으로 침범하니, 선생은 병사를 인솔하여 달려가 사격하고 또 휘하의 조카 찬 등으로 하여금 먼저 떠나가게 하여 왜적 1명을 참수했고, 그 나머지 중상자는 그 수를 알 수 없을 만큼 썩 많았으며, 소와 말을 빼앗은 것이 10필인데 모두 군사들에게 상으로 주었다.

十三日: 歸倭五百餘人 屯宿郡東川 先生率軍夜擊 斬首七級 金千已等二人 中賊矢 載歸本陣

13일: 돌아가는 왜적 500여 인이 군 동쪽 냇가에 주둔하여 머물기에 선생은 군사를 거느리고 밤에 습격하여 참수한 것이 7급이며, 김천이 등 2인이 적의 화살을 맞아서 탈것에 실려 본진으로 돌아왔다.

十四日: 據城賊全軍 出屯郡東杜谷 先生 自東倉 領軍馳赴 爲賊所圍 僅脫登山 有零賊十餘人 潛伺溪磵 挺刃追突 先生急回馬 射殺斬首而還 召整散軍 終夜餉士 士皆鼓勇

14일: 성에 의지하고 있던 왜적 모든 군사들이 군 동쪽 두곡으로 나와서 주둔함으로 선생은 동창에서 부터 군사를 거느리고 달려 나아가다 적에게 포위를 당하였으나 겨우 벗어나 산으로 오르는데, 패잔병 왜적 10여 명이 있어서 산골짜기에서 몰래 엿보다가 칼을 빼들고 추돌하기에 선생은 급히 말을 돌려 사살하여 참수하고 돌아왔다. 흩어진 군사를 불러 정비하고 밤새도록 군사들에게 음식을 먹이니 군사들은 모두 고무되어 용감해졌다.

十七日: 黎明 督軍進擊 交兵相戰 殺十餘人 射牌金溫宗 中丸而死 鄭仁進被虜燒殺 僧兵了雲等 中丸而仆 賊勢大熾 我軍潰亂 不能進戰 時日暮 賊徒 入城屯宿 先生 率驍卒 掩擊大破 斬首一級 又奪二牛 其夜 大捷而還 殺牛饗士

17일: 어둑새벽에 군사를 독려해 진격하여 맞붙어 서로 싸워서 십여 명을 살육하였는데, 사패 김온종이 탄알을 맞아 죽었고 정인진은 사로잡혀 불태워 죽임을 당하였으며, 승병 요운 등도 탄알을 맞고서 넘어졌다. 적의 기세가 크게 치열하며 아군은 전쟁에 져 혼란해져서 나아가 싸울 수 없었다. 이때 날은 저물고 적도들은 성안에 들어가 주둔하여 머물렀다. 선생은 날래고 용감한 군사를 거느리고 느닷없이 습격하여 참수한 것이 1급이요, 또 소 2마리를 빼앗았으며 그날 밤에 크게 이기고 돌아와서 소를 잡아 잔치를 베풀었다.

二十日: 賊二百餘名 越郡東熊峴 掠杜谷及密陽伊士禮里軍粮所聚之處 先生領兵追擊 至杜谷合戰 麾下裵元祐 斬賊一級

20일: 왜적 200여 명이 군 동쪽 웅현을 넘어 두곡 및 밀양 이사례 마을의 군량 모은 곳을 약탈하자, 선생은 군사를 거느리고 추격하여 두곡에 이르러 맞붙어 싸워서 휘하 배원우가 왜적을 참수한 것이 1급이었다.

二月 初一日: 往來零賊 不知其數 晝夜橫恣 屯宿天老等處 先生 率軍馳進射殺百餘人 斬獲者六級 終夜接戰 將士疲困 麾下石同 中賊箭 引軍而還

2월 초1일: 왕래하는 영락한 왜적들은 부지기수였는데 주야로 제멋대로 굴며 방자하게 천노 등에 주둔하여 머물기에, 선생은 군사를 거느리고 달려 나아가 백여 인을 사살 참수하고 사로잡은 것이 6급이었다. 밤새도록 접전하여 장수와 사졸들은 피곤해졌는데, 휘하의 석동이 왜적의 화살을 맞아서 군사를 인솔하여 돌아왔다.

初二日: 請兵於招諭使金誠一 得精兵七十人

초2일: 초유사 김성일에게 병력을 청하여 정병 70인을 얻었다.

初三日: 聞紅衣將軍郭再祐 戰輒有功 以檄文相應 約爲表裏相持勢

초3일: 홍의장군 곽재우가 싸움마다 번번이 공이 있다는 것을 듣고 격문으로써 서로 응하여 표리가 되어 서로 세력을 유지할 것을 약속하였다.

初四日: 據城之賊五百餘名 踰熊峴 寇掠猪峴金田等地 先生 率兵馳進 斬其梟帥 會營將高堆 又率軍來赴 合力討之 與戰數十合 又斬四五級 兵勢稍振 賊遁入城中 奪其鳥銃二十柄 牛馬五匹 其夜屠牛餉士

초4일: 성에 의거하고 있던 왜적 500여 명이 웅현을 넘어 저현 김전 등지를 침범약탈하므로, 선생은 군사를 인솔하여 달려 나아가 그 사납고 용감한 장수를 참수하였다. 때마침 영장 고퇴가 또 군사를 거느리고 와서 뛰어들어 합력하여 왜적을 토벌하였는데, 함께 싸운 지 수십 합에 또 4, 5급을 참수하니, 의병의 형세가 조금 진작되어 왜적은 달아나 성안으로 들어갔다. 왜적의 조총 20자루와 우마 5필을 빼앗았다. 그 날 밤에 소를 잡아 군사들에게 먹였다.

初八日: 往來零賊 又不知其數 齊向密陽 先生 卽率精兵 馳赴巾峴樸越等地 設伏伺射 梟賊八人 應弦而倒賊 驚亂失措 我軍登山 獲全

초8일: 왕래하던 영락한 적들이 또 부지기수로 일제히 밀양으로 향하였다. 선생은 곧바로 정병을 인솔하여 건현과 박월 등지에 달려 나아가서 매복을 갖추고 엿보다가 쏘아서 왜적 8인을 효수하며 활시위 소리에 응하여 왜적을 무너뜨리니, 놀라고 혼란해져서 몸 둘 곳을 몰라 하였다. 아군은 산으로 올라 온전하게 되었다.

初九日: 歸賊七百餘人 屯宿郡東門外 先生 帶領驍卒 馳進夜擊 斬首五六級 回路 爲賊伏兵所掩擊 麾下栗山 中賊丸而死 諸軍咸憤 更合督戰 馳突擊之 手斬二級 五更初 麾下金一齡徐宗男等 相繼斬獲 至五級 大捷而還
초9일: 돌아가는 왜적 700여 인이 군의 동문 밖에서 주둔하여 머물므로 선생은 날래고 용감한 군사를 거느리고 달려 나아가 야간에 습격하여 참수한 것이 5, 6급이었다. 그러나 돌아오는 길에 왜적의 복병에게 느닷없는 습격을 당하여 휘하의 율산이 왜적의 탄알을 맞아 죽었다. 여러 군인들이 모두 분기하매 다시 합세하여 전투를 독려하고 돌격하여 손수 2급을 베고 5경 초에 휘하의 김일령과 서종남 등이 서로 이어 참수하고 포획한 것이 5급에 이르렀으니, 크게 이기고 돌아왔다.

初十日: 送軍官于新寧義將權應銖陣中 約日合戰 以義城等地 倭賊之甚急 未得遂約
초10일: 신녕의 의병장 권응수 진중에 군관을 보내어 날을 잡아 함께 전투 벌이기로 하였다. 의성 등지에서 왜적들의 형세가 매우 급박하기 때문에 합세하여 싸우고자 하였으나 약속을 이룰 수 없었다.

十五日: 歸賊累百人 自大丘 向密陽 先生 率軍二百人 要路赤巖 設伏射之 獲數級 賊驚散遁走 遂引軍還陣

15일: 돌아가는 왜적 수백 인이 대구에서 밀양으로 향하기에 선생은 군사 200인을 거느리고 용로인 적암에 매복을 갖추었다가 그들을 쏘아서 몇 명을 포획하니, 적들은 놀라 흩어져 도망해 달아나므로 드디어 군사를 인솔하여 진영으로 돌아왔다.

十七日: 據城之賊 出寇郡東松羅里 先生率軍 含枚 潛進要擊 斬首七級 奪取牛馬及軍器 大捷而還 招諭使聞之 驚嘆

17일: 성에 의거하고 있던 왜적이 나와서 군 동쪽 송라리를 노략질하므로, 선생은 군사를 거느리고 하무[2]를 물려 몰래 나아가 도중에서 대기하고 있다가 적을 맞아 공격하여 참수한 것이 7급이었다. 우마 및 군기를 빼앗아 취하였고 크게 이겨서 돌아왔는데 초유사가 이를 듣고 경탄하였다.

十九日: 先生 結陣榆川 待變時 零賊 新造旗旆 揭竿懸鏡 大張兵威 連路往來 遂令驍卒 乘其不意 突擊 斬首六級

19일: 선생은 유천에서 진을 치고 변란 시기를 기다리는데 영락한 왜적들이 새로 기패를 만들어 깃대에 내걸고 거울을 매달아 병사들의 위세를 크게 떠벌리며 길에 이어져 왕래하였다. 드디어 날래고 용감한 군사들로 하여금 그 뜻하지 못한 틈을 타서 돌격하여 6급을 참수하였다.

二十日: 又遇賊於榆川 進軍追之 斬首數級 奪其牛十隻 翌日餉士

20일: 또 유천에서 적을 만나 진군하여 그들을 추격하여 몇 명을 참수하고 그

2) 옛날 군대에서 떠들지 못하게 군사들의 입에 물리던 가는 나무 막대기

들의 소 10척을 빼앗아 익일에 군사들에게 먹였다.

二十二日: 夜半 密陽清道屯賊 相聚楡川 潛犯我軍設伏之處 我軍 突起合陣 賊不得追逐 斬首五級 而我軍全還

22일: 한밤중에 밀양과 청도에서 주둔하고 있던 왜적들이 유천에 모여들어 아군이 매복을 갖춘 곳을 몰래 침범하므로, 아군은 돌연히 일어나 진영을 합하니 적은 뒤쫓을 수 없었으며 5급을 참수하고 아군은 온전히 돌아왔다.

二十三日: 據城之賊 向熊峴 先生 自楡川 率驍卒 要於井谷 猝入掩擊 斬首三級 賊衆驚潰 遁走入城

23일: 성에 의거하고 있던 왜적들이 웅현을 향하기에 선생은 유천에서부터 날래고 용감한 군사를 인솔하여 정곡에서 잠복하여 노리고 있다가 졸지에 들어가 느닷없이 습격하여 3급을 참수하니, 왜적의 무리들은 놀라고 궤멸하며 도망쳐 달아나 성으로 들어갔다.

二十四日: 歸賊來 向密陽 先生率兵 馳赴赤巖 設伏尾擊 斬首三級

24일: 돌아가던 왜적들이 와서 밀양으로 향하므로 선생이 병사들을 인솔하여 달려 적암으로 나아가서 매복을 갖추었다가 후미를 공격하여 3급을 참수하였다.

三月 初二日: 先生 設伏楡川赤巖等處 據城之賊百餘名聚 向密陽 先生 率軍追擊 手斬五級

3월 초2일: 선생은 유천과 적암 등지에 매복을 갖추었다가 성에 의거하고 있던 왜적 100여 명이 모여서 밀양으로 향하므로 선생이 군사들을 인솔 추격하여 손수 5급을 참수하였다.

初七日: 先生 領郡兵馳赴 至慈仁縣 本郡留賊 踰熊峴 結陣於密陽地伊士禮 慈仁地興定等處 猝遇督戰 斬首四級 時興定之賊 回軍翼進 其麗不億 我軍無人繼救 引軍來還

초7일: 선생은 군내의 병사들을 거느리고 달려 나아가 자인현에 이르렀으며 본군에 남아있던 왜적들이 웅현을 넘어 밀양 땅 이사례와 자인 땅 흥정 등의 곳에서 진을 침으로 졸지에 상대하여 전투를 독려하여 4급을 참수하였다. 그 때에 흥정에 있던 왜적들은 회군하며 익연(새가 좌우의 날개를 편 모양)히 진격해 오는데 그 수를 헤아릴 수 없어서 아군은 뒤를 이어 계속하여 구원할 사람이 없으므로 군사를 인솔하여 돌아왔다.

初十日: 至郡北八助峴 率軍設伏 待變零賊 及本郡留賊 來據峴下 我軍 從山頂 進攻 箭丸交發 或投石 賊中傷及壓死者 不知幾數 斬首五六級 賊驚潰

초10일: 군의 북쪽 팔조현에 이르러 군사를 인솔하여 매복을 갖추고 변란을 기다리는데 영락한 왜적과 본군에 남아있던 왜적들이 현 아래에 와서 의거하므로 아군은 산 정상에서부터 나아가 공격하여 화살과 탄알을 번갈아 발사하고 혹은 돌을 던져서 왜적이 화살이나 탄알을 맞고 손상을 당하거나 압사된 자가 부지기수였으며 5, 6급을 참수하니 왜적들은 놀라 궤멸하였다.

十七日: 零賊數百名 自密陽上來 先生 急督軍兵 要於郡東川屯宿之處 猝入突擊 敵陣 大亂相失 射殺者甚多 時 入城之賊 左右翼進 我軍 僅以全還

17일: 영락한 왜적 수백 명이 밀양에서부터 올라와서 선생은 급히 군병들을 독려하여 군의 동쪽 냇가에 주둔하여 머무는 곳에서 잠복해 있는 왜적들을 졸지에 쳐들어가 돌격하니, 적진은 크게 혼란하여 서로 사기를 잃었으며 사살자가 매우 많았다. 이 때 성에 들어간 왜적이 좌우익으로 진격하므로, 아군은 겨우 온전한 모습으로 돌아 왔다.

二十日: 零賊 五百餘名 直向本郡 先生 遇賊於郡北耳火里 斬首四級 因與督戰 賊遁走

20일: 영락한 왜적 500여 명이 곧바로 본군으로 향하자, 선생은 군의 북쪽 이화리에서 적을 만나 4급을 참수하고 인하여 함께 전투를 독려하니, 왜적들은 도망하여 달아났다.

二十五日: 零賊 又自密陽上來 先生 要擊於池堤之下 有驍倭七八人 騎馬揮劍而前 遂拔馬回 射人馬俱仆 因斬其首 而耀武焉 先時 賊兵伏於栗林 大呼而前 我軍 忘身力戰 且射且斬 賊勢摧却 乃引軍全還

25일: 영락한 왜적이 또 밀양에서부터 올라오므로 선생은 못 둑 아래에서 잠복하여 노리다가 적을 맞아 공격하는데 어떤 날래고 용감한 왜병 7, 8인이 앞으로 오므로, 드디어 빠르게 말을 달려 돌아가서 사람과 말을 쏘니 함께 넘어졌다. 인하여 그 머리를 베고서 무술을 빛내었다. 지난번에 적병들이 율림에서 매복해 있다가 큰 소리로 외치면서 전진하였을 때, 아군은 몸을 잊고 힘껏 싸워 또한 쏘고 또 한편으로는 참수하니, 왜적의 기세가 꺾여 물러나므로 곧바로 군사를 이끌고 온전히 돌아왔다.

二十七日: 歸賊 屯聚赤巖 不知其數 先生 策馬馳進 突入賊陣中 與賊相雜 兵刃幾及于身 回馬鏖戰 斬其魁首二級 奪其衣劍而還

27일: 돌아가는 왜적이 적암에 주둔하여 모였는데 부지기수였다. 선생이 말을 채찍질을 하여 달려 나아가 갑자기 왜적 진영 안으로 뛰어들어 왜적과 함께 서로 섞였는데, 병기의 칼날이 거의 몸에 닿을 정도였으나 말을 돌려 온 힘을 다하여 싸워서 괴수 2급을 참수하였으며 그 옷과 칼을 빼앗고서 돌아왔다.

二十九日: 零賊 五百餘名 屯聚 郡北耳火里 時日尙早 軍未及會 先生 乃率丁兵百餘人 馳擊 賊徒之出牧者 斬三級 歸賊累百 反襲我軍 我軍且戰且退 僅免而還

29일: 영락한 왜적 500여 명이 군 북쪽 이화리에 주둔하여 모였다. 때가 아직 이른 아침이어서 군사들은 아직 회동에 오지 않았다. 선생은 곧바로 씩씩한 군사 100여 인을 인솔하여 달려가 공격하니 왜적의 무리 중에서 나와서 말을 먹이는 자 3급을 참수하였으며, 돌아가는 적이 누백명이 돌아와 아군을 습격하니, 아군은 한편은 싸우고 한편은 물러나면서 겨우 벗어나 돌아왔다.

四月 初一日: 朝廷 以軍功 除先生淸道助戰將兼密陽都護府使 自東面 到任于密陽府 次子哲男陪護 翌日還

4월 초1일: 조정에서는 군공으로써 선생을 청도조전장 겸 밀양도호부사를 제수하였다. 동면에서부터 밀양부에 이르러 임무를 맡았다. 차자 철남이 모시고 호위하였다가 익일 돌아왔다.

初九日: 零賊百餘名 直向本郡 先生 自杜谷 率軍馳進 要於郡南辰巖下 射殺六人 斬首二級 賊猶强 難以持久 遂整軍而退

초9일: 영락한 왜적 100여 명이 곧바로 본군을 향하였다. 선생은 두곡에서부터 군사를 인솔하여 달려 나아가서 군 남쪽 진암 아래에서 잠복하여 노리고 있다가 6인을 사살하고 2급을 참수하였으나 적은 아직도 강하여 오래 버티기가 어려워서 드디어 군사를 정비하여 물러났다.

十一日: 兵使傳令 討慶州屯賊 先生領兵千餘人 翌日昧爽 充左衛 進迫城下 賊不出 我軍 鼓譟翼進 城幾陷時 天欲曙 右衛軍遇賊伏兵 大亂相失 我軍敗走 諸軍望之 一時俱退 賊縱兵殺掠 我軍死者 十居其六 爲賊所圍 舍命死戰 彎弓射遠賊 不敢逼賊解圍 先生身被賊刃者 十餘創 大軍已散 先生脫身兵刃之中 單騎馳向西川 率奴大孫從之 賊一名 臨水邊 以劍 將逼先生 大孫背負先生而避 大孫遂不免是役也 我軍 死者過半 軍中皆謂 兵使不整約束 輕進致敗云

11일: 병사가 명령을 전하여 경주에 주둔하고 있는 왜적을 토벌하게 하였다. 선생은 병사 1000여 명을 거느리고 익일 먼동이 틀 무렵에 좌위를 충당하고 박성 아래에 나아갔으나 왜적은 나오지 않았다. 아군은 북을 치고 함성을 지르며 좌우 양군으로 나누어 나아가서 성이 거의 함락할 때에 하늘은 밝으려 하였는데 우위군이 적의 복병을 만나 크게 혼란하여 서로 기백을 잃고 아군은 패주하였고, 여러 군사들은 이를 바라보다가 일시에 모두 물러났다. 적은 병사들을 쫓아 살육하고 약탈을 하여 아군의 죽은 자는 열에 그중 여섯을 차지하였으며, 왜적에게 포위당한 자는 목숨을 버리고 죽도록 싸웠다. 멀리 있는 왜적들에게 활을 당겨 쏘아도 감히 적들을 핍박하여 포위에서 벗어나지는 못하였다. 선생의 몸은 왜적의 칼날에 부상을 당한 것이 10여 군데 상처를 입었고 대군은 이미 흩어졌다. 선생은 병기와 칼날의 가운데에서 몸을 벗어나서 단기로 달려 서천을 향하였는데 거느리고 있던 종 대손이 그를 따랐었다. 왜적 1명이 물가에 임하여 칼로써 장차 선생을 핍박하려 하니 대손이 선생을 등지고서 화를 피하였으나 대손은 마침내 이 싸움에서 벗어나지 못하고 죽었으며 아군은 죽은 자가 과반이었다. 군중에서 모두 이르기를

'병사가 약속을 온전하게 하지 아니하였으므로 경솔하게 진격하여 패배에 이르렀다'

라고 하였다.

五月 十六日: 先生 赴楡川 遣防禦使金應瑞 夕還

5월 16일: 선생은 유천에 가서 방어사 김응서를 보내고 저녁에 돌아왔다.

二十二日: 先生 在烏川聞 倭船五百隻到泊府南十里 與天兵互相往來 或持酒肉來饋 天將禁我軍使不得斬捕

22일: 선생은 오천에 있으면서 듣기를 '왜적선 500척이 이르러 부남의 10리쯤 되는 곳에 정박하고서 천병(명나라 군사)과 더불어 상호간에 왕래를 하며 혹은 술과 고기를 가지고 와서 권하였으며 천자국(명나라) 장수는 아군을 억제하여 왜적을 참수하거나 사로잡을 수 없게 하였다.

二十四日: 先生進見防禦使金公于楡川

24일: 선생은 나아가 유천에서 방어사 김공을 만났다.

六月十二日: 先生 以討倭事 向永川時 倭賊寇慶州安康縣及延日長鬐縣等地 天軍與之 戰死者 幾二百餘人

6월 12일: 선생은 왜적을 토벌할 일 때문에 영천으로 향할 때에 왜적들은 경주 안강현 및 연일 장기현 등의 지역을 노략질하므로 천군이 이에 참여하여 전사자가 거의 200여 인이 되었다.

二十一日: 赴晉州城 移賊六百餘 合勢本郡零賊於五禮城下 而先生 親率伏兵將金延石僧兵將法澄等軍合三百餘人 期賊路猝馳突擊之 有一賊 着紅衣騎壯馬 揮劍橫恣 而金延石先登 射之賊墜騎 又麾下徐彦良 馳入斬首 韓萬伊 又斬步倭二級 以諸軍乘勝長驅 幾盡射殺 賊大慌 不能戰 潰 而棄屍不知其數 生賊遁走

21일: 진주성에 가려고 이동하는 왜적 600여 명이 본군의 오례성 아래에 영락된 왜적들과 합세를 하였다. 선생은 친히 복병장 김연석과 승병장 법징 등의 군사 도합 300여 인을 인솔하고 왜적의 행로를 기다리다가 졸지에 달려들어 왜적들에 돌격하니 어떤 한 적이 붉은 옷을 입고 굳센 말을 타고 칼을 휘두르며 횡포하고 방자하게 굴었다. 김연석이 선봉으로 쳐들어가 쏘아서 적의 기병을 떨어뜨리고 또 휘하의 서언량이 달려 쳐들어가 참수하였으며, 한만이가 또 보병 왜적 2급을 참수하니 이로써 모든 군사들이 승승장구하여 거의 모두 사살하게 되니, 적은 크게 다급해지며 싸울 수 없게 되어 궤멸되었다. 버려진 시신은 부지기수였으며 산 왜적들은 도망쳐 달아났다.

七月 十五日: 先生 使掌書記下走往火旺山郭將軍陣中 諮詢軍計 因請鐵丸及軍器 是時 先生與郭忘憂堂其書曰 三壯士 投水事 烈烈且慘矣 男兒此時孰不欲捐身殉國 而往往臨危偸生者 有之 彼三人者 眞義士也 城雖陷 賊膽必寒 令人氣聳一層 吾儕智淺力薄 不能效尺寸之功 聞 將軍有志奮義 期復孤城 以戢散亡餘人心 以將軍之忠勇 何憂不濟 然 幸毋輕賊 努力爲之 僕當臨期同赴 不惜一死矣 金晬之搆誣 幸賴招諭使先生伸救 朝廷已有處分凡事之誠僞 天有鑑矣 彼猖猖者 何足道哉 石底近相聞否 惟冀爲國自愛

7월 15일: 선생은 장서기인 하주(수레에서 내려 남을 따라 다니며 바쁜 심부름이나 하는 심부름꾼이나 하인, 이기옥 자신의 겸칭)로 하여금 화왕산 곽(재우) 장군의 진중에 가서 군사 계략을 묻고 인하여 철환 및 군기를 청하게 하였다. 이때에 선생이 곽망우당에게 보낸 그 서찰에 말하기를,

'세 장사가 물에 (몸을) 던진 일은 씩씩하고 용감하지만 또 한편으로는 참혹합니다. 남아로서 이러한 때에 누구가 몸을 바쳐 순국하고자 하지 않겠습니까? 왕왕 위태로움에 임하면 구차하게 살아남는 자가 있는데 저 3인의 경우는 진정한 의사입니다. 성은 비록 함락되었으나 왜적의 쓸개는 반드시 서늘해졌을 것이며 사람들로 하여금 기백을 한층 더 솟구치게 하였습니다. 우리들 지혜는 얕고 힘은 적어서 능히 척촌의 공도 드러낼 수 없습니다. 듣건대 장군은 지기가 있어서 의를 떨치고 고립된 성을 회복할 것을 기약하여 흩어져 없어지고서도 남은 인심을 거두어들인다고 하니 장군의 충절과 용맹으로써 구제하지 못함을 어찌 근심을 하시겠습니까? 그러나 바라건대 적을 가볍게 여기지 말고 노력하여 이를 행한다면 저는 마땅히 시

기에 다다르면 함께 나아가서 한번의 죽음을 아끼지 않겠습니다. 김수가 꾸며서 무고한 것은 다행히도 초유사 선생이 죄가 없음을 밝혀 주어 구원함에 힘입어 조정에서 이미 처분이 있었습니다. 모든 일의 진실과 거짓은 하늘이 살피고 있습니다. 저 개처럼 물어뜯으며 싸우는 것은 어찌 족히 말을 한만 하겠습니까? 석저와는 근래에 서로 소식을 전하는지요? 오직 국가를 위하여 자애할 것을 바랄 뿐입니다.'

라고 하였다.

二十五日: 先生 領軍馳進于八助峴 斬賊二級

25일: 선생은 군사를 거느리고 팔조현으로 달려 진격하여 왜적 2급을 참수하였다.

九月 初六日: 先生 自朴春福陣還 聞今月二十七日設科取人 儒生赴全州 時王世子住全州故也 慶尙道則分慶州永川二所 先生爲試官

9월 초6일: 선생은 박춘복의 진영에서부터 돌아왔다. 이번 달 27일에 과거를 베풀어 인재를 가려 뽑는다는 것을 듣고 유생들이 전주로 향하여 갔는데 그 때에 왕세자가 전주에 머물고 있었기 때문이다. 경상도는 곧 나누어 경주와 영천 두 곳이었는데 선생이 시관이 되었다.

初七日: 聞巡察使住永川 卽馳往 宿豫谷徐訓導逸家

초7일: 순찰사가 영천에서 머문다는 것을 듣고 곧 바로 달려가서 예곡의 훈도 서일의 집에서 묵었다.

閏十一月 初一日: 先生 自府城來 監捧草溪軍粮五十石

윤11월 초1일: 선생은 밀양부성에서부터 와서 초계의 군량미 50석을 거두어들이는 일을 감독하였다.

初七日: 朝 先生 還烏谷

초7일: 아침에 선생은 오곡으로 돌아왔다.

初八日: 先生 斬倭二級

초8일 선생은 왜적 2급을 참수하였다.

初十日: 兵使權公 彦陽倅魏德和 朴大菴惺 來訪陣所

초10일: 병사 권공과 언양 군수 위덕화와 대암 박성이 와서 진지를 방문하였다.

十五日: 先生 登嶺南樓 詠曰 略餘鎧甲上南樓 四方妖氣滿眼愁 隔水疏煙殘郭稀 臨軒望月暮山鎭 丹忱霜落磨刀夜 冤血雲屯飮馬流 草澤群龍經緯雜 清塵明日解邦憂 又詠曰 少所勉道誠耕讀 十里湖山築明堂 深院鳥啼花落砌 粗尊畏朋月咏酬 樗材縱乏干城制 雖樵豈無廊廟憂 他日人知弧矢志 班超匪獨覓封侯

15일: 선생은 영남루에 올라서 시를 읊기를,

'왜적의 노략질 아직 남아 갑옷 차림으로 영남루에 오르니 사방의 요기로 눈에는 수심이 가득하구나! 물 건너 성곽에는 성긴 연기 희미하게 남아 있고 난간에 임하는 보름달은 저무는 산을 진압하네! 서리 내리는 밤 진정어린 정성으로 칼을 갈며 원

한의 피 구름에 모여들어 흐르는 물을 말이 마시네. 초택에는 많은 용들(어진 신하의 비유)이 이리저리 섞여있으니 전란이 잘 다스려져 명일에는 나라의 근심에서 벗어나리라!'

라고 하였다.

또 읊기를,

'어려서 힘쓴 도는 정성스런 경독을 하며 십리의 호수와 산인 명당에 집을 짓는 것이었네. 깊은 뜰에 새 울고 섬돌에 꽃은 떨어지는데 조악한 술단지로 가장 아끼고 존경하는 벗과 달빛 아래 시 읊으며 서로 술 권하는 것이었네. 쓸모없는 인재는 느슨하고 모자라지만 무사가 되었는데 비록 나무꾼이라도 조정의 근심이 어찌 없겠는가? 훗날 나의 바른 뜻을 사람들은 알리라 반초가 아닌데 어찌 제후에 봉해지기를 구하겠는가?'

라고 하였다.

十六日: 先生 以天兵支待 早向密府

16일: 선생은 천병에 대한 지대[3] 때문에 일찍 밀양부로 향하였다.

十七日: 先生 自陣所還 訪防禦使兵房孫夏顔 告目曰 防禦使金應瑞赴八莒站 謁尹左相斗壽 問曰 密陽府使朴慶新 善捕倭賊 又得民心 道內賢將所聞騰播 然乎 防禦使答曰 密陽非徒善政 能保淸道 無比捕倭百餘級 手斬累十顆 果是道內名將也 第密陽地 永無穀物 飢饉莫甚 極爲慘矜 望相公善處

3) 공사(公事)로 말미암아 출장 나온 높은 벼슬아치의 먹을 것과 쓸 물건을 그 지방 관청에서 이바지하던 일.

左相曰 府使繼粮之事 方可處置云 府民等又呈狀于左相及元帥曰 本府以賊路初程 焚蕩已盡 孑遺之民 飢餓將盡 府使帶率無人 率其奴子 突其據城之賊 設伏剿捕 以雪國耻 而無一粒 救民之粟 所見慘惻 境內飢民 計無可救 而奔走賑活之事 朝夕不懈 將此事啓達 褒賞幸甚

17일: 선생이 진지로부터 돌아와 방어사의 병방인 손하안을 방문하니 고목[4]에서 말한 바는 다음과 같다.

"방어사 김응서가 팔거참에 나아가 좌의정 윤두수를 뵈오니, 물어 말하기를,

'밀양부사 박경신은 왜적을 잘 토포하며 또 민심을 얻고 있어 도내에서는 어진 장수로 들리는 바가 둥둥하게 전파되는데 그러한가?'

라고 하니, 방어사가 답하여 말하기를,

'밀양에서 선정을 펼칠 뿐만이 아니라 능히 청도도 잘 보전하며 견줄 데 없고 왜적을 토포한 것이 100여 급이며 손수 누십과를 참수하였으니 과시 도내의 명장입니다. 다만 밀양 땅은 오래도록 곡물이 없고 기근이 막심하니 지극히 참혹하고 고생하게 되었으니 상공께서 선처해주시기를 바랍니다.'

라고 하였다. 좌의정이 말하기를

'부사의 양식을 이어나가는 일은 이제는 처치할 수 있을 것입니다'

라고 하였다."

부민 등이 또 좌의정과 원수에게 소장을 제출하기를,

'본부는 적의 진로 중 첫째 길이기 때문에 분탕질을 이미 다 하였고, 전란에서 홀로 남은 백성들은 기아로 거의 죽게 되었습니다. 부사는 거느리고 다닐만한 사람이 없

---

4) 각사(各司)의 서리 및 지방관아의 향리가 상관에게 공적인 일을 알리거나 문안할 때 올리는 간단한 양식

어서 그 노복과 자식들을 거느리고서 그 성에 의거하고 있는 적들에게 돌진하여 매복을 갖추어 죽이고 사로잡음으로써 국가의 치욕을 씻고는 있으나 한 알의 곡식도 없어서 백성을 구원할 곡식은 보는 것이 참혹하고 측은합니다. 경내의 기민들은 구원할 만한 계책이 없어서 분주하게 구휼하여 생존시키는 일에 조석으로 게을리 하지 않고 있습니다. 장차 이 일을 주상께 아뢰어 포상을 해주시면 매우 다행한 일이겠습니다.'

라고 하였다.

十九日: 左相及元帥 以此事啓達

19일: 좌의정 및 원수는 이 일로써 주상께 아뢰었다.

二十日: 朝廷陞先生嘉善資 自元帥 府來

20일: 조정에서는 선생을 가선대부로 승자(직위가 정삼품 이상의 품계에 오르는 일을 이르던 말)시켜 원수로부터 부에 전해왔다.

十二月 初七日: 先生赴巡察使之令 子智男及哲男從之

12월 초7일: 선생은 순찰사의 영으로 나아갔는데, 아들 지남 및 철남이 그를 따라 갔다.

十八日: 先生 以先忌 留薪旨 是夜詠曰 變闕慕親涕淚下 每當忌日不堪嗟 深憂恐未盡其道 悲感之懷晩益增

18일: 선생은 선고의 기제사 때문에 신지에 머물렀다. 이날 밤에 시를 읊기를,

'변란의 틈새에 어버이를 사모하니 눈물은 드리워지고 언제나 기일을 맞을 때마다 탄식을 감당하지 못하네. 깊은 근심만 끼치고 그 도리를 다하지 못할까 두려운데 비통한 감정의 회포는 만년에 더욱 더하네.'

라고 하였다.

甲午三月: 先生 於官衙詠曰 松柏居士傷時淚 大少將軍濟世籌 慚愧吾儕無智術 孤軍殘堡死生秋

갑오년 3월: 선생은 관아에서 읊기를,

'송백 기상의 거사는 시국에 애태우며 눈물 흘리고 대소 장군들은 세상 구제를 꾀하네. 우리들 지혜와 계략 없음이 부끄럽고 고립된 군사는 무너지는 작은 성 안에서 사생에 시름겨워 하네.'

라고 하였다.

清和節: 先生與鄭寒岡逑其書曰 卽日清和伏惟 先生道體萬相 慶新向來 歸路 訪呂晦伯 其人品言論 甚有激仰 若源源相接 庶可裨益 而每恨聞道未早 旣無松堂一齊之勇 低徊末官 非所樂也 近欲決意 從函丈周旋以卒業 而世故多端 委身於矢石之間 來頭之效有無 何可料也 只慕武侯鞠躬殄瘁之心而已 不備白

청화절(음력 4월 초하루): 선생은 한강 정구에게 보낸 그 서찰에서 말하기를,

'바로 오늘 청화절에 엎드려 생각건대 선생의 도체(=옥체)는 만상(=만안) 하십니까? 경신이(저가) 접때 왔다가 돌아가는 길에 여회백을 방문하였는데 그의 인품과 언론은 매우 감격하여 우러러 봄이 있었습니다. 만약 끊임없이 자주 서로 접했다면

많은 도움이 될 수 있었을 것입니다. 도를 들음이 일찍이 못한 것이 늘 한스럽습니다. 이미 송당이나 일제 같은 용기는 없었으나 말단 관직에 머리 숙이고 사색에 잠겨 배회하는 것을 즐거워하는 것은 아닙니다. 근래에 결의를 하고자 한 것은 함장(스승)을 따라서 기거동작을 함으로써 학업을 마치고자 합니다. 세상의 일은 다단한데 화살과 돌(전쟁)의 사이에 몸을 내맡겼으나 닥쳐 올 앞날의 보람이 있고 없음은 어찌 요량을 할 수 있겠습니까? 다만 무후(제갈량의 시호)의 국궁(존경하는 뜻으로 몸을 굽힘. 허리를 굽혀 예를 행함)하고 진췌(몸이 여위도록 힘을 다하여 애씀)하는 마음을 흠모할 뿐입니다. 아룀에 예를 제대로 갖추지 못하였습니다.'

라고 하였다.

五月 二十五日: 先生 于密陽府 命下走 以整倡義時日錄又詩書筆稿 而與櫃牘矣 是侍智男哲男兩從

5월 25일: 선생은 밀양부에서 나에게 명령하기를 창의 때의 일록과 시서를 적은 원고를 정리하게 하면서 서류 궤를 주었다. 이때에 시자(곁에서 시중드는 사람)인 지남 철남 두 사람이 수행하였다.

六月 初五日: 先生 殉于密陽官衙 於是 在淸道助戰將兼密陽都護府使以嘉善大夫也 是侍臨終智男哲男雙子與下走矣

6월 초5일: 선생은 밀양 관아에서 순직하였다. 이때에 청도조전장 겸 밀양도호부사로 있으면서 가선대부였다. 이때 모시며 임종한 사람은 지남 철남 두 아들과 나였다.

六月 初七日: 曉 運先生屍自密陽 于薪旨 到夕暮 是運弔客輓章連十五里 而入棺於本第

6월 초7일: 새벽에 밀양에서부터 선생의 시신을 옮겨 신지에 해질 무렵에 도착하였는데, 이 운상에 조객과 만장이 15리나 이어졌으며 본가에서 입관하였다.

六月 初九日: 葬先生于西芝先達山 與妣芮氏雙墳 葬了先生 而逐日遝輓 其不知數 以清密鄉賢之詞 百二三十 皆略 且東崗寒崗藥圃諸師之輓 甚長以略 而權應銖郭再祐孫起陽之詞 祭文故 略以只擧二三寫耳

6월 초9일: 서지의 선달산에 선생의 장례를 행하였는데 부인 예씨와 함께 쌍분하였다. 선생의 장례를 마쳤으나 날마다 만사가 이르렀는데 그것이 부지기수였다. 청도와 밀양 지방 현인들의 만사가 1백 2, 3십이었으나 모두 생략하고, 또한 동강 한강 약포와 여러 선생의 만사는 매우 장문이기 때문에 생략하고, 권응수 곽재우 손기양의 만사는 제문인 까닭으로 생략하고, 다만 두세 편만 들어서 써 놓을 뿐이다.

兵使朴晉輓曰 嶺南樓前江自流 雲門靈頂月空滿 密清民憂幾不顧 何嫌使將隔矢石 往事力戰問無處 跨馬獨放六月草 胸底忠赤丹心靜 掃忘塵寰天邊仙

병사 박진의 만사에 이르기를,

'영남루 앞 강물은 절로 흐르고 운문산의 신령한 정상에는 달빛이 쓸쓸히 가득하네. 밀양 청도 백성들의 근심은 거의 돌아보지도 않고 무슨 마음으로 도호부사와 조전장은 전쟁을 멀리하였는가? 힘껏 싸운 지난 일은 물을 곳이 없고 타던 말만 6월 초원에 홀로 풀어 놓였구나! 마음 밑바닥 참마음의 정성어린 마음은 고

요하기만 하고 더러운 세상을 소제하는 것을 잊고 하늘가의 신선이 되었구려!'

라고 하였다.

又兵判李恒福輓曰 相知十有餘年來 仕事各有雖會少 擬結管鮑昨日逢 乘鸞楚越今日別 雄逸似績世猶罕 嶺南朴侯飛騎處 豺虎倭賊斬遁降 寇擊未休愁闌干 盡抛塵事付赤松 都城皆是公已非 聞殉千里身難至 無仞藍田瑞日華

또 병조판서 이항복의 만사에서는,

'서로 안지 10여년인데 벼슬살이 일이 각각 있어서 오직 만남은 적었다네! 어제 만나 헤아려 관포지교를 맺었는데 난 새를 타고[신선이 됨의 비유. 춘추 때에 진(晉)나라 목공(穆公)의 딸 농옥(弄玉)과 퉁소를 잘 부는 소사(蕭史) 부부가 봉황을 타고 날아갔다는 고사] 초월[초(楚)나라와 월(越)나라 같이 서로 멀리 떨어져 있어 아무런 상관이 없는 사이]처럼 금일 이별이로구나! 용감하고 뛰어남을 계승한 공적은 세상에는 아직도 드문데 영남의 박후[후(侯): 사대부의 존칭어]는 나는 말을 타고 보살폈네! 승냥이와 범 같은 왜적들은 달아나거나 항복하는 자들을 참수하였으나 왜구의 공격은 쉬지 않아서 근심은 이리저리 뒤얽히는구나! 속세의 일 모두 던져 버리고 적송자[적송자(赤松子): 중국 전설에 나오는 신선의 이름. 신농씨(神農氏) 때의 우사(雨師)로서 후에 곤륜산에 들어가 신선이 되었다 함]에게 의지하니 도성에는 죄다 공은 이미 없게 되었네! 천리 먼 곳에서 순직 소식을 듣고서 나는 이르기는 어려우나 앎은 없어도 남전의 서옥은 날로 빛나리라!'

라고 읊었다.

又左相尹斗壽輓曰 龍驤虎飛維雲嶽 篤居偉姿眞君子 英容義膽備儒武 壬辰

島夷無比棘 帥宰駭奔播鑾巡 壯矣忠節三友亭 斷呼奮國棄一身 鄉民避散倡移檄 單騎赴馳社稷難 扈從西都自還故 能堪倅助保密淸 忠君恤民畏可敬報捷太任孰善承 恨訴穹蒼殉無常

또 좌상 윤두수의 만사에서는,

'용이 뛰어 오르듯 범이 나는 듯 운문산 자락에 훌륭한 용자의 진 군자가 독실하게 거처하였네. 영특한 용모와 정의로운 충심에 유자와 무인을 갖추었는데 임진년 섬 오랑캐 왜구들은 견줄 데 없이 급박하였네. 장수와 고을 수령들은 놀라 달아나고 임금도 용만으로 파천하는데 장하도다, 삼우정의 충절이여! 단호히 국가를 떨치고자 한 몸을 버려서 고을 백성들이 피하여 흩어지니 창의하여 격문을 돌렸네. 사직의 재난에 단기로 나아가 달려서 서도(평양)까지 호종하고 고향으로 돌아왔네. 능히 견디어 수령을 도와 밀양과 청도를 보전하며 군주에게 충성하고 백성들을 구휼함은 경외하며 공경할 만하네! 승전을 알리는 큰 임무는 누가 잘 계승하겠는가? 원한을 하늘에 호소하노니 순국도 무상하구나!'

라고 읊었다.

先生遺稿 有狀啓詩書記祭文 其多以盈櫃 而僕悉未整故略矣

선생의 유고는 장(의견을 진술하거나 사실을 적은 글), 계(군주에게 상주하는 글과 또는 보고문이나 공문), 시, 서(서찰이나 문장), 기(사실을 사실대로 기록하는 글), 제문이 있는데, 그 양이 많아서 궤에 가득 차므로 내가 아직 다 정리하지 못한 까닭으로 간략히 하였다.

三友亭朴慶新先生實紀

除授

○乙巳十月先生及武科初試 ○庚午四
月先生及武科覆試 ○癸酉四月先生
及武科殿試第一人及第者 除迪順
副尉訓練院奉事有牒紙 ○甲戌五月
先生陞勵節校尉訓練院主簿有牒紙
○乙亥先生 陞顯信校尉訓練院判官
除宣川兵馬僉節制使從事官有

1

牒紙 ○乙卯五月先生 陞宣略將軍訓
鍊院僉正 除安東兵馬同僉節制使有
教旨 ○乙酉五月先生 除楊根兵馬同
僉節制使 有教旨 ○乙丑先生 陞建
功將軍訓鍊院副正有教旨
建功將軍訓鍊院副正朴慶新爲通訓
大夫禦侮將軍訓鍊院正行清道助戰
將者 萬曆二十年四月二十九日 ○教旨
通訓大夫禦侮將軍訓鍊院正朴慶
新爲通政大夫折衝將軍兼僉知中樞

2

府事行清道助戰將兼行密陽都護
府使者 萬曆二十一年四月一日 ○癸巳
閏十一月二十日先生 陞嘉善大夫有
教旨

褒狀

○節度使 教書內凡斬倭一級以上者
皆錄爲功臣亦有 旨是置清道助
戰將朴慶新十一月初十日栗林接戰時
斬倭一顆依承 傳當錄四等功臣
者 萬曆二十年十二月十七日左兵使兼

3

巡察使 押 都事 押 ○節度使
教書內凡斬倭一級以上者皆錄爲功臣
亦有 旨是置清道助戰將朴慶新
前後所斬倭四顆依承 傳當錄三等
功臣者 萬曆二十年十二月二十一日兼巡
察使 押 都事 押 ○節度使
教書內凡斬倭一級以上者皆錄爲功臣亦
有 旨是置清道助戰將朴慶新前
後所斬倭六顆依承 傳當錄二等功臣
者 萬曆二十一年二月初二日兼巡察使

4

押 都事 押 ○節祗受 教書內丸
斬倭一級以上者皆錄爲功臣亦有 旨
是置淸道助戰將朴慶新前後所斬
倭七顆依承 傳當錄二等功臣者
萬曆二十一年二月初三日兼巡察使
押 都事 押 ○節祗受 教書
內丸斬倭一級以上者皆錄爲功臣亦
有 旨是置淸道助戰將朴慶新
前後所斬倭八顆依承 傳當錄二
等功臣者 萬曆二十一年二月十六

5

日兼巡察使 押 都事 押
○節祗授 教書內丸斬倭一級以上
者皆錄爲功臣亦有 旨是置淸道
助戰將朴慶新前後所斬倭十顆依
承 傳當錄二等功臣者 萬曆
二十一年二月十七日兼巡察使 押
都事 押 ○節祗受 教書內丸
斬倭一級以上者皆錄爲功臣亦有 旨是
置淸道助戰將朴慶新前後所斬倭十一
顆依承 傳當錄一等功臣者 萬曆

6

二十一年二月二十九日兼巡察使 押 都
事 押 ○節祗受 教書內丸斬倭一
級以上者皆錄爲功臣亦有 旨是置
淸道助戰將朴慶新前後所斬倭十二
顆依承 傳當錄一等功臣者 萬曆
二十一年三月初三日兼巡察使 押 都
事 押 ○節祗受 教書內丸斬倭
一級以上者皆錄爲功臣亦有 旨是
置淸道助戰將朴慶新前後所斬
倭十三顆依承 傳當錄一等功臣者

7

萬曆二十一年三月十二日兼巡察使 押
都事 押 ○節祗受 教書內丸斬
倭一級以上者皆錄爲功臣亦有 旨是
置淸道助戰將兼密陽都護府使
朴慶新前後所斬倭六十三顆依承
傳當錄一等功臣者 萬曆二十一年
四月初八日兼巡察使 押 都事
押

8

器觀

觀人必在所難感人亦在所難若衆人之
所能則雖倫常義理之當爲亦不足
觀感矣夫孝悌慈同是倫常義理
之當也然絜矩之興民不以慈子而
觀感必以恤孤而觀感者以其所難
也慈吾子易而慈人之子難慈人子
易而恤孤之恤爲尤難以其無納交
於孺子也推之日月皆然今人平居
讀書吃吃談義理以不能臨亂猶有寇

9

據之生死穿寫未嘗不步而背馳此其
平時之談義易而臨亂之擧義難故
也蓋千百家一人耳擧義之中死義
尤難死義之上倡義尤難擧義同而倡
之有人則勇敢激專舜之同仇爲
人所倡及其兵刃之接不喪魄而
棄甲者又幾希故死爲尤難死雖
或爲已發之勢走坂之丸矢石之（爲難）
間進退不得則死此猶無難若不
待人唱發而首起者必其一死已自

10

辦於方寸中如此者死非死於原野而
已死於家故此爲最難耳東方有國
數百年難莫大於壬辰之亂義旗之
擧亦錯落相望于時朴慶新先生
非徒首倡義討賊而率舊屬從爲
清道助戰將軍密陽都護府使深
淸密而色而乃循職以先生之觀感
不可量也

11

倡義日錄

先生無營進意而辛卯五月 恩暇
退仕以還鄕靜于新宅第也 朝野
昇平而倭寇猝至渡海犯境當壬
辰之亂矣賊侵臨釜山即四月十三日也
十四日東萊陷府使宋象賢死之十八日
密陽陷平日清道陷清是倭路之要衝
也嶺以南遂風靡倭分三路一由鳥
嶺一由秋風嶺直向京城國內大震莫
有當其鋒者莫萊之忠臣義士亦
無能旋踵於此道次之官都巡察使

12

金晬退保晉州本郡守裵應褧避匿大
丘左兵使李珏擁兵不進右兵使曺大坤
敗帥熊川蔚彥以北六七邑虛無人矣
于時先生聞賊陷邑城而慨然雪涕
投袂起曰主辱而臣不死可乎與二子
倡義討賊之論以書招郡西之諸從
曰今者島夷來侵陷邑城民甚混
亂皆奔避而時若此吾黨何以乎雖
邑人竄匿惟諸從分爲遁去輕妄而
以兵言此可以圖果吾之家廟亦可保

13

堂內老少也我所須臾與爾輩擧義
計討道州之賊而當赴　君父之急
馳之也季桓智哲兄弟徒西而一堂皆
率由者杜陵東之達陵到薪旨是
年六月三更也　先生已作盟約文移檄文
矣翌早朝先會仙巖祠定計邀殺
鷄狗歃血于盤焚香告于廟　讀盟
約文曰今者　國家不祚島夷橫恣
將帥逃匿致此長驅生民塗炭士女污
辱危迫之極近古未有　祖宗之青氈

14

墜失寧忍越視父母之赤子之死雖吾獨
免凡有血氣孰不慟心蠢欲蠻戴頭擧
四海而同憤義士切齒與九族而齊約
愚等雖無狀尚懷一寸忠赤固當忘
身效死爲國一死足矣季集敗和鈍
不暇論也聞者爲之凜然一家老少
男女莫不賈勇讀畢會堂諸從子
弟於廟先生前告之曰爾輩不能全
皆死可自募報國者立保家者坐乃智
男哲男欽然立相許也從子璵也瞭

15

顥顧璨瑕男吾而起對爲　社稷討
賊忠君子親之本也固侍仲父愚然
璨立瑕立瑕也慈敏少于從叔延何
変吾寡爲不衆擧歟慶傳對曰季
侍王夫人而宗幼仍瑕再言之王夫人避賊
是與璣輩邪雖余年幼而躬已壯
曷忍君保廟退之乎能以之慶胤子
璘球立慶固子瑾立年皆二十前後也
命曰顧效死河清之曾孫瑾早中司
馬有篤行者閒諸叔此擧亦自外至願

16

應募之既定先生謂璵曰汝之謀先思義
一致忠孝雙全吾門亦大重而甫奉
廟常事少離遊賊入雲門山深處之
餘此輩以當敘立於廟庭矣先生
以廟神靈之命誓告于衆曰汝等余
十一人惟死生一心有進而死無退而
生有死而報國無生而作俘甚之辭
既畢各又插血退坐于祠宇之講堂
計戎事先因定各號先生爲義兵將
與助戰將助大事之戰也慶傳慶胤

17

爲亞翼將以補翼於左右將也翊男
哲男爲先鋒將璞璨爲左翼將璘
瑄爲右翼將璈球亦皆有掌收象丁
得數十人聚民粟爲十餘斛裂布爲
旗鑄鐵爲槍集弓矢數百設鼓鉦
戎具既備乃爲壇於雲門嶺麓吉
夫陞祭告天地其文曰 皇天后土
照相上下勿以大東禮義之邦爲南
蠻駃舌之鄕先生計設陣謂
衆曰吾輩共守一雲敗則同死不

18

如分守以禦獅角乃分爲四隊各據
要險而檄諸隣郡以倡四方之義士
其檄文曰環海東三千里莫非
李氏之臣五嶺南七十州皆是 孔
子之徒 祖宗之恩澤豈間立語
立孫詩禮之經訓只知殺仁取義
昇平日久民不知於兵革邊虜歲
弛國無恃於城池島夷之厄在漢
稱難天豈不仁襄荊之膺于周亦有人非
無智曉茲小醜犯我大邦千里長驅

19

後是齊民之莫救一穀將其殆同
親兵之不忘國步不知艱難萬此何
日也官守盡皆委命彼亦人耳食
君祿幾年何惜一死受庭訓當日
肯敎徐生不忤五百何異原野之
横道死十載豈同草木之腐讀
聖賢書正爲今日之用爲丈夫身
毋作隣國之羞凡有此心與我同仇
是以四月二十三日也 ○是日暮遂
先生當赴 社稷之急以向京軍

20

騎疾馳之于是檄義陣書曰示智哲
豎諒從盟約文在不必架疊而君
輩能出氣力討賊甚協吾心吾徒
亦未知死生然以爲恨今幸相權
惟倡義一款以死自誓上以答國
家之恩下不負祖先忠孝之德豈
不有光每念 宋家蒼堂義烈
感淚潸然 ○二十五日義旗設陣
於要險之處仙巖祠爲帥
慶傳一陣屯東壙帥慶胤二陣屯古

21

夫帥智男三陣屯西北之帥哲男皆
東面之要衝也 是日檄所陣郡
守令守令始有興起堅守之志
民之散四方者稍稍還集軍勢漸
張乃建旗鼓始討犯郡之賊 ○二十八日
先生至水利訪李恒福 ○二十九日先
生請對入 東廂與白沙謁 上啓
密請以軍院聯聲聲而上京路從
以故旅堂只僅已設陣於清道要
險請阻賊進京討賊 上喜允之

22

故 拜淸道助戰將 是諒臣侍坐論
車駕暫出幸平壤至尹斗壽請
今事急西巡先使朴慶新 扈從
車駕至平壤而還赴助戰將可也
上諾 ○是日居西面仲文李得福倡義
之書生而不寐子焉也見東面外從
朴慶新之移檄文以聚兵得數十
人義旅於家鄉從以忠義激厲
義士欲奪邑城討賊 ○三十日曉
御駕西巡東方向明雨作崇仁門

23

內大倉火起煙焰亢天 先生爲護
衛軍 扈從 ○五月三日夜賊
潛入環右壙散伏于山麓於是慶
胤募家僮得丁壯四五十人就
東壙民家備軍器負固暇息而
彰儀然銃聲於雲樹亭近義陣
聞其聲大驚而走村外以伏賊
曉起射烏銃死者居半而所殺賊
不見恐慶胤不戰棄旗鼓而脫非
徒賊敗走而遺之走兵稍集于

24

仙巖慶倡陣既敵氣彌漫及逍遙臺
士女奔竄而于是相會倡亂欲討合率
勁弓利槍抗賊戰而紀綱已壞人心
疑懼溺於利害未敗之不肖輩々
幾敗小矣兄弟兩帥出涕而避于吉
夫智男陣是日壞也奉廟帶之少
自白蓮庵逃避于西江之哲男陣
日暮賊占仙巖祠 ○四日吉夫義
陣對仙巖占賊戰於新旨吉夫宵
松林初打鼓軍中歡呼由是士聲

25

大振二百餘壯自持弓刀槍突進接戰
而前擊義士居半中丸倒後陣士氣
猝甚疑恐瞠躊躇而賊驕追逐
馳進竟義陣敗退死者不少傳亂
智皆九死一生走竄陷谷逾雲門寺
○五日東壤仙巖吉夫義陣敗退者皆
稍集于西江之哲男陣 ○是日西面
義陣與賊戰於耳火而敗之
○七日 御駕次于平壤城有頃先
生見右相尹斗壽泣曰已至平壤々

26

車駕必能巡幸是以明朝君可當赴
助戰將也 ○是日西芝陣中爲軍士
鼓氣而殺牛餉士是雲集者二百餘
人陣聲漸振以擇勤幹之士爲將
分據險設伏截賊 ○八日先生向清
固自平壤城於是吟曰遼遠八路哭
敢求一身安鯨海翻金甲龍灣播
玉鑾小膽葵悃切弟望劒心寒威
敗何須較駑才庶可彈 ○是日曉
賊潛回登山頂從陵晴下山突入于

27

西芝義陣是陣中絶食而不可恐
阻懲之然勤幹之士皆強起對戰
乃一進一退激接而鳥銃之威不可抗
力竟義陣敗退于曲川又賊退去大
川院于仙巖是戰義陣死者多矣
保生東面諸勤幹之士痛哭而曰
嶺南已爲倭有吾非輩何面目更立
天地乎一死足矣或曰賊勢如此乃天
也非人力可圖當藏踪林壑以觀見
變可也起兵討賊亦非私事惟待

28

歸還朴慶新義兵將之送有　朝廷手帖也
是後仙巖祠倡義者兩分而竄于珀谷梧谷
避之 ○十九日西面義兵將李得福仲文戰死矣
於是李義將領兵七八十騎結陣最頂上也是日義
陣與賊戰於耳火斬賊三級賊望風奔潰義軍
勝追逐賊及還賊伏於路李義將中丸賊回旗縱
兵義軍大敗死者居半義徒盡散矣 ○五月
先生還路遭賊無數以勝勇欲嶠渡河而時
對賊于榮州以合勢義將金蓋國遮斷賊
路與賊共盡賊雖勝遁之陣而得

29

保歸路且不通前路于禮安奔入山中
良久而探賊賊從追逐手斬二級
而追且遭逐賊于安東而振大劍以馳馬
九死一生纔脫也 ○于是吟曰單
騎風馳丸雨中義禮安邑惟神
命濱於九死是一身只憂家國蕩殘
況 ○又至永川吟曰渡馬臨岸凌雨
暮千里矢石歸來逢破袂餒腹何
慮事 上挖萬憂欲坎急

30

○又六月二十九日到慈仁會義將崔文炳以論討
倭合勢之策之座相約詠白奮忠抗難惟
臣道逃避偷生何所以淨掃妖氛坎 聖
國千秋豈不義男子崔義將附次貞節事
心危不貳雖當板蕩有為以偷生謀避豈
人道雪恥酬王忠義子 ○七月初一日遂先生
為清道助義將還新寧第也於是倡義之
諸從逃竄于雲門山而賊屯邑城且五禮
城矣先生不移時召招倡義之諸從 ○二日
先生所討入邑城以若所為遺慶傳于西面

31

智男于慈仁崔文炳 ○三日先生郡東西巡察
令裝應聚主倅於最頂山相握曰我死之
不恤而惟討賊是憂以報國也 ○四日先
生再遣智男于崔文炳謂書曰向者論兵
之後思想如水滔滔鄙人僅保一縷之命
而今賊勢熾張其數不知而充斥四境
郡民擾擾已皆避山谷雖激以義理
時當板蕩紀綱壞弛人心疑懼徒知
竄伏之計兵雖聚多

32

僅僅收合之卒不過四五百而昨日曉頭
倭賊又犯仙岩中峴等處〇日彼
賊之術吾雖已曉但恨吾力之不足
此將奈何忠邑與本郡地界相接若
本郡敗之則忠邑亦破池魚之殃此
所謂唇亡之齒寒可不畏哉於時々
惟嶺南最多賊禍而列郡守令
徒知賊虜而不知有 君父唯有苟
活偸生之計而蕩爲豈昧是滅百
代之羞也自古以來夷賊之變何代無

33

之忠臣烈士何代無之昔祿山猖亂唐幾
顚矣而李郭扶之唐緖重光完顏
猖夏宋幾亡矣而韓岳扶之宋祚不
絶李郭韓岳之忠豈獨在於唐宋之
間而於今獨無其人乎惟我 朝鮮
雖蕞爾小國忠臣烈士世不乏人雖百
萬倭奴其如我國何夫士之處世當
以忠孝節義四字爲本人而不守此
四字則與禽獸同歸豈可忽忘哉且
請軍協力更爲義氣增倍將筆院

34

左右衝之與我戮力同心出萬死掃
除狂塵而雪 君父之恥則豈不爲
千秋之義鬼耶。白昧爽及朝赴
會如何是白智男還持崔義將答
書曰伏見送書寧不懸懸向湖
不已鄙人罷勉從事軍務多端亦
中滿暢詞意無非忠義所激而令
人感服矣凡有血氣孰不惕心第亦
切齒腐心也夫以將軍之雄壯膽略
恢弘智謀儔如長蛇則足當一方

35

何區區於如我駑劣之才乎文猶
竊伏轅門自望將軍之勝算而
至於專人之之惠宜是不敢當且
素無神出鬼沒之術又無撤天關
動地之力則上豈敢望李郭韓
岳之忠乎文猶之募兵只出於憤時之
計非有籌策軍卒之有餘也然
而自鄙邑賊徒彌滿之後追奔
逐北勦滅無頭即寧其邑梟賊大
陣尚存屯留豈無相救之道乎尋常

36

與國猶尚敵々況兼相接之邑乎顧念
々之他事後々我亦當聳躍應期爲
將軍羽翼兵勢爲計耳 ○五月先生
不以所從來郡壯浩收召衆來編隊
而東面者據杜谷西面者耳火是檄文曰
一國之恥莫大於 君父之辱 君父
之辱莫若今日也爲今日臣子者固當
奮忠死義以報不共之讐也今者
賊起未旬已失未郡邑城而尚無一
人抗雜討賊者惟爲奔遁山谷之計

37

誅百代之羞也豈忠肝義膽素
定今人懈抑恐力不足勢不便而
然耶苟有湯々者必有超乘之才
龍從雲合先後而來矣吾等以區
區激人於散亡之餘募兵於竄伏
之中死寧爲義鬼生不忍爲奚
虜 以望悠切五內殞越兆吾法
君誰與爲謀嗟我同志各自鏡
意共殄我醜之禍以雪 君父之
辱則死猶生也以月日時爽及期

38

赴令不違用命賞不用戮隨待
移送雲道 ○六月召招東面各陣
義兵將于新寺而先生命曰若已
示檄文誰君誰與爲謀嗟我同志
也死爲義鬼生爲奚虜不容矣
非有主將之令而來一者代以當重
賊後緣深郡乃今後助戰將之令
即軍法處之合謀者金日欽鄭
海袞元祐李萬生金溫宗鄭仁
進與智男哲男璨璥瑠等也

39

○七月西面各陣義兵將會謀于耳
火而先生發命如昨是召招者崔汝
峻李廷郁黃夢辰潘孝弘李潛
金弘漢與慶傳慶胤璘球瑾等也
○九月初寅先生率領兵白汝輩勇士
也不可見賊先退惟勉以盡力討賊
遂馳馬而先陣乃主將所由義兵皆
從之是時爲智男向導導慈仁援
兵自中山進邑城于曉清慈西軍
合於栗林近一千勢七八百也向明解

40

軍重衛前諸賊揮刃突出先生一箭迎
射殪之而陣士氣大振諸將咸突力戰
而賊敗之遁去矣領兵皆入城而先
生前立帶郊守曰今是城主稱帖以
喪主倅爲總帥令聽節制尊處
傳抗曰卿清道助戰將也 當賊勢
非有主倅之令而收散卒聚義徒
已成助戰將々軍法重成大功而
何以城主立奔敗之餘來制成事々
中非吾軍之利也拒之爲可也先生

曰此甚不可民主々分典法所係順
逆之道禍福所由人而蔑是同歸
亂流擧城主共事討賊不亦可乎
軍中聞之莫不感服於是軍機擧
措一聽城主指麾去義兵之號而稱
官軍每報必稱郊倅輒有軍功
盡歸城主諸將去無不義之焰郊
民安居逃竄者稍々還家耕種卒
矣是自免鋒遁賊去五禮城由此
退密陽也 ○十四日賊數千騎自

石窟遂林峴而先生領兵戰於烏峴
斬首二級 ○十五日賊自密陽越
棘林寇新院先生領兵馳進斬首
一級獲馬一匹 ○二十日先生與省齋
合力討賊戰於社谷左右翼進斬三
級而慈仁郡將李祥戰死時雨水久
戰弓矢已盡乃散賊賊買弓矢多
少 ○二十二日賊數十騎自梁川寇
東谷與賊戰至林峴斬二級奪戰
馬二匹卜三駄 ○二十三日大雨賊百餘

騎寇仙巖巾峴等地先生領兵不
敵請於崔省齋是日賊宿內官李
漢英家翌日崔義將兵二百餘助戰
將兵百餘合勢隔水相戰賊死十餘
得免賊遁去林峴招諭使金誅一寄
之大驚矣 ○二十九日零賊百餘騎自
密陽逾棘峴屯於東谷崔義將自慈仁
鼓譟而進先生自安心坊馳突而前賊
望見棄軍器伏不戰先遁不及斬捕
只奪牛馬十餘匹卜物十餘駄募郡

中米大及銅鐵鳥銃八柄鐵丸二斗 ○
八月九日賊入明介谷先生領兵馳逐
暮至大川院遣先鋒將率兵設
伏要路翌早整軍卷突進賊
望見遁歸過伏兵死者多矣乘軍
乘勝追逐賊散亂轉戰至本壙賊
十餘人窟處投入人家門扃自固家
畢自外鎖其戶焚其家賊從廝孔出揮
劒呼譟哲男豫射之倒賊其中一賊
逢矢膝行而走不意一賊潛隨哲男

45

後擊左脚哲男墜馬賊以劒擊頭
哲男展身巧避刃未及身瑾望見揮
槍大呼而進賊反逐瑾哲男突起從
後射中其背賊應弦而倒瑾亦得而
免焉搽琢男瑄璘球等八人每
皆追戰逢刃零賊從林莽遁走賊
咸怖不敢東出矣 ○九月十日先
生精兵二百餘人朝井谷進攻賊
壘賊衆三百餘騎逆於如淵院與賊
進退而戰射殺者甚衆自巳夕矣

46

矣賊皆遁去先鋒將斬二級奪二馬
○十五日零賊焚蕩大丘境先生領兵
戰於柳谷斬賊三級馳報城主 ○十七
日夜擊金藏屯賊斬殺三級自是夜
連軍乘勝樂戰賊每夜戒嚴設
伏以待出不暇休 ○二十九日於家頂山
乘夜掩擊 ○十月二十日兵使朴晉住兵
慈仁縣遣候騎應銖討大邱留倭時
先生以別將領左軍赴戰策馬突進
爲賊所圍乃劒交揮先生乃拔箭射

47

倭中胸即倒諸賊猶復貫而進勢
急蒼黃麾下金天祉等來援得脫與左
右軍合勢力戰斬倭十餘級 ○二十五
日先生與孫義聲漢起陽等書曰前
書路阻未復尚慊悵不已不審戎務
何似吾輩同起草莽只有忠赤一
心而已利鈍何計聞天將勸與倭和
此事雖出於緩禍而旣辱及陵寢
與彼當不共戴一天和可忍乎遠
外未能的知姑不宣 ○二十九日

48

先生親率精兵九十餘人結陣郡南
五禮山城平朝賊兵三百餘人分陣
上來先生先登擊賊勇氣百倍又
使鄭海金金一齡翼進夾擊大呼
弓丸俱發發發無不中賊驚
潰奔散遂奪牛馬二匹文書二
櫃食架一具賊遁入城中又選精銳
追之賊屯于鄉校家舍一時同進射
殺甚衆後為援賊所扼僅以全還
○十一月初四日賊數百餘人入於郡境上天

49

之之等更留屯樵肆先生率驍兵百餘
進圍屯賊賊賊驚潰乃乘勝遠逐射
殺十三級奪賊所騎三十餘匹時賊援
兵四至乃全軍引還 ○初七日賊結
陣七谷於鄉校及栗林等處先生
校率精兵達曉鏖戰賊徒咸散
扶傷曳尸而遁乃以驍騎邀小庵擊
斬首三級賊輿尸至城門與城內留賊
撤屋焚屍尋走密陽 ○二十二日倭
賊出陣郡東十五里許井谷焚蕩人

50

家先生率兵百餘人據城接戰射倒騎倭
十餘人有步倭二百餘人奔突家牟
之後勢窮力弱知無生路乃與射
卒等約曰家等且死矣死則當與
賊俱死先生先自挺馬揮劍馳突
斬倒倭將二人步倭五六人賊奔遁
乃奪白馬一匹著又掩襲城下屯
宿之賊射殺五六人 ○十二月初四日
賊自八助峴向清道先生提兵馳出
與伏兵要路擊之斬首二十餘奪

51

其卜馱散賞士卒 ○十一日郡屯賊五
百餘人東西分出結陣井谷焚蕩江
津店人家先生乃領校夜擊將裴元
祐等追擊隨山據險嚴設器械倭
衆彌亘數十里焚蕩村家殺掠人
馬人皆竄伏乃命裴元祐招集各
處伏兵合二三百人調閱於雲梯亭
自東奮馳逐至臥巖進退數十合
先生手斬一級諸軍乘勝翼進賊
遂遁去 ○十三日先生和郭忘憂堂

52

再祐之書曰仗劒戎衣忠無心白日眠
盟倡義檄後勇紀綱鋒前鬼哭荒
沙外人寧糊雨邊思 宗寧潛淚
悚來凱歌傳 ○十四日夜知賊又至外
終道杜谷乃整軍馬設伏待變翌
日平明賊分路殺掠先生督軍策馬
追至江津谷接戰先斬二級鼓衆督
捕射牌李葛生等中丸顚倒賊形勢
艱危稍退葛生等扶瘡死戰賊還
入城中終夜擊之追捕六級大捷而還

53

○三十日召募大將曺好益入郡先生
趂近百人應募仍同畫方略 ○癸
巳正月初七日大丘往來倭奴與本郡
留賊出陣郡東古浦里焚蕩殺
掠先生率兵追擊殺獲殆盡日暮
還軍 ○初八日據城之賊與歸賊合
二百餘人出陣郡東沙峴半枝平圍
金谷家軍陣愛軍中驚亂先
生挺身潰圍馳赴仙巖長男智男
之陣招聚精兵四十餘人時賊已焚

54

東院里及東倉閭閻先生乃引軍而進
相遇於東倉以長片箭更迭射殺
斬數級賊退走杜谷家軍追至院
亭子與夜擊軍夾擊斬首又數
級且使士卒登山轉石賊多壓死且
奪被虜男婦四人完軍大捷 ○初
九日據城之賊犯井谷向仁村等處先
生率兵馳射又使麾下姪璨等先
登斬倭一級其餘中傷者不知其
數奪牛馬十匹盡賞軍 ○十三日

55

歸倭五百餘人屯宿東郡康川先生
率軍夜擊斬首七級金千巳等
二人中賊矢戴歸本陣 ○十四日據城
賊全軍出屯郡東杜谷先生自東
倉領軍馳赴為賊所圍僅脫登
山有零賊十餘人潛伺溪谷挺刃
追突先生急回馬射殺斬首而還
召聚散軍終夜餉士士皆鼓勇
○十七日黎明督軍進擊交兵相
戰殺十餘人射賊金溫宗中丸而

56

死鄭仁進被擄燒殺僧兵子雲等中丸
而死賊勢大熾衆軍潰亂不能進戰
時白善健入珠屯宿先生率饒軍
攘擊大破斬首一級又奪二軍之校
大捷而還殺牛饗士 ○二十日賊二百
餘名越郡東熊峴掠杜谷及安陽伊士
禮里軍粮所聚之處先生領兵追
擊至杜谷合戰麾下裵元祐斬賊一
級 ○二十一日往來零賊不知其
數盡掠横渋忠乇宿伏老等處 先生

57

率軍馳進射殺百餘人斬獲者六級終
夜接戰將士疲困麾下石同中賊箭引
軍而還 ○初二日請兵於招諭使金誠
一得精兵七十人 ○初三日聞紅衣將軍
郭再祐戰捷有功以檄文相應約爲
表裏相持勢 ○初四日據珠之賊五
百餘名踰熊峴寇掠猪峴金田等地
先生率兵馳進斬其梟帥會營將
高堆又率軍來赴合力討之與戰數
十合又斬四五級兵勢稍振賊遁入珠中

58

奪其鳥銃三十柄牛馬五匹其夜虜牛
餉士 ○初八日往來零賊又不知其數
齊向安陽先生即率精兵馳赴中峴
横越等地設伏闖射梟賊八人應弦而
倒賊驚亂失措衆軍奮擊獲全 ○
初九日歸賊七百餘人屯宿於東門外
先生帶領饒軍馳進追擊斬首五
六級回路爲賊伏兵所擁麾下宋山
中賊丸而死諸軍咸憤更合督戰馳
突擊之手斬 級五更初麾下金一齡

59

徐宗男等相繼斬獲至五級大捷
而還 ○初十日送軍官于新寧義
將權應銖陣中約日合戰以義城等
地倭賊之甚急未得遂約 ○十五
日歸賊累首人自大丘向安陽先生
率軍二百人要路赤巖設伏射之
獲數級賊驚散遁走遂引軍還
陣 ○⊗十七日據珠之賊出寇郡東
松羅里先生率軍合校潛進要
擊斬首七級奪取牛馬及軍器大

60

捷而還柏谷使聞之驚嘆 ○十九日先
生結陣楊川待變時零賊新造旗旆
揭竿懸鏡大張兵威連路往來遂令
精卒乘其不意突擊斬首六級
○二十日又遇賊於楊川進軍追之斬
首數級奪其牛十隻翌日餉士 ○
二十二日於半安陽清道屯賊相聚楊川
潛犯我軍設伏以待之我軍突起合
陣賊不得追逐斬首五級而我軍全
還 ○二十三日據城之賊向熊峴 先生

61

自楊川率精卒要於井谷擇入掩
擊斬首三級賊衆驚遽潰遁走入
城 ○二十四日歸賊來向安陽先生
率兵馳赴赤巖設伏尾擊斬
首三級 ○三月初一日先生設伏楊
川赤巖等處據城之賊百餘名聚
向安陽先生率軍追擊斬
五級 ○初七日先生領郡兵馳赴
至慈仁縣本郡留賊踰熊峴結陣
於安陽地伊士禮慈仁地興定等

62

處擇遇督戰斬首四級時興定之賊
圍軍翼進于麗不億我軍無人繼
救引軍來還 ○初十日至鄭小八助
峴率軍設伏待變零賊及本郡
留賊來據峴下我軍從山頂進擊
攻箭丸交發或投石賊中傷及壓死
者不知幾數斬首五六級賊驚潰
○十七日零賊數百名自安陽上來先生
急督軍兵要於郡東川屯宿以待變
擇入突擊賊陣大亂相失射殺者甚

63

多時入城之賊左右翼進我軍僅以
全還 ○二十日零賊五百餘名直向本
郡先生遇賊於郡小耳火里斬首四級
因與督戰賊遁走 ○二十五日零賊
又自安陽上來先生要擊於池堤之
下有精倭七八人騎馬揮劍而前遂拔
馬回射人馬俱仆因斬其首而踊躍
武官先時賊兵伏於栗林大呼而前
我軍忘身力戰且射且斬賊勢摧
却乃引軍全還 ○二十七日歸賊屯

64

衆赤巖不知其數先生策馬馳進突
入賊陣中與賊相雜兵刃幾及于身
回馬鏖戰斬其魁首二級奪其衣劍
而還　○二十九日零賊五百餘名屯聚
郡小耳火里時日尚早軍未及會先生
乃率丁兵百餘人馳擊賊徒々走牧
者斬三級歸賊累百反襲我軍衆寡
且戰且退僅免而還　○四月初一日
朝廷以軍功　除先生清道助戰將兼
密陽都護府使自東面到任于密陽

65

府次子哲男陪護翌日還　○初九日
零賊百餘名直向本郡先生自杜谷率
軍馳進要於郡南辰巖下射殺六人
斬首二級賊猶强難以持久遂整軍
而退　○十一日兵使傳令討慶州屯
賊先生領兵千餘人翌日昧爽充左
衛進迫城下賊不出衆軍鼓譟
翼進城幾陷時天欲曉大衛軍遇
賊伏兵大亂相失衆軍敗走諸將
望之一時俱退賊縱兵殺掠衆軍死

66

者十居其六先生為賊所圍舍命死
戰彎弓射走賊不敢逼賊解圍
先生身被賊刃者十餘創大軍已敗
先生脫身兵刃々中單騎馳向西川
率奴大孫從々賊一名臨水邊以劍
將逼先生大孫背負先生而避大孫
遂不免是役也衆軍死者過半軍
中皆謂兵使不整約束輕進致敗
云　○五月十六日先生赴榆川見防
禦使金應瑞夕還　○二十二日先生

67

在烏川聞倭船五百隻到泊府南十
里與　天兵互相往來或持酒肉來饋
天將禁衆軍使不得斬捕　○二十四
日先生進見防禦使金公于榆川
○六月十一日先生以討倭事向永川時
倭賊寇慶州安康縣及延日長鬐
縣等地　天軍與々戰死者幾二百
餘人　○二十日赴晉州城稱賊々六百
餘合勢本郡零賊於五禮城下而
先生親率伏兵將金延石偕兵將諸

68

淺等兵合三百餘人捐賊路擧弛突擊之
有一賊着紅衣騎壯馬揮劍橫恣而金廷
石先登射之賊墜騎又麾下孫彥良弛
入斬首韓萬伊又斬步倭二級以諸軍乘
勝長驅幾盡射殺賊大懾不能戰潰而
棄屍不知其數生賊遁走 ○十二日
先生從掌書記下走往大旺山郭將軍陣
中語論軍計因請鐵丸及軍器是時先
生與郭忘憂堂書曰三壯士投水事
烈烈且慘矣男兒此時孰不欲捐身殉

69

國而往往臨危偷生者有之彼三人志
眞義士也殊雖陷賊躁必寒令人氣
聳一層吾儕智淺力薄不能效尺寸
之功聞將軍有志奮義謂復孫殊以
戢散亡餘人心以將軍之忠勇何憂不
濟然幸毋輕賊努力爲之懍忠當臨
期同赴不惜一死矣金晬之構誣幸賴
招諭使先生伸救 朝廷已有處分
凡事之誠僞天有鑑矣彼猜猜者何
足道哉不底近相聞否惟冀爲國

70

自愛 ○二十五日先生領軍弛進遇于
八助峴斬賊二級 ○九月初六日先生自
朴春福陣還聞今月二十五日設科取人儒
生赴金冊時 王世子往金冊故也慶
尚道則分慶州永川二所先生爲試官
○初十日聞巡察使往永川魏郞弛往宿
祿谷徐訓導逸家 ○閏十月初一日
先生自府殊來監捧草溪軍粮五十石
○初七日郭先生還烏谷 ○初八日先
生斬倭二級 ○初十日兵使權公彥陽

71

倅魏德和朴大菴惺來訪陣所
○十五日先生登嶺南樓詠曰晤餘鏜
甲上南樓四方妖氣滿眼愁隔水疏
煙殘郭梯臨軒望月暮山鎭丹愰霜
落塵刀拔冤血雲屯飮馬流草澤祥
龍經緯襟淸塵明日解邪憂 ○又
詠曰少所勉道謀耕讀十里湖山築明
室深院鳥啼花落砌粗尊畏朋月
咏酬樗材縱乏千殊制錐椎塞無廊廟
憂他日人知孤矢志班超遐獨覓封侯

72

○十六日先生以　天兵文待早向密陽
府　○十七日先生自陣所還訪防禦使
兵房孫夏顏告目曰防禦使金應瑞
趂八莒站謁尹右相斗壽右相問曰密
陽府使朴慶新善捕倭賊又得民心道
内賢將所聞騰播然乎防禦使答曰
密陽非徒善政能保清道無此捕倭
百餘級手斬纍寸顆果是道内名
將也第密陽地永無穀物飢饉莫甚
極爲慘矜望相公善處變右相曰府使

73

繼糧々事方々處寘云々府民等又
呈狀于左相及元帥曰本府以賊路初
程焚蕩已盡子遺々民飢餓將盡
府使帶率無人率丞奴子突々云據
誅之賊設伏剿捕以雪國恥而無一
粒救民之粟所見慘惻境内飢民計
無々救而奔走賑活々事朝夕不
懈將此事　啓達褒賞幸甚
○十九日左相及元帥以此事　啓達
○二十日　朝廷　陞先生嘉善資白

74

元帥府來　○十二月初七日先生赴巡察使
之令子智男及哲男從之　○十八日先生
以先忌留新寧是夜詠曰變闕墓親
歸淚下每當忌日不堪悲深憂思未
盡無道悲感々懷曉益增　○甲午
三月先生移官倚詠曰松柏岳士傷時
淚丈夫將家濟世籌慚愧吾徐無智
術孤軍殘堡死生秋　○清和節先生
與鄭寒岡逑其書曰即承清和伏惟
先生道體萬相慶新向來歸路訪呂

75

晦伯々々人品言論甚有激仰若源々
相接庶可裨益而每恨聞道未早
既無松堂一齋々々勇低徊未定非所
樂也近欲凌意從圍文用旋以卒業
而世故多端委身於矢石々宵來頭々
效有無何々料也只慕武侯鞠躬殄
瘁々々心而已不備白　○五月二十五日先生
于密陽府命下走以整倡義時日錄
又詩書筆稿而與櫝積矣是侍
智男哲男兩從　○六月初五日先生

76

殉于密陽官衙於是在清道助我將
帥密陽都護府使以嘉善大夫也
是時從終智男哲男雙子與下走矣
○六月初七日曉逢先生所自密陽于
薪谷到夕暮是逢弔客輓章達十五
里而入棺於本第 ○六月初九日葬
先生于西北之先塋山與妣蔣氏雙墳
○葬了先生而返日還輓多不知數以
清密鄉賢之詞百二三十首略且東
崗寒々崗藥圃諸師々輓甚長以略

77

而權應銖郭再祐孫起陽々詞祭
文故略以只擧二三寫耳 ○兵使朴晉
輓曰嶺南樓前江自流雲門靈頂月空
滿密清民憂幾不顧何嫌使將隔矣
不往事力戰閃無變跨馬獨放六月
草胸底忠赤丹心靜掃忘塵寰天
迎仙 ○又兵判李恒福輓曰相知十有
餘年來仕各有離會少擬結管
鮑昨日逢乘鸞楚越人々日別雄逸
似續世猶罕嶺南朴侯飛將受豺

78

虎倭賊斬頭降寇擊未休愁闌干盡
抛塵事付赤松都緣皆是已非聞殉
千里身雖至無仍藍田瑞日華
○又左相尹斗壽輓曰龍驤虎飛纏
雲嶽篤居偉姿真君子英豪義
勝備儒武壬辰島夷無比棘帥峯
强奔 播鑾巡壯矣忠節三反亭
斷呼舊國棄一身鄉民避散倡稱檄
單將赴弛 社稷雖 危從西都
自還故能堪倅助保密清忠君恤民

79

畏々敬報捷太任孰善承恨許穹
蒼殉無常 ○先生遺稿有狀啓
詩書記祭文太多以盈櫃而傑悉
未整故略矣

事略兼遺稿

○乙亥九月初九日先生誕于杏亭第
○乙巳春先生就學于王文於逍遙堂

80

文學三足堂金先生且艺齋郭先生
○先生年十五六已達詩書武經世稱於
郡西星童郡東虎童于是作詩題壁
辰詠曰我愛琴書趣纔廬山水閒觀
魚鼓不坐馴鹿伴雲閑孝友行應到
功名遠莫攀塵沐喧肅外時復漁
樵還 ○乙卯夏先生到雲門寺
邪雄庵詠曰俗夫敢不受偶到邪
雄庵嚴隔蝸法堂香煙不絶發林
靜脫世塵顧聞佛語滿慈悲耶嘩

81

顔肅然色自爽 ○丙辰秋先生往
曲川臺詠曰曲溪不路長客步夕陽
悵雨後尚清壁雲歸山更秀江深水先
涼風高葉晨霜暮鳥過孔巖嶠歸
龍蟠翼異麗 ○丁巳春先生遊雲門
寺詠曰步步雲松斷勝景落花巖
畔若郎閒暮登鐘閣塵心遠然
然修行意自閒 ○戊午先生年
二十築屋于新旨詠曰惟好雲岳築
新屋初有故家在杏亭勿有魚峴

82

東西間瞬弛往來只道州 ○是年
先生聘夫人義興芮氏檜幹女 ○
庚申先生王父卒有輓狀略 ○是年
先生當夫人喪葬于西北之先達山輓
曰相逢三季笑何語甚溪道遥馬放
草夏清松蔭流年淡秋菊從籬
三洞樂冬燈彩醉錦衿夢窓陽臺月
互識經白髮偕老猶未誓胡故先達
終無答 ○辛酉先生丁憂葬於友鹿
有輓狀略 ○於是先生作自號三友亭

83

亭記曰三友以友名號一亭常自在之敦
泰天倫也今泰三兄弟實從一休而分
亭親之愛之不能盡亭道則與路
人奚異哉詩不云乎常棣之華鄂
不韡韡凡今之人莫如兄弟樹有連枝花
有拜萼草木亦然況人乎哉古之人食
必同牀寢必同衾表揚津姜肱之事足
為後人之取法也嗟我兄弟敬之哉詩
不云乎常棣之華鄂不韡韡凡今
之人莫如兄弟篤哉內鬩于墻外分一亭

84

户兄飢而弟不饋弟寒而兄不知悪
在於一体同氣之義乎嗟我兄弟敬
之哉詩不云乎常棣之華鄂不韡韡
凡今之人莫如兄弟試觀新亭五楹
相控東西維持若一楹撓則衆楹敗而
屋頹矣機雲之一室而願不植之操
戈相攻卒必有君子之譏㝵矣嗟
我兄弟敬之哉詩又曰蓼蓼者莪匪
莪伊蒿哀哀父母生我劬勞欲專常
棣之情必不之蓼莪是爲之記

85

○癸亥先生再娶金城金氏麗文女
○乙丑八月先生得雙胎長智男次哲男
○乙巳十月先生年三十一及武擧試武科
初試奔是訪寒岡與寒岡以道義
之交又師事于藥圃而歸第自書
箴曰夫心者所以主乎身也士之處世
若不敬持心脩身則身無所主而所行
之事將日非矣孔子四勿戒之泛後心
箴當晨夕服膺以爲存心制事之方
可也夫忠與孝人之大道也五倫之

86

首百行之源人無忠孝之道與禽獸
同歸豈可忽哉庸學二書無非聖賢
心法之要而脩身齊家治國平天下
之本皆在此書學者誠有志于斯
潛心翫索則靈臺泰然表裏洞徹
日新工積自倍乎昔矣大禹一聖人惜
寸陰至於衆人當惜分陰豈可日
遊荒嬉以喪其志而見棄於人乎
丹書曰敬勝怠者吉怠勝敬者滅曲
禮曰君子無不敬敬身爲大程子曰主

87

敬可以補學者之闕蓋主敬可以收
放心而立大本大本既立然後爲學之
道循序而進無一往不通豈在他
求大概如此 ○庚午四月先生及武
科覆試 ○癸酉春先生年三十五武及
科 殿試第一人及第者以 除迪順副
尉訓鍊院奉事于是與舍兄書曰
清寒氣味兄弟似隔居東西友有
餘常志使同崗獵伏存身脩學
藝龍眠巖廊無計論時務草

88

野何妨遊 本初則雄清晨明歸
第備濱消節故々如 ○甲戌先生
年三十六 陞勵節校尉訓鍊院主簿
○乙亥先生年三十七 陞顯信校尉訓鍊
院判官 除宜川兵馬僉節制使從事
官于是在宜川咏曰清署蘿窓懸
秋色鳥語林宵士榻眠夜半窺月無
影痕麗魏蕭積歸路殘流清
凉照藹光遠凝煙皓帶不堞守边
寸赤一涯天紫陌表秋惟太平

89

○乙卯先生年四十一 陞定略將軍訓
鍊院僉正 除安東兵馬同僉節
制使于是誡曰夫好名者爲治之
累也內實多欲而外施仁義則民
不服矣屈於物欲而不知自反則身
殘危矣故爲治之道莫大乎脩身脩
身之道莫先乎寡欲欲誠不行則
心虛而善入氣平而理勝動無非理
無不善而化衆從矣民必和矣苟爲
名譽而爲善則其善必不誠苟爲

90

祿利而敎忠則其忠必不盡然則如之
何哉一言蔽曰思無邪履正奉公臣子之
節安能正々厚幣子上官求名譽而
干祿也夫仕宦者危地不可久居也君子
正道直行盡忠竭力以事其上則必有
讒毁之者而或至戮辱竄逐之境莫
如早還草野構書塾教育而付世
況於子孫教之以孝悌忠信揖讓進
退之節也以是爲日常行之道而作
安洲懿範滌查滓於芳塘遊精神

91

於聖學體先聖惓々之意開後學
愷々之工而庸言庸行必敬必信父母
遺體不汚不毁全而歸之不亦可乎
○壬午先生年四十四 母夫人昌寧張氏卒
於新旨第葬于先達山芮氏夫人墓
域於是弔客五六百名添築土以袍
矣先生幾以有長書暇是年從下走
師事于東崗寒岡兩先生 ○乙酉
先生年四十七 除楊根兵馬同僉節制
使 ○丙戌元朝先生在楊根僉使

92

自警箴曰余身雖眇惟天賦予不失
天予之以人許古哲彰章亦不無助
退思循理惟善以變顏彩四勿冉主
敬恕余早失學焉爲是御晩俯墜
謄前業凌古固循譲旁若黏泥絮
師門不棄謂可與語忠孝二字人事最
鉅大德不踰餘自循序奉以周旋
期勿墜繼之茲新之尤以勉汝寶鏡
之磨舊染乃除循徉山水外誘祈
禦漾積于内文自彰若造次勿忘

93

彈余心旅膂 ○是年重陽節即
先生誕日也是時招權應錄朴晉
孫趙陽于新台第於是唱酬曰秋
晴風前菊漸黃適吾初度是重陽
霜侵月影蟋吟涼雲薄長天雁去
忙眼床茗酎有白樂佳朋益唱不時
盡世愁濯坐琴譜落籬下芬菊徒
自乘 ○丁亥重陽節先生招東崗寒
崗于新台第而遊雲門山是詠曰晩
年身勢僻於山真境漁樵自在閑

94

歷數雲林棲畏朋朋爲五馬訪松肯附
次東崗詠曰昔羅花郎語此山鶴舞竟
日往來閑太平烟月伊誰爲高士勳名
罕世間附次寒崗詠曰聞望佳景入雲
山眼袂高朋興不閑西世功名歌詠地
蒼然喬樹鬱密宵 ○戊子正月先
生樓根念使是召招雙子戒曰萬物
之中惟人爲最貴蓋天之所賦於人
人之所得而爲性者厥初無有不善
也然衆人氣稟昏迷與物交蔽乃

95

類吾綱惟聖斯則教之以仁義禮
智之端發致忠信之道如木之培根
如水之理源吾爲後學懍懍之誠
如是懇切學者誠有志于斯動靜
造次必於敬之一字收其未入之心立吾
正大之本則雖昏迷不覺之中靈臺
自然惺惺表裏洞徹庶可至昭諫
之幽閫域矣可不勉哉夫爲學之
規固當潜心向道不可爲外物之所
誘也蓋外物之害於正道者非一矣

96

博弈遊戲蹋鞠歌舞異色雜藝之流
切宜避之不可汩沒處而浪遊也於書籍
亦不可以非聖之書不經之語汗漫留
目也夫好人之志持則存放則失至於幾
甚於聲牙微於毫釐爾輩勗哉
戒之慎之毋為放志而自驕焉且人
荒忽僨事皆無實一人之身脩道潔
行則世皆謂善人放心教遊則世皆
謂棄人安得驕奢放縱隔于身於
不義乎人必自侮而後人侮之人誰

97

敢侮脩身之士乎夫道也者不可斯
須去身人而無道即近於禽獸也
豈不畏哉嗟嗟爾輩莫曰予涼
學小心翼翼之彊而勉焉日月播磨學
問有餘則必與賢俱長無往不善
矣 ○是年四月先生當夫人金氏喪
葬于去夫塋有吟曰來盡煙燭訪
吉宅沒語仙巖厭哀詞滿山月
色獨樂結忠松祥侍歸先樓
○是年先生舍弟伯年有輓狀略

98

○乙丑十月先生陞建功將軍訓鍊院副
正 ○庚寅六月先生自炊于靈泉詠曰
好雨文雄造作霖門外彭看擴慈
心窩厨者鼎循辛苦況又炊新貴
若金 ○是年七月先生往鍾城歸
路謁圃隱鄭先生畫像奉安家廟
古辭曰新國既朱載安于廟惟肖
孔嚴肅家臨眺率舊緒孫式鷹
菲薄俯涼微虔庶幾來歆 ○
辛卯三月先生登木覓山眺堞中

99

詠曰昨非今始覺不若解紳笏爵祿
豈吾願功名辱世間所欲別雄堞還
故雲林堂靜坐巖臺上悠然怡
顏開 ○是年五月先生恩賜暇
還新台第詠曰解紱欣然還故園
誓東鹿鶴任彷徨塵心去山田浮雲
散山興循湯流水長 ○是年十月
先生迎婦長咸陽朴氏命世女沒月堞
李氏長白女于是先生訓雙子至書
曰與雙兒智哲人生世間最好者兄弟

100

也凡他親舊雖情誼甚密至於吉凶
榮辱禍亂相救莫如兄弟也方其
幼也食則同床寢則連衾而并
受父母慈愛之情無分毫之別而
友愛敦篤然而至于長成各娶其
妻各生其子分門割戶利欲紛爭
長競短莫非婦人之言所君男子剛
腸者幾人能不爲婦人之言所惑者
鮮戒之愼之相與和樂且湛友恭
之道始終如一則吾門必不衰矣

101

又於宗族之間無遠近親疎之別
而共爲和睦毋至疎越之境此亦治
家之一大法也蓋宗族百代至親推究
其本則均是祖考之子孫也苟於其間
或有不恤不睦之端則是忘本也
豈可輕忽耶又曰事君則當盡
其忠事親則當竭其孝若人無
忠孝之道則與禽獸同歸矣何
以謂之人乎且人非學則不知何
者爲孝何者爲悌何者爲忠何

102

者爲信也是故彊勉學問則聞見博而
智術明遠居不學則其猶正墻面而
立也可不勉哉蓋凡人之智明與不明
在於學與不學安得驕奢浪遊虛費
日月而自暴自棄生無益於世死無
聞於後乎爾輩其各勉學聘禮
而以此爲戒勤於學問而修身潔
行不失天賦不斷家聲矣
○壬辰二月先生往杏亭故宅三月執
叔父喪而帶慶因叔歸於新谷以盡竭

103

爲治舍弟之瘡 ○是四月辨趙倭
亂於是非徒倡義討賊而又屢從
躬行事皆略記倡義日錄以見其
能知也

憂悶識

先生遯下走之陳外從叔而僕素呼
叔父已矣僕爲孤年五以是自往
村引於新谷第而與其雙子共育矣

104

先生敎書經于愚等而僕善讀於兩先
以使下徒師事于東崗寒々崗兩師以及
壯且　陞糸奉而良由先生與存焉愚非
東西人於戊子春一往全州以由徵己丑
事而投鍾堞於提先生総免下走盡艱而
故卒放手以來下走入居于貞陵先生雯
而辛卯八月隨先生還清于薪谷以與
智男哲男勞寥以所総讀書而時犯
倭起亂也先生聚從以倡是下走爲
掌書記務路各陣矣先生與東崗

105

寒々崗道義以親之或有難則訪藥
圃而論々先生　仕訓鍊院于是善
與白沙梧陰鶴峰白雲齊晦甫
朴晉金應瑞諸紳相遊矣先生寡
也溫也壯也且學深武寬以爰黑不可
知也故鄭西好稱星童鄭東虎童焉
以若眞君子而於下走如親父然陳外
叔矣先生積疾以殉而爲國惟一寸忠
赤於堂率億慈親于兵備摩勇將而
不敢繢也然而龔夏於先生々門哉

106

先生殉則慶傳叔欲　拜清道助戰
將以辰巳年宵清寇守保先生々績
盜以歪揑自功而　啓上而覺于諸官
皆先生々知也以若故慶傳叔受七
年刑投義城獄也于是僕與智男
哲男抱先生　節祇受十枚而訪東
崗寒々崗藥圃白沙梧陰諸師而提
節祇受以或懇或歎請云謂朴慶傳
老朴慶新從弟也雖重其罪而先
生々戰功如此　節祇受則其寬

107

恕非特薦清道助戰將哉幸而
藥圃白沙感智哲々誼乃務放々
以慶傳叔于丁酉九月解囚然而
不聽既助戰將且逸待從亦散縣
監矣紛々秋　陞首相梧陰左相白
沙以探坊々亂中功而慶傳叔來于愚
請先生遺錄歪揑而慶因慶宣慶
後瑱瑪蔎璣諸從皆爲合謀壬辰
倡義焉固以此非特恐想　天歎民
瞞術也起亂時慶因叔有瘖疾以治于

108

林堂內官主醫而久留于先生舍不能
動而慶宜與焉也脩學業大丘永川
而挺識先避矣頗也爲奉廟而除
慶後叔也已之于庚寅是由彼七人
不與倡焉而況宜先生遺錄敢歪且
悍乎僕對曰愚從無益於三友亭
叔而何以可爲訂之遺筆哉然後
來慶傳慶胤瑾璥訣從又請之事
遂余斷之是非猶臣道而棄士志哉
故吾不與焉乃璥強言苟如從之爲

109

陳外家不可寫而之錄寒君所持乎
新五門事錄而許移家焉余
是亦拒之之三友先生遺命以懇之
稿也若余無能而不可懇則宜
與智男哲男哉昨訪瑾從而告新
事則瑾大息曰慶傳璥兩從固薄
淺狡暴以好作悖發隣而已於勝
堂譽故今已襲晴雲於陳外家
以將必不能消乎甚憂悶耳慶傳
遂計克三友亭以狡爲長老而之

110

圖將念危害則之遺錄與彼可
也只先寫擇重何哉是故僕選
要于先生錄而通校筆寫之下
走惟禱先生冥福耳

聖上乙亥臘日 李璣玉 謹識

111

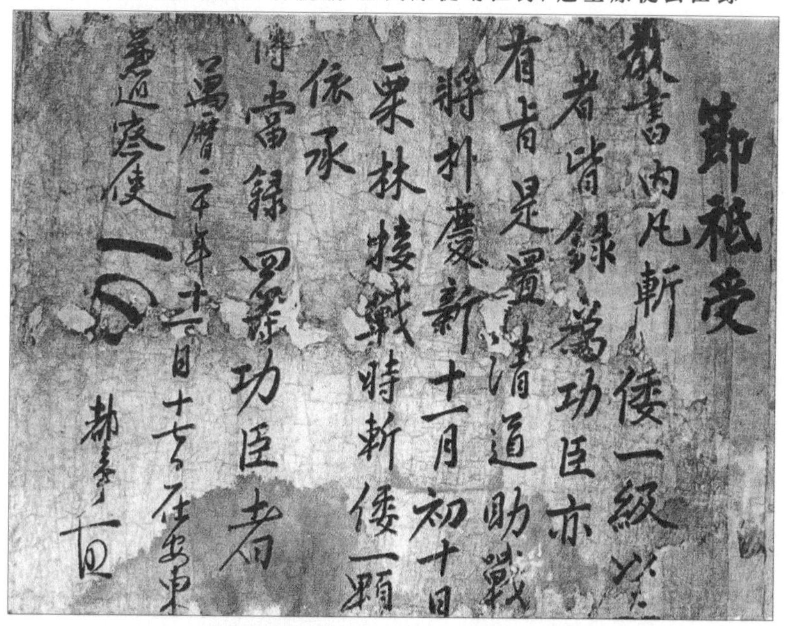

節祇受
敎書內凡斬倭一級以上
者皆錄爲功臣亦
有者是置淸道助戰
將朴慶新十一月初十日
栗林接戰時斬倭一顆
依承
傳當錄四等功臣者
萬曆二十年十一月十七日
兼巡察使
都事

朴慶新 節祇受敎書(1) 1592.11.17

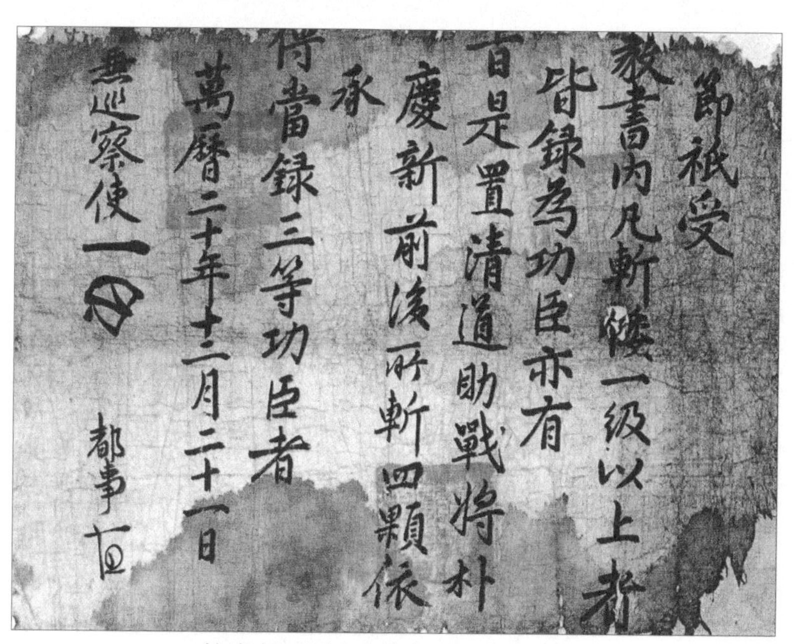

節祇受
敎書內凡斬倭一級以上者
皆錄爲功臣亦有
者是置淸道助戰將朴
慶新前後所斬四顆依
承
傳當錄三等功臣者
萬曆二十年十二月二十一日
兼巡察使
都事

朴慶新 節祇受敎書(2) 1592.12.21

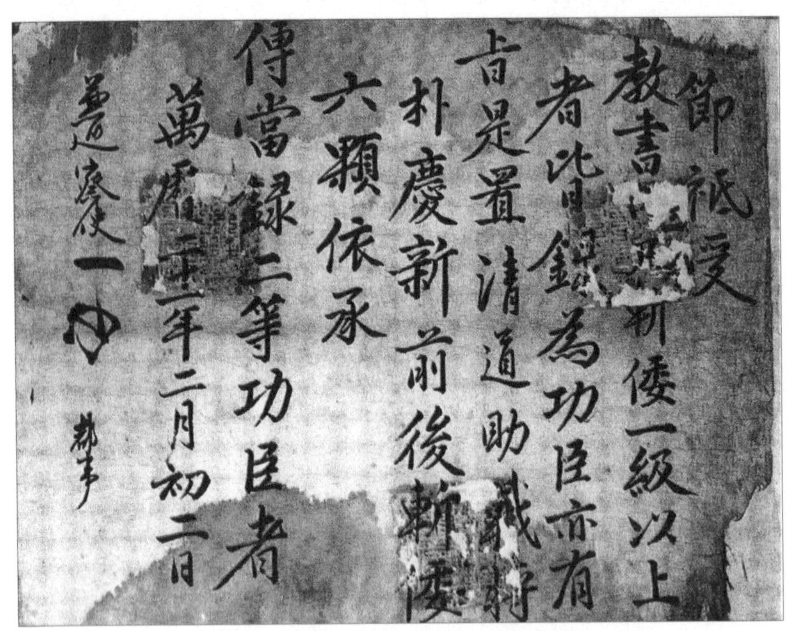

節祇受
教書[illegible]斬倭一級以上
者[illegible]錄為功臣亦有
旨是置淸道助戰將
朴慶新前後斬倭
六顆依承
傳當錄二等功臣者
萬曆二十一年二月初二日
巡察使
都事

朴慶新 節祇受教書(3) 1593. 2. 2

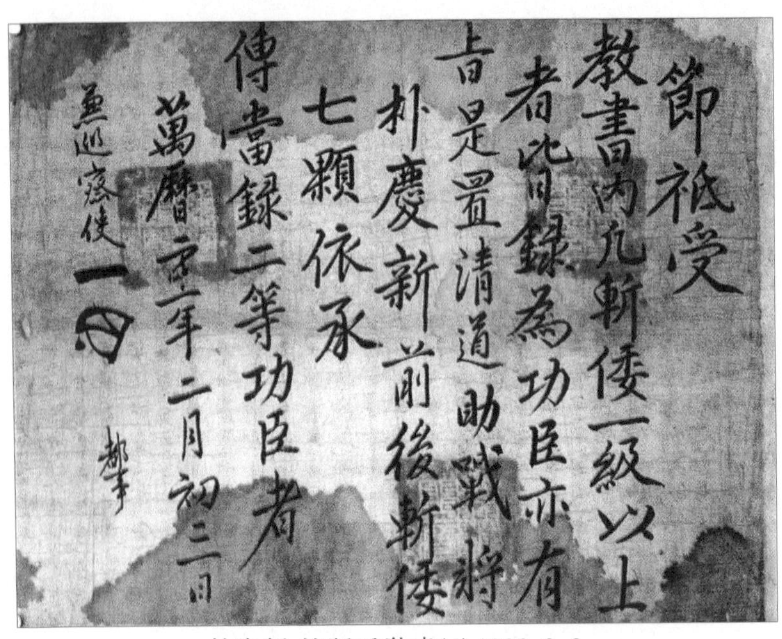

節祇受
教書內乙斬倭一級以上
者乙良錄為功臣亦有
旨是置淸道助戰將
朴慶新前後斬倭
七顆依承
傳當錄二等功臣者
萬曆二十一年二月初二日
巡察使
都事

朴慶新 節祇受教書(4) 1593. 2. 3

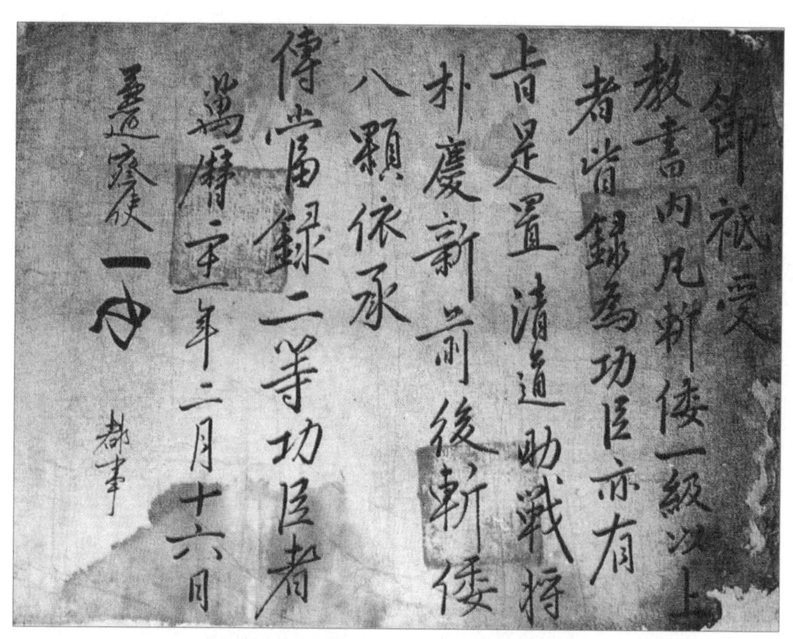

節祇受
教書内凡斬倭一級以上
者皆錄爲功臣亦有
旨是置淸道助戰將
朴慶新前後斬倭
八顆依承
傳當錄二等功臣者
萬曆二十一年二月十六日
兼巡察使
都事

朴慶新 節祇受敎書(5) 1593. 2.16

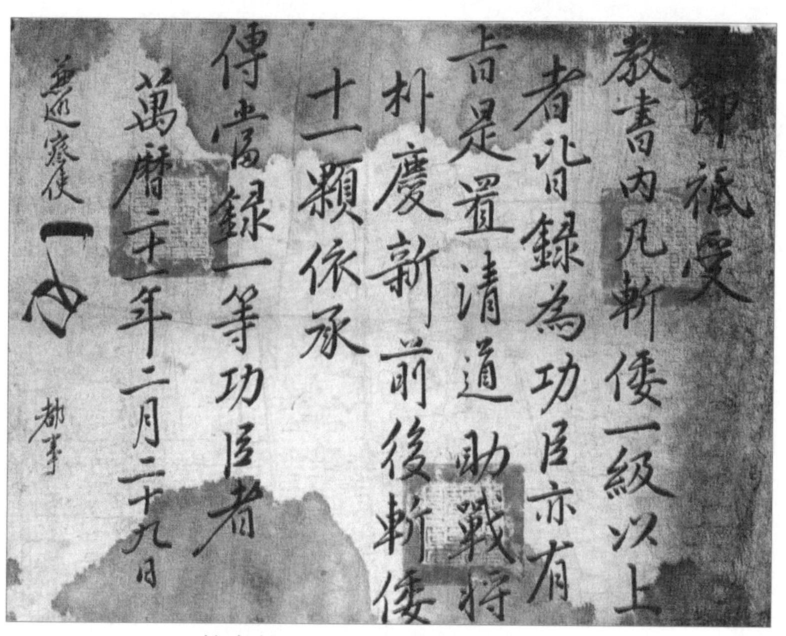

節祇受
教書内凡斬倭一級以上
者皆錄爲功臣亦有
旨是置淸道助戰將
朴慶新前後斬倭
十一顆依承
傳當錄一等功臣者
萬曆二十一年二月二十九日
兼巡察使
都事

朴慶新 節祇受敎書(6) 1593. 2.29

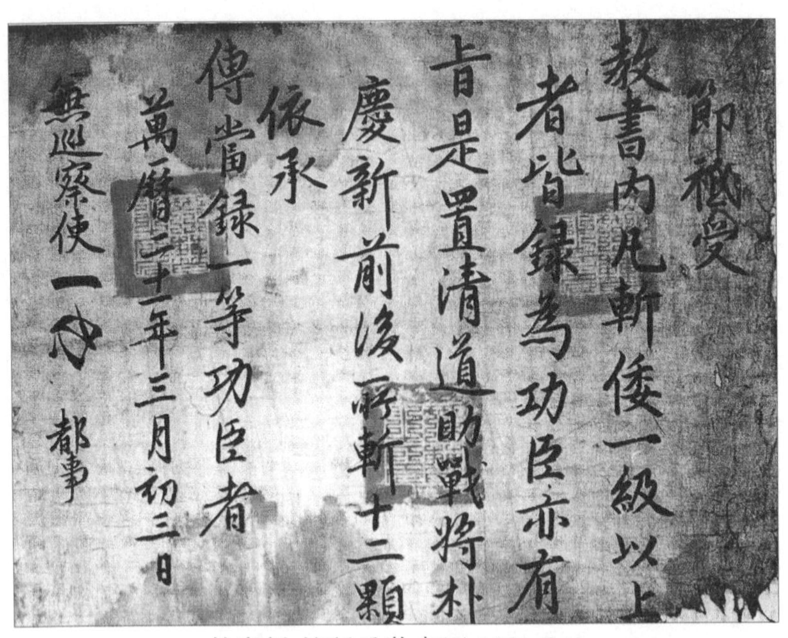

節祇受
教書內凡斬倭一級以上
者皆錄爲功臣亦有
旨是置清道助戰將朴
慶新前後所斬十二顆
依承
傳當錄一等功臣者
萬曆二十一年三月初三日
兼巡察使 都事

朴慶新 節祇受教書(7) 1593. 3. 3

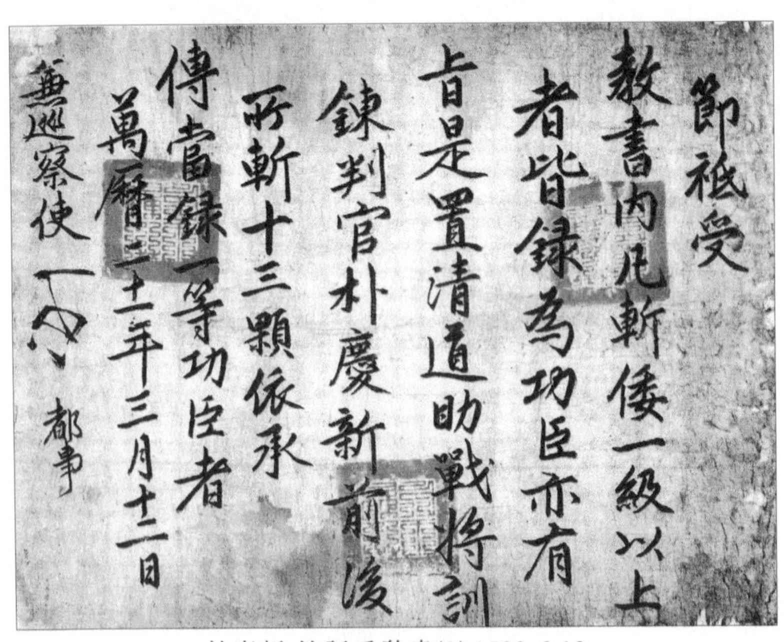

節祇受
教書內凡斬倭一級以上
者皆錄爲功臣亦有
旨是置清道助戰將訓
鍊判官朴慶新前後
所斬十三顆依承
傳當錄一等功臣者
萬曆二十一年三月十二日
兼巡察使 都事

朴慶新 節祇受教書(8) 1593. 3.12

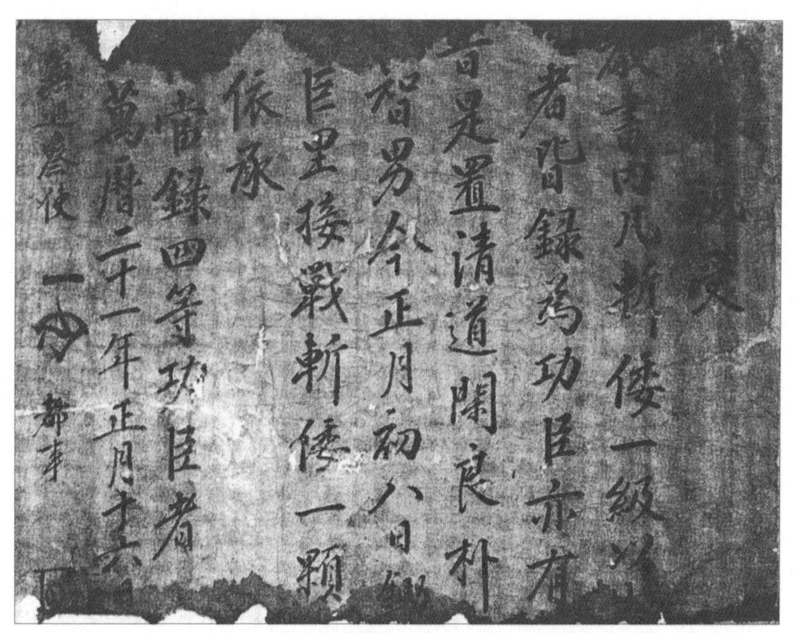
教書內凡斬倭一級以
者皆錄爲功臣亦有
旨是置清道閑良朴
智男癸正月初八日
巨里接戰斬倭一顆
依承
當錄四等功臣者
萬曆二十一年正月十六
兼巡察使 一 都事

朴智男 節祇受教書(1) 1593. 1.16

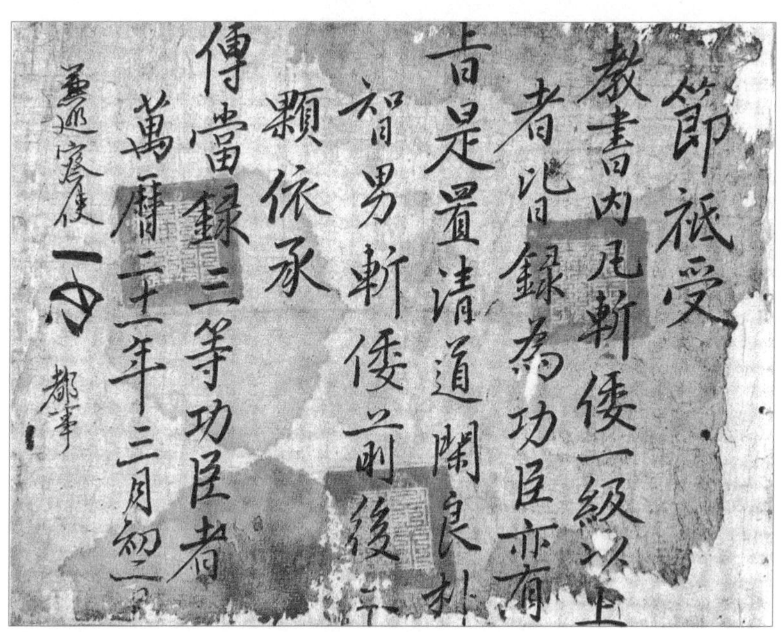
節祇受
教書內凡斬倭一級以上
者皆錄爲功臣亦有
旨是置清道閑良朴
智男斬倭前後二
顆依承
傳當錄三等功臣者
萬曆二十一年三月初二日
兼巡察使 一 都事

朴智男 節祇受教書(2) 1593. 3. 2

節祇受
教書內凡斬倭一級以上
者皆錄爲功臣亦有
旨是置淸道闕良
朴哲男今正月初九日
無屯里接戰斬倭一
顆依承
傳當錄四等功臣者
萬曆二十一年正月十八日
巡察使
都事

朴哲男 節祇受敎書(1) 1593. 1.18

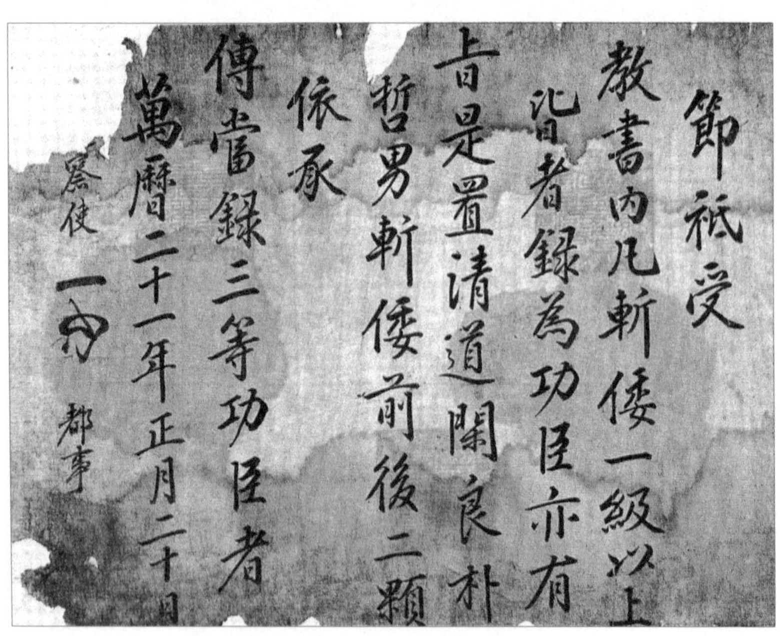
節祇受
教書內凡斬倭一級以上
皆者錄爲功臣亦有
旨是置淸道闕良朴
哲男斬倭前後二顆
依承
傳當錄三等功臣者
萬曆二十一年正月二十日
察使
都事

朴哲男 節祇受敎書(2) 1593. 1.20

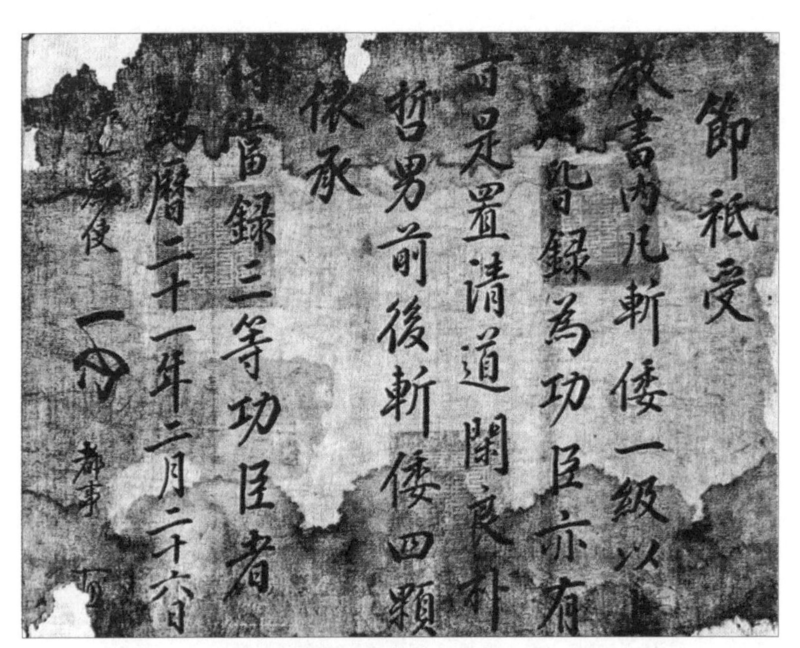

節祗受
敎書內凡斬倭一級以
上皆錄爲功臣亦有
旨是置淸道閑良朴
哲男前後斬倭四顆
依承
傳當錄三等功臣者
萬曆二十一年二月二十六日
[illegible]使
都事

朴哲男 節祗受敎書(1) 1593. 2.26

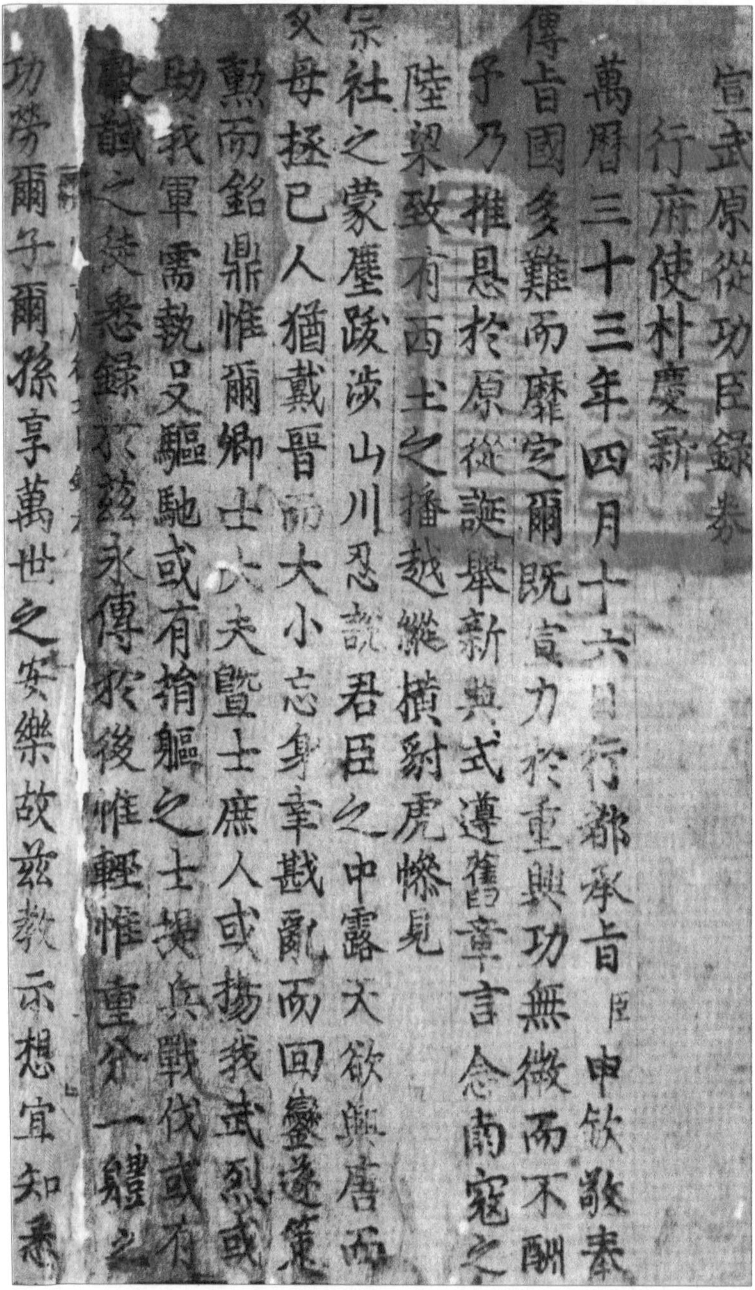

宣武原從功臣錄券

行府使朴慶新

萬曆三十三年四月十六日行都承旨臣申欽敬奉

傳旨國多難而靡定爾旣宣力於重興功無微而不酬

予乃推恩於原從誕擧新典式遵舊章言念南寇之

陸梁致有西土之播越縱橫豺虎慘見

宗社之蒙塵跋涉山川忍說君臣之中露文欲與唐而

父母拯已人猶戴晉而大小忘身幸戡亂而回鑾遂策

勳而銘鼎惟爾卿士大夫暨士庶人或揚我武烈或

助我軍需執殳驅馳或有捐軀之士挺身戰伐或有

獻馘之徒悉錄於玆永傳於後惟輕惟重分一體之

功勞爾子爾孫享萬世之安樂故玆敎示想宜知悉

朴慶新 宣武原從功臣錄券

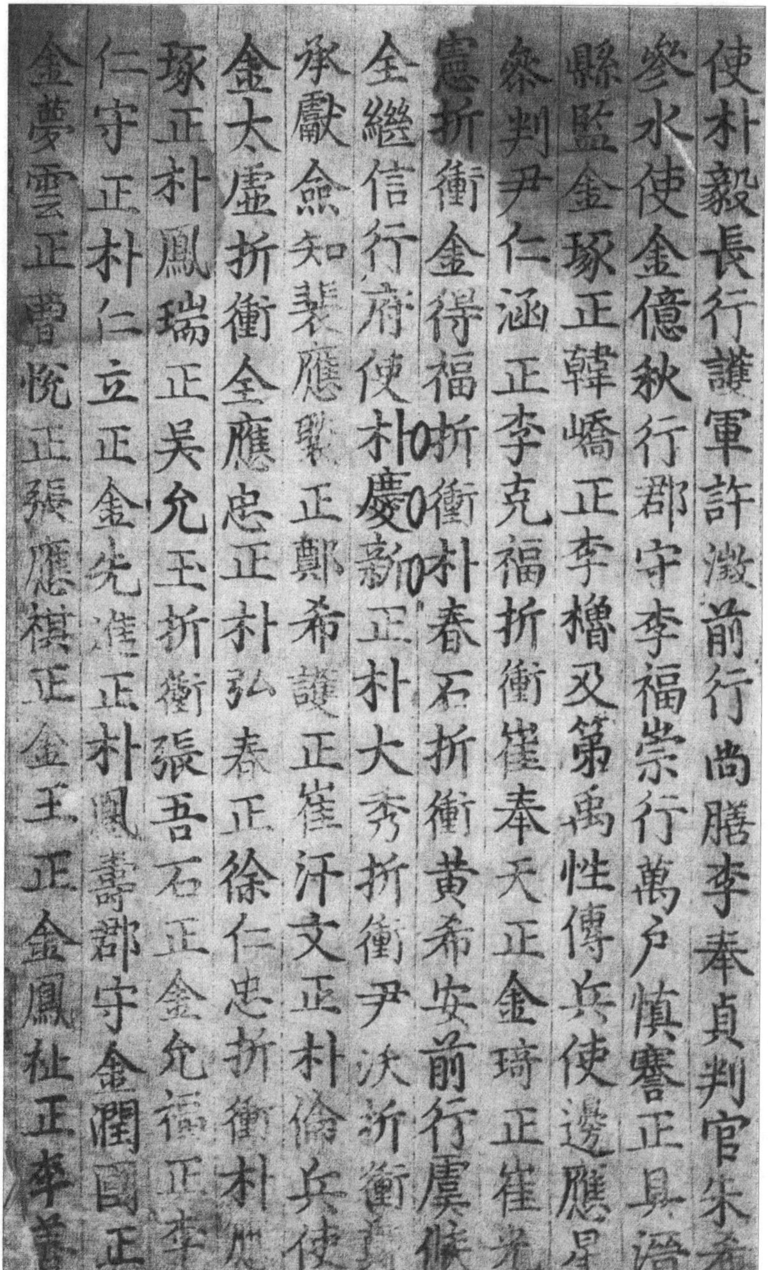

使朴毅長行護軍許澂前行尚膳李奉貞判官朱希
參水使金億秋行郡守李福崇行萬戶愼譽正具滔
縣監金瑑正韓嶠正李橧及第禹性傳兵使邊應星
參判尹仁涵正李克福折衝崔奉天正金琦正崔光
憲折衝金得福折衝朴春石折衝黃希安前行虞候
金繼信行府使朴慶新正朴大秀折衝尹沃折衝[illegible]
承獻僉知裴應聚正鄭希護正崔汗文正朴倫兵使
金太虛折衝金應忠正朴弘春正徐仁忠折衝朴[illegible]
瑑正朴鳳瑞正吳允玉折衝張吾石正金允福正李
仁守正朴仁立正金先進正朴鳳壽郡守金潤國正
金夢雲正曹悅正張應禎正金王正金鳳祉正李善

朴慶新 宣武原從功臣錄券

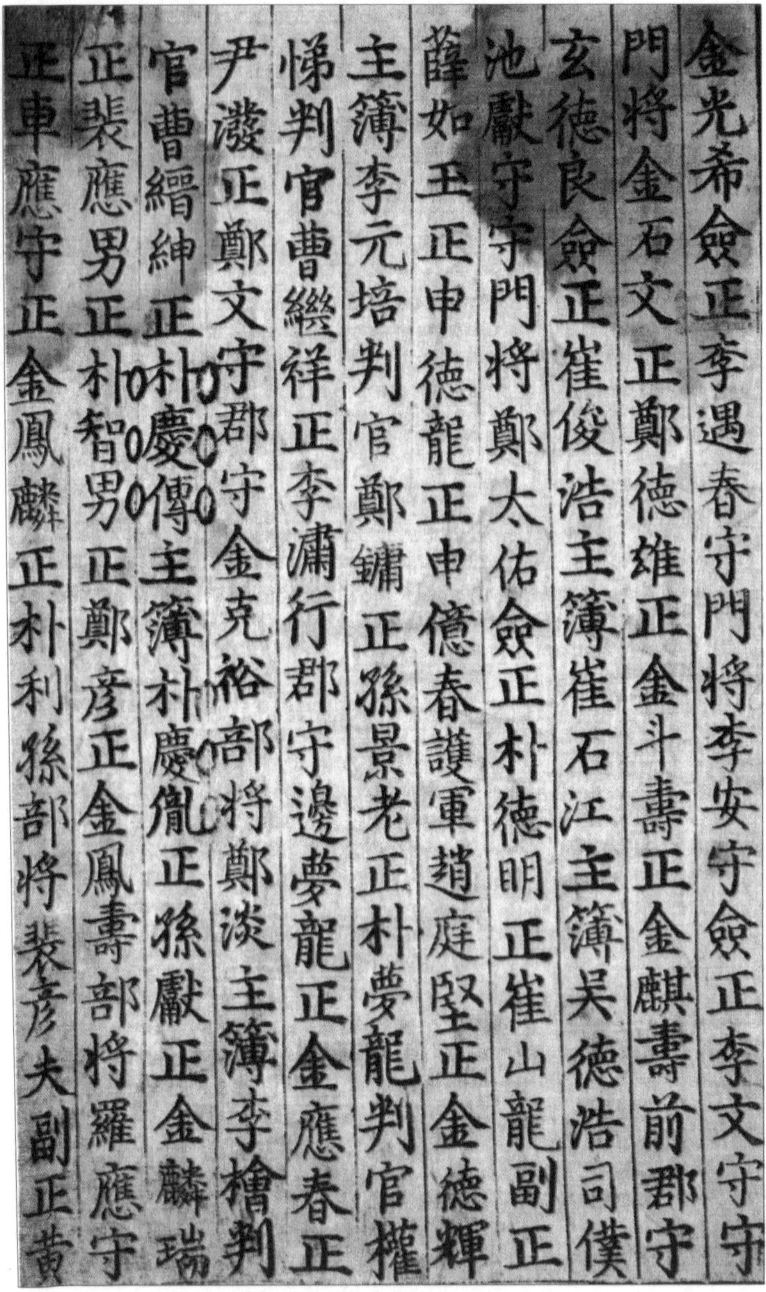

金光希僉正李遇春守門將李安守僉正李文守守
門將金石文正鄭德雄正金斗壽正金麒壽前郡守
玄德良僉正崔俊浩主簿崔石江主簿吳德浩司僕
池獻守守門將鄭太佑僉正朴德明正崔山龍副正
薛如玉正申德龍正申億春護軍趙庭堅正金德輝
主簿李元培判官鄭鏞正孫景老正朴夢龍判官權
悌判官曹繼祥正李潚行郡守邊夢龍正金應春正
尹濴正鄭文守郡守金克裕部將鄭淡主簿李檜判
官曹縉紳正朴慶傳主簿朴慶亂正孫獻正金麟瑞
正裴應男正朴智男正鄭彥正金鳳壽部將羅應守
正車應守正金鳳麟正朴利孫部將裴彥夫副正黃

朴慶新 宣武原從功臣錄券

億春守門將朴凡許通銀海許通萬孫判官楊濱司
僕崔彥貞孫奉朴瑚祥判官徐浩司僕徐得祥司僕
朴挌男部將徐洽守門將金文章司僕楊瀬司僕金
大連司僕朴致恭司僕楊汀樹免賤義石守門將千
業世免役李彥免役李淵石免役金安福免役金夢
得免役文戒弘免役韓希免役黃水同免役洪山世
免役李注叱同免役金二連免役金信右免役金丁
每免役崔漢福免役金先男免役林豆他非免役文
月明免役金元白免役金文希免役姜千守免役金
介叱同免役金鶴世免役韓希公免役河世福免役
張宮孫免役林同叱應同免役田應秋司僕金萬億

朴慶新 宣武原從功臣錄券

李逢春行副司果朴丁亮前判官高宗壽前守
門將張世立前副奉事李禹臣等乙良扈聖
原從功臣一等左賛成崔滉商山君朴忠侃益
城君洪聖民漢陰君倪忠清道觀察使李弘老
慶尚道觀察使李時彦前驪陽君閔仁伯刑曹
判書張雲翼叅判鄭彦智叅判柳永吉行護軍
尹敬立前行府使朴慶新清川君韓準知中樞
府事鄭昌衍文興君柳思瑗行護軍李鐵行護
軍尹祁及第李海壽及第白惟咸承旨柳拱辰
前府使黃訢前正郎李春英郡守李鏗郡守朴

扈聖原從公臣錄券(朴慶新 등재면)